村上春樹が英語で楽しく読める本

村上春樹を
英語で読む会

編著

コスモピア

はじめに

　村上春樹さんの書く小説の読者は男女を問わず、中学生から後期高齢者まで、年齢も多岐にわたります。そして日本だけにとどまらず、世界50カ国語以上に翻訳され、世界中の読者を獲得しています。ここまで読者の広がりをもつ日本人の作家はまれな存在でしょう。なかでも、国外では英語版の読者が圧倒的に多く、それ以外の言語への翻訳も英語版をもとにしたものが多いと思われます。村上さんの小説の英語版はその点でもとても大きな存在です。

　本書を手に取られたかたの動機はさまざまでしょう。村上春樹さんの書く小説が世界の読者を引きつけるのはなぜか。何がそれほど魅力的なのか、それを知りたくて、英語で読んで探ってみたいと思ったかたもいるかもしれません。もともと村上春樹のファンで英語も好きな読者が、小説の日本語は英語でどう表現されているのだろうと興味をもったケースもあるかもしれません。すでに日本語で読みストーリーはわかるので、英語で読めるかどうか、英語リーディングの素材としてトライしてみたいと思ったかたもいるかもしれません。

　本書は、このようなかたがたが英語で読むことによって、村上さんの小説の魅力を再認識し、あらたな発見ができるように、英語で読む楽しさを読者のみなさんに伝え、共有したい、という意図のもとに編集されました。

　本書では10本の長編小説を取り上げています。なぜ短編ではなく、長編小説か。それは村上さんは基本的に長編小説作家だと思うからです。村上春樹さんの愛読者なら何度も長編小説を読んでいるだろう、それならばだいたいの雰囲気とストーリーは頭に入っているのではないか、好きな小説ならば意外に英語でも読みやすいかもしれない、日本語と英語を見比べながら読んでもいいのではないか、読み方は何でもあり！　という発想です。

本書の企画は、2019年8月、「村上春樹って英語で読むとわかり やすいんだ。日本語で読むよりもわかりやすかったよ。村上春樹を英 語で読む本を作ってみない？」という株式会社アルクの創業者であり 最高顧問、コスモピア株式会社の相談役でもある平本照麿氏の呼びか けからスタートしました。その呼びかけに応じたハルキスト編集者4 名、途中からもう1名加わって、コスモピア編集部の有志の面々と「村 上春樹を英語で読む会」をスタートさせました。さまざまな勤務先か ら、仕事を終えたあとに弊社に集まり、意見を出し合いました。その 後、コロナで自粛の最中にはzoomミーティングで意見を交換。楽 しいひとときを過ごすことができました。

　本書の刊行をご快諾くださった村上春樹さん、最後までお付き合い くださった村上事務所のスタッフの方々、そして転載をご許可いた だいた株式会社講談社、株式会社新潮社、株式会社文藝春秋に、心 より感謝いたします。

　村上さんの小説の英語版を通して、人種や国を超えて人間として共 感し共有するものをしっかりと感じ、楽しんでください。

2020年10月吉日
村上春樹を英語で読む会

目次

風の歌を聴け
—— *Hear the Wind Sing* ……… 23

1973年のピンボール
—— *Pinball, 1973* ……… 55

羊をめぐる冒険
—— *A Wild Sheep Chase* ……… 85

海辺のカフカ
── *Kafka on the Shore* ……… 227

1Q84
── *1Q84* ……… 265

コラム　　村上春樹を英語で読む

本書は大きく、❶「10 の長編小説の概要の紹介、抜粋した
シーンの紹介、表現の紹介」と、❷「村上作品全体もしくは各
作品にまつわるコラム」のふたつの部分に分かれています。
ここでは、❶ 10 の長編小説のパートの構成を紹介します。

1 作品の概要

作品情報、登場人物、取り上げた 4 つのシーン、出典について
説明するページです。

作品の背景やあらすじなど
に関する全般的かつ簡単な
情報を記します。

抜粋したシーンの説明です。どういう
シーンを抜粋したのかを、そのシーン
の英語も含めて簡単に解説しています。

作品情報

日本語の原作では『世界の終りとハードボイルド・ワンダーラン
ド』だが、英語版のタイトルでは逆になっている。また、章ごとに「ハード
ボイルド・ワンダーランド」と「世界の終り」が交代しているが、ハード
日本語原作では「ハードボイルド・ワンダーランド」の主人公は「私」
と表現され、後者の主人公は「僕」と表現されている。英訳ではヨ
牧歌方式も主語は「I」で表現されることになるが、それぞれの世界
観の違いは、「ハードボイルド・ワンダーランド」は過去形で、「世
界の終り」は現在形で表現されるという工夫がされている。

並行して進むふたつの世界が緊密に表現され、完成度が高い作品。
谷崎潤一郎賞受賞。

単行本 1985年（新潮社）
文庫 1988年（新潮文庫）

【英訳版】*Hard-Boiled Wonderland and the End of the World*
英訳者 Alfred Birnbaum（1991年、講談社インターナショナル
1991年、Harriah Hamilton 1993年、Vintage Press）

登場人物

[ハードボイルド・ワンダーランド]

私／
「ハードボイルド・ワンダーランド」の主
人公。Calcutec「計算士」。

太った娘／young, beautiful, fat
woman／granddaughter / the
chubby girl (in pink)
博士の孫娘、17歳。魅力的な太り方をし
ている。

老人／old man／grandfather
老博士。System に依頼されて計算士をす
った実験をした。

図書館のリファランス係／
long-haired librarian
胃拡張の女性。

大男＆ちび／Big Boy & Junior
「私」の部屋を徹底的に荒らして調査に権を
かけた。

[世界の終り]

僕／I
「世界の終り」の主人公。「夢読み」the
Dreamreader になる。

影／the Shadow
「世界の終り」の主人公の影。門番に「僕」
から引き離される。

門番／the Gatekeeper
「世界の終り」の門番を守る。「壁」や「獣」
の番をする。

図書館の女の子／the Librarian
日本語と英語では表現が異なるので注意。

大佐／the Colonel
チェスが大好きな隣人。「僕」にいろいろ
とアドバイスをする。

発電所の管理人／the Caretaker
「心」が不完全に残っているため、町と
森の境界にいる。「発電所」は the
Power Station。

取り上げた 4 つのシーンについて

シーン 1 ポケットの小銭に神経を集中させていた

第 1 章より。「私」はすい分長いあいだに、エレベーターに閉じ込められていた。
そのためにまつぶしにトレーニングをかねて、ポケットの中の小銭をぎっと右側の
脳と左側の脳でまったく違う計算を同時に開くと、そこには
現れたのは、A young woman, turned out in a pink suit, wearing pink high
heels.（太った彼女、ピンクのスーツを着込み、ピンクのハイヒールをはいて
いた）。これから様々な展開を生じる娘との印象的な出会いのシーンだ。

シーン 2 あんたには落ち着き次第まず図書館に

第 4 章「世界の終り（図書館）」より。街に着いた最初の日、門番はこの街にお
ける「僕」の仕事を聞き渡した。"Tell her the Town told you to come read old
dreams."（その子に街から古い夢を読むように言われてきたという）で、門番に
よって、「夢読み」になるための儀式を受け、夢読みになる過程がこの後に続く。

シーン 3 そう、我々は影をひきずって歩いていた

第 6 章「世界の終り（影）」より。以前のことを思い出すのが困難になってきた「僕」
は、図書館の彼女とのやりとりのなかで、以前住んでいた街は壁に囲まれることはな
く、影をひきずって歩いていたことを思い出す。この街に来た日、僕は影を失っ
た。Then he produced a knife and deftly worked it in between the shadow
and the ground. このように、門番はナイフで影を要領よく地面からむしりとって
しまったのだ。このシーンは特に原作の細かい部分が省略されながら英訳されてい
るが、ストーリーは追えるので、サクサクと読んでみよう。

シーン 4 私のシャフリングのパスワードは＜世界の終り＞である

第 11 章「ハードボイルド・ワンダーランド（審美、西瓜、混沌）」より、「私」
はそれから「暗闇」を通った正式な手続きと意識を発見される。「おいおい、「ブレイン
ウォッシュ」と「シャフリング」をすることになる。My shuffling password
was "End of the World" とあるが、本書も「End of the World」の世界が展開さ
れている。シャフリングパスワード "End of the World" はどのような意味をも
ってくるのだろうか、この後のシーンは特に注意して読んでみよう。

シーン 1 - 4 出典
*Hard-Boiled
Wonderland and
the End of the
World*
Vintage Books
訳 Alfred Birnbaum
pp.124-139

『世界の終りと
ハードボイルド・
ワンダーランド』
上・下
新潮文庫

登場人物について簡単に記
します。名前は日本語と英
語で記しています。

英語のシーンを
抜粋した底本を
示しています。

日本語のシーンを
抜粋した底本を示
しています。

２ 抜粋した４つのシーン

ひとつの作品について、４箇所ずつ抜粋シーンを示します。最初は冒頭シーンや序章の途中から選ばれています。右ページが作品の原文、左ページがその部分の英訳です。英文と日本語原作の関係は、英文解釈、和英作文ではないので、厳密には一字一句ごとに対応はしていませんが、このシーンで表現したいことの粋が反映されているものとして捉えてください。

抜粋した最初の部分の日本語です。

前後の文脈を簡単に示します。

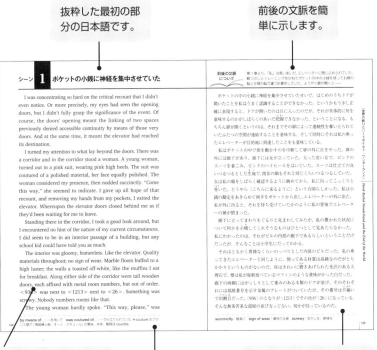

英語の抜粋です。出典は、『①作品の概要』の右ページ下に示しているものです。

英語の語注です。「　」で示されたものは日本語原文に対応しています。

日本語の抜粋です。英語の文との対照を容易にするために、パラグラフで英語の部分と行を合わせているものがあり、パラグラフ間のスペースが原文とは異なっている場合があります。

3 英語で読むためのお助け

ミニ 英和 表現集

ひとつの作品について4ページずつ、英文を読む際に役立つ語句を抜粋して紹介しています。

紙面の都合もあり、日本語のキーワードになりそうなものを優先して選んでいます。このキーワードをもとにご自分でどんどん語彙を増やしていくとよいでしょう。

本文中の英語の語句からの抜粋です。ただし、冒頭に置かれて大文字になっているものは、小文字にしています。

日本語の原作そのままの場合には「 」を用いています。

原作の表現を使っていないものは< >でくくっています。

＊以下は補足説明です。

4 この日本語、英語ではこう言う
ミニ 和英 表現集

原作の文章の中でこの日本語は、英語でどう表現されるのだろうと思われるもの、作品で重要だと思われる日本語などを集めて、英語の表現を対照させた表現集です。主に1文から2、3文単位での引用になります。英文解釈、和英作文ではないので、厳密に一字一句対応はしていませんが、このシーンで表現したい真意が反映されたものとして捉えてください。

タイトルの章を示しています。数字のみで示される場合もあります。

原作日本語の文の抜粋です。ルビ、傍点などはスペースの関係で省略しています。

左の原作の文（部分）の英訳。英作文と違い、厳密な意味で一字一句対応とはなっていないので注意。

会話文の「 」は省略。ただし、会話と会話の間に地の文が入る場合には、「 」を生かしています。
できるだけ文として表現するために、原文を変えずに句点「。」を入れています。

会話文の " " は省略。ただし、会話と会話の間に地の文が入る場合には、" " を生かしています。できるだけ、文として表現するために、原文の英語そのものは変えずに、文頭は大文字、文末はピリオドをつけています。

ニューヨーク市マンハッタンにあるBarns & Noble書店のHaruki Murakamiのコーナー。（八巻由利子：2020年8月撮影）

「ムラカミ」のアメリカ進出と読まれ方

八巻由利子
（フリーランスライター：ニューヨーク在住）

日本文学びいきに恵まれて

ニューヨークの書店の fiction コーナーには、村上春樹の著作が少なくとも 10 冊は並んでいる。日本で処女作『風の歌を聴け』が出たのは 1979 年。その 10 年後に、アメリカで初めて『羊をめぐる冒険』の英訳（*A Wild Sheep Chase*）を出版。それから約 30 年の軌跡が書棚に表れている。

三島由紀夫を愛読し、レイモンド・カーヴァーも担当していたことから村上と出会い、1993 年に短編集 *The Elephant Vanishes*（後に逆輸入出版された『象の消滅』）を担当して以来、『海辺のカフカ』（*Kafka on the Shore*）まで手がけたクノップフの編集者ゲイリー・フィスケットジョンは、10 年前に彼と会ったとき、「新作が出ると過去の作品も売れる稀有の存在。これからもずっと読まれ続けるだろう」と予測していたが、その言葉どおりだ。

文学でもアートでもパフォーマンスでも、*The New York Times* の文化欄で紹介されると読者や鑑賞者が増加すると言われている。1989 年に講談社インターナショナル・アメリカ社か

らアルフレッド・バーンバウム訳で出た『羊をめぐる冒険』が同紙で称賛されたのは、幸先のいい出来事だった。この本が出る少し前、夏目漱石や芥川龍之介などの近代文学を研究していて、現代文学は眼中になかったジェイ・ルービンは、アメリカの出版社から『世界の終りとハードボイルド・ワンダーランド』（*Hard-Boiled Wonderland and the End of the World*）を読んで、翻訳するに値するか知らせてほしいと依頼された。『羊をめぐる冒険』の英訳が出る前から下馬評が高かったからだろう。ルービンはすっかり村上の世界に引き込まれ、その個人主義を「現代の漱石」と評価した。結果的に、この長編はバーンバウムによって訳出されたが、ルービンがふたり目の翻訳者として村上と出会うのは必至だった。

『羊をめぐる冒険』が評判になった翌年、さまざまなコネクションによって、1925 年創刊の週刊誌 *The New Yorker* に "TV People"「TV ピープル」を掲載できた。処女作の題名はトルーマン・カポーティの文章からヒントを得て付け、作家デビュー直後に F・スコット・フィッツジェラルドの翻訳を雑誌に発表した村上である。自ら愛好する作家たちが寄稿したこの雑誌が米

文芸界でいかに重要な存在であるかを十分意識していた。だから、新潮社のウェブサイトに掲載されている村上のエッセイ「アメリカで『象の消滅』が出版された頃」によると、作品の初掲載は「『月面を歩く』のと同じくらいすごいことだった」のである。

それはこの雑誌の変革期とも重なっていた。アメリカ文学を牽引したとはいえ、1952年から1987年まで担当した名物編集長ウィリアム・ショーンの厳しい編集方針の下で時代遅れになっていた同誌に新風を吹き込むため、新しい社主はクノップフの編集者ロバート・ゴットリーブを新編集長に起用したのだ。

ゴットリーブは、元々日本文学に関心があった。あるウェブサイトに本人の言葉が掲載されている。編集長に起用される前年、コロンビア大学のドナ

「TVピープル」が掲載された1990年9月10日号。（八巻由利子：2020年8月撮影）

ルド・キーン日本文化センターが主催する日米友好基金日本文学翻訳賞の審査員を務めた際『1973年のピンボール』(Pinball, 1973) の英訳を読んだ。谷崎潤一郎・川端康成・三島由紀夫の「ビッグ3」や安部公房とは完全に異なる、炸裂するエネルギーとアメリカ文化の引用とモダーンな感覚に溢れた、まったく新しい作品であることに衝撃を受けたという。The New Yorker のゴットリーブのオフィスに行ったときに谷崎の『細雪』が数冊並んでいた、と村上はたびたび書いているが、日本文学びいきという幸運な下地が用意されていたのだ。

翻訳編集と編集の現場

The New Yorker が小説家を志す人の間で注目されているのは、まったくの新人の作品も常に募集しているからだ。フィクション部門のチーフ編集者であるデボラ・トリーズマン自身も、11歳のときに作品を応募して断られた経験の持ち主。アシスタントを含む5人の編集者が週に数百本も送られてくる掲載希望作品とエージェント経由の既成作家の作品を読み、掲載作品を決めていく。高名な作家の作品だからといって自動的に掲載されることはない。候補に挙がった作品の質をさらに高めていくために話し合い、場合によっては作家と何度もやりとりする。

トリーズマンが The New Yorker に

The New Yorker のフィクション部門チーフ編集者、デボラ・トリーズマン（撮影：Jack Parker）

加わったのは 1997 年。当時も今も村上作品の編集の仕方は変わらないという。「通常、掲載が決まった作品に編集側のコメントを記入したワード文書を翻訳者とハルキに送ります。ハルキはほとんどいつも賛同してくれて、編集の細かい部分は翻訳者に依頼します。翻訳者と私は何度か連絡を取り合い、事実確認や校閲の際に出てきたことも足します。最後にすべての編集箇所をハルキに送りますが、たいていすべてはスムーズに運びます」。こうした作業を繰り返しながら、短編はこの 30 年間に約 30 作掲載されてきた。

翻訳者側からの *The New Yorker* への対応に関して、村上作品の4人目の翻訳者であるテッド・グーセンは、「編集者が言葉の削除や変更を希望する場合にムラカミにどうするべきかと相談すると、『心配しなくていいです。後で本にするときに元に戻せるから』。

というわけで、いつも彼女がどこを編集したかという記録をきちんととっておきます」。

1997 年 に 出 た『 ね じ ま き 鳥 ク ロ ニ ク ル 』（*The Wind-Up Bird Chronicle*）は、アメリカでの村上の地位を決定的にした。それは用意周到なお膳立ての賜物とも言える。翻訳に関しては、クノップフが村上に、長過ぎるので2万5千語ぐらい削除する必要があると伝えたので、担当したルービンは先手を打って、原作のままに訳したものと、3章ほど削除し章を入れ替えた版を用意。後者が採用された。「私は文法や文章の構造にはこだわりません。文学の心が失われてしまいますから。頭の中のイメージに忠実にします」というルービンは、作品の特徴をうまく残す工夫をしたのだ。さらに *The New Yorker* は、発売の前年に、プレビューとして、イアン・ブルマによる村上の詳しい人物紹介記事を掲載

している。

1997年にヴィンテージから発売された村上作品のペーパーバック版12冊の表紙の著者名のそばには、すべて『ねじまき鳥クロニクル』の著者、という語句が入っていた。現在は全作品ともまったく違うデザインで出ており、表紙ではタイトルよりも著者名が目立つ。

グーセンは、どれから読んだらいいかについて「まず短編をすすめる。で、気に入ったら、順不同だが、『羊をめぐる冒険』、『世界の終りとハードボイルド・ワンダーランド』、『ねじまき鳥クロニクル』、『海辺のカフカ』を読むといい」とアドバイスする。

ソーシャルメディアのグループ・ページ Reading Haruki Murakami (https://www.facebook.com/groups/readingharukimurakami/)で、好きな作品5作を挙げる、という問いに対する回答では、順列組み合わせのような感じで微妙に違っていたが、『ねじまき鳥クロニクル』に票を入れない人はひとりもいなかった。

『1Q84』（*1Q84*）は、翻訳作業の時間を短縮するため、ふたりの翻訳者が同時に作業するやり方が採用された最初の作品だ。2013年にアリゾナ大学で開催された翻訳に関するパネルで、フィリップ・ガブリエルはジェイ・ルービンとの共同作業の一端を話した。フィ

マンハッタンにあるStrand Book Storeの平台。『ねじまき鳥クロニクル』が手前に見える。村上が影響されたカポーティやサリンジャーの著作とともに並んでいる。（八巻由利子：2020年7月撮影）

文芸書に力を入れているMcNally Jackson Booksのウィリアムズバーグ店（ブルックリン）。
（八巻由利子：2020年8月撮影）

スケットジョンから引き継いで村上担当となったクノップフのレクシー・ブラウンは「脳がふたつあればいいと思う」ほど統一するのが大変だったようだ。細かい単語の例では、veranda と balcony、skinhead と buzzcut をどちらにするか、そして「声」をガブリエルは voice、ルービンは voices と訳したので、それぞれどちらかに決めなければいけなかった。

ルービンもガブリエルも日本文学の英訳では、翻訳者は編集者の役も兼ねないといけないと言っている。日本では文芸誌に連載したものを本にまとめるケースが多く、人気作家の場合は特に、編集作業に十分な時間が取れないことを指摘。そのために繰り返しや記述の不統一な部分などが出てくること

もある。「日本の編集者は *The New Yorker* やクノップフのようには編集をしない」とルービンは度々語っている。

14作目の小説『騎士団長殺し』(*Killing Commendatore*) の翻訳をガブリエルと共に担当したグーセンは「フィリップとの仕事は楽しかった。会ったことはないけれどいい人だ。編集者のレクシーも素晴らしかった。ふたりの訳語が異なるときは注視してくれた。例えば、森の中を探索したときの穴を pit と hole のどちらにするかで意見が分かれたとき、pit を選んでくれた。騎士団長の独特の話し方についても3人でいろいろ相談する必要があった。ムラカミ抜きでね。フィルと僕はごくたまに本人に確認したほうがいいときは直接コンタクトを取る」。

McNally Jackson Books の日本文学コーナーにも村上作品が多数並んでいる。
（八巻由利子：2020年8月撮影）

世界はこれからも
ムラカミを必要とする

　トリーズマンは、村上作品の魅力について以下のように説明する。

　For me, part of the appeal is the way that Murakami uses seemingly simple, direct language to evoke profoundly complex and multilayered ideas. His stories can be read, on the surface, as straightforward narratives, or, below the surface, as philosophical musings on the nature of life and reality.

（私にとって村上がアピールするのは、一見シンプルでわかりやすい表現が、深く複雑で、何層にもわたる考えを喚起させる手法を取っている点にあります。彼の短編は、表面的にはまっすぐな物語として、あるいは深いところでは、人生の本質と現実についての哲学的な思索として読むことができます）

　私が以前、書店で見聞きしたところでは、村上が日本語で書いていることを知らない人もいた。しかし、トリーズマンによれば、「読者たちは皆、彼が日本人作家だということに気づいていると思います。でも彼の作品には普遍性があって、言葉はだいたい直接的で言い回しもくどくないです。多くの作品は、どこを舞台にしても成り立つでしょう。彼の視点はとても個人的で、ナショナリスティックではありません」。

　一方、The New Yorker は 2005年、1950年代からの常連作家だったジョン・アップダイクによる『海辺のカフカ』の長い書評を掲載した。"Subconcious Tunnels"「半無意識のトンネル」と題されたエッセイは、作中に出てくる『源氏物語』や『雨月物語』、神道の「神」の概念などに言及し、村上の「日本性」を強調している。

　村上本人は近年、日本人作家としての責任を意識した発言をしているが、日本という文脈を取り払っても十分な普遍性があるからこそ、国境を超えたアピール力がある。

　前述のグループ・ページでは、ムラカミのような作品が読めるおすすめの作家は？ という問いに、レイモンド・カーヴァー、F・スコット・フィッツジェラルド、フランツ・カフカのような想定できる名前のほか、ウンベルト・エーコ、トム・ロビンズ、ジョナサン・キャ

ロルが挙がっていた。こんな問いと回答を見ただけでも、村上がムラカミになっていることが如実にわかる。

1980年代にニューヨークのパンクロッカー／詩人として広く世に知られた後、現在は回想録が全米図書賞を受賞するほど著述家としても活躍しているパティ・スミスは、大の村上ファンだ。ある書籍関連のウェブサイトで、愛読書ベスト50の3位から6位に『ねじまき鳥クロニクル』、『羊をめぐる冒険』、『海辺のカフカ』、『ダンス・ダンス・ダンス』（*Dance Dance Dance*）を挙げている。

『ねじまき鳥クロニクル』に関しては、「著者が生き生きしたエネルギーを言葉に注入している感じが伝わり、読者はそれに翻弄される。うまくできている本。読み終わった途端、また読みたいという気持ちにさせられた。ひとつにはその雰囲気から出たくなかった。でもまた、フレーズの亡霊の虜になった。きちんとした結び目がほどかれ、そのほつれた端が、寝ている間に頬に当たるようなものだった」と詩人らしい表現でその魅力を記述。2014年には、『色彩を持たない多崎つくると、彼の巡礼の年』（*Colorless Tsukuru Tazaki and His Years of Pilgrimage*）の書評を *The New York Times* に掲載した。

カナダの大学で日本文学を教えているグーセンによれば、「学生たちはどの作品も好きみたいだ。ムラカミの物語の語り方が彼らに合っている」とい

う。村上より16歳年上だったアップダイク、村上とほぼ同世代のスミスから学生にいたるまで幅広い層が支持していることがわかる。

2020年6月、*The New Yorker* は「UFOが釧路に降りる（"UFO in Kushiro"）」を、作家が好きな作品を朗読するポッドキャストの形で取り上げた。阪神大震災がテーマのこの作品は、2001年3月に同誌に掲載されたが、2011年の東日本大震災のときに異例の再掲載となった。朗読したのは、2019年初の短編集を出して注目される若手作家ブライアン・ワシントン。大学2年のときに『海辺のカフカ』を読んで初めて文芸の世界に引き込まれたという。「UFOが釧路に降りる」はコロナ禍の前に選んだそうだが、「巣ごもりを強いられるなかで、どのように自分自身や世界、物理的環境の変化を象徴的あるいははっきりと表現していったらいいか考えさせられる。この作品が収録されている『神の子どもたちはみな踊る』（*After the Quake*）は、そうしたことに対するアプローチのひとつだともいえるだろう」と語っていた。

冷戦体制の崩壊後、世界はよくも悪くも、小さく流動的になった。禍が起こる度に、村上作品はますます読者を引きつける。先行きが不安な21世紀の世界で、人生の意味を問う行為はアジアの一国の若者だけのものではとうになくなった。

村上春樹の小説を英語で読む楽しさ

谷川敬子

（編集者）

　村上春樹の小説で好きなところ——それは主人公の息遣いがそのまま伝わって
くるところだ。普段のさりげないやりとりや、気持ちの揺れ動きを重ねた情景描
写に、その場の空気感が丸ごと手に取るように伝わってくる。共感と親近感と、
そして新鮮な驚きに出会える文章だ。

　初めて読んだ彼の作品は *Dance Dance Dance*（『ダンス・ダンス・ダンス』）だっ
た。当時カナダ在住だった私は、日本で話題の小説家の本を読んでみたくてたま
らなくて、吉本ばななをはじめ英訳版が出ている作品を次々と読んでいた。書籍
の入手が今ほどオンラインなどでたやすくなかった頃のことである。大学近くの
書店で見つけた *Dance Dance Dance* は新鮮だった。テンポよい文でスナップ
ショットのように場面が切り替わり、主人公のちょっとした心情の揺れが細やか
に、色鮮やかに表現されていた。帰国後、日本語で同じ作品を読み直してみると、
英語で読んだ世界が、日本語版でも違和感なく表現されていた。よくある日本語
版と英語版とのギャップがあまり感じられない稀有なケースだった。まず英語版
で読み、日本語のオリジナルで「答え合わせ」をする、そしてその再現性と英訳
の妙にため息をつく、という読み方が以来、私の定番となった。

　これまでに出版されている村上春樹の作品はほとんど日本語と英語で読んで
きたが、中でも特に楽しめたものは、長編小説では *Colorless Tsukuru Tazaki
and His Years of Pilgrimage*（『色彩を持たない多崎つくると、彼の巡礼の年』）、
短編集では *Blind Willow, Sleeping Woman*（『めくらやなぎと眠る女』）だ。『多
崎つくる』では、自分の学生時代と重ね合わせて、そのときの情景や心情を半ば
思い出しながら読んでいたため、ひとつひとつの表現が心に刺さった。英語で読
むときは時に声に出して読むこともあり、音の語感を楽しみながら韻律がよいフ
レーズに当たるとつい繰り返してしまう。また、話の中に出てくる普段の何気な
い動作、例えば、「テーブルに肘をついて」（elbows planted on the table）や、「ぼ
んやりと見つめて」（gazed absently at）といった表現は、英語ではこんなふう
に言うんだ！ と見つけたうれしさで、ついメモしたくなる。日本語で読むときと
はまた違った楽しみ方が、英語にはある。

英語で読むなら、私のおすすめは、音を楽しんでみることだ。元の日本語の小説が、比較的テンポよい会話のやりとりや、歯切れよい短めの文章で構成されているため、英語でもそうした文調が再現されていることが多い。これを朗読すると、実に気持ちがよいのだ。さらに普段の何気ないしぐさや言葉のやりとりが、堅苦しさを取り払ったこなれた英語で描かれている。日本語と英語で読み比べて、特に英訳しにくそうな表現にスポットを当ててさまざまな英文を見ていくと、翻訳者の卓越したスキルに感動することだろう。また、気に入った表現があったらメモしておけば、今度は自分が表現するときに、今までよりこなれた表現が楽しめるようになる。私にとって村上春樹の英語版は、作品として楽しむだけでなく、上質の英語のお手本としても大切な存在であり続けている。

Dance Dance Dance

Vintage

『ダンス・ダンス・ダンス』上・下
講談社文庫

Colorless Tsukuru Tazaki and His Years of Pilgrimage

Vintage

Blind Willow, Sleeping Woman

Vintage International, Vintage

紹介する10作品の長編小説

＊『ダンス・ダンス・ダンス』のみ
　簡単な紹介
＊ここでは初版年のみ記載

1 『風の歌を聴け』　　　　　　　　　*Hear the Wind Sing*

単行本出版年　1979 年　　　　　英訳者　Alfred Birnbaum（1987 年）
　　　　　　　　　　　　　　　　　　　　Ted Goossen（2015 年）
出版社　講談社

2 『1973 年のピンボール』　　　　　*Pinball, 1973*

単行本出版年　1980 年　　　　　英訳者　Alfred Birnbaum（1985 年）
　　　　　　　　　　　　　　　　　　　　Ted Goossen（2015 年）
出版社　講談社

3 『羊をめぐる冒険』　　　　　　　　*A Wild Sheep Chase*

単行本出版年　1982 年　　　　　英訳者　Alfred Birnbaum（1989 年）
出版社　講談社

4 『世界の終りとハードボイルド・　　*Hard-Boiled Wonderland and*
　ワンダーランド』　　　　　　　　　*the End of the World*

単行本出版年　1985 年　出版社　新潮社　英訳者　Alfred Birnbaum（1991 年）

5 『ノルウェイの森』　　　　　　　　*Norwegian Wood*

単行本出版年　1987 年　　　　　英訳者　Alfred Birnbaum（1989 年）
　　　　　　　　　　　　　　　　　　　　Jay Rubin（2000年）
出版社　講談社

※ 『ダンス・ダンス・ダンス』（一部）　*Dance Dance Dance*

単行本出版年　1988 年　出版社　講談社　英訳者　Alfred Birnbaum（1994 年）

6 『ねじまき鳥クロニクル』　　　　　*The Wind-Up Bird Chronicle*

単行本出版年　1994 年（第一、二部）　英訳者　Jay Rubin（1997 年）
　　　　　　　1995 年（第三部）
出版社　新潮社

7 『海辺のカフカ』　　　　　　　　　*Kafka on the Shore*

単行本出版年　2002 年　　　　　英訳者　Philip Gabriel（2005 年）
出版社　新潮社

8 『1Q84』　　　　　　　　　　　　*1Q84*

単行本出版年　2009 年（Book1, 2）　英訳者　Jay Rubin (Book 1, 2) and
　　　　　　　2010 年（Book3）　　　　　　Philip Gabriel (Book 3)（2011 年）
出版社　新潮社

9 『色彩を持たない多崎つくると、　　*Colorless Tsukuru Tazaki and His*
　彼の巡礼の年』　　　　　　　　　*Years of Pilgrimage*

単行本出版年　2013 年　出版社　文藝春秋　英訳者　Philip Gabriel（2014 年）

10 『騎士団長殺し』　　　　　　　　*Killing Commendatore*

単行本出版年　2017 年　　　　　英訳者　Philip Gabriel and Ted Goossen
　　　　　　　　　　　　　　　　　　　　（2018 年）
出版社　新潮社

風の歌を聴け

Hear the Wind Sing

作品
情報

29歳のときに書いた最初の小説。この作品は、続く『1973年の
ピンボール』、『羊をめぐる冒険』とあわせて「僕」と「鼠」と呼ばれ
る友人を軸として描かれる3部作になっている。

この物語はもうすぐ30歳になる「僕」の青春時代の回想として描
かれたもの。大学生の「僕」が夏休みに故郷に帰省した1970年8
月8日に始まり、大学に戻るために故郷を離れる26日に終わる18
日間のストーリーだ。「僕」と「鼠」は中国人のJが経営する「ジェ
イズ・バー」を根城にして連日ビールを飲んですごしていた。ある日、
「僕」は泥酔した小指のない4本指の女性をバーの洗面所で助けて彼
女の家まで連れていく。彼女の関係とともにさまざまな過去のできこ
とを思い出す。本作品は『群像』に掲載され、群像新人賞を受賞した。

単行本	1979年（講談社）	
文庫	1982年（講談社文庫）	
	2004年（文庫新装版）	

【英訳版】 *Hear the Wind Sing*
英訳者 Alfred Birnbaum（1987年、講談社英語文庫）
　　　 Ted Goossen（2015年、Harvill Secker）

登場人物

僕 ／ I

29歳の「僕」が大学生の頃を振り返ってこの文章を書いている。東京の大学で生物学を
専攻していた「僕」は海辺の街に帰省して、「鼠」とつるんでビールを飲み、羽目を外し
た生活をしていた。

鼠 ／ the Rat

「僕」の友人。恐ろしく本を読まない。「僕」が大学に入った年、朝の4時過ぎに黒塗りの
フィアット600に乗り合わせ、「僕」とチームを組むことになる。金持ちを嫌うが父親は
化学薬品の売買で財を成した。

ジェイ ／ J

ジェイズ・バーのマスター。中国人。「僕」よりずっと上手い日本語を話す。一人称は「私」。
煙草を吸う。中国には一度も行ったことはないが、港に行って船を見る度帰ってみたいと
思う。

小指のない女の子 ／ the girl without a little finger

ジェイズ・バーの洗面所に倒れていたところを「僕」が介抱した女の子。8歳のとき電気
掃除機のモーターに小指を挟み指を失った。レコード店で働いているところを「僕」と再
会し、ビーチ・ボーイズのLPを売った。

デレク・ハートフィールド ／ Derek Hartfield

筆者が創作した架空の作家。「僕」が多大な影響を受けた作家として描かれる。1909年
オハイオ生まれ。1938年、エンパイア・ステート・ビルから飛び降り自殺。「僕」曰く、
「もしデレク・ハートフィールドという作家に出会わなければ小説なんて書かなかった」。

取り上げた4つのシーンについて

シーン 1 完璧な文章などといったものは存在しない

　村上春樹が作家としてのスタートを切る処女作の冒頭。"There's no such thing as a perfect piece of writing. Just as there's no such thing as perfect despair." といきなり比喩で始まる。書くことと文章に対するこだわりを感じさせる出だしだ。29歳になる主人公「僕」が、1970年8月8日から26日までの故郷に帰省中の21歳の時の出来事を回想する。

シーン 2 僕が鼠と初めて出会ったのは3年前の春のことだった

　4章の冒頭。『風の歌を聴け』から『1973年のピンボール』『羊をめぐる冒険』まで登場する「僕」の友人である「鼠」the Ratとの初めて出会いのシーン。泥酔して車を運転して事故を起こすという若いふたりの無謀な青春。このシーンには、勢いのよい flat-out wasted（泥酔して）、bulldozed（踏み倒した）、wrapped ourselves around（正面から突っ込んでぶつけた）、overdid the booze（少し飲み過ぎたな）のような破壊的な言葉やスラングが並ぶ。

シーン 3 僕が寝た三番目の女の子について話す

　26章、三番目に寝た女の子についての「僕」のモノローグ。She looks a bit awkward, and lovely. It is a loveliness that touches the heart.（彼女は幾らか不器用そうに見え、そして美しかった。それは見た人の心の中の最もデリケートな部分にまで突き通ってしまいそうな美しさだった）のようなシンプルで詩的な描写を味わいたい。

シーン 4 それは火星の地表に無数に掘られた

　「僕」が好きな架空の作家ハートフィールドの作品のひとつ、「火星の井戸」のあらすじ。本作品以降の村上作品にもたびたび登場する作品の重要なモチーフ「井戸」と「時空の移動」に関する話が、One and a half billion years passed while you were down the well.（君が井戸を抜ける間に約15億年という歳月が流れた）のように、象徴的に両方とも登場する。

 シーン 1 ～ 4

*pp.*26-41
出典

***Hear the Wind Sing /
Pinball,1973***

Vintage International,
Vintage

訳：Ted Goossen

『風の歌を聴け』

講談社文庫

『風の歌を聴け』 *Hear the Wind Sing*

シーン 1 完璧な文章などといったものは存在しない

"There's no such thing as a perfect piece of writing. Just as there's no such thing as perfect despair." So said a writer I bumped into back when I was a university student. It wasn't until much later that I could grasp his full meaning, but I still found consolation in his words—that there's no such thing as perfect writing.

All the same, I despaired whenever I sat down to write. The scope of what I could handle was just too limited. I could write something about an elephant, let's say, but when it came to the elephant's trainer, I might draw a blank. That kind of thing.

I was caught in this bind for eight years—eight years. A long time.

If one operates on the principle that everything can be a learning experience, then of course aging needn't be so painful. That's what they tell us, anyway.

From the age of twenty on, I did my best to live according to that philosophy. As a result, I was cheated and misunderstood, used and abused, time and again. Yet it also brought me many strange experiences. All sorts of people told me their stories. Then they left, never to return, as if I were no more than a bridge they were clattering across. I, however, kept my lips zipped tight. And so the stories stayed with me until I entered this, the final year of my twenties.

---

bumped into：(偶然) 出会った　**let's say**：「例えば」　**bind**：身動きが取れない状況、苦境

「完璧な文章などといったものは存在しない。完璧な絶望が存在しないようにね。」

　僕が大学生のころ偶然に知り合ったある作家は僕に向ってそう言った。僕がその本当の意味を理解できたのはずっと後のことだったが、少くともそれをある種の慰めとしてとることも可能であった。完璧な文章なんて存在しない、と。

　しかし、それでもやはり何かを書くという段になると、いつも絶望的な気分に襲われることになった。僕に書くことのできる領域はあまりにも限られたものだったからだ。例えば象について何かが書けたとしても、象使いについては何も書けないかもしれない。そういうことだ。

　8年間、僕はそうしたジレンマを抱き続けた。——8年間。長い歳月だ。

　もちろん、あらゆるものから何かを学び取ろうとする姿勢を持ち続ける限り、年老いることはそれほどの苦痛ではない。これは一般論だ。

　20歳を少し過ぎたばかりの頃からずっと、僕はそういった生き方を取ろうと努めてきた。おかげで他人から何度となく手痛い打撃を受け、欺かれ、誤解され、また同時に多くの不思議な体験もした。様々な人間がやってきて僕に語りかけ、まるで橋をわたるように音を立てて僕の上を通り過ぎ、そして二度と戻ってはこなかった。僕はその間じっと口を閉ざし、何も語らなかった。そんな風にして僕は20代最後の年を迎えた。

『風の歌を聴け』 *Hear the Wind Sing*

----

were clattering across：音をたてて渡っていた

Now I think it's time to tell my story.

Which doesn't mean, of course, that I have resolved even one of my problems, or that I will be somehow different when I finish. I may not have changed at all. In the end, writing is not a full step toward self-healing, just a tiny, very tentative move in that direction.

All the same, writing honestly is very difficult. The more I try to be honest, the farther my words sink into darkness.

Don't take this as an excuse. I promise you—I've told my story as best I can right now. There's nothing to add. Yet I can't help thinking: if all goes well, a time may come, years or even decades from now, when I will discover that my self has been salvaged and redeemed. Then the elephant will return to the veldt, and I will tell the story of the world in words far more beautiful than these.

---

a full step toward...：〜への大きな一歩　tentative move：試行的な措置　＊moveは「手だて」

今、僕は語ろうと思う。

　もちろん問題は何ひとつ解決してはいないし、語り終えた時点でもあるいは事態は全く同じということになるかもしれない。結局のところ、文章を書くことは自己療養の手段ではなく、自己療養へのささやかな試みにしか過ぎないからだ。

　しかし、正直に語ることはひどくむずかしい。僕が正直になろうとすればするほど、正確な言葉は闇の奥深くへと沈みこんでいく。

　弁解するつもりはない。少くともここに語られていることは現在の僕におけるベストだ。つけ加えることは何もない。それでも僕はこんな風にも考えている。うまくいけばずっと先に、何年か何十年か先に、救済された自分を発見することができるかもしれない、と。そしてその時、象は平原に還り僕はより美しい言葉で世界を語り始めるだろう。

『風の歌を聴け』 *Hear the Wind Sing*

---

redeemed：取り戻された　　**veldt**：（アフリカ南部の）草原

I had met the Rat three years earlier. It was the spring of our first year in college, and both of us were flat-out wasted. In fact, for the life of me, I can't remember how we met or how I ended up in his shiny black Fiat 600 at 4 a.m. Maybe we had a mutual friend.

Anyhow, there we were, smashed, flying down the road. Which explains why we went merrily crashing through the park fence, bulldozed the azaleas, and wrapped ourselves around one of the stone pillars. It was a frigging miracle neither of us got hurt.

When I recovered from the shock, I kicked my way out through the busted car door and surveyed the damage. The front grill had assumed the exact shape of the pillar, while the hood had flown off and landed some ten yards away, in front of the monkey cage. Judging by the sounds they were making, the monkeys did not appreciate being awoken in such a rude fashion.

With both hands still on the wheel, the Rat was bent over vomiting the pizza he'd eaten an hour before all over the dashboard. I scrambled up onto the car and looked down at him through the sunroof.

"Are you okay?" I called to him.

"Yeah, but I guess I overdid the booze. Puking like this."

"Can you get out?"

"Yeah. Just give me a boost."

The Rat cut the engine, stuck the pack of cigarettes he'd left on the dashboard into his pocket, grabbed my hand, and calmly climbed up onto the car roof. There we sat side by side, smoking one cigarette after another in silence as the sky began to lighten. For some reason, I started thinking about a Richard Burton war movie, that one where he plays a tank commander. I have no idea what was on the Rat's mind.

---

flat-out：徹底的に、すっかり　wasted：酔っぱらった　for the life of me：どうしても

僕が鼠と初めて出会ったのは3年前の春のことだった。それは僕たちが大学に入った年で、2人ともずいぶん酔払っていた。だからいったいどんな事情で僕たちが朝の4時過ぎに鼠の黒塗りのフィアット600に乗り合わせるような羽目になったのか、まるで記憶がない。共通の友人でもいたのだろう。

とにかく僕たちは泥酔して、おまけに速度計の針は80キロを指していた。そんなわけで、僕たちが景気よく公園の垣根を突き破り、つつじの植込みを踏み倒し、石柱に思いきり車をぶっつけた上に怪我ひとつ無かったというのは、まさに僥倖というより他なかった。

僕がショックから醒め、壊れたドアを蹴飛ばして外に出ると、フィアットのボンネット・カバーは10メートルばかり先の猿の檻の前にまで吹き飛び、車の鼻先はちょうど石柱の形にへこんで、突然眠りから叩き起こされた猿たちはひどく腹を立てていた。

鼠はハンドルに両手を置いたまま体を折るようにかがみこんでいたが、怪我をしたというわけではなく、ダッシュボードの上に一時間前に食べたピザ・パイを吐いているだけの話だった。僕は車の屋根によじのぼり、天窓（ルーフ）から運転席をのぞきこんだ。

「大丈夫かい？」

「ああ、でも少し飲みすぎたな。吐くなんてね。」

「出られるかい？」

「引っぱり上げてくれ。」

鼠はエンジンを切り、ダッシュボードの上の煙草の箱をポケットにつっこんでから、おもむろに僕の手をつかんで車の屋根によじのぼった。僕たちはフィアットの屋根に並んで腰を下ろしたまま、白み始めた空を見上げ、黙って何本か煙草を吸った。僕は何故かリチャード・バートンの主演した戦車映画を思い出した。鼠が何を考えていたのかはわからない。

---

wrapped ourselves around...：〜に衝突した　＊直訳は「〜に巻きついた」つまりフィアットが石柱に正面衝突して前部がめり込んだということ　**busted**：壊れた

"Hey," he said after about five minutes. "We're a lucky pair, don't you think? I mean, just look at us—not a scratch. Can you believe it?"

I nodded. "But the car's a write-off," I said.

"Don't sweat it. I can always buy a new one. But you can't buy luck."

I gave the Rat a closer look. "Are you rich or something?"

"Looks like it."

"That's good."

The Rat shook his head in disgust. "Whatever. But at least we've got luck on our side."

"Yeah, you're right."

The Rat ground out his cigarette with the heel of his sneaker and flicked the butt toward the monkey cage.

"Hey, how about we team up? We could have a blast."

"What should we do now?"

"Drink more beer."

We bought a half-dozen cans from a nearby vending machine and carried them down to the ocean, lay on the beach, and drank. When we'd drained them all we just looked at the water. The weather was perfect.

"You can call me Rat," he said.

"How'd you get a name like that?"

"Don't remember. Happened a long time ago. It bugged me at first, but not anymore. A guy can get used to anything."

We chucked the empty cans into the ocean, propped our backs against the embankment, pulled our coats over our heads, and took an hour-long nap. When I woke I was filled with an intense sense of being alive. It was weird—I had never felt that kind of energy before.

"Man, I feel like I could run sixty miles!" I told the Rat.

"Me too," he said.

---

write-off : 大破したもの ＊修理不能で登録を抹消（write-off）されるもの
Don't sweat it. : 心配するな　**in disgust** : 不快そうに　**have a blast** : とても楽しい経験をする

「ねえ、俺たちはツイてるよ。」5分ばかり後で鼠はそう言った。「見てみなよ。怪我ひとつない。信じられるかい？」

僕は肯いた。「でも、車はもう駄目だな。」

「気にするなよ。車は買い戻せるが、ツキは金じゃ買えない。」

僕は少しあきれて鼠の顔を眺めた。「金持ちなのか？」

「らしいね。」

「そりゃ良かった。」

鼠はそれには答えなかったが、不満足そうに何度か首を振った。「でも、とにかく俺たちはツイてる。」

「そうだな。」

鼠はテニス・シューズの踵で煙草をもみ消し、吸殻を猿の檻に向って指ではじいた。

「ねえ、俺たち二人でチームを組まないか？ きっと何もかも上手くいくぜ。」

「手始めに何をする？」

「ビールを飲もう。」

僕たちは近くの自動販売機で缶ビールを半ダースばかり買って海まで歩き、砂浜に寝ころんでそれを全部飲んでしまうと海を眺めた。素晴しく良い天気だった。

「俺のことは鼠って呼んでくれ。」と彼が言った。

「何故そんな名前がついたんだ？」

「忘れたね。随分昔のことさ。初めのうちはそう呼ばれると嫌な気もしたがね、今じゃなんともない。何にだって慣れちまうもんさ。」

僕たちはビールの空缶を全部海に向って放り投げてしまうと、堤防にもたれ頭の上からダッフル・コートをかぶって一時間ばかり眠った。目が覚めた時、一種異様なばかりの生命力が僕の体中にみなぎっていた。不思議な気分だった。

「100キロだって走れる。」と僕は鼠に言った。

「俺もさ。」と鼠は言った。

---

bugged：イライラさせた

Now I'm going to tell you about the third girl I ever slept with.

It's hard enough to talk about the dead under normal circumstances, but it's even harder to talk about girls who have died young: by dying, they stay young forever.

We, on the other hand, advance in age every year, every month, every day. There are times when I can even feel myself aging by the hour. The scary thing is, it's true.

She was no beauty. Yet to say "no beauty" may not be fair. It would be more proper to say, "Her beauty did not reach the level that did her justice."

I have just one photograph of her. Someone jotted the date on the back—August 1963. The same year Kennedy took a bullet in the head. It seems to have been snapped at a summer resort, and shows her perched on a sea wall smiling a somewhat uncomfortable smile. Her hair is clipped short à la Jean Seberg (a style I somehow connected with Auschwitz then), and she is wearing a long red gingham dress. She looks a bit awkward, and lovely. It is a loveliness that touches the heart.

Her lips are slightly parted, her nose is pert, like a delicate antenna, the bangs she seems to have cut herself fall artlessly over a broad forehead, and there are the faint remnants of pimples on her full cheeks.

---

jotted... : ～を手早く書き留めた　perched on... : ～に座っている

26章、三番目に寝た女の子についての「僕」のモノローグ。失われて しまった彼女の美しさのみならず、主人公の死生観までもが語られる。

僕が寝た三番目の女の子について話す。

死んだ人間について語ることはひどくむずかしいことだが、若くして死 んだ女について語ることはもっとむずかしい。死んでしまったことによっ て、彼女たちは永遠に若いからだ。

それに反して生き残った僕たちは一年ごと、一月ごと、一日ごとに齢を 取っていく。時々僕は自分が一時間ごとに齢を取っていくような気さえす る。そして恐しいことに、それは真実なのだ。

彼女は決して美人ではなかった。しかし「美人ではなかった」という言 い方はフェアではないだろう。「彼女は彼女にとってふさわしいだけの美 人ではなかった」というのが正確な表現だと思う。

僕は彼女の写真を一枚だけ持っている。裏に日付けがメモしてあり、そ れは1963年8月となっている。ケネディー大統領が頭を撃ち抜かれた年だ。 彼女は何処かの避暑地らしい海岸の防潮堤に座り、少し居心地悪そうに微 笑んでいる。髪はジーン・セバーグ風に短かく刈り込み（どちらかという とその髪型は僕にアウシュヴィッツを連想させたのだが）、赤いギンガムの 裾の長いワンピースを着ている。彼女は幾らか不器用そうに見え、そして 美しかった。それは見た人の心の中の最もデリケートな部分にまで突き通 ってしまいそうな美しさだった。

軽くあわされた唇と、繊細な触角のように小さく上を向いた鼻、自分で カットしたらしい前髪は無造作に広い額に落ちかかり、そこからわずかに 盛り上がった頬にかけて微かなニキビの痕跡が残っている。

『風の歌を聴け』 Hear the Wind Sing

à la...：＜フランス語＞〜に従って、〜式で　　**pert**：小さくかわいい　　**bangs**：切り下げ前髪

She was fourteen then, and it was the most beautiful moment in her twenty-one years on this planet. Then, suddenly, that moment vanished. That's all I know. I have no way of understanding why, or what possible purpose it may have served. No one does.

She said, in all seriousness—no joke—that she had come to college in order to receive a divine revelation. She told me this a little before four in the morning, when we were lying naked in bed. I asked her what a divine revelation was like.

"How the heck would I know," she said. A minute later she added, "But whatever it is, it flies down from heaven like a pair of angel wings."

I imagined a pair of angel wings descending on the central square of our school. Viewed from a distance, they looked like tissue paper.

No one knows why she chose to die. I doubt somehow that she did either.

---

divine revelation：「天の啓示」 **How the heck…**：いったいどうして ＊heck は hell の婉曲語

彼女は14歳で、それが彼女の21年の人生の中で一番美しい瞬間だった。そしてそれは突然に消え去ってしまった、としか僕には思えない。どういった理由で、そしてどういった目的でそんなことが起こり得るのか、僕にはわからない。誰にもわからない。

　彼女は真剣に（冗談ではなく）、私が大学に入ったのは天の啓示を受けるためよ、と言った。それは朝の4時前で、僕たちは裸でベッドの中にいた。僕は天の啓示とはどんなものなのかと訊ねてみた。
「わかるわけないでしょ。」と彼女は言ったが、少し後でこうつけ加えた。「でもそれは天使の羽根みたいに空から降りてくるの。」
　僕は天使の羽根が大学の中庭に降りてくる光景を想像してみたが、遠くから見るとそれはまるでティッシュ・ペーパーのように見えた。

　何故彼女が死んだのかは誰にもわからない。彼女自身にわかっていたのかどうかさえ怪しいものだ、と僕は思う。

"The Martian Wells" tells the story of a young man who explores the many bottomless wells of the planet Mars. Although it is known that the wells were dug tens of thousands of years ago, strangely, the Martians took care to ensure that none had any contact with water. What, then, was their purpose? No one knows. The wells were all the Martians left behind—nothing else remains. No written language, no dwellings, no eating implements, no metal, no graves, no rockets, no cities, no vending machines, not even a seashell. Only the wells. Earthling scientists debate whether or not the Martians possessed anything that could be termed a civilization; yet their wells were so finely constructed that even after tens of thousands of years, they remain in perfect shape, not a brick out of place. Adventurers and scientific explorers attempt to investigate these wells. Yet those who use ropes retreat when they find the wells too deep and their side passages too extensive, while those who venture down without ropes never make it back to the surface. That is, until the young man appears. A cosmic wanderer, he has wearied of the vastness of outer space and desires only to die an anonymous death. As he descends into one of the wells, however, his state of mind improves, and a curious power takes hold of his body. About half a mile down, he finds a promising tunnel and decides to follow its twisting path to wherever it may lead. On his way, he loses track of time. His watch has stopped. He may have been walking for two hours or two days. Yet, embraced by the strange power, he feels neither hunger nor fatigue.

Then, all of a sudden, he feels the light of the sun. His tunnel has intersected with another well. He scrambles to the

---

implements：道具、器具　out of place：位置がずれている→「崩れて」いる
an anonymous death：身元不明者の死　**takes hold of...**：～を支配する、捉える

前後の文脈
について

「僕」が好きな作家ハートフィールドの作品のひとつ、「火星の井戸」のあらすじ。本作品以降の村上作品にもたびたび登場する村上作品の重要なモチーフ「井戸」と「時空の移動」に関する象徴的な話である。

　それは火星の地表に無数に掘られた底なしの井戸に潜った青年の話である。井戸は恐らく何万年の昔に火星人によって掘られたものであることは確かだったが、不思議なことにそれらは全部が全部、丁寧に水脈を外して掘られていた。いったい何のために彼らがそんなものを掘ったのかは誰にもわからなかった。実際のところ火星人はその井戸以外に何ひとつ残さなかった。文字も住居も食器も鉄も墓もロケットも街も自動販売機も、貝殻さえもなかった。井戸だけである。それを文明と呼ぶべきかどうかは地球人の学者の判断に苦しむところではあったが、確かにその井戸は実にうまく作られていたし、何万年もの歳月を経た後も煉瓦ひとつ崩れてはいなかった。

　もちろん何人かの冒険家や調査隊が井戸に潜った。ロープを携えたものたちはそのあまりの井戸の深さと横穴の長さ故に引き返さねばならなかったし、ロープを持たぬものは誰一人として戻らなかった。

　ある日、宇宙を彷徨う一人の青年が井戸に潜った。彼は宇宙の広大さに倦み、人知れぬ死を望んでいたのだ。下に降りるにつれ、井戸は少しずつ心地よく感じられるようになり、奇妙な力が優しく彼の体を包み始めた。1キロメートルばかり下降してから彼は適当な横穴をみつけてそこに潜りこみ、その曲がりくねった道をあてもなくひたすらに歩き続けた。どれほどの時間歩いたのかはわからなかった。時計が止まってしまっていたからだ。二時間かもしれぬし、二日間かもしれなかった。空腹感や疲労感はまるでなかったし、先刻感じた不思議な力は依然として彼の体を包んでくれていた。

　そしてある時、彼は突然日の光を感じた。横穴は別の井戸に結ばれていたのだ。彼は井戸をよじのぼり、再び地上に出た。彼は井戸の縁に腰を下

『風の歌を聴け』 Hear the Wind Sing

surface. Sitting on the well's rim, he gazes out over an unbroken wilderness, then up at the sun. Something has changed. The smell of the wind, the sun... the sun is above his head, yet it looks as if it were setting, a huge orange lump suspended in the sky.

"In another 250,000 years the sun will explode," a voice whispers. "Click... OFF! 250,000 years. Not so far away, you know."

It is the voice of the wind.

"Don't mind me. I'm just the wind. You can call me Martian if you wish. The word has a nice ring to it. Not that words mean anything to me."

"But you're speaking."

"Me? No, the words are yours. I'm just sending hints to your mind."

"But what has happened to the sun?"

"It got old. It's dying. There's nothing either of us can do about it."

"But it's so sudden..."

"Sudden? Hardly. One and a half billion years passed while you were down the well. As you earthlings say, time flies. The tunnels you passed through run along a time warp—that's why we dug them as we did. They allow us to wander across time. From the creation of the universe to its final demise. We exist in a realm outside life and death. We are the wind."

"May I ask one question?"

"Certainly."

"What have you learned?"

The air around him shook as the wind laughed. Then eternal silence descended once more to the Martian plain. The young man took a revolver from his pocket, placed it to his temple, and squeezed the trigger.

---

has a nice ring to it：響きが良い
Hardly.：まずそんなことはない　＊皮肉を込めて強く否定する意味合い

ろし、何ひとつ遮るものもない荒野を眺め、そして太陽を眺めた。何かが違っていた。風の匂い、太陽……太陽は中空にありながら、まるで夕陽のようにオレンジ色の巨大な塊りと化していたのだ。

「あと25万年で太陽は爆発するよ。パチン……OFFさ。25万年。たいした時間じゃないがね。」

　風が彼に向ってそう囁いた。
「私のことは気にしなくていい。ただの風さ。もし君がそう呼びたければ火星人と呼んでもいい。悪い響きじゃないよ。もっとも、言葉なんて私には意味はないがね。」
「でも、しゃべってる。」
「私が？　しゃべってるのは君さ。私は君の心にヒントを与えているだけだよ。」
「太陽はどうしたんだ、一体？」
「年老いたんだ。死にかけてる。私にも君にもどうしようもないさ。」
「何故急に……？」
「急にじゃないよ。君が井戸を抜ける間に約15億年という歳月が流れた。君たちの諺にあるように、光陰矢の如しさ。君の抜けてきた井戸は時の歪みに沿って掘られているんだ。つまり我々は時の間を彷徨っているわけさ。宇宙の創生から死までをね。だから我々には生もなければ死もない。風だ。」

「ひとつ質問していいかい？」
「喜んで。」
「君は何を学んだ？」
　大気が微かに揺れ、風が笑った。そして再び永遠の静寂が火星の地表を被った。若者はポケットから拳銃を取り出し、銃口をこめかみにつけ、そっと引き金を引いた。

final demise：最期　in a realm outside...：〜の外側の領域で

1

bumped into 「偶然に知り合った」

All(all) the same 「しかし、それでもやはり」

The scope of what I could handle 「僕に書くことのできる領域は」。＊ scope は「範囲、視野」。

let's say 「例えば」

when it came to (the elephant trainer) 「(象使い) については」。＊ When it comes to... は「話が〜ということになると」。

was caught in this bind 「そうしたジレンマを抱き続けた」。＊ bind は口語で「苦境、困った立場」という意味で使われる。ジレンマは dilemma とも言える。

That's what they tell us, anyway. 「これは一般論だ」

return to the veldt 「平原に還り」。＊ veldt は「(アフリカの南部にあるような低木などがある) 草原」。

sterile 「不毛な」

his prose is mangled 「文章は読み辛く」。＊ mangle には「文章をわからなくする」という意味がある。

juvenile 「稚拙な」

slapdash 「出鱈目で」。＊ slapdash は「いいかげんな、急ごしらえの」。

sheer combativeness 「戦闘的な姿勢」。＊ sheer は「純粋の、まったくの」、combativeness は「闘争心」。

waged his fruitless battle 「不毛な闘いを続け」。＊ wage は名詞で「賃金」の意味でよく使われるが、ここでは「戦争などの闘いを」行う、遂行する」。

terrible case of crotch rot 「股の間にひどい皮膚病」。＊ crotch rot は俗語で「いんきんたむし」。

intestinal cancer 「腸の癌」

hacked... up ＜ズタズタに切り裂かれ＞。＊ hack は「切り刻む、ズタズタに切る」。

died in agony 「苦しみ抜いて死んだ」

bristled with... ＜〜でいっぱいの＞

ferrying fluids ＜液体を運ぶ＞

crafty 「狡猾な」

land mine 「地雷」

verifying the distance 「距離を確認すること」。＊ verify は「確かめる」。

sensitivity 「感性」

jettisoning 「放り出し」

incinerate my corpse incinerate one's corpse は「遺体を焼く」。

a shard of bone 「骨ひとつ」。＊ a shard of... は「〜の一片」。

only to find the whole thing has missed the mark 「(結果として) それがみんな見当違いといったこともある」。＊ miss the mark は「的をはずす、失敗する」。

ascribing meaning to life 「それに意味をつけるのは」。＊ ascribe... to 〜は「……を〜に帰する」。

overturning whole systems of values 「あらゆる価値は転換し」

trampled underfoot 「踏みにじった」。＊ trample は「踏みつける」、underfoot は「足元に」。tumple... underfoot で「蹂躙する」。

That's what art is. 「芸術とはそういったものだ」

raids 「漁る」

3

bellowing 「どなっている」

Leeches! 「ダニ」。leech は「ヒル」。

bastards 「くそったれ」

puke ＜吐く、もどす＞

contemplating 「眺めた」。＊ contemplate は「じっと見る」。

(Far) far out ＜(俗) すげえ！、カッコイイ！＞

swig ＜がぶ飲み＞

Make me want to puke 「虫酸が走る」

bummed me out 「嫌な気分になった」。＊ bum out は「落ち込ませる」。

To be blunt 「はっきり言って」。＊ blunt には「鈍い」のほかに「不遠慮な」という意味もある。(Sorry) to be blunt で「(相手にとってぶしつけかもしれないが)」「率直に言わせてもらえば」というニュアンス。

signature phrases 「口癖」。＊ signature phrase は「決め台詞」。

No argument there. 「そのとおりだった」

4

flat-out wasted 「泥酔して」。＊ flat-out は「すっかり、ぐでんぐでんに」、wasted は俗語で「酔っ払った」。

bulldozed 「踏み倒す」

wrapped ourselves around ＜ぶつかった＞

frigging miracle 「僥倖」。＊ frigging は俗語で「いまいましい」。

the busted car door 「壊れた車のドア」

overdid the booze 「少し飲み過ぎたな」。＊ overdo は「やり過ぎる」、booze は「酒」。

give me a boost 「引っぱり上げてくれ」

chucked 「放り投げてしまう」

propped our backs against the
embankment 「堤防にもたれ」

5 The Rat is a virtual stranger to books.
「鼠はおそろしく本を読まない」

flyswatter 「蠅叩き」

what about people who are alive and
breathing? 「生身の人間はどう？」

if you backed me into a corner 「切羽詰
まった状況に追い込まれたら」。＊back は動詞で「後
退させる」。

fiddled with the rim ＜縁をいじりまわしながら＞

6 squirms and fishes about in his
pockets 「モジモジしながらあてもなくポケット
を探った」。＊squirm は「もがく、身もだえする」、
fish には動詞で「探す」の意味がある。about は動
詞と一緒に「あちこち〜する」「〜しまわる」とい
う意味を作る副詞。

7 was perched on a bluff 「高台にあり」。
＊建物などが断崖の上にある様子を表す。perch は
「高い場所に置く」、bluff は「絶壁、急勾配の岬」で
「はったり」の意味もある。

made him huff and puff 「ふうふう言いなが
ら」。＊huff and puff は「息を弾ませる、激しい息
づかいをする」。

big fat zero 「ゼロだ」。＊big fat zero は悪いこ
とを強調する言い方。ちなみに Big Fat Zero という
タイトルの Graham Parker の歌がある。

a torrent of words came gushing from
my mouth 「堰を切ったように僕は突然しゃ
べり始めた」。＊torrent は「奔流、ほとばしり」、
gush は「噴出する、どっと流れ出る」。

fill in the void 「ブランクを満たす」。
＊be void of... は「〜がない、欠けている」。

the fever subsided 「熱が引いた」。
＊subside は「低下する、静まる」。

8 freighters 「貨物船」

offshore ＜沖合に＞

All signs pointed to another scorcher
of a day. 「暑い一日になりそうだった」。
＊scorcher は「焼け付くように暑い日」。

radio calisthenics 「ラジオ体操」。
＊calisthenics は「徒手体操」。

a year or two shy of twenty 「20歳より幾
つか若く」。＊shy には「〜に足りない、不足して」
の意味がある。

pubic hair 「陰毛」。＊pubic は「陰部の」。

9 balmy 「気持の良い」

Freaked me out. 「変な気がしたよ」

totally sloshed 「グデングデンに酔っ払って」

hoisted you off the washroom floor 「君
を抱き起こして洗面所から連れ出し」。＊hoist は「か
つぎ上げる、つり上げる、持ち上げる」。

lugged you back to the bar ＜バーへ引き
ずっていった＞。＊lug は「引きずる」。

figuring ＜〜だと思って＞

whacked 「打った」。＊whack は「強く打つ」。

alcohol poisoning 「アルコール中毒」。＊「急
性アルコール中毒」は acute alcoholism などと言
える。

chugged 「がぶ飲みした」

spat out 「吐き捨てるように（そう）言う」

guy who'll take advantage of a girl
who's passed out 「意識を失くした女の子
と寝るような奴」。＊take advantage of... は「活
用する、利用する」の他に、「〜の弱みに付け込む」
の意味がある。pass out は「意識を失う」。

you can't get any lower than that 「最低
よ」

Fat chance! 「信じられないわ」。＊「見込みが
ない、あるわけがない」という意味の口語表現。

lewd smile 「ひどく下卑た笑い」。＊lewd は「み
だらな、猥褻な」

Beats me. 「さあね」。＊Beat me. は「わから
ない」という意味の口語表現。

stifling hot 「ひどく暑く」。＊stifling は「息苦し
い、暑苦しい」。

10 scorcher 「ひどく暑い」。＊scorcher は「焼け
付くように暑い、じりじりと暑い」。

That was it. 「それだけだった」

in a gaudy dress 「派手なワンピースを着た」。
＊gaudy は「けばけばしい、派手な」

whisked the coins 「すばやく小銭をかきあつ
める」。＊whisk は「素早く動かす、はたく」。

Don't sweat it. 「気にしなくっていいですよ」。
＊Don't sweat it. は「気にするな、心配するな」
という意味の口語表現。

neuralgic cow 「神経痛の牛」

Hightailing it, huh? 「逃げ出すのかい？」。
＊hightail は「急いで去る」。

11 fuse 「ヒューズ」

took a hasty slug of beer 「慌ててビール
で」。＊hasty は「急いでなされた、あわただしい」、
slug は口語で「ひと口の強い酒」。take a hasty
slug of coffee は「あわただしくコーヒーを飲む」。

remnants ＜＜くず、残ったもの＞

Catch my drift? 「そうだろ？」。＊drift は「趣旨」。

infinitesimal 「ほんの少し」。＊「非常に小さい、
極微の」という意味。

shuffling through 「眺めて」。＊shuffle
through には「どうにか切り抜ける」という意味が
あるが、ここでは「（棚に）あちこち視線をやりな
がらようやく思い出した」というニュアンス。

steeped in resignation 「あきらめたように」。
＊steeped in... は「〜に包まれて、〜に浸って」、
resignation は「辞任」の意味もあるが、ここでは「あ
きらめ」。

scum 「最低よ」。＊scum はここでは「人間のく
ず（カス）、ごくつぶし」。

his elbows propped on the counter 「カ
ウンターに肘をついて」。＊plop は動詞では「支え
る、つっかい棒をする」。

plowing 「読んでいる」

impoverished truth 「貧弱な真実」

..., that is ＜〜ってことだけど＞。＊口語的表現
で、補足的に後ろに置く。

recuperate 「療養です」。＊recuperate には「回
復する、療養する」という意味がある。

wobbly 「安定の悪い」

chick 「女の子」。＊chick には「ヒヨコ、子ども」
などの意味もある。

plucked from the garbage 「ゴミ箱から
拾ってきた」

tear gas 「催涙ガス」

shabby grove of trees 「みすぼらしい雑
木林」。＊shabby は「みすぼらしい、粗末な」、
grove は「木立、小さい林」。

How come? 「何故？」

studied 「眺めていた」。＊study には「じっと見る、
注意深く観察する」といった意味がある。

grain 「木目」

Those things happen, right? 「よくある話
よ。そうでしょ？」

down in the dumps 「気が滅入る」

Don't let it get to you. 「気にすることはないさ」

**Everybody's carrying stuff like that
around.** 「誰だって何かを抱えてるんだよ」

**"Where is it now?""Where is what
now?"** 「今、何処にある？」「何が？」

drained ＜飲み干した＞。＊drain は「排水する」
以外にも「ぐいと飲み干す」という意味がある。

came across this passage 「こんな一節が
あった」。＊come across は「ふと目にとまる、偶
然出会う」。

So well do I deal out judgements 「私の
正義はあまりにあまねきため」。＊deal out は「分
配する」。

peeled off 「払い落とし」。＊peel off は「はがす、
剥離する」。

my stinging face 「ひりひりする顔」

smudge 「シミ」

**It messes up their respiratory systems
big time.** 「気管を悪くする」。＊respiratory
system は「呼吸器系」、big time は俗語で「ひどく、
極めて」という意味の副詞句。

antibodies for rabies 「狂犬病の抗体」

low-temperature sterilization 「減温殺
菌」。＊sterilization は「殺菌、消毒」。

ding-dong 「正解」

insect repellent cream 「虫よけの軟膏」

stubbed out 「消して」。＊stub out は「潰すこ
とによって消す」。

bummed... out 「うんざりした気分で」。
＊bum out は「落ち込ませる、がっかりさせる」。

sinking into the sludge of time 「時の淀
みの中で眠り込もうとする」。＊sludge は「泥、堆
積物、沈殿したもの」。

plying my consciousness 「意識を蹴とば
しながら」。＊ply... は「〜をせっせと働かせる」。

twin-fuselage 「双胴の」

a game of musical chairs 「椅子取りゲーム」

dangling 「吊した」。＊dangle は「ぶら下がる」。

toyed 「いじくりまわしていた」。＊toy は動詞で
「もてあそぶ、戯れる」。

shrilling ＜（蝉が）バタバタと金切り声をあげて
騒いでいる＞

moat 「濠」

by-now-flat Coke 「泡の抜けてしまったコーラ」。＊flat には「（ビールなどの）気の抜けた」という意味がある。

Ye are the salt of the earth. 「汝らは地の塩なり」。＊新約聖書の『マタイによる福音書』第五章十三節より。

intoned 「言った」

busted 「故障した」。＊俗語。

We're all the same. 「みんな同じさ」

---

³² sarcasm 「皮肉」

vitriol 「悪口」

human existence is a hollow sham 「人生は空っぽである」。＊sham は「偽物、ごまかし」。

through unstinting effort 「一生懸命努力して」。＊unstinting は「物惜しみをしない」。

in this erosion 「すり減らして」

staunch admiration 「ひどく気に入っていた（理由）」。＊staunch は「強固な、確固とした」。

incorporate ＜取り入れる＞

impression of incoherence 「ちぐはぐな印象」。＊incoherence は「一貫しないこと」。

eating implements 「食器」

They allow us to wander across time. 「我々は時の間を彷徨っているわけだ」

We exist in a realm outside life and death. 「我々には生もなければ死もない」

its final demise 「死」。＊demise は「消滅、崩壊」。

---

³³ in a wasteland 「荒野に」

dingy 「薄汚れて」

apron-clad 「エプロンをつけた」。＊clad は文語で「身にまとう」。

anemic-looking 「貧血症といった感じの」。＊anemic は「貧血の、元気のない」。

stooping 「前かがみになった」

plastic crisper 「プラスティック・ケース」。＊ここでは「野菜庫」のこと。

was thwarted by... ＜～によって挫折させられた、＜じかれた＞

real downpour 「洪水」

---

³⁴ afflicting ＜苦しめる、悩ます＞

proliferation ＜はびこること、拡散、蔓延＞

was snuggling together ＜いっしょに寄り添っていた＞。＊snuggle は「寄り添う」。

looked me square in the eye 「じっと僕の顔を見た」。＊ここでの square は副詞で「まっすぐ、まともに」。

---

³⁵ dissected 「解剖した」

abdomen 「腹」

cud 「草」。＊cud は「再びかみこなされるために吐きもどされた牛などの反芻動物の食物」のこと。

regurgitate 「反芻して」

unappetizing, pathetic thing 「まずそうで惨めなもの」

is intervening 「介在してる」。＊intervene は「介在する、間にある」。

strolled along... 「～に沿ってゆっくりと歩いた」

Not the best sign to be born under, huh? 「なんとなくそんな星まわりらしいな」

slick 「しっかりと貼りついている」

by sturdy iron grating 「頑丈そうな鉄格子」

flanks 「脇腹」

barnacles 「貝殻」。＊barnacle は「フジツボやエボシガイなどのフジツボ目の海産甲殻類の総称」。

scabs 「かさぶた」

couldn't pull it off 「うまくいかなかった」

a clammy sweat 「冷えた汗」

---

³⁶ toted up the slope 「坂道を上り」

he's a man of principle 「律儀な人」

slackend 「緩め」

Winds change direction. 「風向きも変わるさ」

---

³⁷ spinal cord ＜脊髄＞。＊「脊椎」は spinal column、spine、backbone などという。

---

³⁸ He who gives freely shall receive in kind. 「惜しまずに与えるものは、常に与えられるものである」。＊in kind は「同じ種類のもので、同じやり方で」。

---

³⁹ there is a sequel 「後日談はある」。＊sequel は「続き、続編」。

In that way, we live our lives. 「僕たちはそんな風に生きている」

vacated 「引き払っていて」

It's that kind of a thing. 「そういうものだ」

adjacent to... 「～の隣りには」

a dried hunk of mummified grass 「乾いてミイラのようになった草の塊り」。＊hunk は口語的な表現で「大きなかたまり」。

1	完璧な文章などといったものは存在しない。完璧な絶望が存在しないようにね。	There's no such thing as a perfect piece of writing. Just as there's no such thing as perfect despair.
	そういうことだ。	That kind of thing.
	もちろん、あらゆるものから何かを学び取ろうとする姿勢を持ち続ける限り、年老いることはそれほどの苦痛ではない。これは一般論だ。	If one operates on the principle that everything can be a learning experience, then of course aging needn't be so painful. That's what they tell us, anyway.
	文章を書くことは自己療養の手段ではなく、自己療養へのささやかな試みにしか過ぎないからだ。	Writing is not a full step toward self-healing, just a tiny, very tentative move in that direction.
	僕が正直になろうとすればするほど、正確な言葉は闇の奥深くへと沈みこんでいく。	The more I try to be honest, the farther my words sink into darkness.
	象は平原に還り僕はより美しい言葉で世界を語り始めるだろう。	The elephant will return to the veldt, and I will tell the story of the world in words far more beautiful than these.
	結局のところ、不毛であるということはそういったものなのだ。	In the final reckoning, I suppose, that's what being sterile is all about.
	文章をかくという作業は、とりもなおさず自分と自分をとりまく事物との距離を確認することである。	Writing is, in effect, the act of verifying the distance between us and the things surrounding us.
	必要なものは感性ではなく、ものさしだ。	What we need is not sensitivity but a measuring stick.
	それが落とし穴だと気づいたのは、不幸なことにずっと後だった。	Sadly for me, it took ages to see that this was a trap.
	僕たちが認識しようと努めるものと、実際に認識するものの間には深い淵が横たわっている。	A gulf separates what we attempt to preceive from what we are actually able to preceive.
3	金持ちなんて・みんな・糞くらえさ。	Eat shit, you rich bastards!
	金持ち面をしてる奴らを見るとね、虫酸が走る。	The bastards can't do a damn thing for themselves. Looking at their faces makes me want to puke.
	はっきり言って、というのが鼠の口癖だった。	"To be blunt" was one of the Rat's signature phrases.

5	鼠はおそろしく本を読まない。	The Rat is a virtual stranger to books.
	死んだ人間に対しては大抵のことが許せそうな気がするんだな。	I guess because I feel like I can forgive dead people.
7	医者の言ったことは正しい。文明とは伝達である。表現し、伝達すべきことが失くなった時、文明は終る。パチン……OFF。	The doctor was right. Civilization is communication. When that which should be expressed and transmitted is lost, civilization comes to an end. Click... OFF.
8	別の体に別の魂をむりやり詰めこまれてしまったような感じがする。	I feel like I'm stuck in another body inhabited by someone else's spirit.
	下腹部には細い陰毛が洪水の後の小川の水草のように気持よくはえ揃っている。	Her delicate pubic hair reminded me of river grass after a flood.
11	……おい、参ったね、しゃっくりが出そうだよ……	... Hey, I feel a hiccup coming on. Oh shit!
19	話せば長いことだが、僕は21歳になる。	To keep it short and sweet: I'm twenty-one years old.
	そんな所でウロウロしているとパクられるぜ。	If you hang around here you're going to get busted.
	みすぼらしい雑木林の中で首を吊って死んだ。	She hanged herself in the shabby grove of trees by the tennis courts.
20	誰だって何かを抱えてるんだよ。	Everybody's carrying stuff like that around.
	ねえ、双子の姉妹がいるってどんな感じ。	So what's it like having a twin sister?
	そうね、変な気分よ。同じ顔で、同じ知能指数で、同じサイズのブラジャーをつけて……、いつもうんざりしてたわ。	It feels kind of weird. I mean, you've got the same face, the same IQ, the same bra size... it's a real turnoff.
	あなたって確かに少し変ってるわ。	You really are a little nuts.
22	いつも肝心なことだけ言い忘れる。	I always forget the important stuff.
23	他人に伝える何かがある限り僕は確実に存在しているはずだと。	That having something to communicate could stand as proof I really existed.
24	これは決して良い徴候ではない。	Not a good sign, for sure.
26	時々僕は自分が一時間ごとに齢を取っていくような気さえする。そして恐しいことに、それは真実なのだ。	There are times when I can even feel myself aging by the hour. The scary thing is, it's true.

	（それは見た人の）心の中の最もデリケートな部分にまで突き通ってしまいそうな美しさだった。	It is a loveliness that touches the heart.
	彼女自身にわかっていたのかどうかさえ怪しいものだ、と僕は思う。	I doubt somehow that she did either.
27	僕は嫌な夢を見ていた。	I had an unpleasant dream.
	僕は黒い大きな鳥で、ジャングルの上を西に向かって飛んでいた。	I was a big black bird flying westward over a thick jungle.
	僕は深い傷を負い、羽には血の痕が黒くこびりついている。	I was badly wounded, my feathers caked with black blood.
	西の空には不吉な黒い雲が一面に広がり始め、あたりには微かな雨の香りがした。	Ominous dark clouds were gathering in the western sky, and there was a whiff of rain in the air.
	微かな南風の運んでくる海の香りと焼けたアスファルトの匂いが、僕に昔の夏を想い出させた。	The whiff of ocean on the southern breeze and the smell of burning asphalt carried with them memories of summers past.
29	多分取り残されるような気がするんだよ。	I guess he feels he's being left behind.
	優しい子なのにね、あんたにはなんていうか、どっかに悟り切ったような部分があるよ。	You're a sweet kid, but part of you seems —how should I put this?—above it all, like a Zen monk or something.
	老婆心。	Old womanish.
	鼠には僕の方から言い出してみるよ。	I'll talk to the Rat.
31	俺は俺なりに頑張ったよ。	But I gave it my best shot.
	時が来ればみんな自分の持ち場に結局は戻っていく。	The way I see it, sooner or later everyone returns to his post.
	俺だけは戻る場所がなかったんだ。椅子取りゲームみたいなもんだよ。	For me, it was a game of musical chairs— there was no place I could call my own.
	巨大さってのは時々ね、物事の本質を全く別のものに変えちまう。	When something is that huge it changes everything around it.
	汝らは地の塩なり。	Ye are the salt of the earth.
	世の中にはどうしようもないこともあるんだってね。	There are things in this world you can't do a damn thing about.

	だけどね、人並み外れた強さを持ったやつなんて誰もいないんだ。	But no one's superman—in that way, we're all weak.
	みんな同じさ。	*We're all the same.*
	だから早くそれに気づいた人間がほんの少しでも強くなろうって努力するべきなんだ。	If you catch on to that early enough, you can try to make yourlself stronger, even if only a little.
	強い人間なんてどこにも居やしない。強い振りのできる人間が居るだけさ。	There are no truly strong people. Only people who pretend to be strong.
32	誰もが知っていることを小説に書いて、いったい何の意味がある？	What would be the point of writing a novel about things everyone already knows?
	それは火星の地表に無数に掘られた底なしの井戸に潜った青年の話である。	"The Martian Wells" tells the story of a young man who explores the many bottomless wells of the planet Mars.
	下に降りるにつれ、井戸は少しずつ心地よく感じられるようになり、奇妙な力が優しく彼の体を包み始めた。	As he descends into one of the wells, however, his state of mind improves, and a curious power takes hold of his body.
	あと25万年で太陽は爆発するよ。パチン……OFFさ。	In another 250,000 years the sun will explode," a voice whispers. "Click... OFF!
	私が？　しゃべってるのは君さ。私は君の心にヒントを与えているだけだよ。	Me? No, the words are yours. I'm just sending hints to your mind.
	君の抜けてきた井戸は時の歪みに沿って掘られているんだ。	The tunnels you passed through run along a time warp.
	つまり我々は時の間を彷徨っているわけさ。宇宙の創生から死までをね。だから我々には生もなければ死もない。風だ。	They allow us to wander across time. From the creation of the universe to its final demise. We exist in a realm outside life and death. We are the wind.
34	もし僕たちが年中しゃべり続け、それも真実しかしゃべらないとしたら、真実の価値など失くなってしまうのかもしれない。	All the same, were we to speak only the truth all year round, then the truth might lose its value.
35	個体は進化のエネルギーに耐えることができないから世代交代する。	An individual organism can't sustain the amount of energy that evolution requires; evolution has to work its way through generations.
	宇宙は進化してるし、結局のところ僕たちはその一部にすぎないんだ。	We do know that evolution is for real, and that we are only a part of the process.

『風の歌を聴け』 *Hear the Wind Sing*

	ねえ、私が死んで百年もたてば、誰も私の存在なんか覚えてないわね。	I guess a hundred years after my death no one will remember I ever existed.
	夕暮の風が海を渡りそして草を揺らせる間に、夕闇がゆっくりと淡い夜に変わり、幾つかの星がドックの上にまたたき始めた。	Just looking at the ocean, the evening sky, and the ship while the sea breeze blew through the trembling grass. As the dusk softened to night, a handful of stars began to twinkle above the dock.
	こんなこと話したのはあなたが初めてよ。	You're the first person I've ever told about this.
36	頭の上をね、いつも悪い風が吹いているのよ。	It's like I'm caught in an ill wind.
	風向きも変わるさ。	Winds change direction.
37	実にいろんな人がそれぞれに生きてたんだ、と僕は思った。	So many people, so many ways of life.
	そう思うとね、急に涙が出てきた。	It brought tears to my eyes.
	僕は・君たちが・好きだ。	I love all you kids out there!
38	あらゆるものは通り過ぎる。誰にもそれを捉えることはできない。	All things pass. None of us can manage to hold on to anything.
	僕たちはそんな風にして生きている。	In that way, we live our lives.
39	もちろん後日談はある。	Of course there is a sequel.
	（彼女は）人の洪水と時の流れの中に跡も残さずに消え去っていた。	She vanished without a trace, swept away by the flow of time and its flood of people.
40	昼の光に、夜の闇の深さがわかるものか。	How can those who live in the light of day possibly comprehend the depths of night?

村上春樹を英語で読む

井土康仁
（藤田医科大学非常勤講師）

　僕が村上春樹の作品を最初に英語で読んだのは、英文学科に所属していた頃のことだった。その頃僕は、英語で小説を読むのに四苦八苦していて、何とか楽しく上手に読める手立てはないものかと、いつも考えていた。そんなある日、ふと「村上春樹の小説を英語で読んだらいいんじゃないか」と思いついた。僕は大学に入る前から彼のファンであったし、彼の作品のストーリーはもちろん、いくつかの文章などはそっくり頭に入っていたので、たとえ英語であってもスラスラ楽しく読めるのではないか、と思ったのである。

　そこでまず手にしたのは、講談社英語文庫に収録されている『風の歌を聴け』と『1973年のピンボール』だった。この文庫シリーズのいいところは、巻末に日本語による注釈がついているところだった。いくら知った作品とは言え、一言一句すべての文章を覚えているわけではないので、英語が理解できない箇所がいくつか出てくる。そこで巻末を参照すると、丁寧な解説があるため、それを頼りに読み進めていくことができたことを覚えている。

　これは後で知ったことなのだが、この2冊の本の翻訳者であるアルフレッド・バーンバウム氏は、原文をそのまま忠実に訳すタイプの翻訳者ではなく、翻訳という行為にクリエイティブな仕掛けを施す人であるようだ。そのため原文と照らし合わせると、いささか雰囲気の異なる英文も出てくるのだが、それを味わうこともまた翻訳書で外国語を勉強する楽しみでもあるような気がした。

　原文の文体、トーンに近いものを、ということであれば、ジェイ・ルービン氏が訳した『ねじまき鳥クロニクル』がおすすめである。原文同様、訳書の英語は理解しやすいものであり、作品の雰囲気も損なわれていない（笠原メイがソフトボールのような「死のかたまり」を口述する箇所などは、語りかける彼女の興奮まで伝わってくる）。原作の息遣いさえ訳出してしまう訳者の手腕に、我々読者は感服する他ないのである。

村上春樹と井戸──地下二階と集合的無意識

高橋清貴
（フリーランス編集者）

All I knew about the well was its frightening depth...and crammed full of darkness...

(*Norwegian Woods* Translated by Jay Rubin)

　僕に唯一わかるのはそれがとにかくおそろしく深いということだけだ。（中略）そして穴の中には暗黒が──（中略）つまっている。　（『ノルウェイの森』村上春樹より）

　今回、「村上春樹と井戸」というテーマを与えられたので、村上春樹氏が井戸について語っているインタビューを集めて読んでみた。すると春樹氏が井戸や井戸が象徴するであろう地下世界について饒舌に語っているのを知って驚いた。ここでは春樹氏が井戸や地下世界についてどのようなことを語っているかをまとめ、そのあとでちょっとした提案をしたい。

暗い場所・深い場所への下降

　春樹氏はずっと井戸に魅了されてきたようだ。『夢を見るために毎朝僕は目覚めるのです──村上春樹インタビュー集 1997 ～ 2011』（文春文庫）で、氏は〈井戸に心を惹かれることは確か〉と語り、『村上春樹、河合隼雄に会いにいく』（新潮文庫）では、井戸を掘っていくと、《つながるはずのない壁を越えてつながる、というコミットメントのありように、ぼくは非常に惹かれる》と述べている（〈　〉は『夢を見るために─』での発言。以下同）。

　また、春樹氏は小説を書いているときに、暗い場所・深い場所に下降すると語っている。そこは、〈井戸の底か、地下室のような場所〉だという。心の深いところまで降りていって作品を紡いできたことも、氏の作品に井戸が多く登場する理由と言えるのではないか。

　一方、春樹氏が下降する場所は〈光がなく、湿っていて、しばしば危険が潜んでいる〉とも語っている。心の深いところは、暗いだけでなく、危険まで潜んでいるらしい。そこでよいものにも会うが、〈悪しきもの〉に会い、危険に遭遇する

こともあるという。そこで遭遇したものを文章で描写しているのだと『夢を見るために―』で語られている。

　深いところにあって、「暗くて悪しきものがいる」とすると、あの世、あるいは地獄を想起しないだろうか。あの世といえば、川上未映子氏との対談本『みみずくは黄昏に飛びたつ』（新潮文庫）で、春樹氏が小野篁（たかむら）の名前を出しているのも興味深い。小野篁といえば、井戸を通ってあの世との間を行き来したという伝説の残る人物だからだ（京都・六道珍皇寺には小野篁が使ったとされる井戸もある）。

降りていく場所は「集合的無意識」か

　春樹氏が降りていく場所は「集合的無意識」ではないか、という解釈も成り立つだろう。「集合的無意識」とは心理学者のユングが唱えた概念で、ユングによると、「人間の無意識の奥深くにあり、人類に普遍的な意識」だという（参考・河合隼雄著『ユング心理学入門』培風館）。

　『みみずくは黄昏に飛びたつ』で、春樹氏自身も集合的無意識について語っている。あらゆる民族の神話には共通するものがたくさんあるといい、《そういう神話性が各民族の集合的無意識として、時代を超えて脈打》ち、それが《地域を越えて世界中でつながってる》という。また、氏の小説がいろいろな国で読まれるのは、《そういう人々の地下部分にあたる意識に、物語がダイレクトに訴えかけるところがあるからじゃないかな》とも語っている（《　》は『みみずくは黄昏に飛びたつ』での発言。以下同）。

　「人々の地下部分にあたる意識」に訴えかけるという世界共通の「言語」を手に入れたことも、春樹氏の作品が世界で読まれている理由のひとつなのだろう。だとしたら、井戸や地下世界は氏の物語世界の本質に関わる部分と言えるのかもしれない。

　春樹氏は《集合的無意識が取り引きされるのは、古代的なスペースにおいて》だと語った上で、「古代的なスペース」で思い浮かべるのは、《洞窟の奥でストーリーテリングしている語り部》だという。そして、古代や原始時代の洞窟の中の《集合的無意識みたいなものと「じか」につながっている》と常に感じていると語る。

人間の存在は「二階建ての家」

　地下世界といえば、春樹氏の「二階建ての家」の話も興味深い。春樹氏は〈人間の存在というのは二階建ての家だ〉と語る。「二階建ての家」には地下室があり、地下室の下にはまた別の地下室があるという。その地下室に入っていって、暗闇の中を巡って〈普通の家の中では見られないものを人は体験する〉という。

　春樹氏は「洞窟の中の集合的無意識みたいなもの」とつながることで、神話性を獲得し、洞窟の奥の語り部というイメージを自らに投影しながら、様々な作品を生み出しているのかもしれない。

※

「暗くて深い場所」闇体験のすすめ

　ところで、春樹氏が降りている「暗くて深い場所」を、皆さんも体験したくないだろうか。長野市の善光寺をはじめ、各地の善光寺では真っ暗闇の地下の通路を手探りで進む「戒壇巡り」が体験できるところがある。また、筆者は暗闇の中を月の光だけを頼りに歩く「闇歩きツアー」に参加したことがある。

　探せば現代でも漆黒の闇を体験できる場所は各所にあるだろう。闇の中でそこにある音に耳を傾け、何か潜むものがいないか気配を感じてみるのはどうだろう。そうやって、五感を（第六感も？）研ぎ澄ますことは、春樹氏が描き出す「暗くて深い場所」をよりリアルに感じられるよすがになるかもしれない。

『夢を見るために毎朝僕は目覚めるのです　村上春樹インタビュー集 1997-2011』
文春文庫

『村上春樹、河合隼雄に会いにいく』河合隼雄　村上春樹
新潮文庫

『みみずくは黄昏に飛びたつ』
川上未映子　村上春樹
新潮文庫

1973年のピンボール

Pinball, 1973

『風の歌を聴け』は1970年の8月の出来事を書いたものだったが、本作は1973年の出来事である。

「僕」は大学を卒業し、友人と翻訳事務所を開いている。

「208」「209」と呼ぶ双子と一時的に生活をともにすることになり、交換され不要になった「配電盤の葬式」を彼女たちと行う。

一方、故郷の街に残り行き詰まりを感じた「鼠」は様々な葛藤の末、街を出る決心をし、Jに告げる。

1970年に「僕」が熱中してハイスコアを出した「スペースシップ」というモデルのピンボール台が突然姿を消したが、1973年に再会。

1973年、「配電盤の葬式」「鼠の故郷との決別」「スペースシップとの再会と別れ」——ひとつの時期の終わりを告げる出来事が続く。

単行本　1980年（講談社）
文庫　　1983年（講談社文庫）
　　　　2004年（文庫新装版）

【英訳版】 *Pinball, 1973*
英訳者　Alfred Birnbaum（1985年、講談社英語文庫）
　　　　Ted Goossen（2015年、Knopf）

登場人物

私／I
大学生活を経て、友人と翻訳を専門とする小さな事務所を開いている。英語担当。

直子／Naoko
「僕」が大学にいた二十歳のときよく遠く離れた街の話をしてくれた女の子。十二の歳に「いったいどんな目的であれほど退屈な街ができたのか想像もつかない」街に住んでいた。

双子／twins
よく晴れた日曜日の朝、「僕」が目を覚ましたとき両脇にいた女の子たち。「僕」はふたりを着ているトレーナー・シャツの数字「208」「209」で見分けていた。

友人／my friend
1972年の春、「僕」と渋谷から南平台に向かう坂道にあるマンションで翻訳を専門とする小さな事務所を開いた共同経営者。事務所の開業資金は彼の父親から出た。フランス語担当。

鼠／the Rat
「僕」の友人。大学を放り出された金持ちの青年。顔立ちは「少しばかり陰気すぎるが、鼻と顎の形はそれほど悪くはない」。大学に入った年に家を出て、父親が書斎がわりに使っていたマンションの一室に移った。

ジェイ／J
ジェイズ・バーの店主でバーテン。中国人。片手のない年寄りの猫を飼っている。

女／the woman
不用物売買コーナーに電話をかけた鼠にタイプライターのリボンをあげた。ほっそりとした小柄な女。整った顔立ち。美術大学の建築科を出て設計事務所で働き、ヴィオラを習っている。

シーン 1 直子も何度かそういった話をしてくれた

本作品で「直子」が初めて登場する場面。1969年の春、日当たりの良い大学のラウンジに座り、彼女の語る生まれ故郷の侘しい情景に「僕」は耳を傾けていた。「プラットフォームの端から端まで犬が散歩してるのよ」(And there's always a dog walking the platform from one end to the other)。それから4年後、1973年の5月、僕はその犬に会いに駅に行くことになる。

シーン 2 男はそこまで言って息を呑んだ

日曜日の朝に「僕」の部屋の配電盤(switch panel)を交換しに工事人がやってくる。男の、配電盤についての要を得た説明が印象的な場面。この場面で、2回、配電盤の工事人は "I'm floored."（参ったね）と言っている。この「参ったね」と「やれやれ」は村上春樹の小説の中によく出てくるが、英語の表現は文脈によって異なる。

シーン 3 二人は長いあいだ黙っていた

ある夜眠れなかった「鼠」は、閉店後のジェイの店を訪ねる。The two were quiet for a long time.（二人は長いあいだ黙っていた）、そして J studied his fingertips for a minute.（ジェイはしばらく何も言わずに、自分の指先を見ていた）。言葉に出さずとも何かを共有できる「鼠」とジェイ。

ジェイズ・バーを出た「鼠」は女を訪ねずに、車の中から女の住まいを遠くから見ていた。「鼠」の迷いと孤独を感じるシーン。

シーン 4 ある日、何かが僕たちの心を捉える

本タイトルの「ピンボール」に関する話。On any given day, something can come along and steal our hearts.（ある日、何かが僕たちの心を捉える）。そして What grabbed me that Sunday evening in October was pinball.（その秋の日曜日の夕暮時に僕の心を捉えたのは実にピンボールだった）。

回想シーン。1970年、ジェイズ・バーでピンボールに狂った鼠に引きずられるように始めた僕の前に現れたのは「スペースシップ」というモデルだった。このシーンから後に、「僕」の「スペースシップ」という台に対する深い愛着が語られるので、引き続いて読んでみたい。

 シーン **1**〜**4**

p.58-73
出典

 Hear the Wind Sing / Pinball, 1973

Vintage International,
Vintage

訳:Ted Goossen

 『1973年のピンボール』

講談社文庫

On occasion, Naoko would tell me her stories. I can still remember every word.

"I don't know what to call the place," she said in a bored voice, her cheek resting on her hand in the bright sunlight of the student lounge. Then she gave a little laugh. I waited for her to continue. She was a girl who spoke slowly and chose her words with care.

We sat at a red plastic table, a paper cup stuffed with cigarette butts between us. The light streamed through the tall windows like in a Rubens painting, neatly dividing our table down the middle so that my right hand was illuminated and my left was in shade.

It was the spring of 1969, and we were both twenty. New students wearing new shoes, carrying new course catalogs, their heads crammed with new brains, packed the lounge. Throughout our conversation we heard complaints and apologies as people bumped into each other.

"I mean," she continued, "you can't even call it a real town. There's just a railroad track and a station. A pathetic two-bit station the engineer could zip right past in the rain."

I nodded. For a full thirty seconds we sat there in silence, watching the cigarette smoke curl in the sunlight.

"And there's always a dog walking the platform from one end to the other. That kind of station. Got the picture?"

I nodded again.

---

crammed with... : ～でギュウギュウ詰めである　pathetic : 哀れな
two-bit : 取るに足らない、25 セント　＊ bit は「小銭（12 セント半）

直子も何度かそういった話をしてくれた。彼女の言葉を一言残らず覚えている。

「なんて呼べばいいのかわかんないわ」

直子は日当りの良い大学のラウンジに座り、片方の腕で頬杖をついたまま面倒臭そうにそう言って笑った。僕は我慢強く彼女が話しつづけるのを待った。彼女はいつだってゆっくりと、そして正確な言葉を捜しながらしゃべった。

向い合って座った僕たちの間には赤いプラスチックのテーブルがあり、その上には煙草の吸殻でいっぱいになった紙コップが一つ置かれていた。高い窓からルーベンスの絵のように差しこんだ日の光が、テーブルのまん中にくっきりと明と暗の境界線を引いている。テーブルに置いた僕の右手は光の中に、そして左手は翳の中にあった。

一九六九年の春、僕たちはこのように二十歳だった。ラウンジは新しい皮靴をはき、新しい講義要項を抱え、頭に新しい脳味噌を詰め込んだ新入生のおかげで足の踏み場もなく、僕たちの傍では、始終誰かと誰かがぶつかっては文句を言い合ったり謝まり合ったりしていた。

「なにしろ街なんてものじゃないのよ」彼女はそう続けた。「まっすぐな線路があって、駅があるの。雨の日には運転手が見落としそうなくらいの惨めな駅よ」

僕は肯いた。そしてたっぷり三十秒ばかり、二人は黙って光線の中で揺れる煙草の煙を あてもなく眺めた。

「プラットフォームの端から端まで犬がいつも散歩してるのよ。そんな駅。わかるでしょ？」

僕は肯いた。

zip right past... : ～をビュッと通過する

"When you step out of the station there's a little roundabout and a bus stop. And a few shops... Really sleepy-looking places. Go straight from there and you bump into a park. There's a slide and three sets of swings."

"Is there a sandbox?"

"A sandbox?" She thought for a moment before nodding, as if to confirm her recollection. "Yes, there's one of those too."

We fell silent again. I gingerly extinguished my cigarette, which I had smoked down to the butt, in the paper cup.

"It's a nowhere kind of town. Why any place so boring was put on this earth is beyond me."

"God reveals Himself in many forms," I said.

Naoko shook her head and laughed. It was a regular sort of laugh, the kind you'd expect from a girl who had received straight A's in school; yet for some strange reason it lingered long after she had left, like the grin of the Cheshire Cat in *Alice in Wonderland*.

But what excited me most was the thought of meeting the dog that walked up and down the platform.

Four years later, in May 1973, I did go alone to that station. I wanted to see that dog. In preparation, I shaved, donned a necktie for the first time in six months, and put on a new pair of cordovan shoes.

---

gingerly：極めて慎重に
a nowhere kind of...：退屈なタイプの〜 ＊nowhere は「退屈な、無駄な」

「駅を出ると小さなロータリーがあって、バスの停留所があるの。そして店が何軒か。……寝呆けたような店よ。そこをまっすぐに行くと公園にぶつかるわ。公園にはすべり台がひとつとブランコが三台」

「砂場は？」
「砂場？」彼女はゆっくり考えてから確認するように肯いた。「あるわ」

　僕たちはもう一度黙り込んだ。僕は燃え尽きた煙草を紙コップの中で丁寧に消した。
「おそろしく退屈な街よ。いったいどんな目的であれほど退屈な街ができたのか想像もつかないわ」
「神は様々な形にその姿を現わされる」僕はそう言ってみた。
　直子は首を振って一人で笑った。成績表にずらりとAを並べた女子学生がよくやる笑い方だったが、それは奇妙に長い間僕の心に残った。まるで「不思議の国のアリス」に出てくるチェシャ猫のように、彼女が消えた後もその笑いだけが残っていた。

　ところで、プラットフォームを縦断する犬にどうしても会いたかった。

　それから四年後、一九七三年の五月、僕は一人その駅を訪れた。犬を見るためだ。そのために僕は髭を剃り、半年振りにネクタイをしめ、新しいコードヴァンの靴をおろした。

---

straight A's：オールA　donned...：〜を着用した
cordovan：コードバン革の　＊農耕用馬の臀部から採れる皮革で、靴や鞄などに使われる

He caught his breath. With the covers pulled to their chins, the twins lay side by side—with space for me in the middle—in a huge bed in a corner of the room. For fifteen seconds the repairman stood there dumbfounded. The twins were silent too. I had no choice but to break the ice.

"Uh, this gentleman is here with the phone company."

"Hi," said the one on the right.

"Welcome," said the one on the left.

"How... how do you do," said the repairman.

"He's come to replace the switch panel," I said.

"The switch panel?"

"What's that?"

"It's a machine to control the circuits."

Neither of them understood. So I stepped back and let the repairman take over.

"Hmm... You see, it's where all the telephone circuits gather together. Kind of like a mother dog with lots of puppies. Get it?"

"?"

"Nope."

"Okay, so let's say this mother dog is raising her puppies... But if she dies, then her puppies will all die too. So when her time comes, we go around replacing her with a new mother."

"Cool."

"Amazing."

I had to hand it to him.

"So that's why I'm here. Awful sorry to come at such a bad time."

"No problem."

"I want to watch."

The relieved repairman mopped his brow with his handkerchief.

"Now if I can find the panel," he said, scanning the room.

"No need to search," said the one on the right.

"It's in the closet," said the one on the left. "Just remove the boards."

---

dumbfounded：あぜんとした　break the ice：気まずい雰囲気をほぐす、会話の口火を切る

　男はそこまで言って息を呑んだ。部屋の隅には巨大なベッドが置かれ、双子がまん中に僕の分だけのスペースを残したまま並んで毛布から首を出していたからだ。工事人は呆然としたきり十五秒間口もきけなかった。双子も黙っていた。だから仕方なく僕が沈黙を破った。

「ええ、電話の工事をなさる方だ」

「よろしく」と右側が言った。

「御苦労様」と左側が言った。

「いや……、どうも」と工事人が言った。

「配電盤の交換にみえたんだ」と僕。

「配電盤？」

「なあに、それ？」

「電話の回線を司る機械だよ」

　わからない、と二人は言った。そこで僕は残りの説明を工事人に引き渡した。

「ん……、つまりね、電話の回線が何本もそこに集ってるわけです。なんていうかね、お母さん犬が一匹いてね、その下に仔犬が何匹もいるわけですよ。ほら、わかるでしょ？」

「？」

「わかんないわ」

「ええ……、それでそのお母さん犬が仔犬たちを養ってるわけです。……お母さん犬が死ぬと仔犬たちも死ぬ。だもんで、お母さんが死にかけるとあたしたちが新しいお母さんに取替えにやってくるわけなんです」

「素敵ね」

「すごい」

　僕も感心した。

「というわけで、本日参ったわけです。お寝みのところを誠に申しわけないのですが」

「構いませんわよ」

「是非見てみたいわ」

　男はほっとしたようにタオルで汗を拭い、部屋をぐるりと見回した。

「さて、配電盤を捜さなくっちゃ」

「捜す必要なんてないわよ」と右側が言った。

「押入れの奥よ。板をはがすの」と左側が続けた。

hand it to... : 〜に脱帽する、敬意を表する　mopped his brow : 額の汗を拭った

63

I was blown away. "How come you guys know? Even I didn't know that."

"It's the switch panel, right?"

"It's famous."

"I'm floored," said the repairman.

The job took ten minutes, and the whole time the twins had their heads together, giggling about something. As a result, the repairman kept botching the hookup. When he finally finished, the twins wriggled into their jeans and sweatshirts under the sheets and bounced into the kitchen to make coffee for everyone.

I offered the repairman a leftover Danish to go with his coffee. He jumped at the chance.

"Thanks so much. I missed breakfast."

"Don't you have a wife?" asked 208.

"Sure I do. But she sleeps in on Sundays."

"Poor guy," said 209.

"It's not like I choose to work Sundays, either."

I felt sorry for him. "How about a boiled egg?" I asked.

"That would be an imposition."

"No problem," I said. "We're all having some."

"Well, in that case. Not too runny, though ..."

"I've been making house calls for twenty-one years," the repairman said as he peeled his egg, "but I've never seen anything like this before."

"Anything like what?" I asked.

"Well, uh... you're sleeping with twins, right? Doesn't that wear you out?"

"No," I said, sipping my coffee.

"Really?"

"Really."

"He's something else," said 208.

"Yeah," said 209. "A real animal."

"I'm floored," said the man.

---

was blown away：圧倒された、たまげた　**floored**：打ちのめされて　＊I'm floored. に対応する原作の日本語の表現は「参ったね」　**kept botching**：しくじり続けた　＊botch は「やりそこなう」

　僕はひどく驚いた。「ねえ、何故そんなこと知ってる？　僕だって知らなかったぜ」

「だって配電盤でしょ?」

「有名よ」

「参ったね」と工事人が言った。

　十分ばかりで工事は終ったが、その間双子は額を寄せて何事かを囁きあいながらクスクス笑っていた。おかげで男は何度も配線をやりそこなった。工事が終ると双子はトレーナーとブルー・ジーンをベッドの中でゴソゴソと着こみ、台所に行ってみんなにコーヒーをいれた。

　僕は工事人に残っていたデニッシュ・ペストリーを勧めてみた。彼はひどく喜んでそれを受けとり、コーヒーと一緒に食べた。

「すみませんね。朝から何も食べてないんだ」

「奥さんはいないの?」と208が訊ねた。

「いや、いますよ。でもね、日曜日の朝は起きちゃくれないんです」

「気の毒ね」と209。

「あたしだって好きで日曜に仕事してるわけじゃない」

「ゆで卵は食べる？」僕も気の毒になってそう訊ねてみた。

「いや結構です。そこまでしてもらっちゃ申しわけない」

「悪かないよ」と僕は言った。「どうせみんなのも作るんだから」

「じゃあいただきます。中くらいの固さで……」

　ゆで卵をむきながら男は話を続けた。

「あたしも二十一年間いろんな家をまわったけどね、こんなのって初めてだな」

「何が？」と僕は訊ねた。

「つまりね、ん……、双子の女の子と寝てる人なんてのはさ。ねえ、旦那も大変でしょ？」

「そうでもないよ」と僕は二杯目のコーヒーをすすりながら言った。

「本当に？」

「本当さ」

「彼ってすごいんだから」と208が言った。

「獣よ」と209が言った。

「参ったね」と男が言った。

---

hookup：接続、結合　sleeps in：遅くまで寝ている　imposition：厚かましさ
runny：半熟の　house calls：訪問修理　wear you out：疲れさせる

The two were quiet for a long time. The Rat studied his glass and thought his muddled thoughts, while J went on rubbing the countertop with his fingers. The last song came on the jukebox. A soul ballad, sung in falsetto.

"You know, J," the Rat said, still looking at his glass, "I've lived twenty-five years, and I don't feel like I've learned a damn thing."

J studied his fingertips for a minute. "I've been around for forty-five," he said, "and all I know is this. We can learn from anything if we put in the effort. Right down to the most everyday, commonplace thing. I read somewhere that how we shave in the morning has its own philosophy, too. Otherwise, we couldn't survive."

The Rat nodded and drained the final inch of beer from his glass. The jukebox clicked off as the last record came to an end, returning the room to silence.

"I think I get what you mean," said the Rat. He was about to say, "But," then swallowed the word. It wouldn't do any good anyway. The Rat smiled and stood up. "Thanks for the beer," he said. "Can I give you a lift home?"

"No, that's okay. I live nearby, and anyway, I like walking."

"Well, good night, then. Give my best to your cat."

"Thanks."

---

studied... : 〜をじっと見た　**muddled** : 混乱した、はっきりしない

前後の文脈
について

夜、眠れなかった「鼠」は、閉店後のジェイの店を訪ねた後、「女」のアパートへ車を走らせる。女を訪ねずに、住まいを遠くから見ているだけの「鼠」の姿に、迷いとともに彼の孤独感が伝わってくる場面。

　二人は長いあいだ黙っていた。鼠はグラスを眺めてぼんやりと考え込み、ジェイは相変らずカウンターの板を指でこすりつづけた。ジュークボックスは最後のレコードを流し始める。ファルセット・ボイスの甘いソウル・バラードだった。

「ねえ、ジェイ」と鼠はグラスを眺めたまま言った。「俺は二十五年生きてきて、何ひとつ身につけなかったような気がするんだ」

　ジェイはしばらく何も言わずに、自分の指先を見ていた。それから少し肩をすぼめた。

「あたしは四十五年かけてひとつのことしかわからなかったよ。こういうことさ。人はどんなことからでも努力さえすれば何かを学べるってね。どんなに月並みで平凡なことからでも必ず何かを学べる。どんな髭剃りにも哲学はあるってね、どこかで読んだよ。実際、そうしなければ誰も生き残ってなんかいけないのさ」

　鼠は肯き、三センチばかりグラスの底に残っていたビールを飲み干した。レコードが終り、ジュークボックスがカタンと音を立て、そして店が静まり返る。

「あんたの言うことはわかりそうな気がするよ」でもね、と言いかけて鼠は言葉を飲みこんだ。口に出してみたところで、どうしようもないことだった。鼠は微笑んで立ち上がり、ごちそうさま、と言った。「家まで車で送ろう」

「いや、いいさ。家は近くだし、それに歩くのが好きなんだよ」

「それじゃおやすみ。猫によろしくね」

「ありがとう」

『1973年のピンボール』 *Pinball, 1973*

---

sung in falsetto：裏声で歌われた　　wouldn't do any good：何のためにもならなかっただろう

The Rat walked up the steps. The fragrance of cold autumn air greeted him. He tapped each of the trees lining the street with his fist as he made his way to the parking lot, where he stared for a while at the meter before getting into the car. After a moment's hesitation, he turned the car toward the ocean, stopping at a spot on the seaside road that gave him a view of the building where the woman lived. Lights were still burning in half of the apartments. He could see shadows moving behind some of the curtains.

The woman's windows were dark. Not even her bedside light was on. She must have fallen asleep already. A terrible loneliness assailed the Rat.

The sound of the waves seemed to be growing stronger. He felt as though they might overwhelm the breakwater at any moment and sweep him away, car and all, to some faraway place. He switched on the radio, clasped his hands behind his head, closed his eyes, and listened to the disc jockey's chatter. His body was so tired that those unnameable feelings had left him, having found no place to take hold. Relieved, the Rat rolled his now empty head to the side and half-listened to the waves and the DJ's voice as sleep slowly overtook him.

---

assailed... : ～を襲った　overwhelm... : ～を圧倒する、乗り越える

階段を上り外に出ると、冷ややかな秋の匂いがした。街路樹のひとつひとつを拳で軽く叩きながら鼠は駐車場まで歩き、パーキング・メーターを意味もなくじっと眺めてから車に乗り込んだ。少し迷ってから車を海に向けて走らせ、女のアパートが見える海岸沿いの道路に車を停めた。アパートの半分ばかりの窓にはまだ灯りがともっていた。幾つかのカーテン越しには人影も見える。

　女の部屋は暗かった。ベッドサイドのランプも消えている。もう眠ったのだろう。ひどく寂しかった。

　波の音は少しずつ強まっていくようだった。まるで波が今にも防波堤を越え、鼠を車ごと何処か遠くに押し流して行きそうにも思える。鼠はラジオのスイッチを入れ、意味もないディスク・ジョッキーのおしゃべりを聴きながらシートを倒し、頭の後で手を組んで目を閉じる。体はぐったりと疲れきっていたが、おかげで名付けようもない様々な感情は居場所のみつからぬままどこかに消えてしまったようだった。鼠はホッとしてからっぽの頭を横たえたまま、ぼんやり波の音に混じったディスク・ジョッキーを聴きつづけた。そして眠りがゆっくりとやってきた。

---

unnameable：名付けられない　take hold：根付く

On any given day, something can come along and steal our hearts. It may be any old thing: a rosebud, a lost cap, a favorite sweater from childhood, an old Gene Pitney record. A miscellany of trivia with no home to call their own. Lingering for two or three days, that something soon disappears, returning to the darkness. There are wells, deep wells, dug in our hearts. Birds fly over them.

What grabbed me that Sunday evening in October was pinball. The twins and I were sitting on the eighth green of the golf course, watching the sunset. The eighth hole is a par five, with no obstacles to speak of. Just a long fairway straight as an elementary school hallway. We were watching the evening sun sink behind the hills, while in the background a student who lived nearby was practicing scales on his flute, a heartrending sound. Why did pinball snatch my heart at that particular moment? I have no idea.

As time went on, my mental image of pinball grew and grew. If I closed my eyes I could hear the sounds of balls striking bumpers, scoreboards churning out numbers.

---

miscellany：寄せ集め　to speak of：取り立てて言うほどの　scales：音階

前後の文脈
について

ある日何の前触れもなく、ピンボールの存在が「僕」の心に去来する。
1970年、ジェイズ・バーでピンボールに狂った鼠に引きずられるよ
うに始めた僕の前に現れたのは「スペースシップ」というモデルだった。

ある日、何かが僕たちの心を捉える。なんでもいい、些細なことだ。バ
ラの蕾、失くした帽子、子供の頃に気に入っていたセーター、古いジーン・
ピットニーのレコード……、もはやどこにも行き場所のないささやかなも
のたちの羅列だ。二日か三日ばかり、その何かは僕たちの心を彷徨い、そ
してもとの場所に戻っていく。……暗闇。僕たちの心には幾つもの井戸が
掘られている。そしてその井戸の上を鳥がよぎる。

その秋の日曜日の夕暮時に僕の心を捉えたのは実にピンボールだった。
僕は双子と一緒にゴルフ・コースの八番ホールのグリーンの上で夕焼けを
眺めていた。八番ホールはパー5のロングホールで障害物も坂もない。小
学校の廊下みたいなフェアウェイがまっすぐに続いているだけだった。七
番ホールでは近所に住む学生がフルートの練習をしていた。心が痛くなる
ような二オクターヴの音階練習をバックに夕陽が丘陵に半分ばかり身を埋
めようとしていた。何故そんな瞬間にピンボール台が僕の心を捉えたの
か、僕にはわからない。

そしてそればかりか時を追うごとにピンボールのイメージは僕の中でど
んどん膨んでいった。目を閉じるとバンパーがボールを弾く音や、スコア
が数字を叩き出す音が耳もとで鳴った。

『1973年のピンボール』 *Pinball, 1973*

heartrending：胸が張り裂けるような、やるせない　　churning out：次々とはじき出す

I wasn't that into pinball back in 1970, when the Rat and I were spending all our time drinking beer in J's Bar. The bar had one machine, a model called Spaceship, unusual for its time in that it had three flippers. The lower cabinet was divided into two playfields, with one flipper on the upper half and two below. It was a model from a peaceful era, before the world of pinball was inflated by solid-state technology. The Rat, however, was a true fanatic; he got me to snap a commemorative photo of him and the pinball machine on the day he reached his all-time high score of 92,500. It shows him leaning against the machine, grinning from ear to ear, while beside him the machine is grinning too, proud of the score on its display. The one and only heartwarming snapshot I took with my Kodak pocket camera. The Rat looks like a Second World War flying ace, the pinball machine like an old fighter plane. The sort of plane that started when a mechanic spun its propeller, and whose windscreen was snapped down by the pilot after takeoff. The number 92,500 linked the Rat and the machine, making them look almost like blood brothers.

---

solid-state technology：半導体技術　fanatic：マニア　all-time high score：最高記録

一九七〇年、ちょうど僕と鼠がジェイズ・バーでビールを飲み続けていた頃、僕は決して熱心なピンボール・プレイヤーではなかった。ジェイズ・バーにあった台はその当時としては珍しい3フリッパーの「スペースシップ」と呼ばれるモデルだった。フィールドが上部と下部にわかれ、上部に一枚、下部に二枚のフリッパーが付いている。ソリッドステートがピンボールの世界にインフレーションを持ち込む以前の、平和な良き時代のモデルだ。鼠がピンボールに狂っていた頃、92500という彼のベスト・スコアを記念すべく、鼠とピンボール台の記念写真を撮らされたことがある。鼠はピンボール台のわきにもたれかかってにっこりと笑い、ピンボール台も92500という数字をはじき出したままにっこりと笑っていた。それは僕がコダックのポケット・カメラで撮った唯一の心暖まる写真であった。鼠はまるで第二次大戦の撃墜王のように見えた。そしてピンボール台は古い戦闘機のように見えた。整備士がプロペラを手でまわし、飛び上がった後でパイロットが風防をパタンと閉めるような戦闘機だ。92500という数字が鼠とピンボール台を結びつけ、そこはかとない親密な雰囲気をかもしだしていた。

flying ace：「撃墜王」

1969-1973

rambled on and on about anything and everything 「実に様々な話を語り」。
＊ ramble は「とりとめもなくしゃべる」。

tongue-in-cheek 「冗談半分の」

off-the-wall stories 「出鱈目」。＊ off-the-wall は「風変わりな、突飛もない」。

at large ＜全体に、あまねく＞

gnawing on... 「〜を囓りながら」

not vice versa 「逆は不可」。＊ vice versa は「逆に、逆もまた同じ」。

aficionados 「マニア」。＊ aficionado はスペイン語で「熱心なファン、愛好者」。

filched 「くすねてきた」

lukewarm 「生温かい」

wad 「かす」。＊ wad は「小さなかたまり」。

You don't say. 「なるほど」。＊ You don't say. は「まさか、どうだか」。ここではあり得ないと思っている。

repertoire ＜レパートリー＞

hibernation 「冬眠」

butts 「吸殻」

crammed with... ＜〜でギュウギュウ詰めである＞

pathetic ＜哀れな、不十分な＞

two-bit ＜取るに足らない＞

zip ＜勢いよく進む＞

gingerly ＜極めて慎重に＞

straight A ＜オールAの＞

lingered 「残った」。＊ linger は「後に居残る、なかなか去らない」。

donned a necktie 「ネクタイをしめ」。
＊ don は「身につける」。

cordovan ＜コードバン革の＞。＊農耕用馬の臀部から採れる皮革で、靴や鞄などに使われる。

out of whack 「異和感」。＊ out of whack には「正常に動かない、調子が悪い」の意味も。whack は名詞としては「ピシャリと打つこと」。

jumbled 「混じりあって」。＊ jumble は「ごちゃ混ぜにする」。

The same old thing. 「繰り返しだ」

was perched 「腰を下ろし」。＊ perch は「鳥が止まり木にとまる」の意味がある。

hassle 「困る」。＊ hassle は「困難なこと」と名詞の意味でも使う。

That's just the way it is. 「そういうことだ」

elusive membrane 「捉えどころのないヴェール」。＊ elusive は「つかまえどころない」、membrane は「薄い膜」。

be infiltrated 「滲み込もうとしていた」。
＊ infiltrate は「浸透させる、しみ込ませる」。

tottering, weater-beaten shed 「雨ざらしの納屋」。＊ tottering は「よろめく」など安定を失っている様を表す。

garish 「けばけばしい」

Tucked away amids the trees ＜林の中に建てられていた＞

snug ＜気持ちのよい、こぎれいな＞

A riotous profusion of narcissus bloomed 「水仙が咲き乱れ」。＊ riotous は「豊富に咲いている」、profusion は「多量」。

reservoir ＜貯水池＞。＊ 11章にキーワードとして出てくる。

obstinate 「気むずかしい」

enigmatic 「不可思議な」

that was it ＜それだけだった＞

cultured eccentrics 「酔狂な文化人」

Shiberian penal camps 「シベリア流刑地」

shunned 「避け」

idiosyncratic 「思い思いの」

inexorable ＜情け容赦のない、無情な＞。
＊日本語原文では「急激な」。

mulberry trees 「桑畑」

spigot 「蛇口」

slats 「棚」。＊ slat は「細長く薄い板」。

furnace ＜ひどく暑い場所、焦熱地獄＞

On the Birth of Pinball

that's about it 「それだけのことだ」

water bug 「みずすまし」

smacks of ingratitude 「忘恩の行為ではないのか」。＊ smack of... は「〜の気味がある」、ingratitude は「忘恩、恩知らず」。

common trait 「共通点」。＊ trait は「特性、特徴」。

warily ＜用心して＞

stemmed from... 「〜から獲得した」

the balls were propelled with electrically induced magnetism 「電気がマグネットの力でボールをはじき」。＊ propel は「進ませる」、induce は「誘導する」。

decimals ＜十進法＞

tilt light 「反則（テイルト）ランプ」

penalized ＜ペナルティーを科された＞

nudged　＜そっと動かした＞

metaphysical concept　形而上学的概念

spawned　「生まれた」

infer　「推し測る」

diminution　「縮小」

all-embracing acceptance　「包括」

unsparing revenge　「容赦なき報復」。
　　＊ unsparing は「容赦しない、厳しい、けちけちしない」。

1 moles　「ホクロ」

birthmarks　「あざ」

mother lode　「豊かな鉱脈」。＊ lode は「鉱脈、源泉」。

humble office　「ささやかな事務所」。
　　＊ humble office は控えめな言い方。humble は「控えめな、地味な、みすぼらしい」。

"We pulled it off," said my friend."We' re successes, you and I.　「俺たちは成功者だ」。＊原文は「俺たちは成功者だ」だが、英文は重ねて述べている。pull off には「難しいことをやってのける」の意味がある。

by such-and-such date　「何月何日まで」

To divvy up the money...　＜～を山分けする＞

foist　「押しつけていた」

wonky　＜ぐらぐらする、よろめく＞

2 nasty　「底意地の悪い」

lurking　「秘められている」

It's no big deal.　「たいしたことじゃないんだ」

the remnants of...　「～の名残り」

plummeted　＜急落した＞

bitching about　「文句を言い出す」

callused fingers　「ゴツゴツした指」

wafted　「運んだ」

3 switch panel　「配電盤」

I was zonked out　「とにかくひどく眠かった」

ushered him inside　「男を中に入れた」。
　　＊ usher は「先導する」。

Go figure.　「おかしいよ」。＊「（なぜこんなことが起こったのか）不思議だ、いったい何を考えているのか、さっぱりわからない」というニュアンス。

dumbfounded　「口もきけなかった」

I had no choice but to break the ice.
「仕方なく僕が沈黙を破った」

mopped his brow　＜額の汗を拭った＞

I was blown away.　「僕はひどく驚いた」。
　　＊ be blowm away で「ぶったまげる」。

I'm floored.　「参ったね」

kept botching　＜しくじり続けた＞

That would be an imposition.　「そこまでしてもらっちゃ申しわけない」

Not too runny though...　（ゆで卵を）「中くらいの固さ」。＊ runny は「半熟の」。

wear out　＜疲れさせる＞

hilarious　＜大変陽気に、浮かれ騒ぐ、大はしゃぎをする＞

trudged　＜とぼとぼ歩いた、重い足取りで歩いた＞

4 unmanned beacon　「無人灯台」

rigged　＜装備をした、装った＞

breakwater　「防波堤」

aversion　＜反感、嫌悪感＞

tinged with...　＜～の色を帯びている＞

burrow into　「潜り込む」。＊ burrow には「穴を掘る、潜る、隠れる」の意味がある。

sparse　「まばらな」

drooped　＜ぐったりとしていた＞

trampled　＜踏みつけた＞

5 caretaker's office　「管理人室」

I get the picture.　「わかった」

in a frenzy to...　「～に夢中になって」

the Grim Reaper　「死神」。＊手に大かま(scythe) を持った骸骨の姿で表される。

were prone to...　＜とかく～しがちだった、ややもすれば～して＞

hearts marooned in the backwaters of time　「時の淀みに自らの心を埋め」。＊ maroon は「孤立状態にする」、backwater は「逆流、淀み、沈滞」。

dialectical　＜弁証法の＞

elusive　「把みどころのない」

mumbling something noncommittal
「生返事をして」

trudged up　「ゆっくり上り」

choked on　「むせた」

6 poked　＜突っついた＞

whatnot　＜何やかや、いろんなもの＞

wedge 「くさび」

vulnerable 「無防備なばかりの」。＊「すきだらけで、弱みのある」という意味。

in a haze 「漠然とした気持で」

7 plaster of Paris ＜（やき）石膏＞。＊原作では「紙粘土」。

overcast 「どんよりと曇って」

drone 「ブーンと」

basso continuo 「通奏低音」

in dismay ＜狼狽して、うろたえて＞

I bit my tongue. 「僕は黙っていた」

on edge 「苛々して」

woozy 「ぼんやりして」

8 mercury light 「水銀灯」

sprawling ＜手足をぶざまに伸ばした状態、のたくって＞

flesh-and-blood people 「生きつづけるものたち」

9 I was stymied. 「何をしていいのか見当もつかない」

neophytes 「事情を知らないもの」。＊「初心者、新参者」の意味。

retina 「網膜」

plumes of pampas grass 「すすきの穂」

10 stagnant 「淀んで」

tepid 「生温く」

cripple 「ビッコ」

Beats me. 「わからないよ」

prank 「悪戯」

muddled ＜混乱した＞

sung in falsetto ＜裏声で歌った＞

commonplace thing ＜ありふれたこと＞

wouldn't do any good ＜何のためにもならないだろう＞

assailed ＜悩ませた、執拗に攻めた＞

clasped ＜握りしめた＞

unnameable ＜状態を言い表しにくい＞

take hold ＜根付く、つかむ＞

11 reservoir 「貯水池」

fine rain 「細かい雨」

befitted 「ふさわしい」

smeared 「こすりつけた」

whoosh 「シュウウ……という音」

scampered out of way 「うまく身をよけた」。＊scamper は「跳ね回る、ふざけ回る、あわてて逃げる」。

12 scoured ＜探し回った＞

hibernating 「冬眠した」。＊hibernate は「冬眠をする」。

13 miscellany ＜雑録＞

scale ＜音階＞

heartrending ＜胸が張り裂けるような、やるせない＞

churning out ＜次々に生み出しながら＞

solid-state technology ＜半導体技術＞

fanatic ＜マニア＞

all-time high score ＜最高記録＞

flying ace 「撃墜王」

gaunt 「やせた」。＊「痩せ衰えた、不気味な」といった感じ。

plunger ＜ピストン＞

14 crappy 「崩れ始めて」。＊crappy は「悪質な、くだらない」といった意味。

barge 「はしけ」

a little morose 「少しばかり陰気すぎる」

puked his guts out 「胃液まで吐いて」。＊puke は「吐く」、guts は「内臓、はらわた」。

made a beeline for... ＜〜へ一直線に行った＞

15 razed 「取り壊され」

hideous concoction 「おそろしく不味いコーヒー」。＊concoction は「調製物、混合飲料」でコーヒーを指している。

16 it appeared bloated 「全身をふくれあがらせていた」。＊bloat は「ふくれた、ふくれて」。

adhesive tape 「接着テープ」。＊adhesive は「粘着性の、くっついて離れない」。

plaintive wails ＜悲しげな泣き叫ぶ声＞。＊霧笛の音を表している。plaintive は「悲しげな」、wail は「泣き叫ぶ声、風などのもの悲しい声」。

stymied 「行き詰った」。＊stymie は「困った立場に追い込む」。

17 appalled 「あきれたように」。＊appal は「嫌悪感を催す」。

a weirdo 「変わった男」

No sweat. 「いや、いいさ」。＊「簡単なことさ」「平気平気」といった意味を表す。

fiddeled with... 「～をいじりまわしていた」

grimaced 「不味そうに」。＊grimace は「顔をゆがめる」。

dabbed at... 「～を拭いた」。＊dab は「軽く叩く」。

enigma ＜謎、不可解なもの＞

jotted down 「メモした」

That's something. 「そりゃすごい」

18 **were becoming a little less talkative, a little more meek** 「少しずつ無口に、そして優しくなって」。＊meek は「すなおな、おとなしい」。

dappling 「まだらの模様を描く」。＊dapple は「まだらにする」。

lulled us into believing things might stay that way forever 「何もかもが永遠にその姿を留めるようにも思える」。＊lull... into ～は「……に～の気持ちを抱かせる」のような意味がある。

19 **futility** 「無力感」

remnants ＜面影＞

It's one of those days. 「そんな日だってあるさ」

They got that right. 「まったくね」

toward the void 「無に向かおうとする」。＊void は「虚空、喪失感」。

Dead on. 「実にね」。＊「まったく正しい、完璧な」といった意味を表す。

I figured that much. 「そんな気がしてたよ」

20 **I'm not blowing this out of proportion.** 「別に勿体をつけてるわけでもない」。＊blow は「吹聴する」、out of proporion は「過度に」。

Sure thing. 「わかりました」

rife 「いっぱいある」。＊rife は「流行して、充満して」。

put her elbows on the table, propped her chin in her hands 「テーブルに頬杖をついて」。＊prop は「支える、つっかい棒をする」。

I'm not bragging 「自慢してるわけじゃない」。＊brag は「自慢する」。

Being an optimistic fool beats the alternative. ＜楽観的な愚か者はその反対よりはずっといい＞。＊beat... は「～に勝る」、the alternative は「その代わり（になるもの）」。

tagged for disposal 「廃棄処分」。正確に言うなら「廃棄処分のタグが付けられた」。

offshore ＜沖合に、沖に向かって＞

something deep inside kept nagging me 「心の底に何かが引っかかっていた」。＊nag は「しつこく言う」。

21 **suffocated** 「息苦しい」

That's the deal. 「そういう約束なんです」。＊「絶対だからね」という意味もある。

It's that simple, I guess. 「それだけのことでしょう」

had been daubed over 「～で塗り潰されている」。＊daub over は「塗りつける、汚す」。

22 **crucible** 「坩堝（るつぼ）」

23 **for good** 「永久に、これを最後に」

this is the way it was bound to end 「そして結局はこうなるはずだったんだ、と思う」

From time to time he lapsed into a light and fitful sleep 「浅い眠りが何度か彼の体を通り過ぎる」。＊lapse into... は「ある状態になる」。

in a daze 「朦朧とした意識の中で」

24 **It's on me.** 「あたしが奢るよ」

rift 「断層」

25 **ditto** ＜前を受けて、「前と同じ」＞

green foxtail 「ねこじゃらし」

clothesline ＜洗濯物を干すロープ＞。＊原文では「物干場」。

swabs 「綿棒」

nattering ＜話しかけて＞。＊「べちゃくちゃしゃべる」という感じ。

Fat chance. 「まさか」

earwax 「耳あか」

spelunkers ＜洞窟探検家＞

ear canals 「耳の穴」。＊「外耳道」のこと。canal は「管、運河」。

consequences 「影響」

moldy parsley flakes 「かびがはえたパセリの粉」

nebulous 「不確か」

premonition 「予感」。＊よくないことが起きそうな場合。

See you around. 「またどこかで会おう」。＊海外旅行で知り合ったような人と、いつ会うかわからないような場合。

1969-1973	
見知らぬ土地の話を聞くのが病的に好きだった。	I enjoyed listening to stories about faraway places so much that it became a kind of sickness.
彼らはまるで涸れた井戸に石でも放り込むように僕に向って実に様々な話を語り、そして語り終えると一様に満足して帰っていった。	They rambled on and on about anything and everything, as if tossing stones into a dry well, then left feeling satisfied.
理由こそわからなかったけれど、誰もが誰かに対して、あるいはまた世界に対して何かを懸命に伝えたがっていた。	For whatever reason, they all seemed compelled to get their story out—if not to a specific person, then to the world at large.
遠くの、そして永遠に交わることもないであろう人々の生のゆるやかな、そして確かなうねりを感じることもできる。	I can even feel the gentle yet unmistakable rhythms of their lives, distant people whose paths I may never cross as long as I live.
日当たりの良い大学のラウンジに座り、片方の腕で頬杖をついたまま面倒臭そうにそう言って笑った。	She said in a bored voice, her cheek resting on her hand in the bright sunlight of the student lounge.
まるで「不思議の国のアリス」に出てくるチェシャ猫のように、彼女が消えた後もその笑いだけが残っていた。	It lingered long after she had left, like the grin of the Cheshire Cat in *Alice in Wonderland*.
そういった異和感を僕はしばしば感じる。	Out of whack... It's a feeling I get a lot.
断片が混じりあってしまった二種類のパズルを同時に組み立てているような気分だ。	As if I'm trying to put the jumbled pieces of two different puzzles together at the same time.
目を覚ました時、両脇に双子の女の子がいた。	When I opened my eyes this time, there were two girls, twins, in bed with me, one on each side.
空には雲ひとつない。それでいて全体がぼんやりとした春特有の不透明なヴェールに被われていた。その捉えどころのないヴェールの上から、空の青が少しずつ滲み込もうとしていた。	Not a cloud wad visible. A veil of mist hovered in the air, as often happens in the spring, an elusive membrane waiting to be infiltreated from above by the blue sky.

	日の光は細かな埃のように音も無く大気の中を降り、そして誰に気取られることもなく大地に積った。	Particles of sunlight fell like fine dust, gathering unnoticed on the ground.
	まるでグラスを持つ手までがすきとおってしまいそうなほどの澄んだ冷たい水だった。	It was icy cold and so clear you felt you could see through not only the glass but your hand as well.
	小石が深い井戸の水面を打つ音ほど心の安まるものはない。	Nothing is more soothing than hearing that small splash rise from the bottom of a deep well.

	ピンボールの誕生について	
	進化はもちろん三つの車輪、すなわちテクノロジーと資本投下、それに人々の根源的欲望によって支えられていた。	Evolution of the sort that moves forward on three wheels, namely Technology, Capital Investment, and Human Desire.
	ピンボールの目的は自己表現にあるのではなく、自己変革にある。	The goal of pinball is self-transformation, not self-expression.
1	僕たちは実に豊かな鉱脈を掘りあてたことに気づいた。	We had struck the mother lode.
	午後の日だまりのように平和な日々であった。	Days as peaceful as a pool of afternoon sunlight.
	どれほどの時が流れたのだろう、と僕は思う。	How long did things go on like that?
	果てしなく続く沈黙の中を僕は歩んだ。	I walked on and on through a boundless silence.
	僕はただ一人深いプールの底に座りつづけていた。温かい水と柔らかな光、そして沈黙。	I sat alone at the bottom of a deep swimming pool. Warm water, gentle light, and silence.
2	一九七三年の秋には、何かしら底意地の悪いものが秘められているようでもあった。	In the autumn of 1973, we could sense something nasty lurking just out of sight.
	短かい夏が九月初めの不確かな大気の揺らめきに吸い込まれるように消えた。	The brief summer had been sent on its way by the shifting winds of early September.

『1973年のピンボール』 *Pinball, 1973*

	たいしたことじゃない。ひとつの季節が死んだだけだ。	No big deal. Just another season dead and gone.
	夏の光があたかも目に見えぬ分水嶺を越えるかのようにその色あいを微かに変える頃、鼠のまわりを僅かな期間ではあるがオーラの如く包んでいたある輝きも消えた。	As if crossing an invisible watershed, the summer light began its imperceptible change and the brilliant aura that had filled the Rat's world during that brief span vanished.
	その幾つかの理由が複雑に絡み合ったままある温度に達した時、音をたててヒューズが飛んだ。	These were all entangled with each other, and when they heated up, the fuse blew with a bang.
	一時期は彼の中に激しく息づいていた幾つかの感情も急激に色あせ、意味のない古い夢のようなものへとその形を変えていった。	What had once been a violent, panting flood of emotion had suddenly withdrawn, leaving behind a heap of what felt like meaningless old dreams.
	ぼんやりと目を閉じると、緩やかな水の流れのように時が彼の体を通り抜けていくのが感じられる。	When he began to drift off, he could feel time pass through his body like gently flowing water.
	時折、幾つかの小さな感情の波が思い出したように彼の心に打ち寄せた。そんな時には鼠は目を閉じ、心をしっかりと閉ざし、波の去るのをじっと待った。夕暮の前の僅かな薄い闇のひとときだ。	Occasionally, ripples of emotion would lap against his heart as if to remind him of somehing. When that happened, he close his eyes, clamped his heart shut, and waited for the emotions to recede. It was only a brief sensation, like the shadows that signal the coming of night.
3	配電盤を取り出す、線を切る、新しいのにつなぐ、それだけ。	I pull out the old switch panel, cut the wires, and hook up the new one. That's all.
	参ったね。	I'm floored.
	そう思うと何故か無性におかしくなった。	Somehow the idea struck me as hilarious.
4	日が沈み、薄い残照の中に青みが流れる頃、鐘の取っ手の部分にオレンジ色のライトが灯り、それがゆっくりとまわり始める。	When the sun began to set and the evening glow became tinged with blue, an orange light glowed from its top—the handle of the bell—and it slowly began to revolve.
	空には刷毛で引いたような細い雲が幾筋か流れ、見渡す限りのまったくの青に満ちていた。	It was dark blue as far as the eye could see, with streaks of cloud that looked painted by an artist's brush.

5	何人もの人間が命を絶ち、頭を狂わせ、時の淀みに自らの心を埋め、あてのない思いに身を焦がし、それぞれに迷惑をかけあっていた。	We were prone to so many disasters—lives lost to suicide, minds wrecked, hearts marooned in the backwaters of time, bodies burning with pointless obsessions—and we gave each other a hell of a lot of trouble.
	多かれ少なかれ、誰もが自分のシステムに従って生き始めていた。	Each of us had, to a greater or lesser degree, resolved to live according to his or her own system.
	それだけのことだ。	That's all there was to it.
	何処まで行けば僕は僕自身の場所をみつけることができるのか？	Would I ever find a place that was truly mine? Where might it be?
6	空気の流れのようなものだったのだろう。	They had simply gone with the flow.
	何日か経った後で、彼女との関わりは日常生活の中に打ちこまれた柔らかなくさびのように鼠の中にその存在感を膨らませていった。	After a few days, the Rat could feel the tangible reality of their relationhhip swelling within him, as if a soft wedge were being driven into his everyday life.
	尖った頬骨と薄い唇は育ちの良さと芯の強さを感じさせたが、全体を揺れ動くちょっとした表情の変化はその奥にある無防備なばかりなナイーヴさを示していた。	Her angular cheek-bones and thin lips spoke of her good upbringing and resolute core, but there was something naive and vulnerable beneath the surface, which showed in her subtle shifts of expression.
7	上々さ。	Couldn't be better.
	ブーンという都会特有の鈍い唸り…が辺りを被っていた。	The drone of the city was everywhere.
	ガラス窓に映った僕の顔をじっと眺めてみた。	I took a long look at my reflection in the window.
	生命を与えられたように香ばしいコーヒーだった。	The coffee smelled so good it seemed to have a life of its own.
8	生きつづける世界の哀しみだけがあたりに充ちていた。	The pathos of the world of the living filled everything around them.
9	僕たちは冷たい草の上に並んで寝転び、すすきの穂が風に揺れるサラサラという音を聴き続けた。	We stretched out together on the cool grass, as the plumes of pampas grass rustled in the breeze.

	でもきっと、あなたには荷が重すぎたのよ。	But it's been too hard on you.
10	でもね、世の中にはそんな風な理由もない悪意が山とあるんだよ。	Still, evil like that is everywhere in this world mountains of it.
	「俺にはどうもわからないよ」「いいんだよ。わからないで済めば、それに越したことはないのさ」	"Well, it doesn't make sense to me." "That's the best way to handle it."
	名付けようもない様々な感情は居場所のみつからぬままどこかに消えてしまったようだった。	Those unnameable feelings had left him, having found no place to take hold.
11	配電盤は雨の中を見事な弧を描いて飛び、水面を打った。	It described a perfect arc as it flew through the rain, landing with a splash on the water's surface.
13	ある日、何かが僕たちの心を捉える。	On any given day, something can come along and steal our hearts.
	なんでもいい、些細なことだ。	It may be any old thing.
	その秋の日曜日の夕暮時に僕の心を捉えたのは実にピンボールだった。	What grabbed me that Sunday evening in October was pinball.
	92500という数字が鼠とピンボール台を結びつけ、そこはかとない親密な雰囲気をかもしだしていた。	The numebr 92,500 linked the Rat and the machine, making them look almost like blood brothers.
14	鼠はツキからもすっかり見放されていた。	The Rat had felt forsaken, abandoned by everything, including luck itself.
	引退の潮時かもしれない。	Maybe it's time to retire.
	胃液まで吐いてしまってから鼠は便器に腰を下ろし、煙草を吸った。	The rat puked his guts out, sat down on the toilet, and lit up a smoke.
15	様々な想いが僕の頭に脈絡もなく浮かんでは消えていった。	Many thoughts flitted in and out of my head, like disconnected fragments.
	やろうと思えばできたんだ。	*I could have done something if I'd set my mind to it.*
	人にできることはとても限られたことなのよ。	*You humans can only do so much.*
	彼女は胡散臭そうに僕を眺めた。	She looked at me with suspicious eyes.

16	部屋全体が現実感を喪失したまま宙に漂っていた。	The room would remain floating in space, detached from reality.
17	一見取り柄がないようにも見える。	At first glance there seemed to be nothing special about it.
	そりゃ凄い。	That's something.
19	ジェイに街を出る話を切り出すのは辛かった。何故だかわからないがひどく辛かった。	The Rat found it nearly impossible to tell J he was leaving town. For some reason, the idea was eating him up.
	店に三日続けて通い、三日ともうまく切り出せなかった。	Three nights running he went to the bar, and all three nights he left without raising the subject.
	話そうと試みるたびに喉がカラカラに乾き、それでビールを飲んだ。そしてそのまま飲みつづけ、たまらないほどの無力感に支配されていった。	Each time he tried to say the words, his throat turned bone dry and he had to drink a beer. Then he would have another, and another, until he was overcome by an unbearable sense of futility.
	生まれて初めて心の底から恐怖が這い上がってくる。黒々と光る地底の虫のような恐怖だった。彼らは目を持たず、憐みを持たなかった。	For the first time in his life, he felt real dread. Black and glistening it was, like a mass of eyeless, pitiless worms creeping up from the bowels of the earth.
	何故彼の存在がこんなに自分の心を乱すのか鼠にはわからない。俺は街を出るよ、元気でね、それで済むはずのことだった。	The Rat couldn't figure out why J's existance bothered him so much. It should be simple, he thought; just walk in, tell him I'm leaving town, and wish him the best.
	お互いに相手のことを何ひとつ知ってるわけじゃない。見知らぬ他人が巡り合い、そしてすれ違う、それだけのことだった。それでも鼠の心は痛んだ。	It wasn't as if they were best buddies—they hardly knew anything about each other. In the end they were just two passing strangers who had chanced to meet. So why this pain?
	そんな日だってあるさ。	It's one of those days.
	どんな進歩もどんな変化も結局は崩壊の過程にすぎないじゃないかってね。	Whatever changes they go through, whatever progress they make, in the end it's only a step on the road to decay.
	「問題は」とジェイが言った。「あんた自身が変わろうとしてることだ。そうだね？」「実にね」	"The problem is," said J, "*you* are about to make a change. Am I right?" "Dead on."

20	心の底に何かが引っかかっていた。勘のようなものです。	But something deep inside kept nagging me. Call it intuition.
	彼はこの前に会った時よりほんの少しだけ早口になっていた。何故だかはわからなかったがそれが僕らを幾らか居心地悪くさせていた。	He was speaking somewhat faster than the first time we had met, which made me a little uncomfortable.
21	それだけのことでしょう。	It's that simple, I guess.
22	そして死が僕を捉え、再び無の坩堝に放り込むまでの束の間の時を、僕はその光とともに歩むだろう。	And I would carry those lights in the brief interval before death grabbed me and tossed me back into the crucible of nothingness.
23	そして結局はこうなるはずだったんだ、と思う。	She would think, this is the way it was bound to end.
	闇の濃淡が幾度か繰り返されるだけだ。	The darkness grew thicker and lighter by turns—that was all.
24	あたしが奢るよ。	It's on me.
	でも過ぎてしまえばみんな夢みたいだ。	But when it's over, it all seems like a dream.
	まるで闇の中の透明な断層を滑るように風は音もなく流れた。	The wind flowed soundlessly, as if sliding through an invisible rift in the darkness.
	ジェイに話してしまった後で、たまらないほどの虚脱感が彼を襲った。	Breaking the news to J had left him with an unbearable empty feeling.
25	行き場のない思いも消えた。	Ditto the thoughts with no place to go.
	僕たちが歩んできた暗闇を振り返る時、そこにあるものもやはり不確かな「おそらく」でしかないように思える。	Yet when I look back on our dark voyage, I can see it only in terms of a nebulous "perhaps."

羊をめぐる冒険

A Wild Sheep Chase

1978年、「僕」は友人と共同で広告会社を経営していた。「僕」は結婚していたが、4年の結婚生活ののち離婚した。その後、耳のモデルをしている不思議な女性と知り合う。

「鼠」から送られてきた星の斑紋がある羊の写真を広告に使ったために、右翼の大物の秘書から「2カ月以内にその羊を探せ」という強制的な依頼を受ける。探索のため、耳のモデルの女性と一緒に飛んだ北海道の「いるかホテル」で、人知れず2階に住む羊博士と出会い、その星の斑紋がある羊についての恐るべき話を聞く。羊博士から写真の場所を教えてもらい訪れた場所は「鼠」の父親の別荘だった。僕はその別荘で「羊男」に出会うのだが——。野間文芸新人賞受賞作品。

単行本　1982年（講談社）
文庫　　1985年（講談社文庫）
　　　　2004年（文庫新装版）

【英訳版】 *A Wild Sheep Chase*
英訳者　**Alfred Birnbaum**（1989年、講談社インターナショナル／2000年、Harvill Press）

登 場 人 物

僕／I
翻訳・雑誌・広告コピーの仕事をしている。妻は事務所の事務員だったが4年の結婚生活ののち、離婚。「先生」の秘書に脅され星型の斑紋がある羊を探す旅に出ることに。

彼女／she
「僕」のガール・フレンド。ほっそりとした体と完璧な形をした耳を持つ耳専門の広告モデル。出版社のアルバイトの校正係、コール・ガールの顔もある。「僕」とともに羊を探す旅に出る。

先生／the Boss
満州で「羊つき」になるとともに、中国大陸で力をつける。戦後も政界と広告業界を支配する右翼の大物として君臨してきた。1978年、羊が抜けると意識不明になった。

鼠／the Rat
「僕」の友人。23歳で故郷の海辺の街を出て以来各地を転々としたのち、北海道に渡った。「僕」に二通の手紙を送る。二通目の手紙に1枚のモノクロームの羊の写真を同封する。

ジェイ／J
ジェイズ・バーのマスター。地下にあったジェイズ・バーはビルの3階に移転した。飼っていた猫は4年前に死んだ。

羊博士／the Sheep Professor
農林省に入省。満州で「羊つき」になったが、その羊は「先生」に入り込むとともに「羊抜け」になった。現在はいるかホテルの2階で暮らしている。ホテルの支配人の父。

羊男／The Sheep Man
頭からすっぽりと羊の皮をかぶった男。身長は150cmほど。猫背で足が曲がっている。文中のイラストは著者直筆。英語版では、羊男の話し方を単語の語間を空けずに表している。

取り上げた4つのシーンについて

シーン 1 僕がはじめて彼女に会ったのは

第一章の一節。1978年7月、友人が偶然新聞で「彼女」が交通事故で亡くなったことを教えてくれた。1969年に大学の近くの小さな喫茶店ではじめて出会った、名前を思い出せない「彼女」のことを「僕」は回想する。最後まで名前が出されることがなく、彼女は "Back then, there was this girl who'd sleep with anyone."（昔、あるところに、誰とでも寝る女の子がいた）と彼女の名前は記憶されることになった。

シーン 2 君の耳のことをもう少し聞きたいな

妻と別れた直後、「僕」は仕事で耳のモデルの女性と知り合った。彼女は同時にコール・ガール・クラブに所属し、小さな出版社での校正係のアルバイトもしていた。僕は彼女の耳に惹かれて話しかけた。彼女の耳は不思議な力を持っていた。このシーンでは "These are my ears in their unblocked state."（これが耳を開放した状態なの）と彼女が発言した後、開放した耳の力が描かれる。

シーン 3 元気かい？

第五章の1「鼠の最初の手紙」より。「僕」は「鼠」から2回の手紙受け取っている。これは1977年12月21日の消印がある最初の手紙の冒頭。「鼠」が書いた小説が同封されていた。「鼠」自らが言うように「混乱」しながらも、長年の沈黙を破るべく綴られた手紙。この抜粋箇所の次の「鼠の二番目の手紙」に同封してあった「羊の写真」を「どこでもいいから人目につくところにもちだしてほしい」という「鼠」の願いを叶えたことから、「僕」は羊をめぐる冒険に旅立つことになる。第五章は丁寧に読んでほしい章だ。

シーン 4 時計が二時の鐘を打ち終えた直後に

第八章「羊を巡る冒険Ⅲ」の「7 羊男来る」より。星の斑紋がある羊を追ってたどりついた山中の家に、羊男がやってくる。羊男の風貌や動作が、細やかな描写で鮮明に描かれている。羊男のセリフは、"CanIcomein?"（中に入っていいかな）のように、すべての語がつながっている。これは羊男の話し方を醸し出すために生み出された表現方法。

シーン**1**〜**4**

*pp.*88-103
出典

A Wild Sheep Chase

Vintage Classics,
Vintage
訳：Alfred Birnbaum

『羊をめぐる冒険』
上・下

講談社文庫

シーン **1** 僕がはじめて彼女に会ったのは

I met her in autumn nine years ago, when I was twenty and she was seventeen.

There was a small coffee shop near the university where I hung out with friends. It wasn't much of anything, but it offered certain constants: hard rock and bad coffee.

She'd always be sitting in the same spot, elbows planted on the table, reading. With her glasses—which resembled orthodontia—and skinny hands, she seemed somehow endearing. Always her coffee would be cold, always her ashtray full of cigarette butts.

The only thing that changed was the book. One time it'd be Mickey Spillane, another time Kenzaburo Oe, another time Allen Ginsberg. Didn't matter what it was, as long as it was a book. The students who drifted in and out of the place would lend her books, and she'd read them clean through, cover to cover. Devour them, like so many ears of corn. In those days, people lent out books as a matter of course, so she never wanted for anything to read.

Those were the days of the Doors, the Stones, the Byrds, Deep Purple, and the Moody Blues. The air was alive, even as everything seemed poised on the verge of collapse, waiting for a push.

She and I would trade books, talk endlessly, drink cheap whiskey, engage in unremarkable sex. You know, the stuff of everyday. Meanwhile, the curtain was creaking down on the shambles of the sixties.

Devour：むさぼり読む　hung out with...：〜とたむろした　constants：不変のもの
orthodontia：歯列矯正　ears of corn：トウモロコシの実

第一章の一節。1978年7月、友人から「彼女」が交通事故で亡くなったことを教えられた。1969年に大学の近くの小さな喫茶店ではじめて出会った、名前を思い出せない「彼女」のことを僕は回想する。

　僕がはじめて彼女に会ったのは一九六九年の秋、僕は二十歳で彼女は十七歳だった。大学の近くに小さな喫茶店があって、僕はそこでよく友だちと待ちあわせた。たいした店ではないけれど、そこに行けばハードロックを聴きながらとびっきり不味いコーヒーを飲むことができた。

　彼女はいつも同じ席に座り、テーブルに肘をついて本を読み耽っていた。歯列矯正器のような眼鏡をかけて骨ばった手をしていたが、彼女にはどことなく親しめるところがあった。彼女のコーヒーはいつも冷めて、灰皿はいつも吸殻でいっぱいになっていた。本の題名だけが違っていた。ある時にはそれはミッキー・スピレインであり、ある時には大江健三郎であり、ある時には「ギンズバーグ詩集」であった。要するに本でさえあればなんでもいいのだ。店に出入りする学生たちが彼女に本を貸し与え、彼女はそれをとうもろこしでも齧るみたいに片っ端から読んでいった。本を貸したがる人間ばかりいた時代だから、彼女は一度も本には不自由しなかったと思う。

　ドアーズ、ストーンズ、バーズ、ディープ・パープル、ムーディー・ブルーズ、そんな時代でもあった。空気はどことなくピリピリしていて、ちょっと力を入れて蹴とばしさえすれば大抵のものはあっけなく崩れ去りそうに思えた。

　我々は安いウィスキーを飲んだり、あまりぱっとしないセックスをしたり、結論のない話をしたり、本を貸したり借りたりして毎日を送っていた。そしてあの不器用な一九六〇年代もかたかたという軋んだ音を立てながらまさに幕を閉じようとしていた。

『羊をめぐる冒険』　A Wild Sheep Chase

---

as a matter of course：当然のことながら　**wanted for...**：〜に不足した
shambles：修羅場、混乱

I forget her name.

I could pull out the obituary, but what difference would it make now. I've forgotten her name.

Suppose I meet up with old friends and mid-swing the conversation turns to her. No one ever remembers her name either. Say, back then there was this girl who'd sleep with anyone, you know, what's-her-face, the name escapes me, but I slept with her lots of times, wonder what she's doing now, be funny to run into her on the street.

"Back then, there was this girl who'd sleep with anyone." That's her name.

---

mid-swing：途中で　**what's-her-face**：何とかいう人、例の女

彼女の名前は忘れてしまった。

死亡記事のスクラップをもう一度ひっぱり出して思い出すこともできるのだけれど、今となっては名前なんてもうどうでもいい。僕は彼女の名前を忘れてしまった。それだけのことなのだ。

昔の仲間に会って、何かの拍子に彼女の話が出ることがある。彼らもやはり彼女の名前を覚えてはいない。ほら、昔さ、誰とでも寝ちゃう女の子がいたじゃないか、なんて名前だっけ、すっかり忘れちゃったな、俺も何度か寝たけどさ、今どうしているんだろうね、道でばったり会ったりしても妙なものだろうな。

──昔、あるところに、誰とでも寝る女の子がいた。

それが彼女の名前だ。

the name escapes... : 名前が〜に思い出せない

"I'd like to ask you more about your ears, if I may," I said.

"You want to ask whether or not my ears possess some special power?"

I nodded.

"That is something you'd have to check for yourself," she said. "If I were to tell you anything, it might not be of any interest to you. Might even cramp your style."

I nodded once more.

"For you, I'll show my ears," she said, after finishing her espresso. "But I don't know if it will really be to your benefit. You might end up regretting it."

"How's that?"

"Your boredom might not be as hard-core as you think."

"That's a chance I'll have to take," I said.

She reached out across the table and put her hand on mine. "One more thing: for the time being—say, the next few months—don't leave my side, Okay?"

"Sure."

With that, she pulled a black hairband out of her handbag. Holding it between her lips, she pulled her hair back with both hands, gave it one full twist, and swiftly tied it back.

"Well?"

I swallowed my breath and gazed at her, transfixed. My mouth went dry. From no part of me could I summon a voice. For an instant, the white plaster wall seemed to ripple. The voices of the other diners and the clinking of their dinnerware grew faint, then once again returned to normal. I heard the sound of waves, recalled the scent of a long-forgotten evening. Yet all this was but

---

cramp your style：あなたらしさを損なう　＊cramp は「拘束する」
end up...：最後は〜になる

前後の文脈
について

妻と別れた直後、「僕」は仕事で耳のモデルをしている女性と知り合った。彼女はコール・ガール・クラブに所属し、小さな出版社で校正係のアルバイトもしていた。「僕」は彼女の耳に惹かれて話しかけ、彼女の耳の力を目の当たりにする。

「君の耳のことをもう少し聞きたいな」と僕は言った。

「あなたの訊きたいことは、私の耳が特殊な力を持っているかどうかということね」

僕は肯いた。

「それはあなたが自分で確かめてほしいの」と彼女は言った。「私がそれについてあなたに何かを話したとしても、とても限定された形でしか話せないし、それがあなたの役に立つとは思えないの」

僕はもう一度肯いた。

「あなたのために耳を出してもいいわ」と彼女はコーヒーを飲み終えてから言った。「でも、そうすることが本当にあなたのためになるのかどうかは私にもわからないの。あなたは後悔することになるかもしれないわよ」

「どうして?」

「あなたの退屈さはあなたが考えているほど強固なものじゃないかもしれないということよ」

「仕方ないさ」と僕は言った。

彼女はテーブルごしに手をのばして、僕の手に重ねた。「それからもうひとつ、しばらくのあいだ——これから何ヵ月か——私のそばを離れないで。いい?」

「いいよ」

彼女はハンドバッグから黒いヘア・バンドを取り出すとそれを口にくわえ、両手で髪をかかえるようにして後ろにまわして素早く束ねた。

「どう?」

僕は息を呑み、呆然と彼女を眺めた。口はからからに乾いて、体のどこからも声はでてこなかった。白いしっくいの壁が一瞬波打ったように思えた。店内の話し声や食器の触れ合う音がぼんやりとした淡い雲のようなものに姿を変え、そしてまたもとに戻った。波の音が聞こえ、懐しい夕暮の匂いが感じられた。しかし、それらは何もかもほんの何百分の一秒かのあいだに僕が感じたもののほんの一部にすぎなかった。

---

hard-core：頑固な　　**transfixed**：釘付けになって　　**ripple**：さざ波が立つ

a mere fragment of the sensations passing through me in those few hundredths of a second.

"Exquisite," I managed to squeeze out. "I can't believe you're the same human being."

"See what I mean?" she said.

Unblocked Ears

"See what I mean?" she said.

She'd become so beautiful, it defied understanding. Never had I feasted my eyes on such beauty. Beauty of a variety I'd never imagined existed. As expansive as the entire universe, yet as dense as a glacier. Unabashedly excessive, yet at the same time pared down to an essence. It transcended all concepts within the boundaries of my awareness. She was at one with her ears, gliding down the oblique face of time like a protean beam of light.

"You're extraordinary," I said, after catching my breath.

"I know," she said. "These are my ears in their unblocked state."

Several of the other customers were now turned our way, staring agape at her. The waiter who came over with more espresso couldn't pour properly. Not a soul uttered a word. Only the reels on the tape deck kept slowly spinning.

She retrieved a clove cigarette from her purse and put it to her lips. I hurriedly offered her a light with my lighter.

"I want to sleep with you," she said.

So we slept together.

Unabashedly：臆面もなく　pared down：「削ぎ落とされて」　protean：変幻自在な

「すごいよ」と僕はしぼり出すように言った。「同じ人間じゃないみたいだ」
「そのとおりよ」と彼女は言った。

耳の開放について

「そのとおりよ」と彼女は言った。
　彼女は非現実的なまでに美しかった。その美しさは僕がそれまでに目にしたこともなく、想像したこともない種類の美しさだった。全てが宇宙のように膨張し、そして同時に全てが厚い氷河の中に凝縮されていた。全てが傲慢なまでに誇張され、そして同時に全てが削ぎ落されていた。それは僕の知る限りのあらゆる観念を超えていた。彼女と彼女の耳は一体となり、古い一筋の光のように時の斜面を滑り落ちていった。

「君はすごいよ」とやっと一息ついてから僕は言った。
「知ってるわ」と彼女は言った。「これが耳を開放した状態なの」
　何人かの客が振り向いて、我々のテーブルを放心したように眺めていた。コーヒーのおかわりを注ぎにきたウェイターは、うまくコーヒーが注げなかった。誰もひとことも口をきかなかった。テープデッキのリールだけがゆっくりとまわりつづけていた。
　彼女はバッグからはっか煙草を出して口にくわえた。僕はあわててライターでそれに火をつけた。
「あなたと寝てみたいわ」と彼女は言った。
　そして我々は寝た。

So how's everything?

Seems like an awful long time since I saw you last. How many years is it now? What year was it?

I think I've gradually lost my sense of time. It's like there's this impossible flat blackbird flapping about over my head and I can't count above three. You'll have to excuse me, but why don't you do the counting?

I skipped town without telling anybody and maybe you had your share of troubles because of it. Or maybe you were upset at me for leaving without a word to you. You know, I meant to set things straight with you any number of times, but I just couldn't. I wrote a lot of letters and tore them all up. It should've been obvious, but there was no way I could explain to others what I couldn't even explain to myself.

I guess.

I've never been good at writing letters. Everything comes out backwards. I use exactly the wrong words. If that isn't bad enough, writing letters makes me more confused. And because I have no sense of humor, I get all discouraged with myself.

Generally, people who are good at writing letters have no need to write letters. They've got plenty of life to lead inside their own context. This, of course, is only my opinion. Maybe it's impossible to live out a life in context.

It's terribly cold now and my hands are numb. It's like they aren't my own hands. My brains, they aren't like my own brains either. Right now it's snowing. Snow like flakes of someone else's brains. And it'll pile up deeper and deeper like someone else's brains too. (What is this bullshit all about anyway?)

---

impossible：あり得ない　**flapping about**：（鳥が）羽ばたいて飛び回っている
skipped town：町から姿をくらましました

前後の文脈
について

第五章の1「鼠の最初の手紙」より。「鼠」自らが言うように、彼自身「混乱」しながらも、本書の語り手である「僕」に向けて長年の沈黙を破るべく綴られた手紙。この文章の「僕」は「鼠」のこと。

元気かい？

もうずいぶん長く君に会っていないような気がするな。いったい何年になるかな？

何年だろう？

年月の感覚がだんだん鈍くなってきている。なんだか平べったい黒い鳥が頭の上でばたばたやってるみたいで、三つ以上ものが数えられないんだ。悪いけど君の方で数えてみてほしい。

みんなに黙って街を出ちゃったことで、君も少なからず迷惑を受けたかもしれない。あるいは君にも黙って出ていっちゃったことで、不快に思ったかもしれない。僕は何度か君に弁明しようと考えたのだけれど、どうしてもできなかった。ずいぶん多くの手紙を書いては破った。でもこれは当然と言えば当然の話で、自分にもうまく説明できないことを、他人に向って説明することなんてできるわけはないんだ。

たぶんね。

僕は昔から手紙を書くのが上手くない。順序が逆になったり、正反対の言葉を間違えて使ってしまったりする。そして手紙を書くことでかえって自分を混乱させてしまったりする。それから僕にはユーモアの感覚が不足しているから、文章を書きながら、自分で自分にうんざりすることになる。

もっとも、手紙がうまく書ける人間なら手紙を書く必要もないはずだ。何故なら自分の文脈の中で十分生きていけるわけだからね。しかしこれはもちろん僕の個人的な意見にすぎない。文脈の中で生きていくことなんて不可能なのかもしれない。

今はひどく寒く、手がかじかんでいる。まるで僕の手じゃないみたいだ。僕の脳味噌も、僕の脳味噌じゃないみたいだ。今、雪が降っている。他人の脳味噌みたいな雪だ。そして他人の脳味噌みたいにどんどん積っていく。（意味のない文章だ）

『羊をめぐる冒険』 A Wild Sheep Chase

set things straight：（誤解や混乱を）解消する　live out a life：生き延びる

Other than the cold, though, I'm doing fine. How about you? I won't tell you my address, but don't take it personally. It's not like I'm trying to hide anything from you. I want you to know that. This is, you see, a delicate question for me. It's just this feeling I've got that, if I told you my address, in that instant something inside me would change. I can't put it very well.

It seems to me, though, that you always understand very well what I can't say very well. Trouble is I end up being even worse at saying things well. It's got to be an inborn fault.

Naturally everyone's got faults.

My biggest fault is that the faults I was born with grow bigger each year. It's like I was raising chickens inside me. The chickens lay eggs and the eggs hatch into other chickens, which then lay eggs. Is this any way to live a life? What with all these faults I've got going, I have to wonder. Sure, I get by. But in the end, that's not the question, is it?

In any case, I've decided I'm not giving you my address. I'm sure things'll be better that way. For me and for you.

Probably we'd have been better off born in nineteenth-century Russia. I'd have been Prince So-and-so and you Count Such-and-such. We'd go hunting together, fight, be rivals in love, have our metaphysical complaints, drink beer watching the sunset from the shores of the Black Sea. In our later years, the two of us would be implicated in the Something-or-other Rebellion and exiled to Siberia, where we'd die. Brilliant, don't you think? Me, if I'd been born in the nineteenth century, I'm sure I could have written better novels. Maybe not your Dostoyevsky, but a known second-rate novelist. And what would you have been doing? Maybe you'd only have been Count Such-and-such straight through. That wouldn't be so bad, just being Count Such-and-such. That'd be nice and nineteenth century.

But well, enough of this. To return to the twentieth century.

---

don't take it personally：悪く取らないでください　＊ personally は「個人攻撃として」
get by：何とかやっていく　**better off...**：〜であればもっとうまくいく

寒いことをべつにすれば、僕は元気に暮している。君の方はどうだろう？

僕の住所は教えないけれど、気にしないでほしい。君に何かを隠したがっているというわけじゃないんだ。それだけはわかってほしい。これはつまり、僕にとってはとても微妙な問題なんだ。君に住所を教えたら、そのとたんに僕の中で、何かが変ってしまいそうな気がするんだ。うまく言えないけどね。

君は僕がうまく言えないことをいつもうまくわかってくれるような気がする。しかし君がうまくわかってくれればくれるほど、僕はどんどんうまくものが言えないようになっていくみたいだ。きっと生まれつきどこかに欠陥があるんだろう。

もちろん誰にだって欠陥はある。

しかし僕の最大の欠陥は僕の欠陥が年を追うごとにどんどん大きくなっていくことにある。つまり体の中でにわとりを飼っているようなもんだ。にわとりが卵を産み、その卵がまたにわとりになり、そのにわとりがまた卵を産むんだ。そんな風にして、そんな欠陥を抱え込んだまま、人間は生きていけるんだろうか？　もちろん生きていける。結局のところ、それが問題なんだね。

とにかく僕はやはり僕の住所を書かない。きっとその方が良いんだ。僕にとっても、君にとってもね。

おそらく我々は十九世紀のロシアにでも生まれるべきだったのかもしれない。僕がなんとか公爵で、君がなんとか伯爵で、二人で狩をしたり、決闘をしたり、恋のさやあてをしたり、形而上的な悩みを持ったり、黒海のほとりで夕焼けを見ながらビールを飲んだりするんだ。そして晩年には「なんとかの乱」に連座して二人でシベリアに流され、そこで死ぬんだ。こういうのって素敵だと思わないか？　僕だって十九世紀に生まれていたら、もっと立派な小説が書けたと思うんだ。ドストエフスキーとまではいかなくても、きっとそこそこの二流にはなれたよ。君はどうしていただろうね。君はずっとただのなんとか伯爵だったかもしれない。ただのなんとか伯爵というのも悪くないな。なんとなく十九世紀的だものな。

でもまあ、もう止そう。二十世紀に戻ろう。

So-and-so/Such-and-such：誰それ　metaphysical：「形而上的な」、浮世離れした

As the clock struck two, there came a knocking on the door. Two times at first, a two-breath pause, then three times.

It took me a while to recognize it as knocking. That anyone should knock on the door hadn't occurred to me. The Rat wouldn't knock, it was his house. The caretaker might knock, but he certainly wouldn't wait for a reply before walking in. Maybe my girlfriend—no, more likely she'd steal in through the kitchen door and help herself to a cup of coffee. She wasn't the type to knock.

I opened the door, and standing there, two yards away, was the Sheep Man. Showing markedly little interest in either the open door or myself who opened it. Carefully inspecting the mailbox as if it were a rare, exotic specimen. The Sheep Man was barely taller than the mailbox. Four foot ten at most. Slouched over and bowlegged besides.

There were, moreover, six inches between the doorsill, where I stood, and ground level, where he stood, so it was as if I were looking down at him from a bus window. As if ignoring his decisive shortcomings, he continued his scrutiy of the mailbox.

"CanIcomein?" the Sheep Man said rapid-fire, facing sideways the whole while. His tone was angry.

"Please do," I said.

He crouched down and gingerly untied the laces of his mountaineering boots. They were caked with a sweet-roll-thick crust of mud. The Sheep Man picked up his boots with both hands and, with practiced technique, whacked them solidly together. A shower of hardened mud fell to the ground. Then demonstrating consummate knowledge of the lay of the house,

---

specimen：人、やつ　Slouched over：「猫背で」　bowlegged：がに股の
shortcomings：欠点、弱点

前後の文脈
について

第八章「羊を巡る冒険Ⅲ」の「7 羊男来る」より。辿りついた山中の家で孤独を深める「僕」のもとに、羊男がやってくる。羊男の風貌や動作が、細やかな描写で鮮明に描かれている。

　時計が二時の鐘を打ち終えた直後に、ドアにノックの音がした。はじめに二回、そして呼吸ふたつぶんおいて三回。

　それがノックであると認識できるまでにしばらく時間がかかった。誰かがこの家の扉をノックすることがあるなど、僕には思いもよらないことだった。鼠ならノックなしでドアを開けるだろう——なにしろここは鼠の家なのだ。管理人なら一度ノックしてから返事を待たずにすぐにドアを開けるだろう。彼女なら——いや、彼女であるわけはない。彼女は台所のドアからそっと入って来て、一人でコーヒーを飲んでいるだろう。玄関をノックするようなタイプではないのだ。

　ドアを開けると、そこには羊男が立っていた。羊男は開いたドアにもドアを開けた僕にもたいして興味はないといった格好で、ドアから二メートルばかり離れたところに立った郵便受けを珍しいものでも見るようにじっと睨（にら）んでいた。羊男の背丈は郵便受けより少し高いだけだった。百五十センチというところだろう。おまけに猫背で足が曲っていた。

　それに加えて僕の立っている場所と地面のあいだには十五センチの差があったから、僕はまるでバスの窓から誰かを見下ろしているような具合になった。羊男はその決定的な落差を無視しようとするかのように、横をむいて熱心に郵便受けを睨みつづけていた。郵便受けにはもちろん何も入ってはいなかった。

「中に入っていいかな？」と羊男は横を向いたまま早口で僕に訊ねた。何かに腹を立てているようなしゃべり方だった。

「どうぞ」と僕は言った。

　彼は身をかがめてきびきびとした動作で登山靴の紐をほどいた。登山靴には菓子パンの皮みたいに泥が固くこびりついていた。羊男は脱いだ登山靴を両手に持って、慣れた手つきでぱんぱんと叩きあわせた。厚い泥はあきらめたようにどさりと地面に落ちた。それから羊男は家の中のことはよく心得ているといわんばかりにスリッパをはいてすたすたと歩き、一人でソファーに腰を下ろし、やれやれという顔をした。

CanIcomein?：語間のスペースを省略して羊男特有の話し方を表している　　rapid-fire：矢継ぎ早に

were caked with...：「（〜が）こびりついて」　consummate：完璧な

he put slippers on and padded over to the sofa and sat down.

Just great, I thought.

The Sheep Man wore a full sheepskin pulled over his head. The arms and legs were fake and patched on, but his stocky body fit the costume perfectly. The hood was also fake, but the two horns that curled from his crown were absolutely real. Two flat ears, probably wire-reinforced, stuck out level from either side of the hood. The leather mask that covered the upper half of his face, his matching gloves, and socks, all were black. There was a zipper from neck to crotch.

On his chest was a pocket, also zippered, from which he extracted his cigarettes and matches. The Sheep Man put a Seven Stars to his mouth, lit up, and let out a long sigh. I fetched the washed ashtray from the kitchen.

"Iwannadrink," said the Sheep Man. I duly went into the kitchen and got a half-bottle of Four Roses and two glasses with ice.

He poured whiskey over the ice, I did the same, we drank without a toast. As he drank, the Sheep Man mumbled to himself. His pug nose was big for his body, and with each breath he took, his nostrils flared dramatically. The two eyes that peered through the mask darted restlessly around the room.

---

stocky：ずんぐりした　**wire-reinforced**：針金で補強された、網入りの　**duly**：言われた通りに

羊男は頭からすっぽりと羊の皮をかぶっていた。彼のずんぐりとした体つきはその衣裳にぴったりとあっていた。腕と脚の部分はつぎたされた作りものだった。頭部を覆うフードもやはり作りものだったが、そのてっぺんについた二本のくるくると巻いた角は本物だった。フードの両側には針金で形をつけたらしい平べったいふたつの耳が水平につきだしていた。顔の上半分を覆った皮マスクと手袋と靴下はお揃いの黒だった。衣裳の首から股にかけてジッパーがついていて簡単に着脱できるようになっていた。

　腕の部分にはやはりジッパーのついたポケットがあって、そこに煙草とマッチが入っていた。羊男はセブンスターを口にくわえてマッチで火をつけ、ふうっとため息をついた。僕は台所まで行って洗った灰皿を持ってきた。「酒が欲しいな」と羊男が言った。僕はまた台所に行って半分ばかり残ったフォア・ローゼズの瓶をみつけ、グラスを二個と氷を持ってきた。

　我々はそれぞれのオン・ザ・ロックを作り、乾杯もせずに飲んだ。羊男はグラスをあけてしまうまで、一人で何かをぶつぶつとつぶやきつづけていた。羊男の鼻は体に比べて大きく、息をするたびに鼻腔が翼のように左右に広がった。マスクの穴からのぞく二つの目は落ちつかな気に僕のまわりの空間をきょろきょろとさまよっていた。

---

pug nose：しし鼻　darted：素早く動いた　restlessly：そわそわと、落ち着きなく

1

a casualty, an investigation of possible negligence 「業務上過失致死の疑いで取り調べ中」。＊negligence は「過失」。

You got me. 「さあ、わからないな」。＊図星をつかれて返答に窮した場合などに使う。

drainage canals 「どぶ川」。＊drainage は「下水、排水」。

somber 「ひっそりとした」

was presided over 「とりしきっていた」

hung out 「待ちあわせた」。＊「たむろする」という意味もある。

elbows planted on the table 「テーブルに肘をついて」

drifted in and out 「出入りする」。＊「ぶらりとやって来たり出たりする」という感じ。

seemed poised in the verge of collaspe 「あっけなく崩れ去りそうに思えた」。＊poise は「〜を支える、バランスを取る」。

shambles of the sixties 「不器用な一九六〇年代」。＊shambles は「大混乱の場」。

mid-swing 「何かの拍子に」。＊「途中で」の意味。

cursory examination ＜ぞんざいな検査＞

was blockaded and shut down on several occasions 「閉鎖とロックアウトをくりかえしていた」

clientele 「客の顔ぶれ」。＊「常連さん」の意味も。

plunked down 「腰を下ろし」。＊plunk down は「どしんと置く」。

no mean ＜なかなかの〜＞ ＊mean は「並みの」。

at a standstill 「同じ場所に留まっている」。＊「行き詰って」という意味もある。

took on a desolate cast 「物寂しく」。＊desolate は「わびしい」、cast は「様子、気味」。

what is it you're booting over? 「あなたはいったい何を抱えこんでいるの？」。＊boot over は「ブーツで蹴飛ばす」ように、頭の中でいろんなことを「蹴飛ばす、転がす、思いめぐらしている」。

blurted out 「訊ねた」。＊blurt out は「〜を思わず口走る」。

eating my change 「（自動販売機から）釣り銭が出てこない」

shut you out 「心を閉じている」

2

No ifs, ands or buts. 「『しかし』も『けれども』も『ただし』も『それでも』も何もない」

Come to think of it 「そういえば」

modicum ＜少量＞

crumpled... up 「まとめて丸め」。＊crumple up は「〜をくしゃくしゃにする」。

cluster 「一群」

obituary 「弔辞」

There was an edge to... 「〜に特別な響きがあった」

3

downed another cola 「もう一本コーラを飲み」

was hazed to the core 「（体の）芯はぼんやりしていた」

convoluted waterways 入り組んだ水路

rendered into 「修整された」。＊render は「〜の状態にする」。

lukewarm 「生温かい」

What's done is done, that sort of thing. 「既に起こってしまったことは起こってしまったことなのだ」

dawdled with... 「〜で遊んでいた」。＊dawdle は「時間を費やす」。

I was already lost. 「僕は既に失われた人間だった」

4

it can seem like nothing much at all 「まるでたいしたことじゃないようにも思える」

how shall I put it? 「なんというか」

exuded 「漂っていた」。＊exude は「にじみ出る」。

intercourse 「性交」

tortuous circumnavigation 「拷問のような経緯」。＊tortuous は「拷問のような」、circumnavigation は「周航」。

cavernous 「がらんとした」

reminiscent 「〜を思わせた」

discreet intimate-friends-only club 「品の良い内輪だけで構成されたささやかなクラブ」。＊discreet は「慎重な」。

abysmal 「おそろしく低い」

perverts 「変質者」

had me in their thrall 「僕を魅了した」。＊thrall は「奴隷の状態」。

The quintessence, the paragon of ears. 「100 パーセントの耳と言っていいだろう」。＊quintessence は「本質」、paragon は「模範」。

genitals 「性器」

whirlpool 「渦」

got ahold of 「つかまえる」

indelibly 「いつまでも」

constellation 「星座」

blocked ears 「閉鎖された耳」

No one reason I can put it all down to. 「理由はひとくちじゃ言えない」

cramp... ＜〜を束縛する＞

Exquisite. 「すごいよ」

5 pared down 「削ぎ落されていた」

6 intermittently 「断続的に」

irretrievably 「完全に」

quickly interjected 「あわてて言った」

diffusing 「消えた」。＊diffuse は「拡散する」。

letting go a trial balloon 「ためしに」。
＊let go は「放す」。

7 was fumbling 「不器用に手をかけていた」

nice-enough, regular-if-not-exactly-sharp kind of guy 「鋭敏とは言えないにしてもまともで感じの良い人間」

hallucinatory 「幻想的な」

pry 「余計な詮索をする」

plush 「ふわふわとした」。＊口語では「ぜいたくな」。

with exemption and depreciations write-offs and what not 「なんとか控除だとか減価償却だとか税金対策だとか、そんなことばかり」

You were saying? 「それで？」

exploitation 「搾取」

It went over real well. 「評判も良かった」

fraudulent 「インチキな」

8 flurry ＜にわか雪、突風＞

consigned ＜任せた＞

attire 「身なり」

fastidious 「良すぎた」。＊「気難しい、好みの難しい」の意味。

foregone conclusion 「そんなことははじめからわかっている」

moved not an iota 「余計な動作は何ひとつなかった」。＊not an iota は「ちっとも～ない」。

were buffed to ＜磨かれていた＞

primal 「原初の」

meticulously 「完璧なまでに」

rarefied 「極めて限定された」。＊「高度な、一流の」。

in a hush 「静かに」

dumbfounded 「ぼかんとして」

shrouded 「覆われていた」

volition 「意志」

enunciated 「きちんと発音した」

ask your forbearance 「許していただきたい」。＊forbearance は「辛抱」。

Such is the nature of things. 「ということです」

to wield no small degree of influence in this arena 「この業界では少なからず力を持っています」。＊wield は「扱う、影響を及ぼす」。

9 That's the size of it. 「ということだよ」

You're losing me. 「ますますわからないな」

plundered 「あらしまわった」

booty ＜強奪品＞

stash of... ＜～を隠してある＞

was incarcerated by ＜～に逮捕された＞

reconvened ＜再収集された＞

handbills 「ちらし」

overt 「直接に」。＊「あからさまな」の意味がある。

trilateral 「三位一体」。＊「三者の」の意味がある。

brain hemorrhage 「脳卒中」。＊本来の意味は「脳出血」。

10 the continent of the arbitrary 「偶然の大地」。＊arbitrary は「偶然による」。

serendipitous 「気紛れな」

facile 「適当な」

esophagus 「食道」

adjoined 「連なって」。＊adjoin は「隣接する」。

puny stunted 「ちゃちな」。＊puny は「つまらない」、stunted は「成長不良の」。

foliage 「葉」

slushy 「ぐしゃぐしゃとした」

11 slumber 「眠りの穴」。＊本来は「眠り」。

opaque 「くすんだ」

smudge 「しみ」

unobtrusive 「静か」

unobjectionable fidelity 「申し分のない音」

intricately ＜こった、複雑な＞

pliers 「やっとこ」。＊「ペンチ」のこと。

succinctly 「簡潔に」

12 begin to resent 「憎みはじめ」

epicenter 「中心」。＊「震央、中心点」の意味。

An impeccable garden vista 「文句のつけようのない庭」。＊impeccable は「申し分のない」、vista は「眺め、展望」。

impertinently ＜ずうずうしく、生意気にも＞

revelation 「話」。＊「暴露、新事実」の意味がある。

how shall I put it? 「それはなんというか」

crop up 「生まれる」。＊「ふいに現れる」の意味も。

incarnation ＜肉体化、顕現＞

rain gutters 「雨樋」

aqueduct 「上水道」

exuding 「感じられる」。＊exude は「にじみ出る」。

pinnacle 「てっぺん」

fodder 「かいば」

antithetical 「対照的」

stupor 「酔い」

apparition ＜姿＞

gawked at the surroundings 「呆然とまわりの風景を眺める」。＊ gawk at は「ぼかんと見つめる」。

trying to inject some levity 「冗談を言ってみた」。＊ levity は「場違いな陽気さ」。

sedate 「ましな」。＊「落ち着いた」という意味がある。

13 Sure, I get by. 「もちろん生きていける」。
＊ get by は「なんとか生きていく」。

I better make a go of it. 「うまくやるしかない」。＊ make a go of は「うまくやっていく」。

15 cooked up some reason 「適当な理由ででっちあげて」。＊ cook up は「でっちあげる」。

a feeling of exhilaration 「素敵な気分」。
＊ exhilaration は「うきうきした気分」。

16 I wouldn't see it that way. 「そういう風には思えないのよ」

upped and left 「姿を消す」。＊ up は動詞で「突然～する」。up and... で「突然～する」。

stick-with-it type 「何かを長く続けるタイプ」。
＊ stick with it は「頑張り抜く」。

fossil 「老朽品」。＊本来は「化石」。

claustrophobia 「閉所恐怖症」

everything-works-out-in-the-end-so-maybe-war's-not-so-bad-after-all sort of film
「何もかもがうまくいかないのなら戦争もそれほど悪くない映画」。＊ everything works out in the end は「あらゆることに最終的な結果が出る」。

arpeggios and syncopation 「アルペジオとシンコペーション」

coif 「髪」

through no intervention 「無関係に」。
＊ intervention は「介入」。

superintendent 「アパートの管理人」

If the table were turned 「もし立場が逆だったとしても」

17 Honesty is to truth as prow is to stern.
「正直さと真実との関係は船のへさきと船尾の関係に似ている」。＊ prow は「船首」、stern は「船尾」。

at this juncture ＜現在のところ＞

on the vainglory 「空虚性について」。
＊ vainglory は「強いうぬぼれ、虚飾」。

That is a star-shaped birthmark. 「星形の斑紋だよ」

infantile 「稚拙だ」

18 mediocrity 「凡庸さ」

cyst 「こぶ」

hallucinations 「幻覚」

regimen ＜統治＞

insomniacs 「不眠症」

leverage 「てこ」

covert 「裏の」

plunge into a sea of mediocrity 「凡庸の海の中に没し去っていくだろう」

negated self-cognition 「自己認識の否定だ」。＊ negate は「否定する」。

correlation 「かかわりあい」

in a coma 「意識がない」

19 stammered 「少し迷った」。＊ stammer は「口ごもる」。

21 the heavyset sheep with the star in its back 「背中に星印のついたずんぐりした羊」

22 orchid 「蘭」

it aggravates you to have it 「持っているだけで腹立たしく」。＊ aggravate は「いら立たせる」。

nuzzled ＜擦り寄せた＞

things'll fall into place. 「いろんなことがうまくいくわ」。＊ fall into place は「うまくいく」。

23 the utmost tenacity 「きわめて執拗なところ」。＊ utmost は「極度の」、tenacity は「執拗さ」。

be sniveling 「弱音を吐いている」。＊ snive は「すすり泣く」。

24 full-fledged 「ちゃんとした」。＊「一人前の」の意味。

not interchangeable 「互換性がない」

obliterated 「放棄して」

25 exemplars 「代物」。＊ exemplar は本来「見本、原型」。

commotion 「ざわめき」

willy-nilly 「でたらめに」。＊「いや応なしに」という意味もある。

run-down 「古びていた」

indentations of eyeglasses 「眼鏡のあと」。
＊ indentation は「刻み目、ギザギザ、圧痕」。

menagerie 「こまごまとした」。＊本来は「見世物用に集めた種々の動物」。

kerosene 「石油」

26 futile 「従労に終わった」

naught 「無為」

27
the local castle lord 「城代家老」

abducted 「連れ去られた」

haggard 「げっそりとやせて」

dismissal 「職務逸脱行為」

Unmitigated ＜純然たる＞。＊mignate は「緩和する」。

morons 「馬鹿」

infiltrated 「浸み込んでいる」

homestead 「牧場」

29
Full Moon in the Wane 「月の満ち欠け」。＊in the wane は「（月が）欠け始めて」。

entourage 「一行」。＊フランス語で「側近、取り巻き」。

locusts 「いなご」

bronchitis 「肺炎」。＊本来は「気管支炎」の意味。

scant 「幾許かの」。＊本来は「乏しい」。

embittered 「気むずしい」

agrarian disenfranchisement 「離農」。＊agrarian は「農業の」、disenfranchisement は「権利の剥奪」。

national infrastructure 「産業構造」。＊「国家基盤」の意味でも用いる。

Bountiful 「豊かな」

30
last vestiges 「名残り」。＊vestige は「痕跡」。

snippets 「簡単な年表」。＊本来は「抜粋」の意味。

31
lubrication ＜注油＞。＊lubricate は「潤滑油を塗る、（物事を）円滑に動かす」。

trudged back to town 「とぼとぼと町まで歩いた」。＊trudge は「重い足取りで歩く」。

32
disinfectant 「消毒液」

seismographic 「地震計（の）」

grimaced 「睨んだ」。＊grimace は「しかめ面をする」。

porous 「もろく」。＊本来は「穴だらけの」。

precariousness 「不確かさ」。＊precarious は「不安定な、危険な」。

doom 「漠然とした不吉さ」。＊「運命、破滅」の意味。

were saturated from the rain 「雨を吸い込んだまましっとりと湿っていた」

squat 「ずんぐりとした」

made me wince 「うんざりした」。＊wince は「たじろぐ」。

tarnished 「変色している」

cavorting 「のたうちまわる」

aftermath ＜直後、余波＞

33
vestibule 「土間」。＊「玄関、出入口」の意味も。

lucid 「頭がよく働いていた」

34
After lengthy deliberations 「ずいぶん迷ってから」。＊deliberation は「熟考すること」。

35
crotch 「股」

into a pout 「黙り込んだ」。＊pout は「ふくれっ面」。

vexed 「そわそわした」

forlornly 「哀し気に」

spatula 「へら」

36
I cooked up a storm. 「いろんな料理を作ってみた」

thoroughfare 「通り道」

make a go of 「それなりに上手くやっていく」

Solidified into pellets 「しっかり身を固めて」。＊pellet は「ペレット、小さいかたまり」。

circumgyration 「一周」。＊「回転」の意味がある。

mishaps ＜不運＞

37
opaque 「不透明な」

Pirouetting down slowly from the sky 「ゆっくりと空から舞い下り」。＊pirouette は「つま先旋回する」。

cacophonous ＜不協和音の＞

twang ＜ビーンという音＞

39
Can't be helped. You did better than most. 「仕方ないさ。君はよくやった方だよ」

40
a self-acquittal 「自己弁護」。＊acquittal は「責任解除、無罪放免」。

gangrene 「壊疽」

goes for 「大好きなんだ」。＊go for は「好みである」。

blast furnace 「るつぼ」

imperius rex 「王様」。＊ラテン語で imperius は「強力な」、rex は「王」。

42
burrowed 「潜り込んだ」。＊burrow は「（穴などに）身を隠す」。

mediocrity 「凡庸さ」

42
meandered 「曲がっている」

camped and hunched over 「窮屈そうに体をよじると」。＊camp は「不作法に振舞う」、hunch over は「前かがみになる」。

43
coax 「ひっぱり出す」。＊coax には「うまく説得する」という意味がある。

conical 「円錐形の」

proprietor 「支配人」

第一章　1970/11/25	
空気はどことなくピリピリしていて、ちょっと力を入れて蹴とばしさえすれば大抵のものはあっけなく崩れ去りそうに思えた。	The air was alive, even as everything seemed poised on the verge of collapse, waiting for a push.
昔、あるところに、誰とでも寝る女の子がいた。	Back then, there was this girl who'd sleep with anyone.
あなたはいったい何を抱えこんでいるの？	Just what is it you're brooding over?
べつに心を閉じているつもりはないんだ。	You know, I never mean to shut you out.

第二章　1978/7 月		
1	「しかし」も「けれども」も「ただし」も「それでも」も何もない。ただ単に僕は酔払ったのだ。	No ifs, ands, or buts. Only the statement "I am drunk," plain and simple.
	やれやれ。	Just great.
	その上に細かいちりのような沈黙が浮かんでいた。	A silence hovered about them, fine as dust.
	もう私には関係のないことだから。	I'm out of the picture already.
	でも、きっとそういう問題でもないのね。	But I guess that's not the point now, is it?
2	キリコの絵に出てきそうな不思議な見知らぬ街に一人で残されたような気がした。	I felt like a tiny child in a De Chirico painting, left behind all alone in a foreign country.
	彼女にとって、僕は既に失われた人間だった。	To her, I was already lost.

第三章　1978/9 月		
1	僕が最初に女の子と性交したあとで思い出したのも、その巨大な鯨のペニスだった。	It came back to me, that giant whale's penis, after having intercourse with a girl for the very first time.
	耳は私であり、私は耳であるのよ。	I am my ears, my ears are me.
	彼女はまるでカメレオンのように場所や状況によって、その輝きを出したりひっこめたりすることができたのだ。	Like a chameleon, she would change with place and circumstance, able, at will to summon or control that glimmer of hers.
	余計なことを考えないで済むからさ。	No unnecessary decisions.
	閉鎖された耳は死んだ耳なの。	Blocked ears are dead ears.

	意識的に通路を分断してしまうってことなんだけど……わかるかしら？	I consciously cut off the passageway... Do you follow me?
	要するに仕方ないことなんだよ。	I mean, I take what I get.
2	彼女と彼女の耳は一体となり、古い一筋の光のように時の斜面を滑り落ちていった。	She was at one with her ears, gliding down the oblique face of time like a protean beam of light.
	これが耳を開放した状態なの。	These are my ears in their unblocked state.
3	それはあなたが自分自身の半分でしか生きてないからよ。	That's because you're only half-living.
	どうせ羊の話だろう。	Heaven knows it's got to be about sheep.

第四章　羊をめぐる冒険Ⅰ

3	世事に疎いんだ。	Dumb to the world, that's me.
	ずいぶん詳しいね。	Been doing your homework, I see.
	このあたりはうやむやなんだ。	The facts get a little fuzzy here.
	縁の下で名もない小人が紡ぎ車をまわしてるんだよ。	Nameless elves out in the woods have been busy at the spinning wheel.
	第六感だよ。	Sixth sense.
	「やれやれ」と相棒はため息をついた。	"Give me a break," my partner sighed.
4	つまり我々は背後の「全て」と眼前の「ゼロ」にはさまれた瞬間的な存在であり、そこには偶然もなければ可能性もない、ということになる。	In other words, sandwiched as we are between the "everything" that is behind us and the "zero" beyond us, ours is an ephemeral existence in which there is neither coincidence nor possibility.
	ドーナツの穴を空白として捉えるか、あるいは存在として捉えるかはあくまで形而上的な問題であって、それでドーナツの味が少しなりとも変わるわけではないのだ。	Whether you take a doughnut hole as blank space or as an entity unto itself is a purely metaphysical question and does not affect the taste of the doughnut one bit.

第五章　鼠からの手紙とその後日譚

2	もちろんこれがとても虫の良い頼みであることはよくわかっている。	I know it's a selfish request.
3	結局のところ全ては失われてしまった。失われるべくして失われたのだ。それ以外に、全てを手放す以外に、僕にどんなやりようがあっただろう？	Maybe, but it was all gone now. Lost, perhaps meant to be lost. Nothing I can do about it, got to let it go.
	「時代が変ったんだよ」と僕は言った。時代が変れば、いろんなことも変る。	"Times have changed," I said. "A lot of things have changed."
	でも結局はそれでいいんだよ。	But the bottom line is, that's fine.

	歌は終った。しかしメロディーはまだ鳴り響いている。	The song is over. But the melody lingers on.
4	「あの人がどこかに消えちゃったのが五年前、私はその時二十七だったわ」とても穏やかな声だったけれど、まるで井戸の底から響いてくるように聞こえた。	"It was five years ago when he disappeared. I was twenty-seven at the time," she said, distant voice sounding like an echo from the bottom of a well.
	仕事が長びいちゃって、どうしても抜けられなかったの。	Work ran late, and I just couldn't get free.
	でも我々は長いあいだいつも非現実的な迷惑をかけあってきたんですよ。	No, but we go back a long time imposing our unrealities on each other.

第六章　羊をめぐる冒険Ⅱ	

1	底なし井戸に小石を投げ込んだような沈黙がしばらく続いた。	There ensued a brief silence, a pebble sent plunging down a fathomless well.
	君の辿る運命は非現実的な凡庸さが辿る運命でもある。	Your fate is and will always be the fate of a dreamer.
	沈黙の質を見定めるような黙り方だった。	This was a definitive silence, one you could judge the qualities of other silences by.
	全てははったりだったが、コースは合っていた。	Everything was a bluff, but it made sense the way things were going.
	「背中に淡いしみが見えますね」「しみじゃない」と男は言った。「星形の斑紋だよ」。	"There's this faint stain on its back." "That is not stain," said the man. "That is a star-shaped birthmark."
2	裏取引きがあったということは十分に考えられる。情報と自由の交換だね。	It is conceivable that an arrangement was made behind the scenes. An exchange of information for freedom, shall we say.
	第三の可能性は『洗脳』に関するものだ。	The third possibility concerns brainwashing.
	前に進む部分が『意志部分』で、前に進ませる部分が『収益部分』だ。	The part at the forefront is the Will, and the part that backs up the forefront is the Gains.
	「『意志』とは何ですか？」と僕は訊ねてみた。「空間を統御し、時間を統御し、可能性を統御する観念だ」。	"What is the Will?" I asked. "A concept that governs time, governs space, and governs possibility."
	存在がコミュニケーションであり、コミュニケーションが存在なんだ。	To wit, existence is communication, and communication, existence.
	私はその羊こそが先生の意志の原型を成していると思うんだ。	I cannot help but feel that our sheep here formed the basic mold of the Boss's Will.

	おそらく羊が先生の中に入りこんだんだ。	Very probably the sheep found its way into the Boss.
	何かがひっかかるんです。	There's got to be a catch.
	これはたてまえの問題です。	It's only a pretext.
4	僕は都会における時間のつぶし方にかけてはベテランの域に達しつつある。	I'm well on the way to veteran class when it comes to killing time in the city.
	全体としてはお話にならないくらい馬鹿げているくせに、細かいところが実にくっきりとしていて、おまけにちゃんとかみあってるんだ。	The whole thing's so damn stupid, yet everything has a painful clarity to it, and the picture all fits together perfectly.
6	あなたの表現を借りれば凡庸な人間です。	To borrow your turn of phrase, I am an utterly mediocre person.
8	いわしなんてどうでしょう？　つまりこれまでいわし同様に扱われていたわけですから。	How about 'Kipper'? I mean you were treating him like a herring after all.

第七章　いるかホテルの冒険

1	彼女は一目でいるかホテルが気に入ったようだった。「なかなかよさそうなホテルじゃない」と彼女は言った。	She apparently fell in love with the place the moment she set eyes on it. "No a bad hotel, eh?" she said.
	あなたが知ってると思ってるものの殆んどは私についてのただの記憶にすぎないのよ。	Most everything you think you know about me is nothing more than memories.
2	どうも手詰りのようだね。	Seems like we've come to a dead end.
	「やれやれ」と僕は言った。やれやれという言葉はだんだん僕の口ぐせのようになりつつある。	"Just great," said I. This "just great" business was becoming a habit.
3	うまい言葉がみつかりませんが、交霊というのが近いかと思います。	It is difficult to find the right words, sir, but perhaps spiritual communion comes close.
	君は思念のみが存在し、表現が根こそぎもぎとられた状態というものを想像できるか？	Can you imagine what it's like to be left with a solitary thought when its embodiment has been pulled out from underneath you, roots and all?
	物事には順番というものがある。	One thing at a time.
	羊に逃げられた人々は一般に『羊抜け』と呼ばれる。	People abandoned by sheep are called 'sheepless.'
4	そうなるといいですね。	I sure hope so.

	第八章　羊をめぐる冒険Ⅲ	
3	「やれやれ」と僕は言った。	"Just great," I said.
5	要するに物事を流れのままにまかせるしかないのだ。	There was almost nothing one could do except let things take their course.
	どこかでポイントがずれて、本物の僕は現実の僕ではなくなってしまったのだ。	The more I thought about it, the more that other me became the real me, making this me here not real at all.
6	ここでは絶えず体を動かしていないと時間に対するまともな感覚がなくなってしまうのだ。	Unless you kept moving up here, you'd lose all sense of time.
7	ドアを開けると、そこには羊男が立っていた。	I opened the door, and standing there, two yards away, was the Sheep Man.
	羊男は頭からすっぽりと羊の皮をかぶっていた。彼のずんぐりした体つきはその衣裳にぴったりとあっていた。腕と脚の部分はつぎたされた作りものだった。	The Sheep Man wore a full sheep skin pulled over his head. The arms and legs were fake and patched on, but his stocky body fit the costume perfectly.
	見てたんじゃなくて、おいらが追い返したんだ。	Watchedher? Wedroveheraway.
	なんにしても終っちまったんだものな。	Butstillwhat'sdoneisdone. Anywayit'soverforher.
	べつに悪気があったわけじゃないんだ。	Didn'tmeananythingbyit.
	羊男は手の甲をじっと眺め、それからひっくりかえして手のひらを眺めた。それは鼠がよくやる仕草にそっくりだった。	The Sheep Man stared at the back of his hand, then turned it over to look at the palm. Exactly the way the Rat used to do, that gesture.
8	ぶ厚い雲が粘土のようにところどころでちぎれ、そこから差し込む陽光が壮大な光の柱となって草原のあちこちを移動した。	The thick clouds tore off in places as grand columns of sunlight thrust down to play in the pasture.
	しかし僕の中で何かがひっかかっていた。	Something gnawed at me.
	鼠は僕に連絡できなかったのではなく、連絡したくなかったのだ。	No. The Rat could have gotten in touch if he wanted to, he just didn't want to.
	彼は既に全てを理解していたのだ。	*So he already knew everything.*
	僕だけが殆ど何のわけもわからずにその中心に立たされている。	Here I was, smack in the center of everything without a clue.

	僕の行動の全ては見当違いだ。	At every turn, I'd been way off base, way off the mark.
9	失われるべきものは既に失われてしまったのだ。	I had already forgotten what I was supposed to lose.
	全てが僕とは無関係に繰り広げられている。	There things unfolded entirely apart from me.
10	僕は毛布にくるまって、ぼんやりと闇の奥を眺めた。深い井戸の底にうずくまっているような気がした。	Curled up under the blanket, I stared blankly out. I was crouching in the bottom of a deep well.
	僕は思考を止め、時を流れるにまかせた。	I put a stop to my thoughts and let time pass.
11	でも暇つぶしの友だちが本当の友だちだって誰かが言ってたな。	Didn't someone once say, 'A friend to kill time is a friend sublime'?
	あいかわらず勘がいいね。	Sixth sense, sharp as ever.
	仕方ないさ。君はよくやった方だよ。	Can't be helped. You did better than most.
12	俺はきちんとした俺自身として君に会いたかったんだ。俺自身の記憶と俺自身の弱さを持った俺自身としてね。	I wanted to meet you when I was myself, with everything squared away. My own self with my own memories and my own weaknesses.
	一般論をいくら並べても人はどこにも行けない。	But line up all the generalities you like and you still won't get anywhere.
	たえまなく暗闇にひきずりこまれていく弱さというものを君は知らないんだ。	You don't know the weakness that is ceaselessly dragging you under into darkness.
	俺は俺の弱さが好きなんだよ。	I guess I felt attached to my weakness.
	苦しさや辛さも好きだ。夏の光や風の匂いや蝉の声や、そんなものが好きなんだ。どうしようもなく好きなんだ。	My pain and suffering too. Summer light, the smell of a breeze, the sound of cicadas—if like these things, why should I apologize.
	おれにはもうこれからなんてものはないんだよ。	For me there is no 'from now on.'
エピローグ	「端折ることもできない？」 「端折ると意味がなくなっちゃうんだ」	"Can't you give me the highlights?" "Highlights wouldn't mean anything."

『羊をめぐる冒険』 A Wild Sheep Chase

ダンス・ダンス・ダンス
Dance Dance Dance

作品情報

『羊をめぐる冒険』の続編にあたる。『羊をめぐる冒険』とこの作品を大きくつなぐものとして、「いるかホテル＝ドルフィン・ホテル」と「羊男」の存在がある。会社を辞めフリーランスになって、人生の意味と方向を見失っていた「僕」はいるかホテルを訪れ、「羊男」と再会する。「羊男」は、「僕」はホテルに繋がっていて、ここが結び目であること。彼の役割は配電盤のように、「あんたが求め、手に入れたもの」がバラバラにならないように繋ぐことだと言う。そして自分の世界を取り戻すには、「踊るんだよ。音楽の続く限り」。それ以外に方法はないと、「僕」を現実の、生の世界へ押し戻す。

ハワイに飛んだ「僕」は、さまざまな生と死を乗り越えて、ドルフィン・ホテルで知り合ったユミヨシさんの元へ帰っていく。

単行本	1988年（講談社）	
文庫	1991年（講談社文庫）	
	2004年（文庫新装版）	

【英訳版】 *Dance Dance Dance*
英訳者 Alfred Birnbaum（1994、講談社インターナショナル）
Alfred Birnbaum（2002、Harvill Secke）
Alfred Birnbaum（2002、Vintage）

取り上げたシーンについて

「踊るんだよ」羊男は言った

　11章からの抜粋。「僕」はまったく新しい「ドルフィン・ホテル」となった「いるかホテル」の不思議な空間に住む羊男と再会する。僕は羊男に、自分の生活を何とか維持してはいるものの「何処にも行けないこと」そして「誰をも真剣に愛せなくなってしまっていること。そういった心の震えを失ってしまった」と訴える。僕が失ったものを取り戻すために、羊男は、「おいらも出来るだけのことはするよ」「あんたも出来るだけのことをやらなくちゃいけない」と答える。So what do I have to do?（それで僕はいったいどうすればいいんだろう？）という「僕」の問いかけに対する羊男の答えが、抜粋されたシーンである。"Dance," said the Sheep Man. "Yougottadance. Aslongasthemusicplays. Yougotta dance..."（「踊るんだよ」羊男は言った。「音楽の鳴っている間はとにかく踊り続けるんだ」。羊男のことばは語間がなく続いているので読みにくいが、難しい語彙は使っていない。そこで語られる力強い羊男の言葉を味わってほしい。また、日本語の一対一対応での翻訳ではなく、英語は英語として完結した世界を作る訳になっているので、対訳を求めるのではなく、日本語の世界、英語の世界をそれぞれに楽しんでほしい。

登場人物

僕／I
自己紹介が嫌い。泳ぐのは好き。自称まともな人間。友人とふたりで経営していた事務所を辞めた後フリーのライターの仕事をしている。

キキ／Kiki
『羊をめぐる冒険』で「僕」をいるかホテルに導いた、耳専門の広告モデルのバイトをやっていた女性。高級コールガールクラブで娼婦であり、昼間は小さな出版社でアルバイトの校正係をやっていた。五反田君と寝た。

ユキ（雪）／Yuki
ドルフィン・ホテルのバーに座っていた綺麗な子。長いまっすぐな髪をしている。まつげが長い。いつもロック歌手のトレーナーを着て、ウォークマンを聴いていた。神経症的。

ユミヨシさん／Miss Yumiyoshi
ドルフィン・ホテルのフロント係。高校を出て、ホテルの専門学校で2年勉強した後、東京のホテルで2年働き、ドルフィン・ホテルで働くようになった。

羊男／the Sheep Man
『羊をめぐる冒険』でも登場した、頭からすっぽりと羊の皮をかぶった男。いるかホテルの不思議な空間にいる。部屋を訪れた僕に「踊るんだよ」といって背中を押す。英語版では、羊男の話し方を単語の語間空けず、羊男の話し方の特徴を表している。

五反田亮一／Ryoichi Gotanda
「僕」の中学校の同級生。ハンサムで感じがいい。成績もよく、人気もあり、親にも信頼される優等生だった。いつもクラスのリーダーだった。運動もでき、遅刻ひとつしなかった。映画俳優になった。

牧村拓／Hiraku Makimura
ユキの父。小説家。ナイーブな青春小説で文壇の寵児になり、当時新進の写真家であったアメと結婚。しかし突然実験的前衛作家に転向。1970年代始め頃冒険作家になった。ユキにはなつかれていない。

| pp.116-117
出典 | MURAKAMI

DANCE DANCE DANCE | *Dance Dance Dance*
Vintage
訳：Alfred Birnbaum | ダンス・ダンス・ダンス
村上春樹 | 『ダンス・ダンス・ダンス』
講談社文庫 |

「踊るんだよ」羊男は言った

"Dance," said the Sheep Man. "Yougottadance. Aslong-asthemusicplays. Yougotta dance. Don'teventhinkwhy. Start-tothink, yourfeetstop. Yourfeetstop, wegetstuck. Wegetstuck, you'restuck. ＜中略＞

I looked up and gazed again at the shadow on the wall.

"Dancingiseverything," continued the Sheep Man. "Danceintip-topform. Dancesoitallkeepsspinning. Ifyoudo-that, wemightbeabletodosomethingforyou. Yougottadance. Aslongasthemusicplays."

Dance. As long as the music plays, echoed my mind.

"Hey, what is *this world* you keep talking about? You say that if I stay fixed in place, I'm going to be dragged from *that world* to *this world*, or something like that. But isn't this world meant for me? Doesn't it exist for me? So what's the problem? Didn't you say this place really exists?"

The Sheep Man shook his head. His shadow shook a hurricane. "Here'sdifferent. You'renotready, notforhere. Here's-toodark, toobig. Hardtoexplain. Likewesaid, wedon't-knowmuch. Butit'sreal, allright. Youandustalkinghere'sreal-ity. Butit'snottheonlyonereality. Lotsofrealitiesoutthere. Wejustchosethisone, because, well, wedon'tlikewar. Andwe-hadnothingtolose. Butyou, youstillgotwarmth. Sohere'stoo-cold. Nothingtoeat. Nottheplaceforyou."

「踊るんだよ」羊男は言った。「音楽の鳴っている間はとにかく踊り続ける
んだ。おいらの言ってることはわかるかい？　踊るんだ。踊り続けるんだ。
何故踊るかなんて考えちゃいけない。意味なんてことは考えちゃいけない。
意味なんてもともとないんだ。そんなこと考えだしたら足が停まる。一度
足が停まったら、もうおいらには何ともしてあげられなくなってしまう。
あんたの繋がりはもう何もなくなってしまう。＜中略＞

　僕は目を上げて、また壁の上の影をしばらく見つめた。

「でも踊るしかないんだよ」と羊男は続けた。「それもとびっきり上手く踊
るんだ。みんなが感心するくらいに。そうすればおいらもあんたのことを、
手伝ってあげられるかもしれない。だから踊るんだよ。音楽の続く限り」

オドルンダヨ。オンガクノツヅクカギリ。

　思考がまたこだまする。

「ねえ、君の言うこっちの世界というのはいったい何なんだい？　君は僕が
固まると、あっちの世界からこっちの世界に引きずりこまれると言う。で
もここは僕のための世界なんだろう？　この世界は僕のために存在している
んだろう？　もしそうだとしたら、僕が僕の世界に入っていくことにどんな
問題があるんだろう？　ここは現実に存在すると君は言ったじゃないか」

　羊男は首を振った。影がまた大きく揺れた。「ここにあるのは、あっちと
はまた違う現実なんだ。あんたは今はまだここでは生きていけない。ここ
は暗すぎるし、広すぎる。あんたにおいらの言葉でそれを説明することは
むずかしい。それにさっきも言ったけれど、おいらにだって詳しいことは
わかっていないんだ。ここはもちろん現実だよ。こうしてあんたが現実に
おいらと会って話をしている。それは間違いない。でもね、現実はたった
ひとつだけしかないってわけじゃないんだ。現実はいくつもある。現実の
可能性はいくつもある。おいらはこの現実を選んだ。何故なら、ここには
戦争がないからだよ。そしておいらには捨てるべきものは何もなかったか
らだよ。でもあんたは違う。あんたには生命の温もりがまだはっきりと残
っているんだ。だからこの場所は今のあんたには寒すぎる。ここには食べ
物だってない。あんたはここに来るべきじゃないんだ」

村上作品の小説の小道具

谷川敬子

（編集者）

　私は村上作品を学生時代から新作が出るごとに読み続けている。処女作の『風の歌を聴け』に始まり、長編、短編、さらに随筆や雑誌連載……書棚を見れば、そこは村上ライブラリー。読めば読むほどに、どの作品にも登場する小道具の存在に気づく。そして、それらを通して私は、大人のたしなみのようなものも学んできたような気がする。例えば、お酒、音楽、そして車。男兄弟がおらず、大学入学とともに一人暮らしを始めた私にとって、村上作品がこうした世界を知るきっかけのひとつになったのは確かだ。

その1　お酒

　まずは、お酒。作中、酒を酌み交わしながらの会話が実に多い。登場するお酒の中で一番印象的なのは、カティサークだ。あまりに多くの作品に繰り返し出てくるので調べてみると、ウイスキーの銘柄だった。試しにバーで頼んでみたら、『1Q84』で青豆がバーで出会った男性が言っていた通りに瓶のラベルに帆船が描かれていて、うれしかったのを覚えている。カクテルの名前も村上小説から学んだものが多い。『風の歌を聴け』ではブラディ・マリーにギムレット、そして『ダンス・ダンス・ダンス』のマティーニにピナコラーダ。実際に飲んでみると、どのお酒も色と香りがよく素敵だった。さらには、『羊をめぐる冒険』のソルティ・ドッグ、『ノルウェイの森』のウォッカ・トニック、『1Q84』のトム・コリンズなど。ジャズ喫茶を経営していた村上春樹氏ならではの演出センスを感じる。『騎士団長殺し』では、バラライカという初めて聞くカクテルに興味がわいて、これもバーで頼んでみたら、かなり強いお酒で面食らった。

　しかし、最もよく出てくるのはやはり普段飲みのビールだろうか。具体的な銘柄が書いてあったかどうかは思い出せないが、ハイネケンやバドワイザーが真っ先に思い浮かぶのは、彼のエッセーによく出てくるからかもしれない。

その2　音楽

　次に、音楽。作品のモチーフとして登場するものが多いので、小説も半ばに差し掛かるころには、その楽曲を実際に通して聴いてみることにしている。作品執筆中に村上氏の頭の中や書斎で流れていたのではないかと想像するためである。すると作品が徐々に立体的に迫ってくる感じがして、作品の世界に入り込むことができる。曲の持つ世界観の助けを借りて、物語がいっそうリアルな形で完成するのだろう。初期の作品にはジャズや洋楽ポップスが多いが、長編になるとクラシック音楽が目立つ。私はクラシックに明るくないので、彼の作品で知った楽曲は数多い。

　ロッシーニの『泥棒かささぎ』（『ねじまき鳥クロニクル』）、リストの『ル・マル・デュ・ペイ』（『色彩を持たない多崎つくると、彼の巡礼の年』）、プッチーニの『ラ・ボエーム』（『スプートニクの恋人』）など、曲を聞いてみてから小説の印象が変わったものもある。また、『1Q84』の冒頭で出てくるヤナーチェクの『シンフォニエッタ』、そして『騎士団長殺し』におけるモーツァルトのオペラ『ドン・ジョヴァンニ』などは、物語全体に強烈な印象を与えている。

　音楽配信サービスのSpotifyでは、村上氏の小説に登場する3442曲がプレイリスト「村上春樹のレコードコレクション」としてアップされているので、興味のある方は聞いてみてはいかがだろうか。音楽の印象から次に読んでみたい作品を選ぶのも、なかなか楽しいと思う。

その3　車

　そして、車。真っ先に思い浮かぶのはスバルだ。『ダンス・ダンス・ダンス』で、五反田君が乗るマセラティに、主人公の乗るスバル。不吉な香りのする前者に対して、後者は親密さを感じさせる。このふたつの対比が話を追うごとに濃厚になり、作者のスバル愛を感じてしまった。小説の影響で車雑誌も買うようになって、作品に出てくるさまざまな高級車の車種にもなじみになった。これらの車は、時に邪悪さや権力の象徴としての役割を果たしているようにも読めて興味深い。『風の歌を聴け』ではフィアット、『色彩を持たない多崎つくると、彼の巡礼の年』のレクサス、『ねじまき鳥クロニクル』と『1Q84』ではメルセデス・ベンツ、ジャガー、アルファロメオなど。そして『騎士団長殺し』には、免色の乗るジャガー、

主人公の親友である雨田政彦の愛車ボルボ・ワゴン、そしてあのスバル・フォレスターなどが出てくる。車好きな方はぜひ車種を思い浮かべながら読んでみてほしい。エンジンをかけ、道路に滑り出すときの動きをイメージすると、それが物語を加速させていくかのようなスピード感を味わうことができる。

その4　動物

　最後に、「小道具」といえるのかどうかわからないが、動物も村上作品に重要な味わいを与えている。ほっとさせる名脇役であり、時に物語の主要モチーフでもある、愛すべき存在だ。『海辺のカフカ』に出てくる猫。猫同士の会話の語感にそれぞれの性格が反映されていて、読んでいて楽しい。その日本語の語感が英訳版でも忠実に再現されていることも、読み比べてとても感心させられた。村上氏も猫を飼っているので、頭の中でこんなふうに会話が聞こえているのかもしれない。『羊をめぐる冒険』では、文字通り、羊そのもの、あるいは羊男が重要な存在になる。そして『風の歌を聴け』『1973年のピンボール』『羊をめぐる冒険』の初期3部作に出てくる友人のニックネーム「鼠」。この鼠の反社会的で屈折した態度は、これらの作品にさりげないブラックユーモアを与えている。

　動物園が舞台の「象の消滅」では、中心的存在である象が、悲しみとともに物語の最後まで主人公の心を捉えて離さないのが印象的だ。また短編集『東京奇譚集』に収録されている「品川猿」や『一人称単数』の中の「品川猿の告白」では、猿と僕との会話が印象的だ。動物に着目した読み方もまた一興だ。

　村上作品には、実にさまざまな小道具が登場する。物語に膨らみを与えているこういった些細なものたちを自分なりに見つけてみるのも、きっと楽しい読み方のひとつだろう。

世界の終りと
ハードボイルド・
ワンダーランド

Hard-Boiled Wonderland
and the End of the World

日本語の原作では『世界の終りとハードボイルド・ワンダーランド』だが、英語版のタイトルでは *Hard-Boiled Wonderland and the End of the World* と逆になっている。また、章ごとに「ハードボイルド・ワンダーランド」と「世界の終り」が交代になっているが、日本語原作では「ハードボイルド・ワンダーランド」の主人公は「私」と表現され、後者の主人公は「僕」と表現されている。英訳では当然両方とも主語は「I」で表現されることになるが、それぞれの世界観の違いは、「ハードボイルド・ワンダーランド」は過去形で、「世界の終り」は現在形で表現されるという工夫がなされている。

　並行して進むふたつの世界が緊密に表現され、完成度が高い作品。谷崎潤一郎賞受賞。

単行本　1985年（新潮社）
文庫　　1988年（新潮文庫）

【英訳版】*Hard-Boiled Wonderland and the End of the World*
英訳者　Alfred Birnbaum（1991年、講談社インターナショナル／1991年、Harmish Hamilton／1993年、Vintage Press）

登場人物

［ハードボイルド・ワンダーランド］

私／I
「ハードボイルド・ワンダーランド」の主人公。Calcutec「計算士」。

太った娘／young, beautiful, fat woman / granddaughter / the chubby girl (in pink)
博士の孫娘。17歳。魅力的な太り方をしている。

老人／old man / grandfather
老博士。System に依頼されて計算士を使った実験をした。

図書館のリファランス係／long-haired librarian
胃拡張の女性。

大男＆ちび／Big Boy & Junior
「私」の部屋を破壊し尽くし下腹部に傷をつけた。

［世界の終り］

僕／I
「世界の終り」の主人公。「夢読み」the Dreamreader になる。

影／the Shadow
「世界の終り」の主人公の影。門番に「僕」から引き裂かれる。

門番／the Gatekeeper
「世界の終り」の門を守る。「影」や「獣」の番をする。

図書館の女の子／the Librarian
日本語と英語では表現が異なるのに注意。

大佐／the Colonel
チェスが大好きな隣人。「僕」にいろいろとアドバイスをする。

発電所の管理人／the Caretaker
「心」が不完全に残っているため、街と森の境界に住んでいる。「発電所」は the Power Station。

取り上げた4つのシーンについて

シーン 1 ポケットの小銭に神経を集中させていた

第1章より。「私」はずいぶん長いあいだ、エレベーターに閉じ込められていた。そのためひまつぶしとトレーニングをかねて、ポケットの中の小銭を使って右側の脳と左側の脳でまったく違う計算を始めた。エレベーターの扉が開くと、そこには現れたのは、A young woman, turned out in a pink suit, wearing pink high heels.（太った若い女で、ピンクのスーツを着こみ、ピンクのハイヒールをはいていた）。これから様々な冒険を共にする娘との印象的な出会いのシーンだ。

シーン 2 あんたには落ち着き次第まず図書館に

第4章「世界の終り（図書館）」より。街に着いた最初の日、門番はこの街における「僕」の仕事を言い渡した。"Tell her the Town told you to come read old dreams."（その子に街から古い夢を読むように言われてきたっていうんだ）。門番によって、「夢読み」になるための儀式を受け、夢読みになる過程がこの後に続く。

シーン 3 そう、我々は影をひきずって歩いていた

第6章「世界の終り（影）」より。以前のことを思い出すのが困難になってきた「僕」は、図書館の彼女とのやりとりの中で、以前住んでいた街は壁に囲まれることはなく、影を引きずって歩いていたことを思い出す。この街に来た日、僕は影を失った。Then he produced a knife and deftly worked it in between the shadow and the ground. このように、門番はナイフで影を要領よく地面からむしりとってしまったのだ。このシーンは特に原作の細かい部分が省略されながら英訳されているが、ストーリーは追えるので、サクサクと読んでみよう。

シーン 4 私のシャフリングのパスワードは＜世界の終り＞である

第11章「ハードボイルド・ワンダーランド（着衣、西瓜、混沌）」より。「私」は老人から『組織』を通じた正式な依頼だと書類を見せられ「洗い出し（ブレイン・ウオッシュ）」と「シャフリング」をすることになる。My shuffling password was "End of the World". とあるが、本書も "End of the World" の世界が展開されている。シャフリングのパスワード "End of the World" はどのような意味をもってくるのだろうか。この抜粋したシーンを注意して読んでみよう。

シーン**1**～**4**	MURAKAMI	***Hard-Boiled Wonderland and the End of the World*** Vintage Books 訳：Alfred Birnbaum		『世界の終りとハードボイルド・ワンダーランド』上・下 新潮文庫
*pp.*124-139 出典				

I was concentrating so hard on the critical recount that I didn't even notice. Or more precisely, my eyes had seen the opening doors, but I didn't fully grasp the significance of the event. Of course, the doors' opening meant the linking of two spaces previously denied accessible continuity by means of those very doors. And at the same time, it meant the elevator had reached its destination.

I turned my attention to what lay beyond the doors. There was a corridor and in the corridor stood a woman. A young woman, turned out in a pink suit, wearing pink high heels. The suit was coutured of a polished material, her face equally polished. The woman considered my presence, then nodded succinctly. "Come this way," she seemed to indicate. I gave up all hope of that recount, and removing my hands from my pockets, I exited the elevator. Whereupon the elevator doors closed behind me as if they'd been waiting for me to leave.

Standing there in the corridor, I took a good look around, but I encountered no hint of the nature of my current circumstances. I did seem to be in an interior passage of a building, but any school kid could have told you as much.

The interior was gloomy, featureless. Like the elevator. Quality materials throughout; no sign of wear. Marble floors buffed to a high luster; the walls a toasted off-white, like the muffins I eat for breakfast. Along either side of the corridor were tall wooden doors, each affixed with metal room numbers, but out of order. <936> was next to <1213> next to <26>. Something was screwy. Nobody numbers rooms like that.

---

critical recount : きわどい数え直し　by means of... : ～を用いて
was coutured : デザイナー仕立だった　succinctly : 簡潔に　Quality : 高級な

　ポケットの中の小銭に神経を集中させていたせいで、はじめのうちドアが開いたことを私はうまく認識することができなかった。というかもう少し正確に表現すると、ドアが開いたのは目に入ったのだが、それが具体的に何を意味するのかがしばらくのあいだ把握（はあく）できなかった、ということになる。もちろん扉が開くというのは、それまでその扉によって連続性を奪いとられていたふたつの空間が連結することを意味する。そして同時にそれは私の乗ったエレベーターが目的地に到達したことをも意味している。

　私はポケットの中で指を動かすのを中断して扉の外に目をやった。扉の外には廊下があり、廊下には女が立っていた。太った若い女で、ピンクのスーツを着こみ、ピンクのハイヒールをはいていた。スーツは仕立ての良いつるつるとした生地（きじ）で、彼女の顔もそれと同じくらいつるつるしていた。女は私の顔をしばらく確認するように眺めてから、私に向ってこっくりと肯（うなず）いた。どうやら〈こちらに来るように〉という合図らしかった。私は小銭の勘定をあきらめて両手をポケットから出し、エレベーターの外に出た。私が外に出ると、それを待ち受けていたかのように私の背後でエレベーターの扉が閉まった。

　廊下に立ってまわりをぐるりと見まわしてみたが、私の置かれた状況について何かを示唆（しさ）してくれそうなものはひとつとして見あたらなかった。私にわかったのは、それがビルの内部の廊下であるらしいということだけだったが、そんなことは小学生にだってわかる。

　それはともかく異様なくらいのっぺりとした内装のビルだった。私の乗ってきたエレベーターと同じように、使ってある材質は高級なのだがとりかかりというものがないのだ。床はきれいに磨（みが）きあげられた光沢のある大理石で、壁は私が毎朝食べているマフィンのような黄味がかった白だった。廊下の両側にはがっしりとして重みのある木製のドアが並び、そのそれぞれには部屋番号を示す金属のプレートがついていたが、その番号は不揃（ふぞろ）いで出鱈目（でたらめ）だった。〈936〉のとなりが〈1213〉でその次が〈26〉になっている。そんな無茶苦茶な部屋の並び方ってない。何かが狂っているのだ。

---

sign of wear：古びた形跡　　out of order：順番が狂って　　screwy：おかしな、異様な

The young woman hardly spoke. "This way, please," was all she told me, but it was more her lips forming the words than speaking, because no sound came out. Having taken two months of lipreading since starting this line of work, I had no problem understanding what she said. Still, I thought there was something wrong with my ears. After the dead silence of the elevator, the flattened coughs and desiccated whistling, I had to be losing my hearing.

＜中略＞

The woman was on the chubby side. Young and beautiful and all that went with it, but chubby. Now a young, beautiful woman who is, shall we say, plump, seems a bit off. Walking behind her, I fixated on her body.

Around young, beautiful, fat women, I am generally thrown into confusion. I don't know why. Maybe it's because an image of their dietary habits naturally congeals in my mind. When I see a goodly sized woman, I have visions of her mopping up that last drop of cream sauce with bread, wolfing down that final sprig of watercress garnish from her plate. And once that happens, it's like acid corroding metal: scenes of her eating spread through my head and I lose control.

Your plain fat woman is fine. Fat women are like clouds in the sky. They're just floating there, nothing to do with me. But your young, beautiful, fat woman is another story. I am demanded to assume a posture toward her. I could end up sleeping with her. That is probably where all the confusion comes in.

---

flattened coughs：弱々しい咳　**desiccated whistling**：気の抜けた口笛　**on the chubby side**：（どちらかというと）ぽっちゃり型で　**went with…**：〜と調和する　**a bit off**：少しアンバランスな、

若い女はほとんど口をきかなかった。女は私に向って「こちらへどうぞ」と言ったが、それは彼女の唇がそういう形に動いただけのことであって、音声は出てこなかった。私はこの仕事に就く以前に、二カ月ばかり読唇術の講座に通っていたから、彼女の言っていることをなんとか理解することができたのだ。はじめのうち、私は自分の耳がどうかしてしまったのかと思った。エレベーターが無音だったり、咳払いや口笛がうまく響かなかったりで、音響について私はすっかり弱気になってしまっていたのだ。

＜中略＞

女はむっくりと太っていた。若くて美人なのだけれど、それにもかかわらず女は太っていた。若くて美しい女が太っているというのは、何かしら奇妙なものだった。私は彼女のうしろを歩きながら、彼女の首や腕や脚をずっと眺めていた。彼女の体には、まるで夜のあいだに大量の無音の雪が降ったみたいに、たっぷりと肉がついていた。

若くて美しくて太った女と一緒にいると私はいつも混乱してしまうことになる。どうしてだかは自分でもよくわからない。あるいはそれは私がごく自然に相手の食生活の様子を想像してしまうからかもしれない。太った女を見ていると、私の頭の中には彼女が皿の中に残ったつけあわせのクレソンをぽりぽりとかじったり、バター・クリーム・ソースの最後の一滴をいとおしそうにパンですくったりしている光景が自動的に浮かんでくるのだ。そうしないわけにはいかないのだ。そしてそうなると、まるで酸が金属を浸蝕するみたいに私の頭は彼女の食事風景でいっぱいになり、様々な他の機能がうまく働かなくなるのだ。

ただの太った女なら、それはそれでいい。ただの太った女は空の雲のようなものだ。彼女はそこに浮かんでいるだけで、私とは何のかかわりもない。しかし若くて美しくて太った女となると、話は変わってくる。私は彼女に対してある種の態度を決定することを迫られる。要するに彼女と寝ることになるかもしれないということだ。それがおそらく私の頭を混乱させてしまうのだろうと思う。

「奇妙な」 congeals：はっきり形をなす　**goodly sized**：かなり大柄の　**wolfing down**：むさぼり食う　**corroding**：腐食させる　**assume a posture**：何らかの態度をとる

"Soon as you get settled, go to the Library," the Gatekeeper tells me my first day in town. "There is a girl who minds the place by herself. Tell her the Town told you to come read old dreams. She will show you the rest."

"Old dreams?" I say. "What do you mean by 'old dreams'?"

The Gatekeeper pauses from whittling a round peg, sets down his penknife, and sweeps the wood shavings from the table. "Old dreams are... old dreams. Go to the Library. You will find enough of them to make your eyes roll. Take out as many as you like and read them good and long."

The Gatekeeper inspects the pointed end of his finished peg, finds it to his approval, and puts it on the shelf behind him. There, perhaps twenty of the same round pegs are lined.

"Ask whatever questions you want, but remember, I may not answer," declares the Gatekeeper, folding his arms behind his head. "There are things I cannot say. But from now on you must go to the Library every day and read dreams. That will be your job. Go there at six in the evening. Stay there until ten or eleven at night. The girl will fix you supper. Other times, you are free to do as you like. Understand?"

"Understood," I tell him. "How long am I to continue at that job?"

"How long? I cannot say," answers the Gatekeeper. "Until the right time comes." Then he selects another scrap of wood from a pile of kindling and starts whittling again.

"This is a poor town. No room for idle people wandering around. Everybody has a place, everybody has a job. Yours is in the library reading dreams. You did not come here to live happily ever after, did you?"

---

whittling... :（削って）〜を作る　make your eyes roll : あきれる

前後の文脈
について

第4章「世界の終り（図書館）」より。春、額の真ん中から伸びる1本の長い角をもつ金色の獣がいる街に着いた最初の日、門番はこの街における「僕」の仕事を言い渡した。

「あんたには落ちつき次第まず図書館に行ってもらうことになる」と門番は街についた最初の日に僕に言った。「そこには女の子が一人で番をしているから、その子に街から古い夢を読むように言われてきたっていうんだ。そうすればあとはその子がいろいろと教えてくれるよ」

「古い夢？」と僕は思わず訊きかえした。「古い夢というのはいったい何なのですか？」

門番は小型のナイフを使って木片から丸い楔か木釘のようなものを作っていたが、その手を休めてテーブルの上にちらばった削りかすを集め、ごみ箱の中に捨てた。

「古い夢というのは、古い夢さ。図書館にいけば嫌というほどある。好きなだけ手にとってとっくりと眺めてみるといいやね」

門番はそれから自分が仕上げたその丸く尖った木片をじっくりと点検し、納得がいくと背後の棚に置いた。棚にはそれと同じような形をした尖った木片が二十ばかり一列に並んでいた。

「あんたが何を質問するかはそれはあんたの勝手だが、それに答える答えないは俺の勝手だよ」と門番は頭のうしろで手を組んで言った。「中には俺には答えられんこともあるしな。とにかくあんたはこれから毎日、図書館に行って古い夢を読むんだ。それがつまりあんたの仕事だよ。夕方の六時にそこに行って、十時か十一時まで夢読みをやる。夕食は女の子が用意してくれる。それ以外の時間はあんたの自由に使っていい。何の制限もない。わかったかね？」

わかった、と僕は言った。「ところでその仕事はいつまでつづくのですか？」

「さあ、いつまでつづくかな？　俺にもよくわからんね。しかるべき時期がくるまでだろうな」と門番は言った。そして薪をつんだ中から適当な木ぎれをひっぱりだして、またナイフで削りはじめた。

「ここは貧しい小さな街だからな、ぶらぶらしている人間を養っているような余裕はない。みんなそれぞれの場所でそれぞれに働いている。あんたは図書館で古い夢を読むんだ。まさかここでのうのうと楽しく遊んで暮せると思ってきたわけじゃないだろうね？」

kindling：たきつけ　idle：仕事のない、怠けている

"Work is no hardship. Better than having nothing to do," I say.

"There you are," says the Gatekeeper, nodding squarely as he eyes the tip of his knife. "So the sooner you get yourself to work, the better. From now on you are the Dreamreader. You no longer have a name. Just like I am the Gatekeeper. Understand?"

"Understood," I say.

"Just like there is only one Gatekeeper in this Town, there is only one Dreamreader. Only one person can qualify as Dreamreader. I will do that for you now."

The Gatekeeper takes a small white tray from his cupboard, places it on the table, and pours oil into it. He strikes a match and sets the oil on fire. Next he reaches for a dull, rounded blade from his knife rack and heats the tip for ten minutes. He blows out the flame and lets the knife cool.

"With this, I will give you a sign," says the Gatekeeper. "It will not hurt. No need to be afraid."

He spreads wide my right eye with his fingers and pushes the knife into my eyeball. Yet as the Gatekeeper said, it does not hurt, nor am I afraid. The knife sinks into my eyeball soft and silent, as if dipping into jelly.

He does the same with my left eye.

"When you are no longer a Dreamreader, the scars will vanish," says the Gatekeeper, putting away the tray and knife. "These scars are the sign of the Dreamreader. But as long as you bear this sign, you must beware of light. Hear me now, your eyes cannot see the light of day. If your eyes look at the light of the sun, you will regret it. So you must only go out at night or on gray days. When it is clear, darken your room and stay safe indoors."

The Gatekeeper then presents me with a pair of black glasses. I am to wear these at all times except when I sleep.

So it was I lost the light of day.

There you are：つまりそういうことだ　**squarely**：きっぱり　**reaches for...**：〜に手を伸ばす

「働くのは苦痛じゃありません。何もしないよりは何かしていた方が楽です」と僕は言った。

「それは結構」と門番はナイフの刃先を睨んだまま肯いた。「それじゃできるだけ早く仕事にとりかかってもらうとしよう。あんたはこれから先〈夢読み〉と呼ばれる。あんたにはもう名前はない。〈夢読み〉というのが名前だ。ちょうど俺が〈門番〉であるようにね。わかったかね？」

「わかりました」と僕は言った。

「門番がこの街に一人しかいないように、夢読みも一人しかいない。なぜなら夢読みには夢読みの資格が要るからだ。俺は今からその資格をあんたに与えねばならん」

門番はそう言うと食器棚から白い小さな平皿を出してテーブルの上に置き、そこに油を入れた。そしてマッチを擦って火をつけた。次に彼は刃物を並べた棚からバターナイフのような扁平な形をした奇妙なナイフをとって、その刃先を火で十分焼いた。そして火を吹き消し、ナイフを冷ました。「これはしるしをつけるだけなんだ」と門番は言った。「だから少しも痛くないし、怯える必要もない。あっという間に終っちまうよ」

彼は僕の右目の瞼を指で押し開き、ナイフの先を僕の眼球に突きさした。しかしそれは門番が言ったように痛くはなかったし、不思議に怖くもなかった。ナイフはまるでゼリーに突きささるように僕の眼球にやわらかく音もなく食いこんだ。次に彼は僕の左の眼球に対しても同じことをした。

「夢読みが終了すれば、その傷も自然に消えちまうよ」と門番は皿やナイフを片づけながら言った。「その傷がつまりは夢読みのしるしってわけだな。しかしあんたはそのしるしをつけているあいだは光に気をつけねばならん。いいかい、その目で日の光を見ることはできないんだ。その目で日の光を見ると、あんたはそれなりの報いを受けることになる。だからあんたが外を出歩けるのは夜か曇った昼間だけってことになるな。晴れた日には部屋をできるだけ暗くして、その中にじっと籠ってるんだ」

そして門番は僕に黒いガラスの入った眼鏡をくれて、眠るときの他はいつもこれをかけているようにと言った。そのようにして僕は日の光を失ったのだ。

Yes, we all had shadows. They were with us constantly. But when I came to this Town, my shadow was taken away.

"You cannot come into Town with that," said the Gatekeeper. "Either you lose the shadow or forget about coming inside."

I surrendered my shadow.

The Gatekeeper had me stand in an open space beside the Gate. The three-o'clock afternoon sun fixed my shadow fast to the ground.

"Keep still now," the Gatekeeper told me. Then he produced a knife and deftly worked it in between the shadow and the ground. The shadow writhed in resistance. But to no avail. Its dark form peeled neatly away.

Severed from the body, it was an altogether poorer thing. It lost strength.

The Gatekeeper put away his blade. "What do you make of it? Strange thing once you cut it off," he said. "Shadows are useless anyway. Deadweight."

I drew near the shadow. "Sorry, I must leave you for now," I said. "It was not my idea. I had no choice. Can you accept being alone for a while?"

"A while? Until when?" asked the shadow.

I did not know.

---

surrendered... : ～を譲った、諦めた　fast :「しっかりと」　writhed : 身をよじった
to no avail : 無駄だった

前後の文脈
について

第6章「世界の終り（影）」より。以前のことを思い出すのが困難になってきた「僕」は、図書館の彼女とのやりとりの中で、以前住んでいた街は壁に囲まれることはなく、影を引きずって歩いていたことを思い出す。

そう、我々は影をひきずって歩いていた。この街にやってきたとき、僕は門番に自分の影を預けなければならなかった。

「それを身につけたまま街に入ることはできんよ」と門番は言った。「影を捨てるか、中に入るのをあきらめるか、どちらかだ」

僕は影を捨てた。

門番は僕を門のそばにある空地に立たせた。午後三時の太陽が僕の影をしっかりと地面に捉えていた。

「じっとしてるんだ」と門番は僕に言った。そしてポケットからナイフをとりだして鋭い刃先を影と地面のすきまにもぐりこませ、しばらく左右に振ってなじませてから、影を要領よく地面からむしりとった。

影は抵抗するかのようにほんの少しだけ身を震わせたが、結局地面からひきはがされて力を失くし、ベンチにしゃがみこんだ。体からひきはなされた影は思ったよりずっとみすぼらしく、疲れきっているように見えた。

門番はナイフの刃を収めた。僕と門番は二人でしばらく本体を離れた影の姿を眺めていた。

「どうだね、離れちまうと奇妙なもんだろう？」と彼は言った。「影なんて何の役にも立ちゃしないんだ。ただ重いだけさ」

「悪いとは思うけれど、君と少しのあいだ別れなくちゃいけないみたいだ」と僕は影のそばに寄って言った。「こんなつもりはなかったんだけれど、なりゆき上仕方なかったんだ。少しのあいだ我慢してここに一人でいてくれないか？」

「少しのあいだっていつまでだい？」と影が訊いた。

わからない、と僕は言った。

What do you make of it?：どう思う？　**Deadweight.**：重いもの、重荷

"Sure you won't regret this later?" said the shadow in a hushed voice. "It's wrong, I tell you. There's something wrong with this place. People can't live without their shadows, and shadows can't live without people. Yet they're splitting us apart. I don't like it. There's something wrong here."

But it was too late. My shadow and I were already torn apart.

"Once I am settled in, I will be back for you," I said. "This is only temporary, not forever. We will be back together again."

The shadow sighed weakly, and looked up at me. The sun was bearing down on us both. Me without my shadow, my shadow without me.

---

in a hushed voice：押し殺した声で　bearing down on...：〜にのしかかって

「君はこの先後悔することになるんじゃないかな？」と小さな声で影は言った。「くわしい事情はわからないけれど、人と影が離れるなんて、なんだかおかしいじゃないか。これは間違ったことだし、ここは間違った場所であるように俺には思えるね。人は影なしでは生きていけないし、影は人なしでは存在しないものだよ。それなのに俺たちはふたつにわかれたまま存在し生きている。こんなのってどこか間違っているんだよ。君はそうは思わないのか？」

　いずれにせよ、それはもう手遅れだった。僕の体から影は既にひきはがされてしまったのだ。

「そのうちに落ちついたところで君をひきとりに来るよ」と僕は言った。「これはたぶん一時的なことだし、いつまでもは続かない。また二人で一緒になれるさ」

　影は小さくため息をつき、それから力を失って焦点の定まらない目で僕を見あげた。午後三時の太陽が我々二人を照らしていた。僕には影がなく、影には本体がなかった。

My shuffling password was "End of the World". This was the title of a profoundly personal drama by which previously laundered numerics would be reordered for computer calculation. Of course, When I say drama, I don't mean the kind they show on TV. This drama was a lot more complex and with no discernible plot. The word is only a label, for convenience sake. All the same, I was in the dark about its contents. The sole thing I knew was its title, End of the World.

The scientists at the System had induced this drama. I had undergone a full year of Calcutec training. After I passed the final exam, they put me on ice for two weeks to conduct comprehensive tests on my brainwaves, from which was extracted the epicenter of encephalographic activity, the "core" of my consciousness. The patterns were transcoded into my shuffling password, then re-input into my brain—this time in reverse. I was informed that End of the World was the title, which was to be my shuffling password. Thus was my conscious mind completely restructured. First there was the overall chaos of my conscious mind, then inside that, a distinct plum pit of condensed chaos as the center.

They refused to reveal any more than this.

"There is no need for you to know more. The unconscious goes about its business better than you'll ever be able to. After a certain age—our calculations put it at twenty-eight years—human beings rarely experience alterations in the overall configuration of their consciousness. What is commonly referred to as self-improvement or conscious change hardly even scratches the surface. Your 'End of the World' core consciousness will continue to function, unaffected, until you take your last breath. Understand this far?"

"I understand," I said.

"All efforts of reason and analysis are, in a word, like trying

---

previously laundered numerics：あらかじめ浄化された数値　discernible：認識できる
epicenter：中心地　encephalographic activity：脳波活動　plum pit：梅のタネ

前後の文脈
について

第11章「ハードボイルド・ワンダーランド」より。「私」は老科学者から『組織』を通じた正式な依頼だと書類を見せられ「洗い出し（ブレイン・ウオッシュ）」と「シャフリング」をすることになる。

　私のシャフリングのパスワードは〈世界の終り〉である。私は〈世界の終り〉というタイトルのきわめて個人的なドラマに基づいて、洗いだしの済んだ数値をコンピューター計算用に並べかえるわけだ。もちろんドラマといってもそれはよくTVでやっているような種類のドラマとはまったく違う。もっとそれは混乱しているし、明確な筋もない。ただ便宜的に「ドラマ」と呼んでいるだけのことだ。しかしいずれにせよそれがどのような内容のものなのかは私にはまったく教えられてはいない。私にわかっているのはこの〈世界の終り〉というタイトルだけなのだ。

　このドラマを決定したのは『組織』の科学者連中だった。私が計算士になるためトレーニングを一年にわたってこなし、最終試験をパスしたあとで、彼らは私を二週間冷凍し、そのあいだに私の脳波の隅から隅までを調べあげ、そこから私の意識の核ともいうべきものを抽出してそれを私のシャフリングのためのパス・ドラマと定め、そしてそれを今度は逆に私の脳の中にインプットしたのである。彼らはそのタイトルは〈世界の終り〉で、それが君のシャフリングのためのパスワードなのだ、と教えてくれた。そんなわけで、私の意識は完全な二重構造になっている。つまり全体としてのカオスとしての意識がまず存在し、その中にちょうど梅干しのタネのように、そのカオスを要約した意識の核が存在しているわけなのだ。

　しかし彼らはその意識の核の内容を私に教えてはくれなかった。
「それを知ることは君には不必要なのだ」と彼らは私に説明してくれた。「何故なら無意識性ほど正確なものはこの世にないからだ。ある程度の年齢——我々は用心深く計算してそれを二十八歳と設定しているわけだが——に達すると人間の意識の総体というものはまず変化しない。我々が一般に意識の変革と呼称しているものは、脳全体の働きからすればとるにたらない表層的な誤差にすぎない。だからこの〈世界の終り〉という君の意識の核は、君が息をひきとるまで変ることなく正確に君の意識の核として機能するのだ。ここまではわかるね？」
「わかります」と私は言った。
「あらゆる種類の理論・分析は、いわば短かい針先で西瓜を分割しようとし

put it at... : 〜と見積もる　scratches the surface : 上っ面をなでる

to slice through a watermelon with sewing needles. They may leave marks on the outer rind, but the fruity pulp will remain perpetually out of reach. Hence, we separate the rind from the pulp. Of course, there are idle souls out there who seem to enjoy just nibbling away on the rind.

"In view of all contingencies," they went on, "we must protect your password-drama, isolating it from any superficial turbulence, the tides of your outer consciousness. Suppose we were to say to you, your End of the World is inhered with such, such, and such elements. It would be like peeling away the rind of the watermelon for you. The temptation would be irresistible: you would stick your fingers into the pulp and muck it up. And in no time, the hermetic extractability of our password-drama would be forfeited. Poof! You would no longer be able to shuffle."

"That's why we're giving you back your watermelon with an extra thick rind," one scientist interjected. "You can call up the drama, because it is your own self, after all. But you can never know its contents. It transpires in a sea of chaos into which you submerge empty-handed and from which you resurface empty-handed. Do you follow?"

"I believe so," I said.

"One more point," they intoned in solemn chorus. "Properly speaking, *should and individual ever have exact, clear knowledge of his own core consciousness?*"

"I wouldn't know," I said.

"Nor would we," said the scientists. "Such questions are, as they say, *beyond* science."

"Speaking from experience, we cannot conclude otherwise," admitted one. "So in this sense, this is an extremely sensitive experiment."

"Experiment?" I recoiled.

"Yes, experiment," echoed the chorus. "We cannot tell you any more than this."

---

idle souls：怠惰な連中　In view of all contingencies：あらゆる事態を想定して
inhered：もともと存在した　muck it up：めちゃめちゃにする

138

ているようなものだ。彼らは皮にしるしをつけることはできるが、果肉にまでは永遠に到達することはできない。だからこそ我々は皮と果肉とをはっきりと分離しておく必要があるのだ。もっとも世間には皮ばかりかじって喜んでいるような変った手合いもいるがね」

「要するに」と彼らはつづけた。「我々は君のパス・ドラマを永遠に君自身の意識の表層的な揺り動かしから保護しておかなくてはならんのだ。もし我々が君に〈世界の終り〉とはこうこうこういうものだと内容を教えてしまったとする。つまり西瓜の皮をむいてやるようなものだな。そうすると君は間違いなくそれをいじりまわして改変してしまうだろう。ここはこうした方が良いとか、ここにこれをつけ加えようとしたりするんだ。そしてそんなことをしてしまえば、そのパス・ドラマとしての普遍性はあっという間に消滅して、シャフリングが成立しなくなってしまう」

「だから我々は君の西瓜にぶ厚い皮を与えたわけだ」とべつの一人が言った。「君はそれをコールして呼びだすことができる。なぜならそれは要するに君自身であるわけだからな。しかし君はそれを知ることはできない。すべてはカオスの海の中で行われる。つまり君は手ぶらでカオスの海に潜り、手ぶらでそこから出てくるわけだ。私の言っていることはわかるかな？」

「わかると思います」と私は言った。
「もうひとつの問題はこういうことだ」と彼らは言った。「人は自らの意識の核を明確に知るべきだろうか？」
「わかりません」と私は答えた。
「我々にもわからない」と彼らは言った。「これはいわば科学を超えた問題だな。ロス・アラモスで原爆を開発した科学者たちがぶちあたったのと同種の問題だ」
「たぶんロス・アラモスよりはもっと重大な問題だな」と一人が言った。「経験的に言って、そう結論せざるを得ないんだ。そんなわけで、これはある意味ではきわめて危険な実験であるとも言える」
「実験？」と私は言った。
「実験」と彼らは言った。「それ以上のことを君に教えるわけにはいかないんだ。申しわけないが」

---

hermetic：外部から影響されない　extractability：抽出性

1

antiseptic as a brand-new coffin 「新品の棺桶のように清潔である」。＊ antiseptic は「殺菌した、防腐性の」。

wheezing with asthma ＜ぜんそくでゼーゼーと息を切らしている＞。＊ asthma は「ぜんそく」。原文では「肺炎をこじらせた犬のため息のような」。

assiduous repetition ＜細かい点まで行き届いた反復＞。＊ assiduous は「細心の注意を払った、勤勉な」。

skewed tendencies 「偏在的傾向」。＊ skewed は「ゆがめられた、歪曲された」。

neurophysiology 「脳生理学」

a convenience-sake view 「便宜的な視点」

pointless contingencies 「たいして役に立ちそうにもないものごと」。＊ contingency は「付随することがら、偶発事件」。

once you've gotten the knack 「一度そのコツを習得してしまうと」。＊ knack は「技巧、コツ」で、get the knack of... は「〜のコツをつかむ」。

by means of... ＜〜を用いて＞

was coutured of a polished material ＜つるつるとした生地で仕立てられていた＞。＊ be coutured of... は「〜で仕立てられていた」。couture はフランス語で「高級婦人服、オート・クチュール」。本来、動詞は courdre。

succinctly ＜簡潔に＞

wear ＜摩耗＞

mable floors buffed to a high luster ＜ぴかぴかになるまで磨き上げられた大理石の床＞。＊ buff は「磨く、研磨する」、luster は「光沢、艶」。

Something was screwy. 「何かが狂っているのだ」。＊ screwy は「おかしな、異様な」。

lipreading 「読唇術」

desiccated ＜乾いた＞

on the chubby side ＜（どちらかというと）ぽっちゃり型である＞。＊ chubby は「まるまると太った」。

a bit off ＜少々いかがわしい＞

congeals ＜硬直する＞

goodly ＜かなりの＞

acid corroding metal ＜金属を腐食させる酸＞

reminiscent ＜思い出させて＞

2

a layer of long golden fur 「毛足の長い金色の体毛」

transformed into a beast of gold 「金色の獣に変貌して」

long, single horn protruding from the middle of their forehead 「額のまん中から伸びる１本の長い角」。＊一角獣の角。protrude は「突き出る」。

horn 「角笛」

the Gatekeeper 「門番」

invisible airborne sediments of time 「目に見えぬ時の断層」。＊ airborne は「空気伝達の、空中を浮遊する」、sediment は「沈殿物、おり、堆積物」。

primordial memories 「太古の記憶」。＊ primordial は「根源的な、原初の」。

hatchets 「手斧」

adzes 「なた」

apple trees 「りんご林」。＊ Apple Grove とも言われる。

the Watchtower 「望楼」

3

rubberized slicker and boots 「ゴム引きの雨合羽と長靴」

getting all mummied up and squeezed into a closet 「雨合羽を着せられて洋服だんすに押しこまれる」。＊ mummied はミイラのようにぐるぐるまきにされて、というイメージを表している。

jiggled a metal fitting 「金属の把手をごそごそといじっていた」。＊ jiggle は「軽く揺らす」。fitting は「適切な」という形容詞の意味もあるが、この場合は名詞で「付属器具」。

large waterproof flashlight 「防水の大型懐中電灯」

coaxing my other foot along 「残りの脚を引きこんだ」。＊ coax は「うまく説得する、うまく取り扱う」。

the chilling realization of my utter helplessness 「冷ややかな無力感」

my body went limp 「体じゅうの力が抜け落ちてしまう」。＊ limp は形容詞で「ぐったりした、力のない」。

lantern 「カンテラ」

take it out 「音を抜く」

INKlings 「やみくろ」

inside the waterfall 「滝の奥」

cave 「洞窟」

paperclip 「ペーパー・クリップ」

Semiotecs 「記号士」。＊ semiotics（記号学）からの造語。「私」が属する Calcutec とは対立している。Factory『工場』に所属している。

Calcutec 「計算士」。＊calculation（計算）からの造語。「私」はCalcutec。System『組織』に属している。

mammalian palate 「哺乳動物の口蓋」

draw out the memories stored in bones 「骨から記憶を収集できる」

System 「『組織』（システム）」

shuffling 「シャフリング」。＊動詞のshuffleは「ごちゃ混ぜにする、入れ替える、移し替える」。

launder 「洗いだし」。＊動詞では「洗濯する、汚れを除去する」。

Factory 「『工場』（ファクトリー）」

sound removal 「音抜き」

4 Clocktower 「時計塔」

edifice 「建物」。＊宮殿や教会のように大きくて堂々とした建物。

whittling ＜少しずつ削って＞

peg ＜くい、掛けくぎ＞

make your eyes roll ＜目を白黒させる＞

read dreams 「夢を読む」

kindling ＜焚き付け＞

the Dreamreader 「夢読み」

the Librarian ＜図書館の司書＞ ＊「世界の終り」では「その女の子」などとなっている。

idle ＜仕事がない、怠けている＞

squarely ＜真っ向から、まともに＞

some deep layer of my consciousness 「僕の意識の底に沈んでしまったやわらかなおりのようなもの」。＊layerは「層、階層、積み重ね」。

5 fire tongs 「火箸」

6 some trace of an old dream 「古い夢の痕跡のようなもの」

depression 「くぼみ」

It is a busy current, an endless stream of images. 「それはざわめきのようでもあり、とりとめもなく流れていく映像の羅列のようでもあった」

I surrendered my shadow. 「僕は影を捨てた」。＊surrenderは「引き渡す、放棄する」。

The shadow writhed in resistance. 「影は抵抗するかのようにほんの少しだけ身を震わせた」。＊writheは「もだえる、（苦しみで）身をよじる」。

to no avail ＜無駄に＞

I had no choice. 「仕方なかったんだ」

What do you make of it? ＜どう思う？＞

Deadweight. 「ただ重いだけさ」。＊deadweightは「重荷」。

in a hushed voice 「小さな声で」。＊hushedは「静かな」。

Workers' Quarter 「職工地区」。＊quarterには「〜地区、〜街」という意味がある。

7 between the time 「ささやかなひととき」

Something put me on edge. 「何かが私の頭の中でひっかかっていた」

occupational intuition 「職業的な勘」

library use only 「禁帯出」

routine safety check 「定期点検」

I have no other choice 「八方ふさがりでね」

8 the Colonel 「大佐」

the Bureaucratic Quarter 「官舎地区」

commissioned officers 「士官、将校」。＊原作では「少佐と中尉が二人ずつ」。

sergeant 「軍曹」

9 soy-simmered *myoga* wild ginger 「みょうがのおひたし」

green beans with tofu-sesame sauce 「いんげんのごま和え」

gastric dilation 「胃拡張」

snuggled into bed 「性的関係に入る」

the Book of Imaginary Beings 「幻獣辞典」

11 laundered numerics 「洗い出しの済んだ数値」

discernible plot 「明確な筋」。＊discernibleは「識別できる、認識できる」。

epicenter ＜中心＞

Magnetoencephalography encephalographic ＜脳磁計測の＞

the "core" of my consciousness 「意識の核」

restructured ＜再編成された＞

the overall chaos of my conscious mind 「（混乱した）意識の総体」

scratches the surface ＜上っ面をなでる＞

in view of all contingencies ＜あらゆる観点から＞。＊contingencyは「偶発的に起きること、偶然性」。

superficial turbulence 「表層的な揺り動かし」

inhered ＜もともと内在した＞

rind ＜固い外皮＞

muck it up ＜それを駄目にする＞

hermetic ＜外部から影響されない＞

extractability ＜抽出性＞

be forfeited ＜失われた＞

interjected ＜不意に言葉を差し挟んだ＞

submerge ＜水中に入れる＞

intoned ＜抑揚をつけて（ある抑揚で）言った＞

recoiled ＜たじろぐように言った＞

echoed ＜声をそろえて言った＞

12 forms a Pool 「たまりを作り」

limestone boulders 「石灰岩」

13 There's a disturbance in the sound field 「音場が乱れているのよ」

sound barrier's broken 「音声バリヤーが破られている」

Junior 「ちび」

let's cut the socializing out 「世間話はこれくらいにしよう」

gas inspector 「ガスの点検員」

time bomb 「時限爆弾」

14 not yet formed as a person 「まだ定まっておらん人間」

I am filled with sadness 「僕の中の喪失感は深まっていった」

15 torture 「拷問」

17 I've got a feeling there's a hook in it somewhere. 「何かがひっかかるんだ」

My head lit up with pain like a busy switchboard. 「頭の芯がずきずきと痛んだ」。* light up は「火がつく、輝く」。

18 helplessness 「無力感」

22 from the vicinity of Apple Grove 「りんご林の中で」。* vicinity は「近所、付近、近くにあることを表す」、grove は「小さい森、果樹園」。apple tree ともある。

lure the Wall into moving 「壁の動きを誘う」。* lure は「誘い出す」。名詞では「疑似餌、ルアー」の意味になる。

wiles ＜たくらみ、手練手管＞

gave you comfort 「心をときほぐす」

head resting on my hand 「頬杖をついたまま」

how hard my mind becomes 「どれだけ僕の心がこわばりつこうと」

That's the way it is 「そういうものなんだ」

feel a string of memory slowly unravelling inside me 「記憶の糸が自分の中でほんの少しずつではあるけれどほぐれつつあることに気がづいた」。* unravel は「解ける、ほぐれる」。

Collection Room 「資料室」

hand-me-downs ＜古着、お下がり＞

23 in distress 「あきらめて」。* distrss は「苦難、苦痛」の意味がある。

I was on a leash. ＜鎖につながっていた＞。* leash は「革ひも、鎖」。

lower half 「下半身」

leeches 「蛭」

gelatinous mush 「どろどろとした体液」。* gelatinous は「ゼラチン状の」、mush は「ドロドロしたもの」。

altar 「祭壇」

daydream 「白日夢」

extreme circumstances 「極限状態」

24 Power Station 「発電所」

We call him nobody 「半端（はんぱ）な男さ」

Shadow Grounds 「影の広場」

fenced in 「厳重な鉄の柵に囲まれている」

the Town is sealed 「輪が収束しているんだ」

perpetual motion 「永久運動」

25 sprained his foot 「足をくじいている」

virtually every method of data-scramblin' 「単純にして解読不能なデータ・スクランブルの方式」。* scramblin' は scrambling。老人の話し方の特徴。

Don't mean t'excuse myself, but I was eagerer than anythin' t' put my theories into practice. 「後悔はせんが反省はしておる」。* t'excuse は to excuse。この作品に老人の話し方の特徴。

you used us as your monkeys 「我々を人体実験として使ったわけですね」

there's no such thing as a code that can't be cracked 「解読できない暗号はな

い」。＊crack は「（暗号などを）解読する」。

subconscious 「深層心理」

cognitive system arisin' 「思考システムの独自性」。＊arisin' は arising で老人の話し方の特徴。

encyclopedia that keeps puttin' out a whole new edition every day 「毎日改訂版の出ておる百科事典」。＊puttin' は putting で老人の話し方の特徴。

metaphysics 「形而上学」

semantic pleasantries 「記号的世間話」。＊pleasantries は「社交的言辞」。

brain surgery 「脳手術」

electrostimulation 「電気的刺激」

set up a junction box t' channel brain waves 「脳波の流れにジャンクションを設置する」。＊t' は to。junction box は「接続箱」。

fork 「分岐点」

a video of your core consciousness 「意識の核の映像化」

hypothesis 「仮説」

whatever it was made you extremely self-protective, made you harden your shell 「要因が何であろうと」「とくにあんたには極端に自己の殻を守ろうとする性向がある」

It's a question of gaps 「誤差の問題です」

got somethin' goin' on our own 「両刃の剣」。＊somethin' goin' は something going で老人の話し方の特徴。go on one's own は「独力で行う」。

Not fences 「塀じゃなくて」

26

the Caretaker 「（発電所の）管理人」

the Northen Swamp 「北の湿地」

a strange sound meetsour ears 「奇妙な音が耳につくようになった」

27

I'm screwed. ＜参った、困った＞。＊スラング。

Junction B suffered a meltdown. 「ジャンクションBは溶解した」

reassemble a world 「世界の再編」

encyclopedia wand 「百科事典棒」

entire encyclopedia onto a single toothpick 「百科事典を楊枝一本に」

it's subdividin' time that does the trick 「時間を分解して不死に至る」。＊subdividin' は subdividing で「さらに分解する」。老人の話し方の特徴。do the trick は「首尾よく（不死を）得る」。

sewer 「下水道」

subway tracks 「地下鉄の軌道」

28 bellows 「蛇腹」

29 ringing 「耳鳴り」

humming of insects gone wild 「無数の羽虫のうなり」

gulps of bile 「すえた臭いのする唾液」。＊gulp は「ひと口の分量」。bile は「胆汁」。

tree-lined avenue toward... ＜～へ向かう並木通り＞

sewage 「どぶ」

31 clothes driers 「乾燥機」
laundromat 「コイン・ランドリー」

32 key ring 「鍵束」

lifeless eyes 「生気のない目」

skimming off 「かいだす」

self inside 「自我」

becomes one with the Town 「街に同化する」

33 disillusionment 「幻滅」

counter 「荷物の一時預けの窓口」

girls who are on top of things 「気の利いた女の子」。＊on the top of things は「事情をしっかり心得ている」。

35 nail clippers 「爪切り」

screws 「ねじ」

branzino 「すずき」

pet expression 「口ぐせ」

maybe so 「そうかもしれない」

36 accordion 「手風琴（てふうきん）」

38 escape 「脱出口」

Southern Pool 「南のたまり」

process of elimination 「消去法」

39 inflexible 「融通性が不足する」

39 gave... a little happiness 「（～に）祝福を与えた」

disquietive gurgling 「不気味な水音」

heavy shackles 「重い枷（かせ）」

dredge up ＜（嫌なことを）掘り起こす＞

periphery ＜周辺部＞

1 ハードボイルド・ ワンダーランド	右手で百円玉と五百円玉の金額を数え、それと並行して左手で五十円玉と十円玉の金額を数えるのだ。	The right hand tallying the hundreds and five-hundreds in tandem with the left hand adding up the fifties and tens.
	右側の脳と左側の脳でまったくべつの計算をし、最後に割れた西瓜をあわせるみたいにそのふたつを合体させるわけである。	The right brain and the left brain each keep separate tabs, which are then brought together like two halves of a split watermelon.
	たとえば地球が球状の物体ではなく巨大なコーヒー・テーブルであると考えたところで、日常生活のレベルでいったいどれほどの不都合があるだろう？	For instance, supposing that the planet earth were not a sphere but a gigantic coffee table, how much difference in everyday life would that make?
	ふたつの異った種類の記憶が私の知らない場所で結びついているような、どこかちぐはぐでいてしかも懐しいような妙な気持だった。	A nostalgic yet impossible pastiche of sentiments, as if two wholly unrelated memories had threaded together in an unknown recess.
2 世界の終り	すべての空とすべての大地のはざまにあって、彼らはまじりけのない金色に染められていた。	Poised between all heaven and earth, they stand steeped in gold.
	千頭を越える数の獣たちが一斉に、まったく同じ姿勢をとって角笛の音のする方向に首をあげるのだ。	All thousand of more, all at once assume the same stance, lifting their heads in the direction of the call.
	秋の獣たちはそれぞれの場所にひっそりとしゃがみこんだまま、長い金色の毛を夕陽に輝かせている。彼らは大地に固定された彫像のように身じろぎひとつせず、首を上にあげたまま一日の最後の光がりんご林の樹海の中に没し去っていくのをじっと待っている。	These autumn beasts crouch in a hush, each to each, their long golden fur radiant in the sunset. Unmoving, like statues set in place, they wait with lifted heads until the last rays of the day sink into the apple trees.
3 ハードボイルド・ ワンダーランド	「正確には小さくするってんじゃなくて」と男は答えた。「音を抜くわけです」。	"Strictly speaking, I don't turn it down," the man replied. "I take it out."
	やみくろのやつがこっちにまぎれこんだような形跡があったんで心配になって、あんたをここまで迎えにきたですよ。	I found signs that those INKlings were sneakin' in here. I got worried, so I came t'fetch you.
4 世界の終り	僕はそんな街並をとおり抜けるたびに、まわりの建物の中で僕の知ることのない人々がそっと息を殺して、僕の知ることのない作業をつづけているような気がしたものだった。	Yet each time I turn down these streets, I can sense strangers behind the façades, holding their breath as they continue pursuits I will never know.
	あんたはこれから先〈夢読み〉と呼ばれる。あんたにはもう名前はない。	From now on you are the Dreamreader. You no longer have a name.
	彼は僕の右目の瞼を指で押し開き、ナイフの先を僕の眼球に突きさした。	He spreads wide my right eye with his fingers and pushes the knife into my eyeball.

	彼女の何かが僕の意識の底に沈んでしまったやわらかなおりのようなものを静かに揺さぶっているのだ。	I can feel some deep layer of my consciousness lifting toward the surface.
5 ハードボイルド・ワンダーランド	私はまた雨合羽を着こみ、ゴーグルをつけ、懐中電灯を片手に地下道を戻った。	I climbed back into rain gear, pulled on my goggles, took flashlight in hand, and headed back into the subterranean passage.
6 世界の終り	心というものはただそこにあるものなんだ。風と同じさ。君はその動きを感じるだけでいいんだよ。	The mind is just there. It is like the wind. You simply feel its movements.
	こんなつもりはなかったんだけれど、なりゆき上仕方なかったんだ。	It was not my idea. I had no choice.
	この街では誰も影を持つことはできないし、一度この街に入ったものは二度と外にでることはできない。	Nobody has a shadow in this Town, and anybody we let in never leaves.
7 ハードボイルド・ワンダーランド	私はベッドにもぐりこんでから眠りにつくまでのささやかなひとときが何よりも好きなのだ。	A ritual interlude I like so much between the time I get into bed and the time I fall asleep.
	何かが私の頭の中でひっかかっていた。	Something put me on edge.
	私は一角獣の頭骨を手に入れた。	*I had a unicorn skull on my hands.*
8 世界の終り	いいかね、ここは完全な街なのだ。完全というのは何もかもがあるということだ。しかしそれを有効に理解できなければ、そこには何もない。完全な無だ。	This Town is perfect. And by perfect, I mean complete. It has everything. If you cannot see that, then it has nothing. A perfect nothing.
10 世界の終り	しかしどうして僕が古い世界を捨ててこの世界の終りにやってこなくてはならなかったのか、僕にはその経緯や意味や目的をどうしても思いだすことはできなかった。	Why did I cast off my past to come here to the End of the World? What possible event or meaning or purpose could there have been? Why can I not remember?
11 ハードボイルド・ワンダーランド	私のシャフリングのパスワードは〈世界の終り〉である。	My shuffling password was "End of the World".
	私は〈世界の終り〉というタイトルのきわめて個人的なドラマに基づいて、洗いだしの済んだ数値をコンピューター計算用に並べかえるわけだ。	This was the title of a profoundly personal drama by which previously laundered numerics would be reordered for computer calculation.
	私の意識は完全な二重構造になっている。つまり全体としてのカオスとしての意識がまず存在し、その中にちょうど梅干しのタネのように、そのカオスを要約した意識の核が存在しているわけなのだ。	Thus was my conscious mind completely restructured. First there was the overall chaos of my conscious mind, then inside that, a distinct plum pit of condensed chaos as the center.
	だからこの〈世界の終り〉という君の意識の核は、君が息をひきとるまで変ることなく正確に君の意識の核として機能するのだ。	Your 'End of the World' core consciousness will continue to function, unaffected, until you take your last breath.

『世界の終りとハードボイルド・ワンダーランド』 Hard-Boiled Wonderland and the End of the World

12 世界の終り	街は広すぎもせず狭すぎもしなかった。つまり僕の想像力や認識能力を遥かに凌駕するほど広くはなく、かといって簡単に全貌を把握できるほど狭くはないということだ。	The Town is neither too big nor too small. That is to say, it is not so vast that it eclipses my powers of comprehension, but neither is it so contained that the entire picture can be easily grasped.
	「先はないのよ」と彼女は言う。「あなたにはわからないの？ ここは正真正銘の世界の終りなのよ。私たちは永遠にここにとどまるしかないのよ」	"There is no beyond," she says. "Did you not know? We are at the End of the World. We are here forever."
13 ハードボイルド・ワンダーランド	あなたはキイなのよ。あなたなしには扉は開かないの。	You're the key. Without you the door won't open.
	ものごとの進み具合がどうもおかしい。記号士たちのやりくちなら、私はよく知っている。彼らは何かをやるつもりなら、全力を尽してとことんやるのだ。	Strange how well everything was going. I'd seen every Semiotec trick in the book, and if they were up to something, they weren't subtle about it.
	やみくろは地下に生きるものだ。地下鉄とか下水道とか、そういうところに住みついて、都市の残りものを食べ、汚水を飲んで生きている。	They live underground. They hole up in the subways and sewers, eat the city's garbage, and drink gray-water.
14 世界の終り	彼女を失いたくないと僕は思ったが、その思いが僕自身の意識から発したものなのかそれとも古い記憶の断片の中から浮びあがってきたものなのかを判断することはできなかった。	I do not want her to go away. I cannot tell if the thought is mine or if it has floated loose from some fragment of memory.
16 世界の終り	心というのはもっと深く、もっと強いものだ。そしてもっと矛盾したものだ。	The mind is deeper, stronger, and, I believe, it is far more inconstant.
	人々が心を失うのはその影が死んでしまったからじゃないかってね。違いますか？	The mind is lost when the shadow dies. Is that not true?
17 ハードボイルド・ワンダーランド	僕が処理した博士のデータは時限爆弾みたいなもので、時間がくればどかんと爆発するんだってさ。	That the data I processed for your grandfather was like a time bomb waiting to explode.
	つまり、シャフリング・システムが新しい世界への扉で、僕がそのキイになるってわけかな？	But if shuffling is the door to a new world, why am I supposed to hold the key?
	でも何かがひっかかるんだ。というのは僕のシャフリングのパスワードは〈世界の終り〉と呼ばれているんだ。偶然の一致とはとても思えないしね。	But I've got a feeling there's a hook in it somewhere. My shuffling password is 'End of the World.' Now I can't believe that's pure coincidence.
18 世界の終り	僕は自分の心をはっきりと見定めることのできないまま、古い夢を読みとる作業に戻った。	UNABLE to know my own mind, I return to the task of dreamreading.
	僕は目を閉じて深く息を吸いこみ、心を開き、彼らの語りかける物語を指の先でさぐった。	I strain my eyes and breathe deeply, using my fingertips to trace the intricate lines of the tale it commences to tell.

19 ハードボイルド・ワンダーランド	あなたの場合は感情的な殻がとても固いから、その中でいろんなものが無傷のまま残っているのよ。	The emotional shell around you is so hard, everything inside has got to be still intact.
	そしてその三十六時間が過ぎ去ったあとには何かが——たぶん世界の終りが——やってくるのだ。	Then, after those thirty-six hours, the world was supposed to come to an end.
20 世界の終り	眠っているように見えた獣たちの何頭かは、同じ姿勢のまま凍りついて死んでいたのだ。	A few beasts have frozen to death in their posture of sleep.
21 ハードボイルド・ワンダーランド	どれだけの天才でもどれだけの馬鹿でも自分一人だけの純粋な世界なんて存在しえないんだ。	Genius or fool, you don't live in the world alone.
	ずっとそういう状態にあると、そのうち体というものがひとつの仮説にすぎないのではないかという気になってくるのだ。	I couldn't see it, and after a while, you start to think the body is nothing but a hypothetical construct.
22 世界の終り	死によって彼らは救われておるのかもしれんということさ。獣たちはたしかに死ぬが、春になればまた生きかえるんだ。新しい子供としてな。	Odd to say, dying might be what saves them. They die and are reborn in the spring. As new young, that is.
	凍りついた街は精巧にカットされた巨大な宝石のようにあらゆる角度に陽光を反射させ、その奇妙に直截的な光を部屋に送りこんで、僕の目を射た。	The ice-encrusted Town refracts like a huge, many-faceted jewel, sending knives of light to stab my eyes.
23 ハードボイルド・ワンダーランド	何かの力？　それはおそらく私のシャフリング能力をつけるための脳手術に起因しているに違いない。彼らが私の記憶を、意識の壁の中に押しこんでしまったのだ。	An intervening force? Or an operation, like the one done on my brain to give me shuffling faculty. They had shoved memories out of my conscious awareness.
	水が上ってきたいのなら上ってくればいい。何があろうと生きのびようと私は決意したのだ。そして私の記憶をとりかえすのだ。もう誰にも私をこづきまわすことはできないのだ。	The water could rise all it wanted. I was set to survive. To get back my memories. I would be manipulated no more.
	私は両手でロープをたぐり寄せ、一度深呼吸してから、ゆっくりと上りはじめた。	I pulled the rope taut with both hands, took a deep breath, then slowly began my climb.
25 ハードボイルド・ワンダーランド	つまりそのブラックボックスとは人間の深層心理であるわけですね。	So the black box is the subconscious.
	アイデンティティーとは何か？　一人ひとりの人間の過去の体験の記憶の集積によってもたらされた思考システムの独自性のことです。もっと簡単に心と呼んでもよろしい。	And what is identity? The cognitive system arisin' from the aggregate memories of that individual's past experiences. The layman's word for this is the mind.
	つまり我々の頭の中には人跡未踏の巨大な象の墓場のごときものが埋まっておるわけですな。大宇宙をべつにすればこれは人類最後の未知の大地と呼ぶべきでしょう。	In other words, we all carry around this great unexplored 'elephant graveyard' inside us. Outer space aside, this is truly humanity's last terra incognita.

いや、象の墓場という表現はよくないですな。何故ならそこは死んだ記憶の集積場ではないからです。正確には象工場と呼んだ方が近いかもしれん。	No, an 'elephant graveyard' isn't exactly right. 'Tisn't a burial ground for collected dead memories. An 'elephant factory' is more like it.
それは一人の人間の中に二種類の違った思考システムを内蔵させることになりますね。	That would mean two different cognitive systems coexisted in the same person.
要するに歯医者がエナメル質を削るのと同じように表層を削ってしまうわけです。そして必然性のある中心的なファクター、つまり意識の核だけを残すのです。	In other words, we scrape off the surface just like the dentist scrapes off plague, leaving the core consciousness.
この表層を削りとった思考システムを冷凍して井戸の中に放りこむんですな。	We just strip the cognitive system of its outer layer, freeze it, and plunk it in a secret compartment.
そのひとつひとつにタイトルをつけて、そのタイトルは一人ひとりのブラックボックスのタイトルにもなりました。あんたのは『世界の終り』でしたな。	Gave each one a title, and that title became the title of the black box. Yours is 'End of the World', isn't it?
三つめの思考回路です。そしてその回路に私の編集しなおした意識の核を組みこんじまったわけです。	And into this third circuit, I'd load my edited version of your core consciousness.
つまりあんたはもともと複数の思考システムを使いわけておったのです。	It seems you were operatin' under multiple cognitive systems t'begin with.
もともとの自前のジャンクションができておって、それであんたは精神的な免疫が既にできとったということになります。	You probably had your own junction box that gave you a kind of mental immunity.
また比喩を使うと、あんたは自分の意識の底にある象工場に下りていって自分の手で象を作っておったわけです。それも自分も知らんうちにですな。	It's as if you descended to the elephant factory floor beneath your consciousness and built an elephant with your own hands. Without you even knowin'!
私はこのままでいくと第三回路の中に恒久的にはまりこんでしまい、もうもとには戻れないというわけですか?	You mean I'm going to be stuck inside this third circuit with no hope of return?
あんたが失ったもののすべてをです。それはそこにあるのです。	You'll be losin' everything from here, but it'll all be there.
26 世界の終り もし僕の心が冬を乗りきり、影の体が冬を乗りきることができれば、僕は自分の心をもっと正確なかたちでとり戻すことができるだろう。	If my mind holds out over the winter, and if my shadow survives, I will be closer to my former self.
27 ハードボイルド・ワンダーランド そしてそれはやがてその新しい記憶による世界の再編へと向う。	Till finally you reassemble a world out of these new memories.

		あんたは今、別の世界に移行する準備をしておるのです。だからあんたが今見ておる世界もそれにあわせて少しずつ変化しておる。	This very moment you're preparin' t'move to another world. So the world you see right now is changin' bit by bit t'match up.
		世界はたしかにここにこうして実在しておる。しかし現象的なレベルで見れば、世界とは無限の可能性のひとつにすぎんです。細かく言えばあんたが足を右に出すか左に出すかで世界は変ってしまう。	The world here and now does exist. But on the phenomenological level, this world is only one out of countless possibilities. We're talkin' about whether you put your right foot or your left foot out—changes on that order.
		あんたは記憶を作りだすことによって、あんたの個人的なパラレル・ワールドを作りだしておるんです。	As you create memories, you're creatin' a parallel world.
		百科事典棒というのはどこかの科学者が考えついた理論の遊びです。百科事典を楊枝一本に刻みこめるという説のことですな。	The encyclopedia wand's a theoretical puzzle, like Zeno's paradox. The idea is t'engrave the entire encyclopedia onto a single toothpick.
		思念の中に入った人間は不死なのです。	Humans are immortal in their thought.
		そして私は発見した。人間は時間を拡大して不死に至るのではなく、時間を分解して不死に至るのだということをですよ。	I ran smack into this one. That expandin' human time doesn't make you immortal; it's subdividin' time that does the trick.
28 世界の 終り		あの人はうまく影を抜くことができなかった人なの。ほんの少しだけど、まだ影が残っているの。	The Caretaker, they did not rid him of his shadow well. He still has a part of a shadow left.
29 ハード ボイルド・ ワンダー ランド		計算士の『組織』と記号士の『工場』は同じ人間の右手と左手だ。	The Calcutecs and Semiotecs are two sides of the same coin.
		祖父が言ったようにこのあたりが千駄ヶ谷で、そこから右に折れて神宮球場の方に行くんじゃないかしら。	Grandfather's instructions put us at Sendagaya, so a right turn should take us toward Jingu Stadium.
		内臓がはみだして虫のわいた巨大な魚の体内にはまりこんでしまったような気分だった。	It was like we were in the worm-ridden guts of a fish carass.
30 世界の終り		我々はここでみんなそれぞれに純粋な穴を掘りつづけているんだ。目的のない行為、＜中略＞、どこにも辿りつかない歩行、素晴しいとは思わんかね。誰も傷つかないし、誰も傷つけない。＜中略＞勝利もなく、敗北もない。	All of us dig at our own pure holes. We have nothing to achieve by our activities, nowhere to get to. Is there not something marvelous about this? We hurt no one and no one gets hurt. No victory, no defeat.
		しかし心を捨てれば安らぎがやってくる。これまでに君が味わったことのないほどの深い安らぎだ。	Lay down your mind and peace will come. A peace deeper than anything you have known.

31 ハードボイルド・ワンダーランド	我々は銀座方面行きの電車がやってきてプラットフォームに停まり、ドアを開けて乗客を吐きだし、新しい乗客を乗せてドアを閉めるのを支柱の陰からじっと見ていた。	We looked on as another Ginza-bound shuttle pulled to a stop at the platform, let passengers out, then took on new passengers.
	このようにして私に残された貴重な時間の何分の一かがコイン・ランドリーの惨めなパイプ椅子の上で無意味に消えていこうとしていた。	So it was that part of my last precious hours were spent sitting on a folding chair in a laundromat.
32 世界の終り	まず影という自我の母体をひきはがし、それが死んでしまうのを待つんだ。	All that's required is that you strip away the shadow that is the grounding of the self and watch it die.
	日々生じるささやかな心の泡のようなものをかいだしてしまうだけでいいのさ。	You need only to skim off the discharges of mind that rise each day.
	獣は人々の心を吸収し回収し、それを外の世界に持っていってしまう。そして冬が来るとそんな自我を体の中に貯めこんだまま死んでいくんだ。	The beasts wander around absorbing traces of mind, then ferry them to the outside world. When winter comes, they die with a residue of self inside them.
33 ハードボイルド・ワンダーランド	しかしもう一度私が私の人生をやりなおせるとしても、私はやはり同じような人生を辿るだろうという気がした。何故ならそれが──その失いつづける人生が──私自身だからだ。	Even if I had my life to live over again, I couldn't imagine not doing things the same. After all, everything—this life I was losing—was me.
	私自身はどこにも行かない。私自身はそこにいて、いつも私が戻ってくるのを待っているのだ。	I wasn't going anywhere. I was myself, waiting on the shore for me to return.
	ツルゲーネフなら幻滅と呼ぶかもしれない。ドストエフスキーなら地獄と呼ぶかもしれない。サマセット・モームなら現実と呼ぶかもしれない。	What Turgenev called "disillusionment". Or Dostoyevsky, "hell". Or Somerset Maugham, "reality".
34 世界の終り	心がそこにあれば、どこに行っても失うものは何もないって母が言っていたのを覚えてるわ。それは本当?	I remember Mother told me that if one has mind, nothing is ever lost, regardless where one goes. Is that true?
35 ハードボイルド・ワンダーランド	ぐるぐるとまわっていつも同じところにたどりつくのだ。それはまるでメリー・ゴー・ラウンドの馬に乗ってデッド・ヒートをやっているようなものなのだ。誰も抜かないし、誰にも抜かれないし、同じところにしかたどりつかない。	Round and round it goes, and where it stops everyone knows. Like a dead heat on the merry-go-round. No one pulls ahead, no one gets left behind. You always get to the same spot.
36 世界の終り	僕には心を捨てることはできないのだ、と僕は思った。それがどのように重く、時には暗いものであれ、あるときにはそれは鳥のように風の中を舞い、永遠を見わたすこともできるのだ。	No, I cannot relinquish my mind. At times my mind grows heavy and dark; at other times it soars high and sees forever.
	この小さな手風琴の響きの中にさえ、僕は僕の心をもぐりこませることができるのだ。	By the sound of this tiny accordion, my mind is transported great distances.

	ここにあるすべてのものが僕自身であるように感じられた。壁も門も獣も森も川も風穴もたまりも、すべてが僕自身なのだ。	Everything here is a part of me—the Wall and Gate and Woods and River and Pool. It is all my self.	
37 ハードボイルド・ワンダーランド	そしてもう一度彼女を抱いて、そのぬくもりを頭の中に刻みこんだ。	Then I hugged her one more time, to etch her warmth indelibly into my brain.	
38 世界の終り	なぜならこの街は完全な街だからだ。完全さというものは必ずあらゆる可能性を含んでいるものなんだ。	For the very reason that the perfection of the Town must include all possibilities.	
	君はそこで生まれた。そしてそこで死ぬんだ。君が死ねば俺も消える。それがいちばん自然なことなんだ。	It is where you were born and where you will live and where you will die. And when you die, I too will die. It's the natural course of things.	
39 ハードボイルド・ワンダーランド	空は深く、人が疑いをはさむことのできない確固とした観念のように明るく輝いていた。	The sky was deep and brilliant, a fixed idea beyond human doubt.	
	それに同じ人生を引き払うにしても、彼女は自分の意志で引き払ったが、私はそうではないのだ。私の場合は私が眠っているうちに誰かがシーツをひきはがして持っていってしまっただけなのだ。	In taking leave of life, she'd quit her life of her own will; I'd had the sheets pulled out from under me in my deep.	
	目を閉じると私は自分の心の揺らぎをはっきりと感じとることができた。それは哀しみや孤独感を超えた、私自身の存在を根底から揺り動かすような大きなうねりだった。	I closed my eyes, I felt a ripple run through my mind. The wave went beyond sadness or solitude; it was a great, deep moan that resonated in my bones.	
	太陽の光が長い道のりを辿ってこのささやかな惑星に到着し、その力の一端を使って私の瞼をあたためてくれていることを思うと、私は不思議な感動に打たれた。宇宙の摂理は私の瞼ひとつないがしろにしてはいないのだ。	Sunlight traveled a long distance to reach this planet; an infinitesimal portion of that energy was enough to warm my eyelids. I was moved. That something as insignificant as an eyelid had its place in the workings of the universe, that the cosmic order did not overlook this momentary fact.	
	初秋の太陽が波に揺られるように細かく海の上に輝いていた。まるで誰かが大きな鏡を粉々に叩き割ってしまったように見える。	The early autumn sun glinted on the water, an enormous mirror ground to powder and scattered.	
	私はこれで私の失ったものをとり戻すことができるのだ、と思った。それは一度失われたにせよ、決して損なわれてはいないのだ。	Now I could reclaim all I'd lost. What's lost never perishes.	
40 世界の終り	僕はこの街を作りだしたのがいったい何ものかということを発見したんだ。	I have discovered the reason the Town exists.	
	ここは僕自身の世界なんだ。壁は僕自身を囲む壁で、川は僕自身の中を流れる川で、煙は僕自身を焼く煙なんだ。	This is my world. The Wall is here to hold *me* in, the River flows through *me*, the smoke is *me* burning.	

英語で読む『世界の終りとハードボイルド・ワンダーランド』

俵 晶子
（編集者）

詩的エンターテインメント純文学？！

　私は、世に数多い春樹ファンの基準から言うとおそらく、村上春樹の小説の良い読み手ではない。彼の最初の2作『風の歌を聴け』と『1973年のピンボール』を昔、大学生時代に読んだときに主人公のノンシャランな生き方に共感できなかったことと、彼が瞬く間にあまりにもポピュラーな作家になったことが、私を村上作品からなんとなく遠ざけてきたのである。彼の最大のベストセラー『ノルウェイの森』も個人的に好みのストーリーではなかった。

　しかし、そんな私も『世界の終りとハードボイルド・ワンダーランド』は、どれほど賞賛しても足りないくらいの傑作だと思っている。ファンタジー、SF、ミステリー、科学、恋愛、冒険、未知なるものの探求、運命、自我、心、意識と無意識、内と外、瞬間と永遠――あらゆる要素が絶妙な語り口でひとつの魅力的なストーリーラインに紡ぎ合わされていき、深遠なエンディングへと収斂する、詩的エンターテインメント純文学（？）とでも言えるかもしれない。とにかく私はこの小説を偏愛している。

　私には他にも偏愛する外国文学があるが、原語が読めないので、複数の日本語訳を読み、それに飽き足らなくなると、英訳でも読んでいる。私の愛する物語世界が英語でどのように表現されているか知りたいからである。そこで『世界の終りとハードボイルド・ワンダーランド』も英語で読んでみた。村上春樹の英訳者として名高いアルフレッド・バーンバウム訳 *Hard-Boiled Wonderland and the End of the World*。彼の翻訳スタイルは「自由」だとされている。さてどうなのか。何かのインタビューで読んだのだが、バーンバウム氏自身、この作品が一番好きなのだそうだ。

Kindle での読書体験

　ちなみに、英訳本は Kindle 版を購入して読んだ。基本的には紙の本で読むほうが断然好きであるが、英語の本の場合、Kindle はかなり快適な読書体験をもたらしてくれることがわかった。知らない単語を辞書機能ですぐ調べることができ、単語や表現の検索も簡単にでき、さらには、読み上げ機能でデバイスに音読をさせることまでできるからだ。特に、こういった文学作品の英訳には普段見たことがないような凝った単語がけっこう使われているため、辞書機能はかなり便利である。

地の文が英訳では「ハードボイルド」は過去形、「世界の終り」は現在形

　さて、バーンバウム氏による『世界の終りとハードボイルド・ワンダーランド』の英訳は、上記のように、時に難しい単語が使われているが、リズム感があって流れがよく、読みやすい。特に「ハードボイルド」サイドでの軽妙な会話や独白の英訳は、勉強になるし面白い。例えば、主人公が呆れて「それはひどい」と言っているのを "Lovely,"（3章）と訳したり、「あまりぱっとする眺めではなかったが……」という感想を "Very stylish."（7章）と訳したりするなど、自分で使うのは少々ハードルが高そうだが、捻りの利いた表現でニュアンスを再現していて感心した。

　だが、ひとたび一章一章を原作と比べる意図を持って読んでいくと、単なる日英の言語構造上の差異による表現差に留まらない違いがけっこうあることがわかる。まずすぐ気づくのは、地の文が英訳では「ハードボイルド」サイドは過去形、「世界の終り」サイドは現在形で語られていることだ。原作では両方とも過去形だ。「世界の終り」は永遠に閉じられた世界。この使い分けによって、そこでは時が凍結されていることが示唆されているのだろう。

　また細部においても、情景描写が一部省かれていたり、会話が少々書き換えられていたりする部分がある。特に、主人公の独白的な心理描写はしばしばカットされている。たぶん英語のリズムと流れを重視しているためなのだろう。もちろん、どれも英語だけ読めば極めて自然な文章なのだが、原作を崇めるファンにとっては、これはなかなか許し難く感じられることかもしれない。時に曖昧で冗長とも思えるような主人公の「つぶやき」が村上作品の魅力のひとつだからだ。

原作者があえて語らなかったことを語る
英語版の「影」との会話

　私が最も印象に残った日英の違いは、最終章のエンディングにおける主人公と「影」との会話だ。原作では、主人公は自分の未来についてやや詩的な表現で語り、「影」もそれに対して淡々と答えている。だが英訳では、「影」は主人公の決意と世界そのものを、彼にとってそれが何を意味するのかを、解き明かし、予言している。原作者があえて語らなかったことを語っているのだ。これは「勇み足」なのか、読み手にとって有り難い手助けなのか。日本語ネイティブと英語ネイティブでは文章理解の作法が違うのだろうから、私には何とも言えない。ただ、私はこの英語の会話も好きである。

　そして小説の最後は、冒頭と同様、読者にとって最も印象に残る箇所のひとつであり、読後感を決定づける箇所でもある。宝物のように一字一句味わいたい部分だ。原作で３つの段落から成る文章は、英訳でもほぼ忠実に表現されている。——季節は冬。雪の中、飛び立つ鳥と、失ったものを見つめながらひっそりと存在の外縁に佇む世界——最初に原作を読んだ時に鮮やかにまぶたに浮かんだその心象風景は、英語でも、胸が締めつけられるように美しかった。

Hard-Boiled Wonderland and the End of the World

Vintage

『世界の終りとハードボイルド・ワンダーランド』上・下
新潮文庫

「やれやれ」をめぐって

コスモピア編集部

村上春樹の小説の主人公は、よく「やれやれ」を口にする。『羊をめぐる冒険』でも同様で、主人公の「僕」は次のように認めている。

....

「やれやれ」と僕は言った。やれやれという言葉はだんだん僕の口ぐせのようになりつつある。（『羊をめぐる冒険』第7章 *p*.40）

"Just great," said I. This "just great" business was becoming a habit. (*A Wild Sheep Chase* より *p*.175 Alfred Birnbaum 訳)

....

国語の辞書には、「やれやれ」は「困難や不安が解決したとき、大きな感動を覚えたときなどに発する語」という意味が最初に来て、次に、「予期しない困難に出あったとき、疲労・落胆したときなどに発する語」（goo 国語辞書）とあるが、村上春樹の小説における「やれやれ」の使い方はあきらかに後者である。

「やれやれ」は作品全体に散見されるが、特に『世界の終りとハードボイルド・ワンダーランド』の「ハードボイルド・ワンダーランド」のパートに多い。英語（Alfred Birnbaum 訳）ではどのように訳されているのかを見ていくと次のようになる。

「やれやれ、と私は思った」[講談社文庫（上）*p*.140/163]
    Great, I thought, just great. [*Hard-Boiled Wonderland and the End of the World* *p*.69/80]
「やれやれ」と彼女は言った。[同*p*.167]
    "I don't know why I'm doing this," she said,... [英訳版 *p*.82]
「やれやれ」と私は言って [同*p*.417]   **Lovely.** [英訳版 *p*.206]
「やれやれ」と私は言った（言って）[講談社文庫（下）*p*.39/83/99/119/127/130/145]
    "Uggh." I felt sick. [英訳版 *p*.233] / **"Great," I said,...** [英訳版 *p*.251]
    "Great," I said, "just great." [英訳版*p*.259/273] / **"Wonderful," I groaned.** [英訳版*p*.269]
    "Just wonderful," I said. [英訳版 *p*.274] / **"Just great," I said.** [英訳版 *p*.282]

なすすべがない、絶望的な状況でも「やれやれ」を Great./Wonderful./Lovely. などと反語的に使うことで、悲惨な状況とやや距離をおく、もしくは突き放すニュアンスが生まれているような気がする。

『海辺のカフカ』でも大島さんや星野青年が「やれやれ」とつぶやくとき、訳者の Philip Gabriel は **"Are you kidding me?" "My oh my!" "Jeez." "Jeez Louise."** などを使い、ときにはこれらを「参ったな」にも使用している。

本書では上記以外にもいろいろな「やれやれ」の英語訳を紹介している。日本語としては同じ「やれやれ」のもつニュアンスが、訳者によって、シチュエーションによって、文脈によって、多様に解釈され英語に訳されている。英語自体が持つ豊かな表現のバリエーションや翻訳の持つ可能性を楽しんでほしい。

図書館と風の音

生越秀子
（大学兼任講師／編集者）

「図書館は何か一種の異界みたいな感じが僕にはするんです」と、村上さんは『文學界』2003年4月号に掲載されたインタビューの中で語っている。子どもの頃に学校の図書館に「ノモンハン事件」について書かれた本があって、戦車とか飛行機とかの写真を見ていると、そこに引きずり込まれていきそうな感覚があったそうだ。そして、このノモンハンの写真を見て引きずり込まれていきそうになったときの感覚は、何十年経っても残っていて、村上さんがプリンストンに滞在し、『ねじまき鳥クロニクル』を書いていた頃、大学の図書館で「ノモンハン」の本を手に取ったときにもその感覚が蘇ってきた、と話している。

図書館はとても大切な場所として村上さんの作品の中にしばしば登場する。『図書館奇譚』（1983年）は図書館がほぼすべての物語の舞台だし、『海辺のカフカ』（2002年）は甲村記念図書館がその物語をささえている。そして『世界の終りとハードボイルド・ワンダーランド』（1985年）では図書館がふたつのパラレルワールドをつないでいる。村上さんの作品の中で、図書館は異界との接点として描かれているのだ。

そして作品中の図書館は、異界との接点であると同時に、その特有のしんとした空気の中に異界そのものを包み込む、物理的な空間をもたない、途方もなく大きな存在でもある。『海辺のカフカ』の中の甲村記念図書館もそうだが、図書館というところにはおそらくいくつもの世界が常にひっそりと存在していて、どの世界を認識するかは、そこにいる個々の人と、その時によって変わってくるだけなのだろうという気がしてくる。

「世界の終り」にある図書館は、北の広場を幾重にもとりかこむかのように拡がる石造りやレンガ造りの建物が並ぶ、ひっそりとした街並みの一郭にある。ここで「僕」は、古い夢の番をする、心をなくした女の子のそばで、頭骨の中の古い夢を読み続ける。一方、「ハードボイルド・ワンダーランド」の図書館は日常風景の中にある。「私」の家から歩いて行けて、向かいにはアイスクリーム店もあるし、近くには文房具店もある。「私」は博士から受け取った頭骨について知るために、この図書館に行く。そしてリファランス係をしている髪の長い女の子に出会い、彼女の力を借りて頭骨について調べていく。

「36 世界の終り　手風琴（Accordion）」の中で、「僕」と彼女は図書館の書庫の床に並んで腰を下ろし、壁にもたれて書棚の上に並んだ無数の頭骨を見上げている。彼女の失われた心を読む鍵を求めているのだ。そして「僕」は森の発電所で手に入れた手風琴を手に取り、手風琴の作りだす風の音をいくつかのコードにして弾いてみる。

....

　「とてもきれいな音だわ」と彼女は言った。「その音は風のようなものなの？」

　「風そのものさ」と僕は言った。「いろんな音のする風を作りだして、それを組み合わせているんだ」

　"Beautiful!" she exclaims. "Are the sounds like wind?"

　"They *are* wind," I say. "I create wind that makes sounds, then put them together."

....

　そして「僕」は、思いだせる限りのコードを弾いてみる。

....

　メロディーは浮かんでこなかったが、それはそれでかまわなかった。僕はただ風のようにその手風琴の音を彼女に聴かせればいいのだ。僕はそれ以上のものは何ひとつとして求めないことに決めた。僕は鳥のように心をその風にまかせればいいのだ。

No melody comes, but it is enough to bring the wind in the sounds to her. I have only to give myself to the wind as the birds do.

....

　その後、「僕」は、建物の外を吹く風の音が自分の耳に届いたような気がして、自分がこの世界で出会った人たちについて思いをめぐらしていく。やがて手風琴に導かれるように、自分の知っていた唄を少しずつ思い出していく。そして「世界の終り」の街や壁、獣や森などすべてを作り出したものが何ものなのかもこの書庫の中で感じとるのだ。この図書館という場所とともに、私がこの場面でもうひとつ心を惹かれるのは、「風の音」だ。ここでは風が手風琴という楽器として和音を奏で、唄を導く。「僕」の中に音楽を取り戻す。そして失われた彼女の心が頭骨の中で光の粒となって「僕」と彼女の目に映るのだ。

　「風」というと、村上さんの最初の作品『風の歌を聴け』がすぐに思い出されるが、『海辺のカフカ』の最後の場面を思い浮かべる方も多いだろう。「でも僕にはまだ

生きるということの意味がわからないんだ」と言う「僕」に、カラスと呼ばれる少年は「風の音を聞くんだ」と言う。村上さんによれば、これはどちらも、トルーマン・カポーティの *Shut a Final Door*（1947年）の最後の一文からの引用だそうだ。

So he pushed his face into the pillow, covered his ears with his hands, and thought: think of nothing things, think of wind. *

（それで彼は顔を枕に押しつけ両手で耳をふさぎ、思った。何も考えるな。風の音を聞け）

　「風の音を聞く」ことは村上さんの作品の中で、自分を包む世界のあり方にひっそりと耳を澄ますこと、世界を分析的な思考の対象とするのでなく、それ自体を心に感じることとして描かれている。それは生きていく意味にふれることでもある。心を取り戻した彼女と「世界の終り」に残り、図書館のある街から追放されて森に暮らすことを選ぶ「僕」は、風のどんな音を聞いているだろうか。もとの生活に戻る決断をして森から引き返し、荷物をまとめて図書館を後にした『海辺のカフカ』の「僕」は、今も風の音を聞いているだろうか。

Shut a Final Door (1947) Truman Capote
The Atlantic; Aug 1947; pg. 49

『ふしぎな図書館』
村上春樹　佐々木マキ
（講談社文庫）

『図書館奇譚』
村上春樹
イラスト／カット・メンシック
（新潮社）

　現在『カンガルー日和』（講談社文庫）に収められている「図書館奇譚」は、上記の例のように、文章、イラストレーションともに複数のバージョンが存在している。

ノルウェイの森

Norwegian Wood

作品情報

　本作品には、村上の長編作品に特徴的な「カーネル・サンダース」のような不思議な人も「やみくろ」のような異生物も、井戸の中を通り抜けていくような異世界も現れない。主人公の「ワタナベトオル」をはじめ、「直子」「緑」「キズキ」「永沢」「レイコ」など、実際の名前をもつ登場人物が出てくる。

　第1章で「僕」ワタナベトオルがハンブルク空港に到着した機内でビートルズの「ノルウェイの森」が流れると、突然、18年前、草原で直子と野井戸について話したときへとフラッシュバックする。

　「死は生の対極としてではなく、生の一部として存在している」（第2章）というトーンは本書を貫いているが、死へ向かう直子と、生命感に溢れる緑、現実世界でしたたかに生きる永沢との対比が、鮮やかだ。

単行本　1987年（講談社）
文庫　　1991年（講談社文庫）
　　　　2004年（文庫新装版）

【英訳版】*Norwegian Wood*
英訳者　**Alfred Birnbaum**（1989年、講談社英語文庫）
　　　　　　　　　　　　（1990年、Farrar Straus & Giroux）
　　　　Jay Rubin（2000年、Harvill Press／Vintage Books）

登場人物

僕・ワタナベ ／ I・Watanabe
本編の主人公で、東京の大学生。愛読書は『グレート・ギャツビイ』。

直子 ／ Naoko
キズキの恋人。武蔵野の英語の教育で有名なこぢんまりとした女子大に通っていた。偶然再会した「僕」と付き合うようになるが、心を病み療養所「阿美寮」に入った。

キズキ ／ Kizuki
「僕」の親友。直子の恋人。トーク番組の有能なホストのように場の空気に対応する社交的な人間。父親は腕の良さと料金の高さで知られる歯科医。キズキは自宅のガレージで自殺した。

永沢 ／ Nagasawa
大学時代、「僕」のまわりでたったひとり『グレート・ギャツビイ』を読んだことある人間。学年がふたつ上。東大の法学部の学生。ワタナベと同じ寮に住んでいる。

緑 ／ Midori Kobayashi
「僕」と大学で同じ授業を受講。活発な女性でワタナベに積極的に近づく。実家は豊島区北大塚の小林書店。金持ちの通う女子高に行っていたが普通の家出身であることに引け目を感じていた。母親は他界している。

レイコ ／ Reiko
「阿美寮」で直子の同室の女性。若いころプロのピアニストになるつもりだったが断念した。8年間「阿美寮」にいて、患者たちにピアノやギターを教えている。「僕」より19歳年上。

取り上げた4つのシーンについて

シーン 1 僕は三十七歳で、そのときボーイング747のシートに座っていた

作品の冒頭シーン。主人公の「僕」（ワタナベトオル）が到着したドイツの空港。窓の外の様子を drench（びしょ濡れにする）や gloomy air（陰鬱な空気）、dark clouds hanging over the North sea（北海の上空に浮かんだ黒い雲）と、どんよりとした秋雨の雰囲気を描写している。機内ではビートルズの「ノルウェイの森」が流れ始め、主人公は18年前の郷愁に満ちた学生時代を思い出す。憂鬱な気分のなか、恋人と歩いた meadow（野原）の風景がふと浮かんでくる。

シーン 2 でもそれじゃ危くってしようがないだろう

「僕」の脳裏に浮かんだ18年前に直子とふたりで歩いた草原の風景。歩きながら直子は、どこかにある野井戸と、その恐ろしさについて詳細に語る。このシーンでは、井戸の中の様子、落ちてしまうとどうなるか、彼女がどのようにその井戸に不安を抱いているかに注目。brushing a cluster of grass seed（上着についた草の穂を手で払って）や squeezed my hand（僕の手を握った）など、歩きながらのふとした直子の動作も、彼女の心情と合わせて読んでみよう。

シーン 3 悪いけどさ、ラジオ体操は屋上かなんかで

「僕」の寮での同居人は、変わった性格と行動で「特攻隊」というあだ名で呼ばれている。毎朝、彼のラジオ体操の音で起こされてしまう「僕」は、どうにかならないかと let's compromise（歩み寄ろう）と交渉しようとするが、that's impossible（駄目だよ）ときっぱりと断られる。彼の憎めない性格、そして手に負えずに降参せざるを得ない「僕」とのやりとりを英文でも楽しみながら読める。

シーン 4 あまり愛されなかったと思うの？

同じ大学に通う緑は、現在は緑の姉がやっている書店の上にある自宅に僕を招いて手料理を振る舞う。前半では、十分に愛されなかったという緑が、自分が愛に貪欲になった経過を話す。後半では、彼女を unconditionally（無条件で）に甘やかせてくれる相手について、例えを使って説明する。「僕」はそんな彼女に Sounds crazy と呆れながらも、このシーンの最後のセリフからわかるように彼女に関心を抱く。

シーン **1**〜**4** p.162-177 出典		***Norwegian Wood*** Vintage International, Vintage 訳：Jay Rubin		『ノルウェイの森』 上・下 講談社文庫

『ノルウェイの森』 *Norwegian Wood*

I was thirty-seven then, strapped in my seat as the huge 747 plunged through dense cloud cover on approach to the Hamburg airport. Cold November rains drenched the earth and lent everything the gloomy air of a Flemish landscape: the ground crew in rain gear, a flag atop a squat airport building, a BMW billboard. So — Germany again.

Once the plane was on the ground, soft music began to flow from the ceiling speakers: a sweet orchestral cover version of the Beatles' "Norwegian Wood." The melody never failed to send a shudder through me, but this time it hit me harder than ever.

I bent forward in my seat, face in hands to keep my skull from splitting open. Before long one of the German stewardesses approached and asked in English if I were sick. "No," I said, "just dizzy."

"Are you sure?"

"Yes, I'm sure. Thanks."

She smiled and left, and the music changed to a Billy Joel tune. I straightened up and looked out the plane window at the dark clouds hanging over the North Sea, thinking of what I had lost in the course of my life: times gone forever, friends who had died or disappeared, feelings I would never know again.

The plane reached the gate. People began unlatching their seatbelts and pulling baggage from the storage bins, and all the while I was in the meadow. I could smell the grass, feel the wind on my face, hear the cries of the birds. Autumn 1969, and soon I would be twenty.

---

plunged through...：〜の間を突き進んだ　drenched：水浸しにした　atop...：〜の上に

　僕は三十七歳で、そのときボーイング747のシートに座っていた。その巨大な飛行機はぶ厚い雨雲をくぐり抜けて降下し、ハンブルク空港に着陸しようとしているところだった。十一月の冷ややかな雨が大地を暗く染め、雨合羽を着た整備工たちや、のっぺりとした空港ビルの上に立った旗や、BMWの広告板やそんな何もかもをフランドル派の陰うつな絵の背景のように見せていた。やれやれ、またドイツか、と僕は思った。

　飛行機が着地を完了すると禁煙のサインが消え、天井のスピーカーから小さな音でBGMが流れはじめた。それはどこかのオーケストラが甘く演奏するビートルズの「ノルウェイの森」だった。そしてそのメロディーはいつものように僕を混乱させた。いや、いつもとは比べものにならないくらい激しく僕を混乱させ揺り動かした。

　僕は頭がはりさけてしまわないように身をかがめて両手で顔を覆い、そのままじっとしていた。やがてドイツ人のスチュワーデスがやってきて、気分がわるいのかと英語で訊いた。大丈夫、少し目まいがしただけだと僕は答えた。

「本当に大丈夫？」

「大丈夫です、ありがとう」と僕は言った。スチュワーデスはにっこりと笑って行ってしまい、音楽はビリー・ジョエルの曲に変った。僕は顔を上げて北海の上空に浮かんだ暗い雲を眺め、自分がこれまでの人生の過程で失ってきた多くのもののことを考えた。失われた時間、死にあるいは去っていった人々、もう戻ることのない想い。

　飛行機が完全にストップして、人々がシートベルトを外し、物入れの中からバッグやら上着やらをとりだし始めるまで、僕はずっとあの草原の中にいた。僕は草の匂いをかぎ、肌に風を感じ、鳥の声を聴いた。それは一九六九年の秋で、僕はもうすぐ二十歳になろうとしていた。

『ノルウェイの森』 Norwegian Wood

---

squat：ずんぐりした　send a shudder：身震いさせる

The stewardess came to check on me again. This time she sat next to me and asked if I was all right.

"I'm fine, thanks," I said with a smile. "Just feeling kind of blue."

"I know what you mean," she said. "It happens to me, too, every once in a while."

She stood and gave me a lovely smile. "Well, then, have a nice trip. *Auf Wiedersehen.*"

"*Auf Wiedersehen.*"

---

blue：憂鬱な

前と同じスチュワーデスがやってきて、僕の隣に腰を下ろし、もう大丈夫かと訊ねた。

「大丈夫です、ありがとう。ちょっと哀しくなっただけだから（It's all right now, thank you. I only felt lonely, you know.）」と僕は言って微笑んだ。

「Well, I feel same way, same thing, once in a while. I know what you mean.（そういうこと私にもときどきありますよ。よくわかります）」彼女はそう言って首を振り、席から立ちあがってとても素敵な笑顔を僕に向けてくれた。「I hope you'll have a nice trip. Auf Wiedersehen!（よい御旅行を。さようなら）」

「Auf Wiedersehen!」と僕も言った。

"Then it must be incredibly dangerous," I said. "A deep well, but nobody knows where it is. You could fall in and that'd be the end of you."

"The end. Aaaaaaaah, splat. Finished."

"Things like that must actually happen."

"They do, every once in a while. Maybe once in two or three years. Somebody disappears all of a sudden, and they just can't find him. So then the people around here say, 'Oh he fell in the field well.'"

"Not a nice way to die," I said.

"No, it's a terrible way to die," said Naoko, brushing a cluster of grass seed from her jacket. "The best thing would be to break your neck, but you'd probably just break your leg and then you couldn't do a thing. You'd yell at the top of your lungs, but nobody'd hear you, and you couldn't expect anybody to find you, and you'd have centipedes and spiders crawling all over you, and the bones of the ones who died before are scattered all around you, and it's dark and soggy, and way overhead there's this tiny, tiny circle of light like a winter moon. You die there in this place, little by little, all by yourself."

"Yuck, just thinking about it makes my flesh creep," I said. "Somebody should find the thing and build a wall around it."

"But nobody *can* find it. So make sure you don't go off the path."

"Don't worry, I won't."

---

at the top of your lungs：「声を限りに」 centipedes：「ムカデ」 soggy：うっとうしい
way overhead：はるか頭上に

166

前後の文脈
について

抜粋 1 に続いて、第一章から。1969 年 10 月、「僕」はもうすぐ二十歳になろうしていた。「僕」は直子と草原を歩き、野井戸の話をしていた。直子は野井戸の恐ろしさを語り、僕の手を握る。

「でもそれじゃ危くってしようがないだろう」と僕は言った。「どこかに深い井戸がある、でもそれが何処にあるかは誰も知らないなんてね。落っこっちゃったらどうしようもないじゃないか」

「どうしようもないでしょうね。ひゅうううう、ポン、それでおしまいだもの」

「そういうのは実際には起こらないの?」

「ときどき起こるの。二年か三年に一度くらいかな。人が急にいなくなっちゃって、どれだけ探してもみつからないの。そうするとこのへんの人は言うの、あれは野井戸に落っこちたんだって」

「あまり良い死に方じゃなさそうだね」と僕は言った。

「ひどい死に方よ」と彼女は言って、上着についた草の穂を手で払って落とした。「そのまま首の骨でも折ってあっさり死んじゃえばいいけれど、何かの加減で足をくじくくらいですんじゃったらどうしようもないわね。声を限りに叫んでみても誰にも聞こえないし、誰かがみつけてくれる見込みもないし、まわりにはムカデやらクモやらがうようよいるし、そこで死んでいった人たちの白骨があたり一面にちらばっているし、暗くてじめじめしていて。そして上の方には光の円がまるで冬の月みたいに小さく小さく浮かんでいるの。そんなところで一人ぼっちでじわじわと死んでいくの」

「考えただけで身の毛がよだつな」と僕は言った。「誰かが見つけて囲いを作るべきだよ」

「でも誰にもその井戸を見つけることはできないの。だからちゃんとした道を離れちゃ駄目よ」

「離れないよ」

Yuck：ゲーッ！　makes my flesh creep：ゾッとさせる　＊ creep は「（虫などが這っている気がして）悪寒が走る」

Naoko took her left hand from her pocket and squeezed my hand. "Don't *you* worry," she said. "You'll be O.K. *You* could *go* running all around here in the middle of the night and you'd *never* fall into the well. And as long as I stick with you, I won't fall in, either."

"Never?"

"Never!"

"How can you be so sure?"

"I just know," she said, increasing her grip on my hand and continuing on for a ways in silence. "I know these things. I'm always right. It's got nothing to do with logic: I just feel it. For example, when I'm really close to you like this, I'm not the least bit scared. Nothing dark or evil could ever tempt me."

---

stick with...：～のそばを離れない　**a ways**：ある距離　**not the least bit...**：少しも～ない

直子はポケットから左手を出して僕の手を握った。「でも大丈夫よ、あなたは。あなたは何も心配することはないの。あなたは闇夜に盲滅法にこのへんを歩きまわったって絶対に井戸には落ちないの。そしてこうしてあなたにくっついている限り、私も井戸には落ちないの」

「絶対に?」

「絶対に」

「どうしてそんなことがわかるの?」

「私にはわかるのよ。ただわかるの」直子は僕の手をしっかりと握ったままそう言った。そしてしばらく黙って歩きつづけた。「その手のことって私にはすごくよくわかるの。理屈とかそんなのじゃなくて、ただ感じるのね。たとえば今こうしてあなたにしっかりとくっついているとね、私ちっとも怖くないの。どんな悪いものも暗いものも私を誘おうとはしないのよ」

シーン **3** 悪いけどさ、ラジオ体操は屋上かなんかで

"Hey, can you do that on the roof or someplace?" I said. "I can't sleep."

"But it's already six-thirty!" he said, open-mouthed.

"Yeah, I *know* it's six-thirty. I'm still supposed to be asleep. I don't know how to explain it exactly, but that's how it works for me."

"Anyhow, I can't do it on the roof. Somebody on the third floor would complain. Here, we're over a storeroom."

"So go out on the quad. On the lawn."

"That's no good, either. I don't have a transistor radio. I need to plug it in. And you can't do Radio Calisthenics without music."

True, his radio was an old piece of junk without batteries. Mine was a transistor portable, but it was strictly FM, for music.

"O.K., let's compromise," I said. "Do your exercises but cut out the jumping part. It's so damned noisy. Whaddya say?"

"Juh-jumping? What's that?"

"Jumping is jumping. Bouncing up and down."

"But there isn't any jumping."

My head was starting to hurt. I was ready to give up, but at least I wanted to finish making my point. I got out of bed and started bouncing up and down and singing the opening melody of NHK's Radio Calisthenics. "I'm talking about *this*," I said.

"Oh, *that*. I guess you're right. I never noticed."

"See what I mean?" I said, sitting on the edge of the bed. "Just cut out that part. I can put up with the rest. Stop jumping and let me sleep."

---

supposed to be...：本来なら〜であるはずだ　**how it works for...**：〜にとってふつうのこと
Calisthenics：徒手体操

前後の文脈
について

第二章より。大学に入ったばかりのころ、「僕」は右翼的な財団法人が運営する学生寮に暮らしていた。そこで同室になったのが「突撃隊」。暗いトーンの多いストーリーの中で、どこかユーモラスなやりとりだ。

「悪いけどさ、ラジオ体操は屋上かなんかでやってくれないかな」と僕はきっぱりと言った。「それやられると目が覚めちゃうんだ」

「でももう六時半だよ」と彼は信じられないという顔をして言った。

「知ってるよ、それは。六時半だろ？　六時半は僕にとってはまだ寝てる時間なんだ。どうしてかは説明できないけどとにかくそうなってるんだよ」

「駄目だよ。屋上でやると三階の人から文句がくるんだ。ここなら下の部屋は物置きだから誰からも文句はこないし」

「じゃあ中庭でやりなよ。芝生の上で」

「それも駄目なんだよ。ぼ、僕のはトランジスタ・ラジオじゃないからさ、で、電源がないと使えないし、音楽がないとラジオ体操ってできないんだよ。

　たしかに彼のラジオはひどく古い型の電源式だったし、一方僕のはトランジスタだったがFMしか入らない音楽専用のものだった。やれやれ、と僕は思った。

「じゃあ歩み寄ろう」と僕は言った。「ラジオ体操はやってもかまわない。そのかわり跳躍のところだけはやめてくれよ。あれすごくうるさいから。それでいいだろ？」

「ちょ、跳躍？」と彼はびっくりしたように訊きかえした。「跳躍ってんだい、それ？」

「跳躍といえば跳躍だよ。ぴょんぴょん跳ぶやつだよ」

「そんなのないよ」

　僕の頭は痛みはじめた。もうどうでもいいやという気もしたが、まあ言いだしたことははっきりさせておこうと思って、僕は実際にNHKラジオ体操第一のメロディーを唄いながら床の上でぴょんぴょん跳んだ。

「ほら、これだよ、ちゃんとあるだろう？」

「そ、そうだな。たしかにあるな。気がつ、つかなかった」

「だからさ」と僕はベッドの上に腰を下ろして言った。「そこの部分だけを端折ってほしいんだよ。他のところは全部我慢するから。跳躍のところだけをやめて僕をぐっすり眠らせてくれないかな」

Whaddya say? (=What do you say?)：どうだい？　**making my point**：自説を主張すること
put up with...：〜に耐える

"But that's impossible," he said matter-of-factly. "I can't leave anything out. I've been doing the same thing every day for ten years, and once I start I do the whole routine unconsciously. If I left something out, I wouldn't be able to do any of it."

There was nothing more for me to say. What *could* I have said? The quickest way to put a stop to this was to wait for him to leave the room and throw his goddamn radio out the goddamn window, but I knew if I did that all hell would break loose. Storm Trooper treasured everything he owned. He smiled when he saw me sitting on the bed at a loss for words, and he tried to comfort me.

"Gee, Watanabe, why don't you just get up and exercise with me?" And he went off to breakfast.

Naoko chuckled when I told her the story of Storm Trooper and his Radio Calisthenics. I hadn't been trying to amuse her, but I ended up laughing myself. Though her smile vanished in an instant, I enjoyed seeing it for the first time in a long while.

---

leave... out：〜を省く　**goddamn (=damn)**：「いまいましい」
break loose：解き放たれる、あふれ出す

「駄目だよ」と彼は実にあっさりと言った。「ひとつだけ抜かすってわけにはいかないんだよ。十年も毎日毎日やってるからさ、やり始めると、む、無意識に全部やっちゃうんだ。ひとつ抜かすとさ、み、み、みんな出来なくなっちゃう」

　僕はそれ以上何も言えなかった。いったい何が言えるだろう？　いちばんてっとり早いのはそのいまいましいラジオを彼のいないあいだに窓から放りだしてしまうことだったが、そんなことをしたら地獄のふたをあけたような騒ぎがもちあがるのは目に見えていた。突撃隊は自分のもち物を極端に大事にする男だったからだ。僕が言葉を失って空しくベッドに腰かけていると彼はにこにこしながら僕を慰めてくれた。

「ワ、ワタナベ君もさ、一緒に起きて体操するといいのにさ」と彼は言って、それから朝食を食べに行ってしまった。

　僕が突撃隊と彼のラジオ体操の話をすると、直子はくすくすと笑った。笑い話のつもりではなかったのだけれど、結局は僕も笑った。彼女の笑顔を見るのは——それはほんの一瞬のうちに消えてしまったのだけれど——本当に久しぶりだった。

---

at a loss for words：言葉に詰まって　**Gee**：う～ん、やれやれ、ちぇっ

"Do you think you weren't loved enough?"

She tilted her head and looked at me. Then she gave a sharp little nod. "Somewhere between 'not enough' and 'not at all.' I was always hungry for love. Just once, I wanted to know what it was like to get my fill of it—to be fed so much love I couldn't take any more. Just once. But they never gave that to me. Never, not once. If I tried to cuddle up and beg for something, they'd just shove me away and yell at me, 'No! That costs too much!' It's all I ever heard. So I made up my mind I was going to find someone who would love me unconditionally three hundred and sixty-five days a year. I was still in elementary school at the time—fifth or sixth grade—but I made up my mind once and for all."

"Wow," I said. "And did your search pay off?"

"That's the hard part," said Midori. She watched the rising smoke for a while, thinking. "I guess I've been waiting so long I'm looking for perfection. That makes it tough."

"Waiting for the perfect love?"

"No, even I know better than that. I'm looking for selfishness. Perfect selfishness. Like, say I tell you I want to eat strawberry shortcake. And you stop everything you're doing and run out and buy it for me. And you come back out of breath and get down on your knees and hold this strawberry shortcake out to me. And I say I don't want it anymore and throw it out the window. That's what I'm looking for."

---

get my fill of... : ～で腹いっぱいになる　　cuddle up : ぴったり寄り添う
　once and for all : きっぱりと　　pay off : （努力が）成果を生む

前後の文脈
について

第四章より。「僕」は緑の家に招かれる。1階の書店は母親の死後、父親がウルグアイに行ってしまい、現在は姉がやっているという。「僕」は近所で起きた火事を見たりしながら、緑の凝った手料理をごちそうになる。

「あまり愛されなかったと思うの？」

彼女は首を曲げて僕の顔を見た。そしてこくんと肯いた。「『十分じゃない』と『全然足りない』の中間くらいね。いつも飢えてたの、私。一度でいいから愛情をたっぷりと受けてみたかったの。もういい、おなかいっぱい、ごちそうさまっていうくらい。一度でいいのよ、たった一度で。でもあの人たちはただの一度も私にそういうの与えてくれなかったわ。甘えるとつきとばされて、金がかかるって文句ばかり言われて、ずうっとそうだったのよ。それで私こう思ったの、私のことを年中百パーセント愛してくれる人を自分でみつけて手に入れてやるって。小学校五年か六年のときにそう決心したの」

「すごいね」と僕は感心して言った。「それで成果はあがった？」

「むずかしいところね」と緑は言った。そして煙を眺めながらしばらく考えていた。「たぶんあまりに長く待ちすぎたせいね、私すごく完璧なものを求めてるの。だからむずかしいのよ」

「完璧な愛を？」

「違うわよ。いくら私でもそこまでは求めてないわよ。私が求めているのは単なるわがままなの。完璧なわがまま。たとえば今私があなたに向って苺のショート・ケーキが食べたいって言うわね、するとあなたは何もかも放りだして走ってそれを買いに行くのよ。そしてはあはあ言いながら帰ってきて『はいミドリ、苺のショート・ケーキだよ』ってさしだすでしょ、すると私は『ふん、こんなのもう食べたくなくなっちゃったわよ』って言ってそれを窓からぽいと放り投げるの。私が求めているのはそういうものなの」

----

know better than... : 〜（する）ほどばかではない、〜（する）より分別がある

"I'm not sure that has anything to do with love," I said with some amazement.

"It does," she said. "You just don't know it. There are times in a girl's life when things like that are incredibly important."

"Things like throwing strawberry shortcake out the window?"

"Exactly. And when I do it, I want the man to apologize to me. 'Now I see, Midori. What a fool I've been! I should have known that you would lose your desire for strawberry shortcake. I have all the intelligence and sensitivity of a piece of donkey shit. To make it up to you, I'll go out and buy you something else. What would you like? Chocolate mousse? Cheesecake?'"

"So then what?"

"So then I'd give him all the love he deserves for what he's done."

"Sounds crazy to me."

"Well, to *me*, that's what love is. Not that anyone can understand me, though." Midori gave her head a little shake against my shoulder. "For a certain kind of person, love begins from something tiny or silly. From something like that or it doesn't begin at all."

"I've never met a girl who thinks like you."

---

make it up：埋め合わせをする

「そんなの愛とは何の関係もないような気がするけどな」と僕はいささか
愕然として言った。
「あるわよ。あなたが知らないだけよ」と緑は言った。「女の子にはね、
そういうのがものすごく大切なときがあるのよ」
「苺のショート・ケーキを窓から放り投げることが？」
「そうよ。私は相手の男の人にこう言ってほしいのよ。『わかったよ、ミ
ドリ。僕がわるかった。君が苺のショート・ケーキを食べたくなくなるこ
とくらい推察するべきだった。僕はロバのウンコみたいに馬鹿で無神経だ
った。おわびにもう一度何かべつのものを買いに行ってきてあげよう。何
がいい？　チョコレート・ムース、それともチーズ・ケーキ？』」

「するとどうなる?」
「私、そうしてもらったぶんきちんと相手を愛するの」

「ずいぶん理不尽な話みたいに思えるけどな」
「でも私にとってそれが愛なのよ。誰も理解してくれないけれど」と緑は
言って僕の肩の上で小さく首を振った。「ある種の人々にとって愛という
のはすごくささやかな、あるいは下らないところから始まるのよ。そこか
らじゃないと始まらないのよ」

「君みたいな考え方をする女の子に会ったのははじめてだな」と僕は言っ
た。

1

plunged through... ＜〜の間を突き進んだ＞

drenched ＜水浸しにした＞

lending ＜添えた＞

squat 「のっぺりとした」。＊「(建物が) 低い、ずんぐりとした」の意味。

Flemish landscape 「フランドル派の」

send a shudder 「混乱させた」

unlatching ＜外すこと＞

blue ＜憂鬱な＞

Auf Wiedersehen 「さようなら」。＊ドイツ語。

cluster ＜房＞

at the top of your lungs 「声を限りに」

centipedes 「ムカデ」

soggy 「じめじめして」

yuck ＜ゲーッ！＞ ＊不快を表す表現。

make my flesh creep 「身の毛がよだつ」

not the least bit ＜少しも〜ない＞

temp ＜唆す＞

ambled ＜のんびり歩いた＞

microscopic mole 「小さなホクロ」。＊ microscopic は「(顕微鏡でしか見えないほど) 極小の」。

limpid spring 「澄んだ泉」

minnow ＜小魚＞

"field well" 「野井戸」

thrust into... ＜〜に突っ込む＞

makes my flesh creep 「身の毛がよだつ」

feel a pang of dread 「不安な気持になってしまう」

2

unworldly eighteen-year-old 「世間知らずの十八の少年」

quadrangle 「中庭」

fishy 「正体不明の」「うさん臭い」

solemn 「荘厳な」

wartime Nakano spy school 「陸軍中野学校」

pudgy, and pasty-faced 「小太りで色が白い」。＊ pudgy は「ずんぐりした」、pasty は「練り粉のような」。

paulownia wood 「桐」

well-disposed 「好意的」。＊ -disposed は「〜の性質をもった」。

far-out exception 「例外中の例外」

was as sanitary as a morgue 「死体安置所のように清潔だった」

storm trooper 「特攻隊」

ostentatious 「仰々しい」

supposed to... ＜本来なら〜するはずだ＞

how it works ＜世間のあり方、普通のこと＞

radio callisthenics 「ラジオ体操」。＊ callisthenics は「徒手体操」。

What do you say? 「それでいいだろう？」＊相手に同意を求めるときの表現。

matter-of-factly 「あっさりと」

unconsciously 「無意識に」

goddamn (=damn) 「いまいましい」

all hell would break loose 「地獄のふたをあけたような騒ぎがもちあがる」

at a loss for words 「言葉を失って」

Gee ＜ああ、おや＞ ＊感情表現。

refined 「品が良い」

a vague knot of air 「ぼんやりとした空気のかたまり」

3

talked only in snatches 「ぽつりぽつりとしか口をきかなかった」

looking glum 「とてもがっかりした様子で」。＊ glum は「浮かない顔の」の意味。

hard kernel 「固い殻」

initial luster 「最初の輝き」

the fast track to national leadership ＜国家指導部に出世するための近道＞

voracious ＜貪欲な＞

baptism of time 「時の洗礼」

breezed into Tokyo University 「何の苦もなく東大に入り」。＊ breeze は「そよ風のようにすいすい動く」。

stand at the head of the pack 「人々の上に立って」。＊ pack は「集団、隊」。

adulation ＜へつらい、お世辞＞

loftiness ＜気高さ＞

an irredeemable man of the gutter 「どうしようもない俗物」。＊ irredeemable は「救いようのない」、gutter は「低俗」。

view him in the most favorable light 「好意を抱いていた」。＊ view... in a favorable light で「〜に好意的な見方をする」。

working things out ＜事をうまく解決していく＞

with all the excitement of stale beer 「気が抜けるくらい」。＊ stale beer は「気の抜けたビール」。

garishness ＜派手さ＞

easy marks 「つまらない女」。＊「簡単にだませるようないいカモ」の意味。

stand up ＜デートの約束をすっぽかす＞

mediocre 「平凡な」

painstaking detail of a miniature 「細密画みたいに克明」。＊painstaking は「精密な」、miniature は「細密画」。

4 was thunderstruck ＜驚愕した＞

trying them in their own kangaroo courts 「吊るしあげたのだ」。＊kangaroo court は「いかさま裁判、吊るし上げ」。

earthshattering development 「驚天動地の出来事」

pixie cut ＜全体的に短い少年のような髪型＞

*un*classy 「下品な」

life force ＜生命力＞

"Far out." 「ふうん」。＊感嘆を示す表現。

standards of action 「行動規範」

State Power 「国家権力」

Lack of Imagination 「想像力の欠如」

counterrevolutionaries 「反革命」

inferiority complex ＜劣等感＞

lady's magazines 「婦人雑誌」

swashbucklers 「時代もの」。＊「剣士、用心棒、冒険活劇」の意味。

recipe for heartache 「惨めになる」。＊文字通りの意味は「心痛の処方箋」。

hard up ＜金に困っている＞

hard-to-move shops 「引っ越しのむずかしい商店」

nimble ＜素早い＞

rat-tat-tatting ＜トントンという音をたてている＞

neutral looking 「中性的な印象」

pinching pennies ＜生活を切り詰めて＞

doped up all the time 「薬づけになって」。＊dope は「〜に麻薬を与える」。

mercy killing ＜安楽死＞

made him a little cuckoo 「頭のタガが外れちゃった」。＊cuckoo は「頭がおかしい、正気でない」。

knocked the wind out of... ＜唖然とさせた＞

He's lost his marbles! 「頭がおかしいのよ、あの人」。＊marble は「正気」。

got a cold streak 「情の薄い」。＊streak は「性格、性質」。

tilted her heads ＜彼女の頭を傾けた＞

get my fill of... ＜〜で腹いっぱいになる、〜に満足する＞

cuddle up 「甘える」

unconditionally 「無条件に」

once and for all ＜きっぱりと＞

pay off ＜効果を生む、清算する＞

sensitivity ＜感受性＞

To make it up to... 「おわびに」

limp ＜ぐったりした＞

muddle-headed ＜頭が混乱した＞

cul-de-sac 「奥まったところ」。　＊フランス語で「大通りに面していなく静かで落ち着いたところ、行き詰まり」の意味。

puny 「とるに足らない」

old rep house 「二番館」。＊rep house は repertory house の略で、レパートリーの中から短期間で上映する劇場や映画館のこと。

5 endless stream of feelings 「とりとめのない想い」

convoluted propositions 「いりくんだ命題」。＊convolte は「渦巻き状の」。

a flawed human being 「不完全な人間」。＊flawed は「欠点がある」。

pitch black 「まっ暗」

lose track 「わからなくなってきます」

idiosyncracies 「くせ」

deformed 「歪んでいる」。＊「変形の、奇形の」の意味。

in the open ＜公で＞

6 pull out ＜出発する＞

made do with... ＜〜ですませた＞

sparse ＜まばらな＞

deciduous trees ＜落葉樹＞

hollowed-out 「くぼんでいる」

bristly haired 「ひどく硬そうな短い髪をした」

taken aback 「びっくりして」

transcended 「超越した」

convalescence 「療養」。＊convalescence は「（病気の）回復期」の意味。

costs a bundle 「結構高いお金がかかる」。＊bundle は「札束」。

profit-making enterprise 「営利企業」

somber look 「暗い顔をして」

unreality painted in a pleasant way 「非現実を心地良く描こうとした絵」

shrubbery ＜植え込み＞

torrent ＜激流＞

extremely well-cared-for ruin 「手入れの行き届いた廃墟」

antics ＜滑稽な態度、妙な行動＞

the effects of weightlessness on the secretion of gastric juices 「無重力状態では胃液の分泌はどうなるか」。＊ weightless は「無重力の」、secretion は「分泌」、gastric juice は「胃液」。

buzz 「ざわめき」

overblown 「大仰な」

specialized-machine-tool trade fair 「特殊な機械工具見本市会場」

diluted Indian ink 「薄めた墨」。＊ Indian ink は「墨」。

with a mischievous air 「いたずらっぽく」。＊ mischievous は「いたずらな、おちゃめな」。

make a point ＜必ず〜する＞

self-centred beauty 「身勝手な美しさ」

affectation ＜気取り、ふりをすること＞

tutelage ＜監督、指導＞

embers ＜残り火＞

worked up 「気が高ぶった」

conservatoire 「音大」

Not a cloud on the horizon. 「一点の曇りもない」

recuperate 「休養する」

jumble ＜ごちゃ混ぜ、混乱状態＞

excruciating ＜耐え難い＞

Beyer 「バイエル」

marry me off ＜私を結婚させる＞

asylum ＜精神科病院＞

took me totally off guard 「びっくりしちゃったわ」。＊ take... off guard で「びっくりさせられる」。

inferior specimen ＜劣った人＞

clumsy excuse ＜不細工な例＞。＊ excuse は「悪い見本」。

pathological liar 「病的な嘘つき」

Mythomania 「虚言症」

clingy 「すがりつくような」

worship 「憧れてた」

a regular Scheherazade 「まるでシエラザード」。＊ Scheherazade は『千夜一夜物語』の中で、王に物語を聞かせる語り手になる姫のこと。

oleanders 「夾竹桃」

had a thing about hospitals 「本当に病院って弱いんだ」。＊ have a thing about...で「〜が苦手である」。

let his guard down 「少し力を抜く」。＊ let one's guard down で「気を緩める」。

now the bills are due 「そのつけが今まわってきてる」。＊ bill は「請求」、due は「満期の」。

inspire a string of stories 「次々にエピソードが生まれ」。＊ inspire は「ひらめきを与える」、a string of...は「一連の、たくさんの〜」。

diagrammatic ＜図形の＞

nocturnal animal ＜夜行動物＞

radiant smile 「眩しいような笑顔」

rendition ＜演奏、演出＞

pain in the neck ＜面倒くさい＞

with mock sternness 「言い聞かせるように」。＊ mock は「ふりをした」、sternness は「厳しさ」。

on the house 「店のおごり」

chaperone 「つきそい」

bundle of nerves ＜神経過敏な人＞

get a kick out of... ＜〜から快感を得る＞。＊ kick は「スリル」。

twisted 「ねじまがって」

subdued 「沈みこんでしまう」

space out 「ボオッとしてる」

wore ＜使い古してすり減らした＞

scratchy stuff 「ザラザラしたやつ」

sideline 「アルバイト」

squandering 「浪費しながら」

sight-read ＜初見で演奏する＞

dole it out ＜少しずつ与える＞

sharp-tongued ＜言葉の辛辣な＞

dyed-in-the-wool 「筋金入りの」。＊ dyed in the wool で「決して変わらない、本物である」。

card-carrying 「札つきの」

Not at liberty to say 「口では言えないようなこと」。＊ at the liberty to... は「自由に〜してよい」。

otherworldly ＜別世界の、空想の＞

paraphernalia ＜手回り品＞

do a roaring trade 「繁盛している」。＊ roaring は「活況を呈している」。

swarthy 「どす黒い」

chick 「女」。＊「ひよこ」転じて「若い女性」。

7 spaced-out face 「漠然とした顔」

"That's about the size of it" 「まあそういうことだよね」

nymphomaniac 「欲求不満」＜色情狂の女＞

throwing in the towel 「あきらめて」

intellectual apparatus 「思考システム」。＊ apparatus は「装置、組織、注釈」。

nigh impossible 「まず無理」。＊ nigh は「ほ

とんど」。

a social cripple 「社会性に欠ける」。
＊cripple は「欠陥品、廃人」。

imperialist exploitation 「帝国主義的搾取」

'revolution'-mongers 「革命云々を論じている連中」。＊monger は「～売り、～屋」。

in the same old shit holes 「ロクでもないところで」

keep scraping 「ぼちぼちと生きていく」。
＊scrape は「慎ましく暮らす」。

ledger 「帳簿」

barging in ＜ずかずか入ってきて＞

acting big ＜威張って＞

a real old-fashioned straight arrow 「昔気質」。＊straight arrow で「真面目な人」の意味。

dilapidated ＜壊れかけた＞

snippets ＜抜粋＞

deus ex machina 「デウス・エクス・マキナ」。
＊ラテン語。古代ギリシャ・ローマ劇で解決不能な局面に突如現れて大円団をもたらす「時計仕掛けの神」。

working my fingers to the bone 「これだけ一生懸命やっていて」。＊work one's fingers to the bone で「一生懸命働く」の意味。

did it to get even 「腹いせでやった」。＊get even は「借りをなくす、報復をする」。

smack dab in the middle of Tokyo 「東京のどまん中」。＊smack dab は「まともに、きっちり」。

'fond recollection' 「思い出話」

wind my own spring ＜自分自身のねじを巻く＞

nothing-much 「あまりぱっとしない」

8 I've got a knack for them 「俺はそういうの得意なんだ」。＊get the knack of... で「～のこつがわかる」。

my old man 「親父」

I have to hand it to you 「よく意味がわかんないですね」。＊hand it to you で「恐れ入りました」。

down pat ＜完ぺきに＞

snooty 「気取った」

scum ＜人間のくず、つまらないやつ＞

immutable law 「一定不変」

perpetual topic 「永遠の話題」

superstuck-up 「ものすごくきどった」

hoity-toity 「ちゃらちゃらした」

riddle / enigma 「謎」

illicit love 「道ならぬ恋」。＊illicit は「社会のルールに反した」。

with a blasé look 「なんでもないという顔をし

て」。＊blasé はフランス語で「気楽な」。

plastered ＜酔っぱらって＞

send a tremor through your heart 「人の心を強く揺さぶる」

burnt-in 「焼けつかんばかり」

had long lain dormant 「長い間眠っていた」。
＊dormant は「眠っている」。

"Don't stand on ceremony." 「遠慮なんかしてないで」。＊stand on ceremony で「形式張る」。

get a kick up the arse 「荒波に打たれ」。
＊「尻を蹴られる」の意味。

9 WAS SLEEPING the sleep of death 「死んだようにぐっすりと眠っていた」

balmacaan coat 「スタン・カラー・コート」。
＊スコットランドの土地 Balmacaan に由来する。

mangy dog 「疥癬病みの犬」

out cold ＜気を失って＞

gusher ＜ほとばしり出るもの＞

wet blanket ＜しらけさせる人＞

triple feature 「三本立て」

pinnacle of happiness 「至福の如き存在」
＊pinnacle は「頂上」。

10 sticky bog 「どうしようもないぬかるみ」。
＊bog は「沼」。

run-in 「こぜりあい」

some of the jocks under the wing of the dorm Head 「寮長子飼いの体育会系の学生たち」。＊under the wing of... で「～の保護のもとに」。

putrefying stench 「腐臭」。＊putrefy は「腐らせる」、stench は「悪臭」。

emaciated 「げっそりとやせてしまった」

No flattery intended 「お世辞じゃなくて」。
＊flattery は「お世辞」。

11 dosshouse 「安宿」

on the road 「旅をつづけている」

in 「はやってる」

solid 「がっしりとしている」

load off her mind 「気が楽になってた」。
＊load off one's mind で「心の重荷がおりる」。
took her at her word 「納得しちゃったの」。
＊take someone at one's workd で「～の言葉を真に受ける」。

by auto-memory 「記憶に従って」

empirically speaking 「経験的に言って」

1	やれやれ、またドイツか、と僕は思った。	So—Germany again.
	穴の中には暗黒が――世の中のあらゆる種類の暗黒を煮つめたような濃密な暗黒が――つまっている。	It was deep beyond measuring, and crammed full of darkness, as if all the world's darknesses had been boiled down to their ultimate density.
	彼女の瞳の奥の方ではまっ黒な重い液体が不思議な図形の渦を描いていた。	Deep within her own pupils a heavy, black liquid swirled in a strange whirlpool pattern.
	ねえ、もっと肩の力を抜きなよ。肩に力が入ってるから、そんな風に構えて物事を見ちゃうんだ。	Relax, let your guard down. You're all tensed up so you always expect the worst.
	僕の体の中に記憶の辺土とでも呼ぶべき暗い場所があって、大事な記憶は全部そこにつもってやわらかい泥と化してしまっているのではあるまいか、と。	What if somewhere inside me there is a dark limbo where all the truly important memories are heaped and slowly turning into mud?
	結局のところ――と僕は思う――文章という不完全な容器に盛ることができるのは不完全な記憶や不完全な想いでしかないのだ。	Now, though, I realize that all I can place in the imperfect vessel of writing are imperfect memories and imperfect thoughts.
	そして直子に関する記憶が僕の中で薄らいでいけばいくほど、僕はより深く彼女を理解することができるようになったと思う。	The more the memories of Naoko inside me fade, the more deeply I am able to understand her.
	だからこそ彼女は僕に向って訴えかけねばならなかったのだ。「私のことをいつまでも忘れないで。私が存在していたことを覚えていて」と。	Which is precisely why she begged me never to forget her, to remember that she had existed.
2	でもそれに比べると僕の部屋は死体安置所のように清潔だった。	My room, on the other hand, was as sanitary as a morgue.
	こんなこと言える筋合いじゃないことはよくわかっているんだけど。	I know I don't have any right to be asking you this.
	死は生の対極としてではなく、その一部として存在している。	*Death exists, not as the opposite but as a part of life.*
	僕はそんな息苦しい背反性の中で、限りのない堂々めぐりをつづけていた。	Stuck inside this suffocating contradiction, I went on endlessly spinning in circles.
3	俺にはもったいない女だよ。	I don't deserve a girl like Hatsumi.
	言葉のきれはしが、もぎとられたような格好で空中に浮かんでいた。	The ragged end of the last word she spoke seemed to float in the air, where it had been torn off.

	彼女は両手を床について前かがみになり、まるで吐くような格好で泣いた。	Naoko bent forward where she sat on the floor and pressing her palms to the mat, she began to cry with the force of a person vomiting on all fours.
	体の中の何かが欠落して、そのあとを埋めるものもないまま、それは純粋な空洞として放置されていた。	Something inside me had dropped away, and nothing came in to fill the cavern.
	今の私に必要なのは外界と遮断されたどこか静かなところで神経をやすめることなのです。	What I need now is to rest my nerves in a quiet place cut off from the world.
	螢が消えてしまったあとでも、その光の軌跡は僕の中に長く留まっていた。目を閉じたぶ厚い闇の中を、そのささやかな淡い光は、まるで行き場を失った魂のように、いつまでもいつまでもさまよいつづけていた。	Long after the firefly had disappeared, the trail of its light remained inside me, its pale, faint glow hovering on and on in the thick darkness behind my eyelids like a lost soul.
4	夏休みのあいだに大学が機動隊の出動を要請し、機動隊はバリケードを叩きつぶし、中に籠っていた学生を全員逮捕した。	DURING SUMMER BREAK the university called in the riot police, who broke down the barricades and arrested the students inside.
	ちょっと座ってもいいかしら？　それとも誰かくるの、ここ？	"Mind if I sit down?" she asked. "Or are you expecting somebody?"
	でも今僕の前に座っている彼女はまるで春を迎えて世界にとびだしたばかりの小動物のように瑞々しい生命感を体中からほとばしらせていた。	From the girl who sat before me now, though, surged a fresh and physical life force. She was like a small animal that has popped into the world with the coming of spring.
	俺は下らん身勝手な男かもしれない。	I may be a selfish bastard.
	無私無欲の人間だよ。	I could be a Zen saint.
	人生にはそんなもの必要ないんだ。必要なものは理想ではなく行動規範だ。	Life doesn't require ideals. It requires standards of action.
	自分がやりたいことをやるのではなく、やるべきことをやるのが紳士だ。	A gentleman is someone who does not what he *wants* to do but what he *should* do.
	「日帝＝産学協同路線に鉄槌を加える」	"Crush the Imperial-Educational-Industrial Complex."
	何かにそんな風に縛られるのって好きじゃないんだよ。	I don't like having something control me that way.
	僕はロバのウンコみたいに馬鹿で無神経だった。	I have all the intelligence and sensitivity of a piece of donkey shit.
5	とりとめのない想いに身を委ねていた。	I gave myself up to an endless stream of feelings.

	その最初の何行かを読んだだけで、僕のまわりの現実の世界がすうっとその色を失っていくように感じられた。	It seemed as if the colors of the real world around me had begun to drain away from my having done nothing more than read a few lines she had written.
	私たちはみんな自分たちが『歪んでいること』を知っている。	We know that we are "deformed."
6	ここは治療をするところではなく療養をするところなの。	It's not so much for treatment as for convalescence.
	ここの生活そのものが療養なのよ。	Just living here is the convalescence.
	患者は医者に助けを請い、医者は患者を助けてあげるの。でもここでは私たちは助けあうのよ。	The patient looks for help to the doctor and the doctor gives his help to the patient. Here, though, we all help each other.
	嘘をついたり、物事をとり繕ったり、都合のわるいことを胡麻化したりしないこと。	You will not lie, you will not gloss over anything, you will not cover up anything that might prove embarrassing for you.
	細胞の隅々から疲労感を一滴一滴としぼりとるように深く眠った。	Sleeping soundly in this apartment of hers, I wrung the fatigue from every cell of my body, drop by drop.
	まるで我々三人だけが世界のはしっこにとり残されたみたいに見えた。	It began to seem as if we were the only ones left on some far edge of the world.
	あなた何人くらいの女の人と寝たの？	How many girls have *you* slept with, Toru?
	私、あの二十歳の誕生日の夕方、あなたに会った最初からずっと濡れてたの。	I was wet from the minute you walked into my apartment the night of my twentieth birthday.
	あの子を助けたいと思うんじゃなくて、あの子を回復させることによって自分も回復したいと望むのよ。	You should think not so much about wanting to help her as wanting to recover yourself by helping her to recover.
	問題はそういうことがいつまでもつづくわけはないってことだったのよ。	The problem was that that kind of thing couldn't go on forever.
	私たち二人は離れることができない関係だったのよ。	We couldn't bear to be apart.
	あなたは私たちと外の世界を結ぶリンクのような意味を持っていたのよ。	You were the link connecting us with the outside world.
	やわらかな月の光に照らされた直子の体はまだ生まれおちて間のない新しい肉体のようにつややかで痛々しかった。	Bathed in the soft light of the moon, Naoko's body had the heartbreaking luster of newborn flesh.
	直子の肉体はいくつかの変遷を経た末に、こうして今完全な肉体となって月の光の中に生まれ落ちたのだ。	This flesh had been through many changes to be reborn in utter perfection beneath the light of the moon.

	『やはり血筋なのかなあ、俺の方の』	'Maybe it's in the blood—from my side.'
	あなたが思っているより私はずっと病んでいるし、その根はずっと深いのよ。	My sickness is a lot worse than you think: it has far deeper roots.
6 承 前	彼らはそこから先には行けないわけ。何故行けないか？ 行く努力をしないからよ。努力する訓練を叩きこまれていないからよ。	They can't take it any further. And why not? Because they won't put in the effort. Because they haven't had the discipline pounded into them.
	崩れるときって、本当にあっという間なのよ。	And when it fell apart, it happened just like that.
7	昼間にお酒飲んでもやましい感じしないから。	They don't embarrass you about drinking in the afternoon.
	どんなものを押しつけたり押しつけられたりしているの、君は？	What kind of stuff do you force on people or do they force on you?
	「やれやれ」と僕は首を振った。	"Oh, brother," I said, shaking my head.
	まあそういうことよね。	That's about the size of it.
	庶民にわからない言葉ふりまわして何が革命よ、何が社会変革よ！	What the hell kind of revolution have you got just tossing out big words that working-class people can't understand? What the hell kind of social revolution is that?
	そのとき思ったわ、私。こいつらみんなインチキだって。適当に偉そうな言葉ふりまわしていい気分になって、新入生の女の子を感心させて、スカートの中に手を突っ込むことしか考えてないのよ。	So that's when it hit me. These guys are a bunch of phonies. All they've got on their minds is impressing the new girls with the big words they're so proud of and sticking their hands up their skirts.
	朝ベッドの中で君のことを考えればこそ、さあねじを巻いてきちんと生きていかなくちゃと僕は思うのです。	It's because I think of you when I'm in bed in the morning that I can wind my spring and tell myself I have to live another good day.
	そんな風に緑の父親のことを考えているとだんだんやるせない気持になってきた。	Thinking thoughts like that about Midori's father put me in such a miserable mood.
	日曜日には僕はねじを巻かないのだ。	On Sundays, I didn't wind my spring.
8	やれやれ、と僕は思った。それじゃキズキと直子のときとまったく同じじゃないか。	Oh no, it was Kizuki, Naoko, and me all over again.
	ワタナベも俺と同じように本質的には自分のことにしか興味が持てない人間なんだよ。	Neither of us is interested, essentially, in anything but ourselves.

『ノルウェイの森』 Norwegian Wood

	彼女の発する力はささやかなものなのだが、それが相手の心の共震を呼ぶのだ。	The power she exerted was a subtle thing, but it called forth deep resonances.
	他人にうしろを見せるくらいならナメクジだって食べちゃうような人です。	He'd eat slugs before he'd back down to anyone.
9	どうしたんですか、反省するなんて？体の具合がわるいんじゃないですか？	"What's with all the apologizing?" I asked. "Are you sick?"
	私って面食いの方なんだけど。	A nice face goes a long way with me.
	お父さんにお線香あげてくれる？	You want to burn a stick of incense for my father?"
	山が崩れて海が干上がるくらい可愛い。	So cute the mountains crumble and the oceans dry up.
10	一九六九年という年は、僕にどうしようもないぬかるみを思い起こさせる。	THINKING BACK ON THE YEAR 1969, all that comes to mind for me is a swamp.
	時さえもがそんな僕の歩みにあわせてたどたどしく流れた。	Time itself slogged along in rhythm with my faltering steps.
	人々は変革を叫び、変革はすぐそこの角までやってきているように見えた。でもそんな出来事は全て何もかも実体のない無意味な背景画にすぎなかった。	People screamed there'd be revolutionary changes—which always seemed to be just ahead, at the curve in the road. But the "changes" that came were just two-dimensional stage sets, background without substance or meaning.
	「自分に同情するな」と彼は言った。「自分に同情するのは下劣な人間のやることだ」	"Don't feel sorry for yourself," he said. "Only assholes do that."
	行き先も教えずにぷいといなくなっちゃって、そのままでしょ。	Just disappeared and never told her where you were going, right?
	他人の心を、それも大事な相手の心を無意識に傷つけるというのはとても嫌なものだった。	What a terrible thing it is to wound someone you really care for—and to do it so unconsciously.
	やれやれ永沢さん、あなたは立派ですよ、と僕は思った。	"O.K., Nagasawa. Right on," I heard myself thinking.
	そしてこれから先どういう風にやっていけばいいのかを腰を据えて考えてみた。	Then I did some serious thinking about what I ought to do next.
	俺は生きつづけるための代償をきちっと払わなきゃならないんだよ。	And I have to pay the price to go on living.
	気がつきもしない。	You never even noticed.

	でも最近はなんだかしっくりといかないんだよ、と言った。	He said, but things weren't going too well with her lately.
	なんとなくわかるだろ、女の子ってさ。	You know what girls are like.
	ねえ、私は生身の血の通った女の子なのよ。	I'm a real, live girl, with real, live blood gushing through my veins.
	高速道路を行く車の鈍いタイヤ音だけがまるでもやのように我々のまわりを取り囲んでいた。	The dull rush of tires on the highway enveloped us like a fog.
	放っておいても物事は流れるべき方向に流れるし、どれだけベストを尽しても人は傷つくときは傷つくのです。	Things will go where they're supposed to go if you just let them take their natural course. Despite your best efforts, people are going to be hurt when it's time for them to be hurt.
11	直子が死んでしまったあとでも、レイコさんは僕に何度も手紙を書いてきて、それは僕のせいではないし、誰のせいでもないし、それは雨ふりのように誰にもとめることのできないことなのだと言ってくれた。	REIKO WROTE TO ME several times after Naoko's death. It was not my fault, she said. It was nobody's fault, any more than you could blame someone for the rain.
	我々は生きることによって同時に死を育くんでいるのだ。	By living our lives, we nurture death.
	どのような真理も、どのような誠実さも、どのような強さも、どのような優しさも、その哀しみを癒やすことはできないのだ。	No truth, no sincerity, no strength, no kindness can cure that sorrow.
	我々はその哀しみを哀しみ抜いて、そこから何かを学びとることしかできないいし、そしてその学びとった何かも、次にやってくる予期せぬ哀しみに対しては何の役にも立たないのだ。	All we can do is see it through to the end and learn something from it, but what we learn will be no help in facing the next sorrow that comes to us without warning.
	我々は生きていたし、生きつづけることだけを考えなくてはならなかったのだ。	We were alive, she and I. And all we had to think about was continuing to live.

村上春樹さんのジャズを巡る時間旅行

靑野浩史

（音楽プロデューサー）

「もしタイム・マシーンがあって、それを一度だけ好きに使っていいと言われたら、あなたはどんなことをしたいですか？　僕の答えは決まっている。一九五四年のニューヨークに飛んで、そこのジャズ・クラブでクリフォード・ブラウン＝マックス・ローチ五重奏団のライヴを聴いてみたい。それが僕の望むことだ。」

『Agora』（JALの会員誌）2009年11月号より引用

これは春樹さんが、航空会社の会員誌に "Live Jazz in New York" と題して寄せた2009年のエッセイの冒頭部分。レコード収集やジャズのライヴ・ハウス巡りをしながら、ジャズの街＝ニューヨークを存分に楽しむ紀行文であった。

一般的に「ジャズ」は、「自由な音楽」であり、「20世紀のアメリカが産んだもっとも偉大な芸術」であり、「即興演奏がその醍醐味」とでも語られるのであろうが、春樹さんは「ビリー・ホリデイの話」という文章（『村上春樹 雑文集』新潮文庫228頁）において、「ジャズとはどんな音楽か？」について7頁使い、最後に 「こういうことが、つまりジャズなんだよ」と語っている。是非、ご一読ください。

さて、春樹さんがタイム・マシーンを使ってまでして生演奏を見てみたいというクリフォード・ブラウン(Clifford Brown)は、交通事故のため1956年にわずか25歳で夭逝した天才トランペッター。歌心に溢れ、煌めくような彼の即興演奏を記録したレコードはわずか10数枚しか残されていないが、いずれもが1950年代前半のモダン・ジャズ全盛時代に残された貴重な遺産である。名ドラマーであるマックス・ローチ（Max Roach）と組んだ五重奏団のアルバムの中では、春樹さんは1955年のニューヨーク録音の『スタディ・イン・ブラウン』(Study in Brown)をお好みのようだ。亡くなった和田誠さんがイラストレーションを書き、春樹さんが和田さんによって選ばれた55人のジャズ・ミュージシャンについて書き下ろした共著『ポートレイト・イン・ジャズ』(Portrait in Jazz) の中で、このアーティストについて静かに語っている（新潮文庫210頁）。

この本のタイトルとなった『ポートレイト・イン・ジャズ』は、白人ジャズ・ピアニストの最高峰とも言うべきビル・エヴァンス (Bill Evans) が、スコット・ラファ

ロ（Scott LaFaro）（ベース）とポール・モチアン（Paul Motian）（ドラムス）を率いて録音した1959年吹き込みの名作のタイトルでもある。このトリオはエヴァンス史上最高のトリオであったが、スコット・ラファロの急逝によって（彼も天才。交通事故。25歳。「やれやれ」）、わずか4枚のアルバムを残しただけで、解散することになる。

　その4枚のアルバムのうち2枚が、ニューヨークの名門ジャズ・クラブであるヴィレッジ・ヴァンガード（Village Vanguard）にて1961年6月25日に録音されたライヴ・アルバムであり、『ワルツ・フォー・デビー』（*Waltz for Debby*）はその1枚。クラブでの実況録音だけに、触れ合うフォークやスプーンの音、観客のささめく声までもが、トリオの素晴らしい演奏に彩を添えている（因みにこのアルバムは、日本で最も売れているジャズのアルバムである）。

　『ノルウェイの森』に、このアルバムが登場する（講談社文庫 上巻82頁）。ワタナベが直子と結ばれる夜に、部屋にあった6枚のアルバムの中の1枚で、語り続ける直子との会話のBGMとして繰り返しターンテーブルに乗った。

　ワタナベが小林緑とのデートに使ったのは、東京新宿にあるジャズ喫茶の老舗＝DUGだ（『ノルウェイの森』講談社文庫 下巻47頁）。DUGは今も健在で、靖国通りに面した地下に移り、創業者の中平穂積氏とご子息の塁氏が経営を続けておられる。写真家でもあり、ビル・エヴァンスやピアニスト＝セロニアス・モンク（Thelonious Monk）など、多くのジャズ・メンを撮り続けてこられた穂積氏の写真が店内を飾り、ワタナベと緑も、この写真に囲まれて、モンクが軽快に弾く「ハニーサックル・ローズ」（*Honeysuckle Rose*）　を聴きながら、「ロバのウンコ」の話

春樹さんが学生時代にアルバイトしていた水道橋のジャズ喫茶Swingのマッチ

千駄ヶ谷にあった春樹さんのお店、Peter-catのマッチ

写真提供：筆者

をしていたにちがいない（講談社文庫 下巻 50 ～ 53 頁）。

　物語の中で語られるジャズの固有名詞が、様々に語りかけるものはなんなのであろう。想像力？　レミニセンス？（Reminiscence= 回想、追憶とか）あるいは、特定の時間軸？

　『ワルツ・フォー・デビー』が録音されたヴィレッジ・ヴァンガードにも連日通い、ニューヨークでのジャズの旅を楽しんだ春樹さんであったが、紀行文は（ジャズ・ファンとして、至福の 4 日間を過ごしたけれど）

・・・

「それでもやはり、というか、タイム・マシーンをお持ちの方がおられたら、念のためにご一報下さい。」

・・・

と結ばれている。

　春樹さん、次のニューヨークへの旅は、格別に愛される時代への「時間旅行」になるといいですね。1954 年に遡り、さらに 7 年過ごせば、『ワルツ・フォー・デビー』の録音現場にも立ち会うこととなり、春樹さんの拍手の音をワタナベも直子も聴くことになったでしょう。

ヴィレッジ・ヴァンガードの店内　写真：Bob Estremera / flicker

　春樹さんとジャズに関する考察は、村井康司氏による『ページをめくるとジャズが聞こえる』（シンコーミュージック・エンタテイメント社）の第 1 章がおすすめ。『村上春樹の 100 曲』（栗原裕一郎 編　立東舎）は、音楽全般にわたりそれぞれのジャンルの権威が語る名著です。

ねじまき鳥クロニクル

The Wind-Up Bird Chronicle

作品情報

村上春樹の名前を一躍世界的に飛躍させた作品。処女作から一貫して登場してきたモチーフの井戸が、ここでは物語を展開させる大きな存在として登場する。

英語版にするとき、翻訳を担当したJ・ルービンは完全に原作に沿って訳したバージョンと、大幅な削除などの改定をしたバージョンの2種類を用意したという。検討の結果、英語版出版社クノップフ社の編集者は後者を採用し、英語版は、約25,000語という大幅な削除、章の削除や統合という書き換えをした形で出版された。それにもかかわらず、ひとつの作品として英語圏の読者に幅引く受け入れられ高い支持を受けているということは、原作の真髄を見事に英語版で表現できたからだと言えよう。読売文学賞受賞。

単行本　第1部、第2部 1994年（新潮社）
　　　　第3部 1995年（新潮社）
文庫　　1997年（新潮文庫）
　　　　新装版2010年（新潮文庫）

【英訳版】*The Wind-Up Bird Chronicle*
英訳者　Jay Rubin（1997年、Knopf）
　　　　　　　　　　（1998年、Harvill Press）

登場人物

僕（岡田亨）／ I / Toru Okada

現在無職。以前は法律事務所に勤めていた。笠原メイからは「ねじまき鳥さん」Mr Wind-Up Birdと呼ばれている。

クミコ（岡田久美子）／ Kumiko Okada

雑誌社で働いている。突然僕の前から姿を消した。「ワタヤノボル」という名前の猫を飼ってかわいがっていた。

笠原メイ／ May Kasahara

岡田家の近くに住む高校生。

ワタヤノボル（綿谷ノボル）／ Noboru Wataya

クミコの兄。経済評論家として人気を得たのち、政界への進出を狙う。僕と久美子を離婚させようとする。

加納マルタ／ Malta Kano

水の占い師。マルタ島で修行をした。クレタの姉。

加納クレタ／ Creta Kano

綿谷ノボルに汚された過去をもつ。マルタの妹。

本田さん／本田伍長／ Mr Honda／ Corporal Honda

不思議な予知能力をもつ。

間宮中尉／ Lieutenant Mamiya

本田さんにノモンハンで助けられた縁で、本田さんの遺品を僕に届け、ノモンハンでの出来事を語る。

赤坂ナツメグ／ Nutmeg Akasaka

ファッションデザイナーだが、現在は上流階級の女性を対象とした秘密のサークルを作り、仮縫い部屋で特殊な仕事をしている。

赤坂シナモン／ Cinnamon Akasaka

ナツメグの息子。話すことはできないが、コミュニケーションは問題なく、ナツメグの仕事を補佐。コンピュータの高度な使い手。

牛河／ Ushikawa

岡田ノボルの陰の仕事を一挙に引き受けている裏の秘書。

取り上げた4つのシーンについて

シーン 1 台所でスパゲティーをゆでているときに

本書の冒頭。スパゲティーをゆでながら、口笛を吹いている軽やかな「僕」の気分を、見ず知らずの女からかかってきた、"Ten minutes, please."（十分間、時間が欲しいの）という電話の声が一変させる。"Ten minutes, please. That's all we need to understand each other."（十分だけでいいから時間を欲しいの。そうすればお互いよくわかりあうことができるわ）と見知らぬ女は畳み掛ける。何かよからぬことが起きそうな予感に満ちた幕開けだ。

シーン 2 「ねじまき鳥さん」と誰かが庭の方から叫んだ

第1部「泥棒かささぎ編」9章より。「僕」がクミコが怒ったいきさつを振り返っていたとき、笠原メイが "Mr Wind-Up Bird!"（ねじまき鳥さん）と僕に呼びかける声がした。カツラのメーカーでアルバイトをしないかと誘う笠原メイとの会話は、センテンスが短く読みやすい。

シーン 3 井戸の底から明け方の星を見上げるのは

第2部「予言する鳥編」9章より。夜明け前、僕は壁を通り抜けてホテルの208号室に行き、あの電話の謎の女と話をした。そして気がつくと井戸の底で目覚めた。しかし、I still had a clear impression of the strange, slippery sensation it had given me when I passed through it—like tunnelling through a mass of gelatin.（僕はそこを通過したときのあのぬるりとした奇妙な感触をよく覚えていた。それはほんとうにゼリーをくぐり抜けているような感じだったのだ）。壁を通り抜ける感覚を英語で感じてみよう。

シーン 4 女は前と同じようにいかにも上等そうな服を

第3部4章より。あざのある「僕」は、新宿の高層ビルの広場のベンチに座り、行き交う人を眺めていた。8日目、去年、同じ場所で会った女が "So. You're back."（結局またここに戻って来たわけね）と声をかけてきた。"I guess I need some money now,"（どうやらお金が必要になって来たようです）と返事する。「僕」の要望を受け入れたこの女、赤坂ナツメグと息子のシナモンとの出会いが「僕」に新たな展開をもたらす。

シーン1～4	MURAKAMI	*The Wind-Up Bird Chronicle*	ねじまき鳥クロニクル	『ねじまき鳥クロニクル』第1部、第2部、第3部
pp.194-207 出典		Vintage 訳：Jay Rubin		新潮文庫

『ねじまき鳥クロニクル』 *The Wind-Up Bird Chronicle*

193

When the phone rang I was in the kitchen, boiling a potful of spaghetti and whistling along to an FM broadcast of the overture to Rossini's *The Thieving Magpie*, which has to be the perfect music for cooking pasta.

I wanted to ignore the phone, not only because the spaghetti was nearly done but because Claudio Abbado was bringing the London Symphony to its musical climax. Finally, though, I had to give in. It could have been someone with news of a job. I turned down the gas, went to the living room, and picked up the receiver.

"Ten minutes, please," said a woman on the other end.

I'm good at recognizing people's voices, but this was not one I knew.

"Excuse me? To whom did you wish to speak?"

"To *you*, of course. Ten minutes, please. That's all we need to understand each other." Her voice was low and soft but otherwise nondescript.

"Understand each other?"

"Each other's feelings."

I leaned over and peeked through the kitchen door. The spaghetti pot was steaming nicely, and Claudio Abbado was still conducting The *Thieving Magpie*.

"Sorry, but you caught me in the middle of cooking spaghetti. Could you call back later?"

"Spaghetti!? What are you doing cooking spaghetti at 10:30 in the morning?"

"That's none of your business," I said. "*I* decide what I eat and when I eat it."

Claudio Abbado：「クラウディオ・アバド」 ＊ミラノ出身のイタリア人指揮者

　台所でスパゲティーをゆでているときに、電話がかかってきた。僕はFM放送にあわせてロッシーニの『泥棒かささぎ』の序曲を口笛で吹いていた。スパゲティーをゆでるにはまずうってつけの音楽だった。

　電話のベルが聞こえたとき、無視しようかとも思った。スパゲティーはゆであがる寸前だったし、クラウディオ・アバドは今まさにロンドン交響楽団をその音楽的ピークに持ちあげようとしていたのだ。しかしやはり僕はガスの火を弱め、居間に行って受話器をとった。新しい仕事の口のことで知人から電話がかかってきたのかもしれないと思ったからだ。

「十分間、時間を欲しいの」、唐突に女が言った。
　僕は人の声色の記憶にはかなり自信を持っている。それは知らない声だった。「失礼ですが、どちらにおかけですか？」と僕は礼儀正しく尋ねてみた。「あなたにかけているのよ。十分だけでいいから時間を欲しいの。そうすればお互いよくわかりあうことができるわ」と女は言った。低くやわらかく、とらえどころのない声だ。
「わかりあえる？」
「気持ちがよ」

　僕は戸口から首をつきだして台所をのぞいた。スパゲティーの鍋からは白い湯気が立ちのぼり、アバドは『泥棒かささぎ』の指揮をつづけていた。
「悪いけど、今スパゲティーをゆでてるんです。あとでかけなおしてくれませんか」
「スパゲティー？」、女はあきれたような声を出した。「朝の十時半にスパゲティーをゆでているの？」
「あなたには関係のないことでしょう。何時に何を食べようが僕の勝手だ」、僕はちょっとむっとして言った。

give in：降参する、応じる　otherwise：その他の点では　nondescript：特徴がない

『ねじまき鳥クロニクル』　The Wind-Up Bird Chronicle

195

"Fair enough. I'll call back," she said, her voice now flat and expressionless. A slight change in mood can do amazing things to the tone of a person's voice.

"Hold on a minute," I said before she could hang up. "If this is some new sales gimmick, you can forget it. I'm out of work. I'm not in the market for anything."

"Don't worry. I know."

"You know? You know what?"

"That you're out of work. I know about that. So, go and cook your precious spaghetti."

"Who the hell—"

She rang off.

Deprived of outlet for my feelings, I stared at the phone in my hand until I remembered the spaghetti. Back in the kitchen, I turned off the gas and poured the contents of the pot into a colander. Thanks to the phone call, the spaghetti was a little softer than *al dente*, but it had not been dealt a mortal blow. I started eating—and thinking.

Fair enough.：まあいいでしょう、それで結構　expressionless：無感情な
sales gimmick：販売戦略　Deprived of...：〜を奪われて

「それはそうね」、女は表情のない乾いた声で言った。ちょっとした感情の変化で声のトーンががらりとかわるのだ。「まあいいわ、あとでかけなおすから」

「ちょっと待って」、僕はあわてて言った。「何かのセールスだとしたら、何度電話をかけてきたって無駄ですよ。こっちは今失業中の身だし、何かを買う余裕なんてないから」

「知ってるから大丈夫よ」

「知ってるって何を？」

「だから失業中なんでしょう。知ってるわよ、そんなこと。だから早くあなたの大事なスパゲティーをゆでてくれば」

「ねえ、あなたはいったい──」と言いかけたところで電話が切れた。すごく唐突な切れ方だ。

　感情の持っていき場のないまま、手に持った受話器をしばらく眺めていたが、やがてスパゲティーのことを思いだして台所に行った。そしてガスの火をとめてスパゲティーをざるにあけた。スパゲティーは電話のせいでアルデンテというには心もち柔らかくなりすぎていたが、致命的なほどではない。

　わかりあえる？　とそのスパゲティーを食べながら思った。

---

outlet for... : 〜のはけ口　mortal blow：致命的な打撃　＊ deal a blow は「打撃を与える」

"Mr Wind-up Bird!" came a voice from the garden. It was May Kasahara.

Still towelling my hair, I went out to the veranda. She was sitting on the edge, biting a thumbnail. She wore the same dark sunglasses as when I had first met her, plus cream-coloured cotton trousers and a black polo shirt. In her hand was a clipboard.

"I climbed it," she said, pointing to the breeze-block wall. Then she brushed away the dirt clinging to her trousers. "I figured I had the right place. I'm glad it was yours! Think if I had come over the wall into the wrong house!"

She took a pack of Hope regulars from her pocket and lit up.

"Anyhow, Mr Wind-up Bird, how are you?"

"OK, I guess."

"I'm going to work now," she said. "Why don't you come along? We work in teams of two, and it'd be *sooo* much better for me to have somebody I know. Some new guy'd ask me all kinds of questions—'How old are you? Why aren't you in school?' It's such a pain! Or maybe he'd turn out to be a pervert. It happens, you know! Do it for me, will you, Mr Wind-up Bird?"

"Is it that job you told me about—some kind of survey for a wig maker?"

"That's it," she said. "All you have to do is count bald heads on the Ginza from one to four. It's easy! And it'll be good for you. You'll be bald too someday, the way you're going, so you better check it out now while you still have hair."

"Yeah, but how about you? Isn't the truant officer going to get you if they see you doing this stuff on the Ginza in the middle of the day?"

"Nah. I just tell them it's fieldwork for social studies. It always works."

---

breeze-block：軽量コンクリートブロック　　a pain：うんざりさせる人間、物事

前後の文脈
について

第1部9章より。「僕」は、事務所で働いていた女の子が結婚する前に
ふとした成り行きでしてしまった「充電」と、それを勘ぐったクミコの
怒りを振り返っていた。そんなとき笠原メイが僕に呼びかける声がした。

「ねじまき鳥さん」と誰かが庭の方から叫んだ。それは笠原メイの声だった。

僕はタオルで髪を拭きながら縁側に出てみた。彼女は縁側に腰かけて親指の爪を嚙んでいた。彼女は最初に会ったときと同じ濃いサングラスをかけて、クリーム色のコットンのズボンの上に黒いポロシャツを着ていた。そして紙ばさみを手にしていた。

「あそこ乗り越えてきたのよ」と笠原メイは言って、ブロック塀を指さした。そしてズボンについたほこりを払った。「だいたいの見当をつけて乗り越えたんだけど、あなたの家で良かったわ。塀を乗り越えて間違えた家に入ったりしたらちょっと大変だものね」

彼女はポケットからショート・ホープを取り出して火をつけた。

「ところで、ねじまき鳥さんはお元気？」

「まあね」と僕は言った。

「ねえ、今からアルバイトに行くんだけど、よかったらねじまき鳥さんも一緒にこない？　ふたりでチームを組んでやる仕事だから、知っている人と一緒の方が私としてはらくちんなのよ。だって、ほら、初対面の人だといろんなことを訊かれるでしょう。歳は幾つかとかさ、どうして学校に行ってないんだとかさ、そういうのってけっこう面倒なのよ。ひょっとしたら相手がヘンタイの人かもしれないしね。そういうことだって、ないわけじゃないでしょう。だから、ねじまき鳥さんが一緒に来てくれると私としても助かるんだけどね」

「それは君が前に言っていたかつらメーカーの調査の仕事？」

「そう」と彼女は言った。「一時から四時まで銀座で禿げた人の数を数えるだけ。簡単なものよ。それにあなたのためにもなると思うわよ。あなただってそのぶんじゃどうせいつか禿げるんだから、今のうちにいろいろと見て研究しておいた方がいいんじゃないかしら」

「でもさ、学校に行かないで昼間から銀座でそんなことをしていて、補導されたりしないの？」

「社会科の課外授業で調査をしているとかなんとか言えばいいの。いつもその手で誤魔化しているから大丈夫よ」

---

pervert：変質者　　truant officer：無断欠席生徒補導員　＊truant は「無断欠席者」

『ねじまき鳥クロニクル』 The Wind-Up Bird Chronicle

Looking up at the dawn stars from the bottom of a well was a special experience very different from looking at the full, starry sky on a mountaintop, as if my mind—my self—my very existence—were firmly bonded through my narrow window to each one of those stars in the sky. I felt a deep sense of intimacy towards them: they were my stars, visible to no one but me, down here in the dark well. I embraced them as my own, and they in turn showered me with energy and warmth.

As time passed and the sky fell more and more under the sway of the bright morning sun of summer, one star at a time would obliterate itself from my field of view. They did this with the utmost gentleness, and I studied the process of obliteration with wide-open eyes. The summer sun did not, however, erase every star from the sky. A few of the strongest ones remained. No matter how high the sun climbed, they stubbornly refused to disappear. This made me very happy: apart from the occasional cloud that drifted by, the stars were the only things I could see from down there.

I had sweated in my sleep, and now the sweat was beginning to grow cold and chill me. I shuddered several times. The sweat made me think of that pitch-dark hotel room and the telephone woman there. Still ringing in my ears were the words she had spoken—every one of them—and the sound of the knocking. My nostrils retained the heavy smell of flowers. And Noboru Wataya was still talking from the other side of the television screen. The memory of these impressions remained, undimmed by the passage of time. And this was because *it had not been a dream*, my memory told me.

---

showered me with... : 私に～を惜しみなく与えた　sway : 支配、影響力

井戸の底から明け方の星を見上げるのは、山の頂上で満天の星を見上げるのとはまた違った種類の特別な体験だった。僕はその限定された窓を通して、自分という意識の存在があたかもそれらの星と特別な絆でしっかりと結びつけられているように感じた。僕はそれらの星に対して強い親密感のようなものを感じた。これらの星はおそらく真っ暗な井戸の底にいる僕の目にしか映らないものなのだ。僕は彼らをとくべつなものとして受け入れ、彼らはそのかわりに僕に力や温かみのようなものを与えてくれるのだ。

時間が経過し、空がもっと明るい夏の朝の光に支配されていくにつれて、それらの星はひとつまたひとつと僕の視野から姿を消していった。とても静かに星たちは姿を消していった。僕はその消滅の過程をじっと見まもっていた。しかし夏の光がすべての星を空から消してしまったわけではなかった。いくつかの光の強い星がまだそこに残っていた。それらの星はどれだけ太陽が高く登っても、我慢強くじっと踏みとどまっていた。僕はそのことを嬉しく思った。ときどき通り過ぎていく雲を別にすれば、星だけがここから僕が見ることのできる唯一のものだった。

眠っているあいだに汗をかいていて、その汗が少しずつ冷えはじめていた。僕は何度も身震いをした。その汗は僕にあの真っ暗なホテルの部屋と、そこにいた電話の女のことを思いださせた。彼女の口にした一言ひとことが、そしてノックの音が、まだ耳もとに鳴り響いていた。重苦しく隠微な花の匂いが鼻腔に残っていた。綿谷ノボルはテレビの画面の向こうから語りかけていた。それらの感覚の記憶は時間がたっても、ちっとも薄らいではいかなかった。なぜならあれは夢ではなかったからだ、とその記憶は僕に語りかけていた。

『ねじまき鳥クロニクル』 The Wind-Up Bird Chronicle

---

obliterate itself：消える　　pitch-dark：真っ黒（暗）な

Even after I was fully awake, I continued to feel an intense warmth in my right cheek. Mixed with the warmth was a mild sensation of pain, as if the skin had been chafed with rough sandpaper. I pressed my palm against the spot through my one-day stubble, but this did nothing to reduce the heat or the pain. Down in the bottom of the dark well, without a mirror, it was impossible for me to examine what was happening to my cheek.

I reached out and touched the wall, tracing the surface with my fingertips and then pressing my palm against it for a time, but I found nothing unusual: it was just an ordinary concrete wall. I made a fist and gave it a few taps. The wall was hard, expressionless, and slightly damp. I still had a clear impression of the strange, slippery sensation it had given me when I passed through it—like tunnelling through a mass of gelatin.

---

chafed with... :「〜でこすられた」 one-day stubble：1 日剃らないひげ

目が覚めてからも、右の頬の上に僕は熱いほてりを感じつづけていた。ほてりの中には今では軽い痛みが混じっていた。粗い紙やすりでこすられたあとのような痛みだった。僕はその部分をのびた髭(ひげ)の上から手のひらで押さえていたのだが、熱と痛みはなかなか引かなかった。でも鏡も何もない真っ暗な井戸の底では、頬に何が起こっているのかたしかめる手だてもなかった。

　僕は手をのばして井戸の壁に触ってみた。指先で壁の表面をなぞり、それから手のひらをじっとあててみた。しかしそれはただのコンクリートの壁でしかなかった。僕はそれをこぶしで軽く叩(たた)いてみた。壁は無表情に固く、そして僅(わず)かに湿っていた。僕はそこを通過したときのあのぬるりとした奇妙な感触をよく覚えていた。それはほんとうにゼリーをくぐり抜けているような感じだったのだ。

---

slippery：つるつるした

As before, the woman was immaculately dressed, in terms of both the quality of the individual items of clothing and the style with which she had combined them. She wore dark tortoiseshell sunglasses, a smoky blue jacket with padded shoulders, and a red flannel skirt. Her blouse was of silk, and on the collar of her jacket shone a finely sculpted gold brooch. Her red high heels were simple in design, but I could have lived several months on what they must have cost her. My own outfit was a mess, as usual: the baseball jacket I bought the year I entered college, a grey sweatshirt with a stretched-out neck, frayed jeans, and formerly white tennis shoes that were now of indeterminate colour.

Despite the contrast, she sat down next to me, crossed her legs, and, without a word, took a box of Virginia Slims from her handbag. She offered me a cigarette as she had last summer, and again I declined. She put one between her lips and lit it, using a long, slender gold lighter the size of an eraser. Then she took off her sunglasses, put them in her jacket pocket, and stared into my eyes as if searching for a coin she had dropped into a shallow pond. I studied her eyes in return. They were strange eyes, of great depth but expressionless.

She narrowed her eyes slightly and said, "So. You're back."

I nodded.

I watched the smoke rise from the tip of her narrow cigarette and drift away on the wind. She turned to survey the scene around us, as if to ascertain with her own eyes just what it was I had been looking at from the bench. What she saw didn't seem to interest her, though. She turned her eyes to me again. She stared at my mark for a long time, then at my eyes, my nose,

---

immaculately：非の打ち所なく　**tortoiseshell**：鼈甲　**mess**：ひどいありさま、寄せ集め
frayed：すり切れた、ほつれた　**indeterminate**：確定できない

前後の文脈
について

第3部4章より。あざのある「僕」は、電車に乗って新宿に出かけ、去年と同様、高層ビルの広場のベンチに座り、行き交う人を眺めていた。8日目、同じ場所で会った女が声をかけてきた。

女は前と同じようにいかにも上等そうな服を着ていた。着こなしも見事だった。鼈甲縁の濃いサングラスをかけ、肩にパッドのはいったくすんだブルーの上着を着て、赤いフラノのスカートをはいていた。ブラウスは絹で、上着の襟には精巧な細工の小さな金のブローチが光っていた。赤いハイヒールは飾りのないシンプルなものだったが、僕の生活費の数ヵ月ぶんはしそうだった。それに比べると、僕の方は相変わらずひどい恰好をしていた。大学に入った年に買ったスタジアム・ジャンパーに、首のひろがったグレイのスエット・シャツを着て、ところどころにほつれの出たブルージーンズをはいていた。もともとは白かったテニスシューズはしみだらけでもう色がわからなくなっていた。

彼女はそんな僕のとなりに腰を下ろし、黙って脚をくみ、バッグの口金を開けてヴァージニア・スリムの箱を取り出した。そして前と同じように僕に一本勧めた。前と同じようにいらないと僕は言った。彼女は一本を口にくわえ、細長い消しゴムくらいの大きさの金のライターで火をつけた。それからサングラスを外してジャケットの胸ポケットに入れ、浅い池の中に落とした硬貨でも探すみたいに僕の目をのぞきこんだ。僕も相手の目を見た。それは不思議な目だった。そこには奥行きがあって表情がなかった。

彼女は少し目を細めた。「結局またここに戻ってきたわけね」
僕はうなずいた。
細い煙草の先から煙が立ち上り、風にふらふらと揺れて消えていくのを僕は見ていた。彼女はまわりの風景をぐるりと見回した。僕がこのベンチに座ってずっと何を見ていたのか、自分の目で実際に確かめるように。でもその光景はあまり興味を引かなかったようだった。彼女はまた僕の顔に視線を戻した。あざを長いあいだじっと見て、それから僕の目を見て、僕の鼻と口を見て、それからもう一度あざに目をやった。できることなら犬

Despite the contrast :（僕と彼女の外見の）違いを気にとめないで

『ねじまき鳥クロニクル』 The Wind-Up Bird Chronicle

my mouth, and then my mark again. I had the feeling that what she really wanted to do was inspect me like a dog in a show: prise my lips open to check my teeth, look into my ears, and whatever else they do.

"I guess I need some money now," I said.

She paused a moment. "How much?"

"Eighty million yen should do it."

She took her eyes from mine and peered up at the sky as if calculating the amount: let's see, if I take that from there, and move this from here ... I studied her make-up all the while—the eye-shadow faint, like the shadow of a thought, the curl of the eyelashes subtle, like some kind of symbol.

"That's not a small amount of money," she said, with a slight diagonal twist of the lips.

"*I'd* say it's enormous."

Her cigarette was only one-third smoked when she dropped it to the ground and carefully crushed it beneath the sole of her high-heeled shoe. Then she took a leather calling-card case from her slim handbag and thrust a card into my hand.

"Come to this address at exactly 4 o'clock tomorrow afternoon," she said.

The address—an office building in the wealthy Akasaka district—was the only thing on the card. There was no name. I turned it over to check the back, but it was blank. I brought the card to my nose, but it had no fragrance. It was just a normal white card.

"No name?" I said.

She smiled for the first time and gently shook her head from side to side. "I believe that what you need is money. Does money have a name?"

---

prise：こじ開ける　...should do it：〜で間に合う　diagonal：斜めの　thrust：押しつけた

の品評をするときのように口をこじ開けて歯並びを点検したり、耳の中を
のぞき込んだりしたそうに見えた。

「どうやらお金が必要になったようです」と僕は言った。
　彼女は少し間を置いて、言った。
「どれくらい？」
「たぶん八千万あればいいと思います」
　女は僕の目から視線を逸らし、ひとしきり空を見上げていた。彼女は頭
の中でその金額を計算しているように見えた。どこかからとりあえず何か
をここに持ってきて、そのかわりに別の何かをここからどこかに移して、
という風に。僕はそのあいだ女の化粧を眺めていた。かすかな意識の翳の
ような淡いアイシャドウや、何かの象徴のようにも見えるまつげの微妙な
カールの具合を。
　彼女は唇を少し斜に曲げた。「少ない金額ではないわね」
「僕にはものすごく多いように思えます」
　彼女は三分の一吸った煙草を地面に落とし、ハイヒールの底で注意深く
踏んだ。そして薄いバッグから革の名刺入れを出し、一枚を僕の手の中に
押し込んだ。

「明日の午後の四時きっかりにここにいらっしゃい」

　名刺には住所だけが真っ黒な活字で印刷されていた。住所は港区赤坂、
番地とビルの名前と部屋番号。名前はない。電話番号もない。念のために
ひっくり返してみたが、裏側は白紙だった。僕は名刺を鼻先に近づけてみ
た。でも匂いはない。それはありきたりの白い紙に過ぎなかった。

　僕は女の顔を見た。「名前はないんですね？」
　女は初めて微笑んだ。それから静かに首を振った。「だってあなたに必
要なのはお金でしょう。お金には名前なんてあるかしら？」

第１部　泥棒かささぎ編
The Thieving Magpie
June and July 1984

1

overtune 「序曲」

The Thieving Magpie 「泥棒かささぎ」

give in ＜降参する、応じる＞

nondescript 「とらえどころのない」

Fair enough. 「まあいいわ」

gimmick ＜仕掛け、策略＞

outlet for... ＜〜のはけ口＞

mortal blow ＜致命的な打撃＞

hoax call 「悪戯（いたずら）電話」。＊hoax は「人をだますこと、作り話」。

the empty house at the other end of the alley 「路地の奥の空き家」

veranda 「縁側」

winding a spring 「ねじでも巻くような」

the wind-up bird 「ねじまき鳥」

office dogsbody 「専門的使い走り」。＊「連絡係り兼雑用係」を指す英語として第三部にも出てくる。

climbed over the breeze-block wall and down into the alley 「庭のブロック塀をのりこえて路地に下りた」

2

menstrual 「生理」

take it out 「あたる」

3

polka-dot tie 「水玉のネクタイ」

spirit water 「霊水」

elements of the body 「体の組成」

obstructed the flow 「流れが阻害された」

4

loathsome experience 「うんざりする経験」

the precise midpoint between meaningless mortification of the flesh and brutal torture 「無意味な苦行と残忍な拷問のちょうど中間あたりに位置する行為」。＊mortification は「難行、苦行」。

supplies 「補給」

5

pervert 「ヘンタイ」

front hairline 「額の生え際のところ」

dried-up well 「涸れた井戸」

6

was warped and difficult 「屈折した複雑な」

"sexual economics" and "excretory economics" 「性的経済と排泄的経済」

the art of delivering the fatal blow 「相手の背中に致命的なひと突きを与えるコツ」

intellectual chameleon 「知的なカメレオン」

could have crushed me until there was nothing left 「完膚なきまでに叩きのめす」

7

the water from the tap 「水道の水」

8

physical pain, pure 「純粋に肉体的な痛み」

pay back my debt 「借金を返済する」

prostitute 「娼婦」

9

I didn't want to come 「射精したくなかった」

wet dream 「夢精」

culverts 「暗渠」

breeze-block ＜軽量コンクリートブロック＞

such a pain 「けっこう面倒」

truant officer ＜無断欠席生徒補導員＞。＊truant は「無断欠席者」。

say "A" or "B" or "C" 「「松」とか「竹」とか言った」

10

first lieutenant 「陸軍中尉」

Corporal 「伍長」

recipient of a keepsake 「形見の品」

11

Except I *was* concerned. 「でも何かが僕の頭にひっかかっていた」

Liuetenant Mamiya 「間宮中尉」

Nomonhan Incident 「ノモンハンの戦争」。＊現在、外モンゴル、モンゴル人民共和国の東部にあたるノモンハンで 1939 年に起きた満州国とモンゴルの国境紛争のノモンハン事件のこと。

small-scale military operation 「小規模な作戦行動」

12

Manchuria 「満州」

second lieutenant 「少尉」

the Kwantung Army General Staff in Hsing-chin 「新京の関東軍参謀軍本部」

the Military Survey Corps, which specialized in mapmaking 「兵要地誌班」

China Incident 「日支事変」

The China Expeditionary Forces 「支那

『ねじまき鳥クロニクル』は英訳版が編集され短くなっているために、原作と章に違いがあります。英日で違いがある章では（　）の中に日本語原作の章が入っています。

派遣軍」

mopping-up operations 「掃討戦」

anti-japanese guerrilla units 「反日ゲリラ」

police our newly "independent" puppet state of Manchukuo 「独立間もない満州国の安定と治安維持をはかっていました」。 ＊police は動詞で「治安を維持する」。

professional soldier 「職業軍人」

sergeant 「軍曹」

non-commissioned officer 「たたき上げの下士官」

the Seventh Division 「第七師団」

national borders 「国境線」

tough spot 「剣呑な成り行き」

secret service 「特務機関」

insurgent element 「反革命分子」。 ＊insurgent は「反乱を起こした」。

13 skinning 「皮を剥ぐ」

heavenly grace 「恩寵」

第2部　予言する鳥編
Bird as Prophet
July to October 1984

1 tacit understanding 「暗黙の了解」

ritual 「儀式」

porcelain of her back 「陶器のようにつるりとした背中」

as if gauzing something 「何かを測るように」

cleared my throat 「咳払いをして」

2 nausea 「吐き気」

warm mud 「温かい泥」

3 pulls out of your family register 「籍を抜く」

would end up half-baked 「中途半端で終わる」

The only ones who count here are Kumiko and me. 「当事者は僕とクミコなんです」。 ＊この count は「重要である、価値がある、有効である」。

it would be better to have a third party present 「第三者がいたほうがいい」

letting the truth slip out 「語るに落ちる」

monkeys of the shitty island 「下品な島の猿」

was almost pure bluff 「はったりだった」

4 *the most incredible fabrications* 「荒唐無稽な作り話」

revelation 「啓示」

5 rope ladder 「縄梯子」

torch 「懐中電灯」

smell of mould 「黴臭く」

6 "pale darkness" 「淡い闇」

inheritance of his property 「遺産相続」

duodenal ulcer 「十二指腸潰瘍」

jellyfish 「クラゲ」

slimy, cold feeling 「ぬるりとした冷たい感触」

the slightest hesitation ＜わずかな間＞。 ＊hesitation は「躊躇」。

in that split-second interval I sensed a kind of shadow 「一瞬の間の空き方の中に、僕はいつも何かの「影」のようなものを感じないわけにはいかなかった」

in the flood of sunlight 「日溜まりの中に」

7 the half-moon mouth of the well 「半月形の井戸の口」

abortion 「堕胎手術」

affair 「浮気」

power of empathy 「共感する力」

8 root of desire 「欲望の根」

faceless man 「顔のない男」

passing through a wall 「壁を通り抜けているんだ」

9 sense of intimacy 「親密感」

showered ＜〜をたくさん与えた＞

under the sway of... 「〜に支配されて」

obliterate...from~ ＜〜から……を消し去る＞

A perfect nothingness came over me. 「完璧な無が僕を覆った」

hollow empty 「空っぽで虚ろ」

I could sense it. 「気配が伝わってくるのだ」

her extreme sense of loss 「激しい喪失感」

10 meaningless, ugly sound 「無意味でみっともない音」

you're being punished 「仕返しされている」

11 nervous habit 「神経質な行為」

the frame of reference of time faded completely away 「時間という座標軸が完全に消えてしまう」

feeling of absence 「欠落感の一種」

physical pain - utterly physical and direct 「物理的かつ直截的な痛み」

knee bends 「屈伸運動」

my mind was wide awake 「意識は覚醒している」

in order to get even ＜意趣返しのために＞

suppress my own sexual desire 「性欲を抑制する」

sense of guilt 「罪の意識」

12 mark 「あざ」

felt the need to pee 「尿意を感じた」

13 rested my elbows on the table 「テーブルの上に両肘をついて」

as a prostitute of the flesh 「肉体の娼婦として」

mob's prostitution ring 「暴力団の売春組織」。＊ mob は「暴徒」、ring は「徒党」。

professional act 「職業的な演技」

14 physical self 「肉である自分」

non-physical self 「肉でない自分」

spiritual medium 「霊媒」

vicarious experience of what it feels like to have an ego 「自我の疑似体験」。＊ vicarious は「代理体験をする、他人の身になって経験する」。

prophet bird 「予言の鳥」

16(17)

How'd you get that mark? 「そのあざはいつ、どこでできたんだい？」

a physical impact of blinding intensity 「目がくらんでしまいそうなほど強い肉体的な衝撃」

第３部　鳥刺し男編
The Birdcatcher
October 1984 to December 1985

The Birdcatcher 「鳥刺し男」

1(3)

making parallel statements 「そのまま平行線を辿り」

they were not the sort to manufacture facts out of nothing 「何もないところから事実を捏造したりはしない」

sheltered 「かくまわれている」

had experienced an emotional breakdown 「精神的に破綻をきたして」

vote-gathering machinery 「集票組織」

2(4)

immaculately ＜清潔に＞

frayed 「ほつれの出た」

indeterminate 「確定できない」

4(6)

sound of the woman's clothes rustling 「衣擦（きぬず）れの音」

detachment 「乖離の感覚」

6(8)

appendix ＜盲腸＞。＊原作は「十二指腸」。

physical revulsion 「生理的に我慢できない」。＊ revulsion は「強い嫌悪」。

8(9)

letting my body grow accustomed to this deep, dark, cylindrical space 「深い円筒形の暗黒の空間に身体を馴染ませる」

Yes, that's it, that will do fine. 「そう、それでいい」

9(10)

deck of a transport ship 「輸送船の甲板」

Japanese officials in the puppet Manchukuo government 「満州国日系官吏」。＊ puppet には「あやつり人形」の意味がある。原文にはない満州国に対する明確なニュアンスが、英語の翻訳では puppet という言葉で追加されている。

high-ranking personnel of the Japanese-owned South Manchuria Railway 「満鉄の高級職員」

naval escort 「護衛艦」

shells 「砲弾」

abandoning 「見殺しにした」

unarmed farmers 「非武装農民たち」

slaughtered 「惨殺された」

annihilated 「全滅した」。＊annihilate は「全滅させる、根こそぎにする、廃止する」。

Special New Capital City 「新京特別市」

political vaccum 「政治的空白」

accountant 「主計将校」

zoo's chief veterinary surgeon 「主任獣医」。＊veterinary は「獣医」。略称の vet で登場する。

court-martial 「軍法会議」

Chinese workers ＊日本語原作では「雑役夫」。

"liquidated" 「「抹殺」されて」。＊liquidate は「精算する、粛清する」。

revolving door 「回転扉」

"All hands below decks!" 「＜総員甲板退去＞」

13 (14)

easy lilt 「馴れ馴れしい口調で」。＊lilt は「陽気な口調」。

'shadow' jobs 「陰の仕事」

a lowly messenger 「しがない伝書鳩」。＊lowly は「身分が低い」。

'No man is an island.' 「人は島嶼（しょ）にあらず」

'The devil finds mischief for idle hands' 「小人閑居して不善をなす」。＊直訳は「悪魔は怠け者のために悪さを見つけてやる」。

the sticky presence 「ぬめっとした気配」。＊sticky は「ネバネバする、粘着性がある」。

17 (18)

The Fitting Room 「仮縫い室」

sense of powerlessness 「無力感」

empty shell 「脱け殻」

20 (21)

live as extra mouths to feed 「居候としておくる」。＊extra mouths to feed は「食べさせてやらないといけない余分な口」。

school of dressmaking 「洋裁学校」

quality ladies' garments 「高級婦人服」

arrogant and egotistical and argumentative 「傲慢で身勝手で喧嘩早く」

power of a chance meeting 「偶然の邂逅の力」

present the company's "face" 「「顔」の役割を引き受け」

bizarre murder 「猟奇的な殺人」

the shape began to twist and change 「その何かは身をよじるようにするりとかたちを変えた」

22 (23)

transformation makes them go bad 「変形して駄目になってしまう」

That is just one manifestation. 「それはひとつの顕れです」

25 (27)

sleigh bells 「橇の鈴音」

30 (32)

Fate itself was the doctor's own fatal disease. 「運命は獣医の宿業の病だった」

forced labourers 「強制労働者」

ideological training 「思想教育」

were cruelly liquidated 「冷酷に抹殺しました」

abandoned mine shafts 「廃坑」

army post 「駐屯地」

massive barbed-wire fences 「鉄条網」

"Boris the Manskinner" 「皮剥ぎボリス」

major in the NKVD 「内務省秘密警察＜少佐＞」

distinguished himself 「辣腕をふるい」。＊distinguish oneself は「頭角を現す、功を立てる」。

in suppressing counterrevolutionary forces 「反革命勢力の弾圧に」。＊supress は「抑圧する、鎮圧する」。

concentration camps 「収容所」

torture 「拷問」

worked on the purging 「粛清にあたり」

lynchings carried out by other Japanese 「日本人捕虜仲間のリンチ」

Bolis had the camp in the palm of his hand. 「ボリスは収容所の実権をほとんど手中におさめていたのです」

33 (35)

hollow man 「虚ろな人間」

34 (36)

with your dormant, undefinable anxiety 「得体の知れない潜在的な不安の中に」。＊dormant は「表面に表れていない、潜伏している」、undefinable は「正確にまたは容易に述べられない」。

36 (38)

duck people 「アヒルのヒトたち」

38 (40)

his life-support system 「生命維持装置」

symbol of something good 「善いしらせ」

第 1 部　泥棒かささぎ編	
1	近所の木立からまるでねじでも巻くようなギイイイッという規則的な鳥の声が聞こえた。我々はその鳥を「ねじまき鳥」と呼んでいた。	There was a small stand of trees nearby, and from it you could hear the mechanical cry of a bird that sounded as if it were winding a spring. We called it the wind-up bird.
	でも猫には猫の生き方というものがある。猫は決して馬鹿な生き物ではない。猫がいなくなったら、それは猫がどこかに行きたくなったということだ。	But cats have their own way of living. They're not stupid. If a cat stopped living where you happened to be, that meant it had decided to go somewhere else.
2	我々は我々がよく知っていると思い込んでいる相手について、本当に何か大事なことを知っているのだろうか。	We convince ourselves that we know the other person well, but do we really know anything important about anyone?
	あなたは私と一緒に暮らしていても、本当は私のことなんかほとんど気にとめてもいなかったんじゃないの？ あなたは自分のことだけを考えて生きていたのよ、きっと。	"You've been living with me all this time," she said, "but you've hardly paid any attention to me. The only one you ever think about is yourself."
	あなたの中には深い井戸みたいなのが開いているんじゃないかしら。そしてそこに向かって『王様の耳はロバの耳！』って叫ぶと、いろんなことがうまく解消しちゃうんじゃないのかしら。	Maybe you've got this deep well inside, and you shout into it, 'The king's got donkey's ears!' and then everything's OK.
	しかし僕にはその出来事が妙に気になった。まるで喉にひっかかった魚の小骨のように、それは僕を居心地悪くさせていた。	But this was different. It was bothering me in a strange new way, digging at me like a little fish bone caught in the throat.
	そしてもっとあとになってわかったことだが、そのとき僕はまさに問題の核心に足を踏み入れていたのだ。	Only much later did it occur to me that I had found my way to the core of the problem.
3	はっきりとは申し上げられませんが、たぶん流れが変わったせいでしょう。何かの関係で流れが阻害されたのでしょう。	That I cannot tell you. Perhaps the flow has changed. Perhaps something has obstructed the flow.
4	あの猫は私にとっては大事な象徴のようなものなのよ。だから私はあの猫を失うわけにはいかないの。	He's important to me, a kind of symbol. I can't lose him.
	どちらがいいどちらが悪いという種類のものではない。流れに逆らうことなく、上に行くべきは上に行き、下に行くべきは下に行く。	It's not a question of better or worse. The point is, not to resist the flow. You go up when you're supposed to go up and down when you're supposed to go down.
	上に行くべきときには、いちばん高い塔をみつけてそのてっぺんに登ればよろしい。下に行くべきときには、いちばん深い井戸をみつけて、その底に下りればよろしい。	When you're supposed to go up, find the highest tower and climb to the top. When you're supposed to go down, find the deepest well and go down to the bottom.

	流れのないときには、じっとしておればよろしい。流れにさからえばすべては涸れる。	When there's no flow, stay still. If you resist the flow, everything dries up.
5	「ねじを巻く鳥だよ」と僕は言った。「毎朝木の上で世界のねじを巻くんだ。ギイイイイイって」	"The bird that winds the spring," I said. "Every morning. In the tree-tops. It winds the world's spring. *Creeeak.*"
	ときによっては、好奇心は勇気を掘り起こして、かきたててもくれる。でも好奇心というものは、ほとんどの場合すぐに消えてしまうんだ。勇気の方がずっと長い道のりを進まなくちゃならない。好奇心というのは信用のできない調子のいい友達と同じだよ。	Curiosity can bring guts out of hiding at times, maybe even get them going. But curiosity evaporates. Guts have to go for the long haul. Curiosity's like an amusing friend you can't really trust.
	「ねえ、ネジマキドリさん、井戸を見たくない？」「井戸？」と僕は訊いた。井戸？「涸れた井戸があるのよ、ここ」、彼女は言った。「私、その井戸のことがわりに好きなんだけど、ネジマキドリさんは見たくない？」	"Tell me, Mr Wind-Up Bird, would you like to see the well?" "The well?" I asked. The well? "There's a dried-up well here. I like it. Kind of. Want to see it?"
	そこには、〈圧倒的な無感覚〉とでも呼びたくなるようなものが感じられた。	Something about it felt as if it should be called "overwhelming numbness."
	こんなところに、こんな昼間に、こんな深い暗闇がある、と僕は思った。	I thought, in a place like this, in the middle of the day like this, there existed a darkness as deep as this.
6	自分が求めているものが手に入らない人生に慣れてくるとね、そのうちにね、自分が本当に何を求めているのかさえだんだんわからなくなってくるのよ。	When you get used to that kind of life—of never having anything you want—then you stop knowing what it is you want.
	人々が大声で論争しているような時にも、いつもクールに構えていた。挑発には乗らず、相手に喋りたいだけ喋らせておいて、最後に相手の言い分を一言で引っ繰り返した。	When challenged, he would hold back, let his opponent have his say, and then demolish the person's argument with a single phrase.
	綿谷ノボルはそういう意味では知的なカメレオンだった。相手の色によって、自分の色を変え、その場その場で有効なロジックを作りだし、そのためにありとあらゆるレトリックを動員した。	Noboru Wataya was an intellectual chameleon, changing his color in accordance with his opponent's, ad-libbing his logic for maximum effectiveness, mobilizing all the rhetoric at his command.
	世間にとって一貫性というようなものはもはやどうでもいいことであるようだった。彼らが求めているのは、テレビの画面の上で繰り広げられる知的闘剣士の試合であり、人々が見たがっているのものはそこで派手に流される赤い血だった。	Nobody seemed to care about consistency anymore. All they looked for on the tube were the bouts of intellectual gladiators; the redder the blood they drew, the better.

『ねじまき鳥クロニクル』 The Wind-Up Bird Chronicle

	つまり僕は、何かで不愉快になったり苛立ったりしたときには、その対象をひとまず僕個人とは関係のないどこか別の区域に移動させてしまう。	When someone gets on my nerves, the first thing I do is transfer the object of my unpleasant feelings to another domain, one having no connection with me.
	そうして一時的に自分の感情を凍結してしまうわけだ。	In other words, I put a freeze on my emotions.
8	でもその時、何かが私を押し止めました。何かが変なのです。何かが私の心にひっかかるのです。そしてその『何か』が最後の瞬間に私を、文字通りうしろからひっぱるみたいに、押し止めたのです。	But something held me back. There was something wrong, something nagging at me. At the last second, that 'something' almost literally pulled me back from the edge.
	私は自分という人間がこの世界のどこにもつなぎ止められていないように感じました。	I felt as if I were not anchored to the world.
9	「私を充電してほしいの」と彼女は言った。	"To charge my batteries," she said.
11	あなたの記憶にはきっと何か死角のようなものがあるのよ。	You must have some kind of blind spot in your memory.
12	人間の運命というのはそれが通りすぎてしまったあとで振り返るものです。先回りして見るものではありません。	A person's destiny is something you look back at after it's past, not something you see in advance.
13	世界の果ての砂漠の真ん中の、深い井戸の底にひとりぼっちで残されて、真っ暗な中で激しい痛みに襲われるというのが、どれくらい孤独なものか、どれほど絶望的なものか、とてもおわかりいただけないだろうと思います。	I don't think you will ever be able to understand what it is like—the utter loneliness, the feeling of desperation—to be abandoned in a deep well in the middle of the desert at the edge of the world, overcome with intense pain in total darkness.
	この見事な光の至福の中でなら死んでもいいと思いました。いや、死にたいとさえ私は思いました。	If it could have happened in the bliss of this marvelous light, even death would have been no threat. Indeed, I felt I *wanted* to die.
	そこにあるのは、今何かがここで見事にひとつになったという感覚でした。圧倒的なまでの一体感です。	I experienced a wonderful sense of oneness, an overwhelming sense of unity.
	そうだ、人生の真の意義とはこの何十秒かだけ続く光の中に存在するのだ、ここで自分はこのまま死んでしまうべきなのだと私は思いました。	Yes, that was it: the true meaning of life resided in that light that lasted for however many seconds it was, and I felt I *ought* to die right then and there.
	私たちはそれについて何も語らないということによって、その体験を共有しておったのです。	We shared it by *not talking about it*.

	私があなたにお伝えしたかったのは、私の本当の人生というのはおそらく、あの外蒙古の砂漠にある深い井戸の中で終わってしまったのだろうということなのです。	What I wanted to convey to you was my feeling that real life may have ended for me deep in that well in the desert of Outer Mongolia.
	私はあの井戸の底の、一日のうちに十秒か十五秒だけ射しこんでくる強烈な光の中で、生命の核のようなものをすっかり焼きつくしてしまったような気がするのです。	I feel as if, in the intense light that shone for a mere ten or fifteen seconds a day in the bottom of the well, I burned up the very core of my life, until there was nothing left.
	抜け殻の心と、抜け殻の肉体が生み出すものは、抜け殻の人生に過ぎません。	The heart and flesh of an empty shell give birth to nothing more than the life of an empty shell.

第2部　予言する鳥編　Book Two: Bird as Prophet

1	僕が欲しいのはどんな小さなつまらないことでもいいから、具体的な事実なんです。わかりますか？　目で見ることができて、手でたしかめることができる事実です。	What I need right now is facts. Concrete facts. I don't care how stupid and simple they might be, I'll take any facts I can get—am I making myself clear? I need something I can see and touch.
2	私たちはみんな温かい泥の中からやってきたんだし、温かな泥の中に戻っていくのよ。	We all come out of the warm mud, and we all go back to it.
	何かの記憶が、狭い箱の中から外へ出たがっているようだった。僕はその何かの不器用なもぞもぞとした動きを感じることができた。	Some kind of memory was trying to force its way out. I could feel it in there, bumping around.
	ちょっとしたヒントだけでいいのだ。その糸を一本引っ張れば、すべてはあっさりとほどけてしまうはずだった。それは僕にほどかれるのを待っていた。でも僕はその一本の細い糸を捜し当てることができなかった。	All I needed was a little hint. If I pulled that one tiny thread, then everything would come unraveled. The mystery was waiting for me to solve it. But the one slim thread was something I couldn't find.
3	いいですか、当事者は僕とクミコなんです。我々がそれを話し合って決める。あなたが口を出す問題じゃない。	We're the ones who have to talk to each other and decide things. You've got nothing to do with this.
	ある種の下品さは、ある種の淀みは、ある種の暗部は、それ自体の力で、それ自体のサイクルでどんどん増殖していく。そしてあるポイントを過ぎると、それを止めることは誰にもできなくなってしまう。たとえ当事者が止めたいと思ってもです。	A certain kind of shittiness, a certain kind of stagnation, a certain kind of darkness, goes on propagating itself by its own power in its own self-contained cycle. And once it passes a certain point, no one can stop it—even if the person himself wants to stop it.
	感情というものは、ときには外に向かって解き放つ必要があるのです。そうしないことには、内部に流れが淀んでしまうことになります。言いたいことをおっしゃって、気持ちはすっきりなさったでしょう？	Feelings need to be let out sometimes. Otherwise, the flow can stagnate inside. I'm sure you feel better now that you have said what you wanted to say.

	「どちらの側でもありません」と彼女は言った。「そこには側というようなものはないからです。そういうものは、そこには存在しないのです。	"Neither," she said. "There are no sides in this case. They simply do not exist."
4	しかし私はその僅かな時間の光の洪水の中に、それこそ一生かけても見ることができないほどの事物を見てしまったのです。そしてそれを見た私は、それを見る前の私とはまったく違った人間になってしまったのです。	*But in that momentary flood of light I saw something—saw something once and for all—that I could never see again as long as I lived. And having seen it, I was no longer the same person I had been.*
	私がその井戸の中でいちばん苦しんだのは、その光の中にある何かの姿を見極められない苦しみでした。見るべきものを見ることができない飢えであり、知るべきことを知ることのできない渇きでありました。	*What I suffered from most down there in the well was the torture of being unable to attain a clear view of that something in the light: the hunger of being unable to see what I needed to see, the thirst of being unable to know what I needed to know.*
	かつて私の中にあった生命あるものは、それ故に何かしらの価値を有していたものは、もうひとつ残らず死に絶えておりました。あの激しい光の中で、それらは焼かれて灰になってしまっていたのです。	*Those living things that had once been there inside me, that had been for that reason of some value, were dead now. Not one thing was left. They had all been burned to ashes in that fierce light.*
	おそらく、その啓示なり恩寵なりの発する熱が、私という人間の生命の核を焼き切っていたのです。	*The heat emitted by that revelation or grace had seared away the very core of the life that made me the person I was.*
	私は、そのような立場にある人間として思うのですが、人生というものは、その渦中にある人々が考えているよりはずっと限定されたものなのです。人生という行為の中に光が射し込んでくるのは、限られたほんの短い期間のことなのです。	*As a person who finds himself in such a position, I have come to think that life is a far more limited thing than those in the midst of its maelstrom realize. The light shines into the act of life for only the briefest moment—perhaps only a matter of seconds.*
	それが過ぎ去ってしまえば、そしてもしそこに示された啓示を摑み取ることに失敗してしまったなら、そこには二度目の機会というのは存在しないのです。	*Once it is gone and one has failed to grasp its offered revelation, there is no second chance.*
5	ひと息ついて井戸の底に腰をおろし、壁に背中をもたせかけた。そして目を閉じて、からだをその場所に馴染ませた。さて、と僕は思った。僕は今このようにして、井戸の底にいる。	Taking a breath, I sat on the floor of the well, with my back against the wall. I closed my eyes and let my body become accustomed to the place. All right, then, I thought: here I am in the bottom of a well.
6	そんな奇妙な含みを持った闇の中で、僕の記憶はこれまでにない強い力を身に帯びはじめていた。	Here in this darkness, with its strange sense of significance, my memories began to take on a power they had never had before.

	それらの記憶が折りにふれて僕の中に呼び起こす様々なイメージの断片は、細部にいたるまで不思議なほど鮮やかであり、そのまま手にすくい取れそうなくらいありありとしていた。	The fragmentary images they called up inside me were mysteriously vivid in every detail, to the point where I felt I could grasp them in my hands.
7	肉体などというものは結局のところ、意識を中に収めるために用意された、ただのかりそめの殻に過ぎないのではないか、と僕はふと思った。	The thought struck me that my own body was a mere provisional husk that had been prepared for my mind by a rearrangement of the signs known as chromosomes.
	僕らは意識で交わり、現実の中に射精することだってできる。	Yes, it was possible for us to couple in our minds and for me to come in reality.
8	複雑に見えるものごとも──もちろんそれは実際に複雑であるわけなのですが──その動機においてはきわめて単純なのです。それが何を求めているか、それだけのことです。	Things that appear to be complicated—and that, in fact, *are* complicated—are very simple where motives are concerned. It is just a matter of *what we are looking for.*
	動機というものはいうなれば欲望の根です。大事なのは、その根をたどることです。現実という複雑さの地面を掘るのです。それをどこまでも掘っていくのです。	Motive is the root of desire, so to speak. The important thing is to seek out the root. Dig beneath the complicated surface of reality. And keep on digging.
	そこから先に進むと、もうあとに戻ることはできません。それでもいいのですか？	If you go any farther, you won't be able to come back. Do you understand?
	僕は壁を通り抜けているんだ。僕はどこかからどこかに移るために、壁を通り抜けている。でも壁を通り抜けている僕には、壁を通り抜けることがものすごく自然な行為に思えた。	I'm passing through the wall! In order to go from one place to another, I was passing through a wall. And yet, even as it was happening, it seemed like the most natural thing to do.
9	僕が消えてしまったところで、世界は何の痛痒もなく動きつづけていることだろう。	I could disappear from the face of the earth, and the world would go on moving without the slightest hiccup.
	でも私の気持ちを、私の感じていることを、あなたに向かって何から何まで正確に口にできないことがいちばん辛いのよ。	What really hurts, though, is that I want to tell you everything—every last thing—but I just can't do it. I can't tell you exactly how I feel.
10	つまり──私は思うんだけれど、自分がいつかは死んでしまうんだとわかっているからこそ、人は自分がここにこうして生きていることの意味について真剣に考えないわけにはいかないんじゃないのかな。	I mean... this is what I think, but... people have to think seriously about what it means for them to be alive here and now because they know they're going to die sometime.
	死というものの存在が鮮やかで巨大であればあるほど、私たちは死にもの狂いでものを考えるわけ。	Death is this huge, bright thing, and the bigger and brighter it is, the more we have to drive ourselves crazy thinking about things.

『ねじまき鳥クロニクル』 *The Wind-Up Bird Chronicle*

ねえ、君はそんな風に思ったことはないかな、どこか別の場所に行って、今の自分とはまったく違った自分になりたいと？	Have you ever had that feeling—that you'd like to go to a whole different place and become a whole different self?
自分ではうまくやれた、別の自分になれたと思っていても、そのうわべの下にはもとのあなたがちゃんといるし、何かあればそれが『こんにちは』って顔を出すのよ。	You might *think* you made a new world or a new self, but your old self is always gonna be there, just below the surface, and if something happens, it'll stick its head out and say 'Hi.'
11 それは理屈も何もない圧倒的な電流の交感のようなものでした。まるで空が頭の上にどすんと落ちてきたような感じでした。	*It was a totally irrational, overwhelming charge of electricity that passed between us. I felt as if the sky had fallen on me.*
私の肉体は熱い泥の中を転げ回っていました。私の意識はその快感を吸い上げて、はちきれそうに膨らみ、そしてはちきれました。	*My flesh was rolling in hot mud. My mind sucked in the sheer pleasure to the point of bursting—and then it burst.*
12 それはあざだった。井戸の中で熱を感じていたちょうどその部分にあざができていたのだ。	It was a mark. I had a mark on my cheek in the exact location where, in the well, I had had the sensation of heat.
あるいはこのあざは、あの奇妙な夢なり幻想なりが僕に押した烙印なのかもしれない。あれはただの夢ではない、と彼らはあざを通して語っているのだ。それは本当にあったことなのだ、そして鏡を見るたびにお前はいつもそれを思い出さなくてはならないのだ。	Or the mark could be a brand that had been left on me by that strange dream or illusion or whatever it was. *That was no dream*, they were telling me through the mark: *It really happened. And everytime you look in the mirror now, you will be forced to remember it.*
13 私という肉が真ん中からふたつに裂けてしまうようなほとんど理不尽な痛みでした。でも私は激しく痛みながらも、快感に悶えていました。	The pain was almost impossibly intense, as if my physical self were splitting in two from the inside out. And yet, as terrible as it felt, I was writhing as much in pleasure as in pain.
それはもともと私の中にあるものでありながら、私の知らないものなのです。でもこの男が、私の中からとにかくそれを引き出したのです。	It had always been inside me, and yet it was something of which I had no knowledge. This man had drawn it out of me.
14 しかし経過がどのようなものであれ、気がついたときには私は既にその新しい入れ物の中に入っていたわけです。	Whatever the process may have been, the fact remains that at the end of it, I found myself in a whole new container.
自分を肉である自分と肉でない自分とに分割することができるのです。	I was able to divide myself into a physical self and a non-physical self.
16 **(15)** どこまでいけばあなたが自分の世界みたいなものを失って混乱してくるのか、ためしてみたかったの。	I wanted to see how much it would take until you were so mixed up you lost your world.
現実というのは幾つかの層のようになって成立しているんだ。	I mean, reality is made up of these different layers.

人間というのはきっとみんなそれぞれ違うものを自分の存在の中心に持って生まれてくるのね。そしてそのひとつひとつ違うものが熱源みたいになって、ひとりひとりの人間を中から動かしているの。	Everybody's born with some different thing at the core of their existence. And that thing, whatever it is, becomes like a heat source that runs each person from the inside.
私はただなんとかそのぐしゃぐしゃに近づきたかっただけなの。私は自分の中にあるそのぐしゃぐしゃをうまくおびきだしてひきずりだして潰してしまいたかったの。そしてそれをおびきだすためには、本当にぎりぎりのところまで行く必要があるのよ。	I just wanted to get close to that gooshy thing if I could. I wanted to trick it into coming out of me and then crush it to bits. You've got to really push the limits if you're going to trick it into coming out.
鳥も蝉も、何も鳴いていなかった。その庭はひどく静かだった。本当に世界が空っぽになってしまったみたいだった。	There were no other sounds, no bird or insect cries. A terrible quiet settled over the yard, as though the world had become empty.

第3部　鳥刺し男編　Book Three: The Birdcatcher	
4 **(2)** もし僕に何か強みがあるとしたら、それは失うべきものがないという点だった。たぶん。	If I had anything in my favour, it was that I had nothing to lose. Probably.
6 **(4)** 妙な感じの暗闇だった。何も見えないという点ではかつて僕が井戸の底で経験したあの暗闇と同じだが、質はまるで違っている。そこには方向もなく、奥行きもなかった。重さもなく、手がかりもなかった。それは暗黒というよりはむしろ虚無に近いものだった。	The darkness in which I sat had something strange about it. The fact of being unable to see anything was the same as what I had experienced in the well, but otherwise this darkness had a certain quality that made it quite different. It had no direction or depth, no weight or tangibility. It was less like darkness than nothingness.
何はともあれものごとは動き出したのだ。＜中略＞今はとにかく振り落とされないようにしがみついているしかない。そうすれば僕はたぶんどこかに辿り着くことができるだろう。少なくとも今とは違う場所に。	One thing was certain: things had started to move. ＜中略＞ Now all I had to do was hold on tight to keep from being knocked off. If I could do that, I might end up somewhere—somewhere different from where I was now, at least.
8 **(6)** でもこうして膝の上に、この小さくて柔らかい生き物を抱いていると、そしてその生き物が僕を信頼しきったように熟睡しているのを見ると、胸が熱くなった。	Holding this soft, small living creature in my lap this way, though, and seeing how it slept with complete trust in me, I felt a warm rush in my chest.
9 **(8)** 暗闇の中にうずくまっている不器用な僕の肉体から逃れ出ようとする。僕は今ではひとつの空き家に過ぎず、捨てられた井戸に過ぎないのだ。	I try to get out of this clumsy flesh of mine, which is crouching here in the dark. Now I am nothing but a vacant house, an abandoned well.

『ねじまき鳥クロニクル』　The Wind-Up Bird Chronicle

10 (9)	あるいは世界というのは、回転扉みたいにただそこをくるくるとまわるだけのものではないのだろうか、と薄れかける意識の中で彼はふと思った。	Maybe the world was like a revolving door, it occurred to him as his consciousness was fading away.
	その仕切りのどこに入るかというのは、ただ単に足の踏み出し方の問題に過ぎないのではないだろうか。	And which section you ended up in was just a matter of where your foot happened to fall.
	そしてその頬にあざのある獣医は、回転扉のべつの仕切りに入ったまま心ならずも満州国と運命をともにすることになった。	And caught unawares in the wrong section of the revolving door, the vet with the mark on his cheek would share the fate of Manchukuo.
14 (13)	それからね岡田さん、あるいは余計なお節介かもしれませんが、世の中には知らないままでいた方がいいということだってやっぱりあります。しかしそういうものにかぎって人は熱心に知りたがる。	One last word of advice, though, Mr Okada, though you may not want to hear this: There are things in this world it is better not to know about. Of course, those are the very things that people most want to know about.
15 (14)	彼の言葉はその物語のある世界の迷路の中に呑み込まれて消えてしまったのよ。その物語から出てきたものが彼の舌を奪って持っていってしまったのよ。	His words were lost in the labyrinth, swallowed up by the world of the stories. Something that *came out of those* stories snatched his tongue away.
18 (17)	ナツメグが仕事の後継者を見つけたのは、その年の夏のことだった。新宿のビルの前に座っている若い男の顔のあざを目にしたとき、ナツメグはそのことを知った。	Nutmeg found a successor during the summer of that year. The moment she saw the mark on the cheek of the young man who was sitting in front of a building in Shinjuku, she knew.
19 (18)	そのあざはあなたに何か大事なものを与えてくれるかもしれない。でもそれは何かをあなたからうばっているはずです。	*That mark is maybe going to give you something important. But it also must be robbing you of something.*
27 (25)	あなたは今、プログラム「ねじまき鳥クロニクル」にアクセスしています。1から16までの文書の中から番号を選択して下さい。	You have now gained access to the program me "The Wind-up Bird Chronicle". Choose a document (1–16).
28 (26)	それは獣医にとっては大きなパラドックスであり、どこまでいっても解消することのできない（と彼には感じられる）自己矛盾だった。それは彼の人生に仕掛けられた巨大な罠みたいに思えた。	This was, for the doctor, a great paradox, an insoluble contradiction, a gigantic trap that had been set for him in his life.
29 (27)	何故彼はそれに物語という体裁を与えなくてはならなかったのだろう？ 何故その物語群は「年代記」というタイトルを与えられなくてはならなかったのだろう？	And why *stories*? Why not some other form? And why had he found it necessary to use the word "chronicle" in the title?

	おそらくシナモンは自分という人間の存在理由を真剣に探しているのだ。	He was engaged in a search for the meaning of his own existence.
	それは事実は真実ではないかもしれないし、真実は事実ではないかもしれないということだ。	Namely, the assumption that *fact may not be truth, and truth may not be factual.*
	それが偶然の一致であるにせよないにせよ、シナモンの物語では「ねじまき鳥」という存在が、大きな力を持っていた。人々はとくべつな人間にしか聞こえないその鳥の声によって導かれ、避けがたい破滅へと向かった。	Whether by chance or not, the "wind-up bird" was a powerful presence in Cinnamon's story. The cry of this bird was audible only to certain special people, who were guided by it towards inevitable ruin.
	そこでは、獣医が終始一貫して感じ続けていたように、人間の自由意志などというものは無力だった。	The will of human beings meant nothing, then, as the vet always seemed to feel.
	彼らは人形が背中のねじを巻かれてテーブルの上に置かれたみたいに選択の余地のない行為に従事し、選択のない余地のない方向に進まされた。	People were no more than dolls set on tabletops, the springs in their backs wound up tight, dolls set to move in ways they could not choose, moving in directions they could not choose.
	それが偶然やその場の思いつきでないとは明らかだ。シナモンははっきりした目的を持って機械を操作し、その物語のひとつを僕に見せようとした。	This had not happened by chance or a sudden whim. Cinnamon had programmed the machine with a definite purpose in mind and shown me *one* story.
	そこには彼の沈黙の言葉が、いくつもの物語となって生きて呼吸しているのだ。それは思考し、求め、成長し、発熱していた。しかし画面は僕の前で月のように深く死に続け、その存在の根は、迷宮の森の中に姿を消していた。	In there, his silent words lived and breathed as stories. They could think and seek and grow and give off heat. But the screen before me remained as deep in death as the moon, hiding Cinnamon's words in a labyrinthine forest.
37 (35)	何も考えてはいけない、と僕は思った。想像してはいけない。間宮中尉は手紙の中にそう書いていた。想像することがここでは命取りになるのだ。	*No thinking. You are not allowed to think, I told myself. You are not allowed to use your imagination. Lieutenant Mamiya had said that in his letter. Imagining things here can be fatal.*
40 (38)	それでは本当の私とはいったいどの私なのでしょう。今この手紙を書いているこの私を「本当の私」だと考える正当な根拠があるのでしょうか。	And if so, what, then, is the real me? Do I have any sound basis for concluding that the me who is now writing this letter is the "real me"?

『ねじまき鳥クロニクル』 *The Wind-Up Bird Chronicle*

『ねじまき鳥クロニクル』の英訳から学ぶこと

平林美都子
（愛知淑徳大学教授）

私の英語小説の読み方

　英語圏文学研究を専門としている立場上、英語で書かれた小説はよく読む。その場合、読み方は大きく分けて三通りある。第一は速読。日本語の場合と同様、キーワードとなる単語を拾いながらざっと通して読むやり方である。これは粗筋を追うだけの場合である。第二は主筋のみを追っていき、風景描写などの説明部分は端折る読み方である。第三は字句を「舐めるような」丁寧な読み方である。研究対象とする小説に関しては、もちろんこの第三の読み方を繰り返して行う。訳本を読んでから原作、という方法もある。ただしこの場合、登場人物のイメージが出来上がってしまっているので、原作から新たなイメージ作りをするのがむずかしくなるという短所がある。

　私が村上春樹作品の英訳を読むようになったのは、翻訳に文化的、経済的、歴史的な事情がどのような影響を及ぼすのか興味があったからである。当時、村上の主要作品の多くを読んでいたため、英語翻訳を読むにあたっては、主に第二の読み方に準じた。登場人物のイメージが固定しているのは仕方ないとして、村上作品の英語訳をあえて読む魅力はどこにあるのだろうか。以下、『ねじまき鳥クロニクル』の英訳から学べること、あるいは読みどころを紹介したい。

比喩表現

　「英語で書いてそれを日本語に翻訳してみて、はじめて自分の言葉を見つけた」(Rubin, 1992, *p.*491) という村上の言葉はよく知られている。これは彼自身が翻訳者であり、その読書体験があったことによるものが大きい。例えば「生と死のあいだには、文字どおり髪の毛一本くらいの隙間しかなかった」(「トニー滝谷」) という表現は、英語の hairbreadth を念頭において「間一髪」という言い古された熟語を解体・説明することにより、日本語表現を活性化させている。

　こうした英語表現からの借用以外にも、村上の多様な比喩表現を英訳で確認するのは興味深い。

　"To say that their reception of me was cool would be an understatement.The doors of all the world's refrigerators seemed to have been thrown open at once."(*The Wind-up Bird Chronicle p.*49) (両親の反応はひどく冷たいものだった。まるで世界中の冷蔵庫のドアが一度に開け放たれたみたいだ)、"I had no more plans for the afternoon than a migrating bird has collateral assets."(*p.*82) (渡り鳥が抵当用資産を持たないのとおなじように、僕にも予定というものをもたない)、"her voice like a little broom sweeping off the dust that had piled up on the slats of a venetian blind"(*p.*130) ([彼女の声は] まるで、窓のブラインドにつもったほこりを小さな箒でさっさっと払っているような感じの声だった)は言葉通りの比喩であるのだが、「人の冷たさ」や予定が「ない」こと、あるいは「彼女の声」に対する誇張や乖離表現によって、言語の記号性を超えた斬新さを感じさせる。

　とくに最後の表現のふたつの概念 ('her voice' と 'a little broom') の結びつきにはむしろ違和感すら覚える。英語にも同様の活性化を与えているこれらの比喩表現は、記号として以上の言語 (言葉) の可能性、すなわち言語が作り出してきた従来の世界観に揺さぶりを与えているのである。

ポップな会話、丁寧な会話

　村上の小説の特徴は、どの主人公も垢抜けたアメリカ文化を身につけている点である。『ねじまき鳥』の「僕」の生活もスパゲティー、ペリエ、パーシーフェイス・オーケストラなどポップな生活文化に囲まれている。そして「僕」と主要女性登場人物とのポップな会話は英訳されると、そのまま日常の英会話のテキストになりそうである。

　初対面の笠原メイとの会話は、"Hot." "Yeah, right." といった軽い挨拶からはじまる。婚約者が6本指だったらどうするとメイに聞かれると、「僕は」"Sell her to the circus." と答え、"Really?" に対して "No, of course not, I'm kidding. I don't think it would bother me." で締めくくる。原作の村上の軽い口調は英訳でも生きている。いやむしろ、英訳のほうがしっくりすると言ったほうがよいのかもしれない。

　しかし、こうしたポップな会話の中でも、実は日本人にとり結構やっかいな助動詞が巧みに使われている。妻の嫌いなものを作ってしまった「僕」がそのおかずをゴミ箱に捨てると、彼女は "you could have eaten it"（あなたが食べればいいじゃない）と言う。これは「もし食べようとすれば食べることができたけれど、食べなかった」という「仮定法過去完了」として高校英語で習った表現である。これは「行こうと思えば行けた」や「変更しようと思えば変更できた」など、日常のいろいろな場面で使える表現である。

　ポップな会話と対照的なのが、尊敬語・謙譲語を多用する加納マルタとの会話である。「僕」との待ち合わせの場所を決めるとき、マルタは "Would you by any chance be acquainted with the Pacific Hotel, across from Shinagawa Station?" と問う。「ご存知でいらっしゃいますか」という尊敬語は "would" で表現されているが、"by any chance"（ひょっとして、もしかして）を付け加えることで丁寧さが補強されている。

出来事の詳細な描写

　間宮老人も尊敬語、謙譲語を使うが、彼の語りで特徴的なのは会話の
やりとりではなく、むしろ彼の体験した出来事の詳細な描写である。間
宮老人はノモンハン戦争直前、モンゴルで「皮剥ぎボリス」と呼ばれる
ロシア人の指示の下で日本兵のひとりが「桃の皮をむくように」身体の
皮を剥かれる情景を物語る。この語り部分は何度読み直しても想像を絶
する恐ろしいシーンなのだが、そのために飛ばし読みができない箇所と
なっている。いいかえれば、このシーンは我々の想像範囲を超えている
ために、それを理解するのに丁寧な読みが要求されるということである。
さらに間宮老人には「僕」という聞き手がいるため、彼の語りは日本語
でも英語でもわかりやすい構造となっている。こうした常識を超えるよ
うな場面描写ではいつも村上調の語りが後退し、標準的な日本語表現が
使われており、英訳もわかりやすいのである。

英訳における省略

　『ねじまき鳥のクロニクル』の英訳において興味深いのは、原作からの
削除あるいは書き換えがなされていることである。アメリカでは編集者
の意見によってオリジナル作品が修正されることが多いが、とくに『ね
じまき鳥のクロニクル』の場合、1冊本にするために原作を約 25,000
語分カットという大幅な変更が行われた。ここでは第二部の変更点をい
くつか紹介したい。

　笠原メイと「僕」が会話する 16 章と 18 章は、原作ではそれぞれ日に
ちも場所が異なったふたつの場面だが、英訳ではひとつのシーンに合体
している。また、加納クレタが美容院に行ったり「僕」がスーツケース
を買いに行ったりしてクレタ島への準備をする場面や、区営プールで溺

れそうになったりする最後のシーンは省略されている。ルービンは「加納クレタとクレタ島にいくかどうかを決めかねている部分は、三部にはほとんど関係ないので」削除したとし、作品が「より明確に引き締まった」（Rubin, 2003, *p*.275）と説明している。当初は第一部と第二部が同時に刊行され、そこに結末としてのプールにおける一種の悟りのシーンが必要だったのだろう。しかし、第三部の完結編が出たことにより、その部分が全体を曖昧にしてしまう可能性もあるということだ。村上の原作を熟知している読者には、こうした変更を「探す」ことは英訳を読むもうひとつの愉しみになるのかもしれない。

The Wind-Up Bird Chronicle

Vintage

『ねじまき鳥クロニクル』〈第一部〉泥棒かささぎ編
〈第二部〉予言する鳥編　〈第三部〉鳥刺し男編
新潮文庫

Murakmi, Haruki, *The Wind-Up Bird Chronicle*. Translated by Jay Rubin, Vintage, 1998.
Rubin, Jay. "The Other World of Haruki Murakami," *Japan Quarterly* 39, 4, 1992, pp.490-500.
　　Haruki Murakami and Music of Worlds. Harvill, 2003.

海辺のカフカ

Kafka on the Shore

作品情報

　15歳の少年、田村カフカが主人公。冒頭から登場する「カラスと呼ばれる少年」は田村カフカの分身ともいうべき存在。田村カフカの「カフカ」はフランツ・カフカから。チェコ語で「カフカ」は「カラス」。

　家出少年・田村カフカは高松の甲村記念館で司書の大島さんや館長の佐伯さんと親しくなり図書館に滞在する。「ナカタさん」は様々な事件の後、星野青年と出会い、この物語のキーになる「入り口の石」を探して高松を目指す。ふたりが交わるところで何が起きるのか。

　『ハードボイルド・ワンダーランド』で「ハードボイルド・ワンダーランド」と「世界の終り」が交互に現れたように、「田村カフカ」の章と「ナカタさん」の章が交互に表れる。日本語英語とも前者は僕/Iが主語で現在形、「ナカタさん」の章は三人称で過去形で語られる。

単行本　2002年（新潮社）
文庫　　2005年（新潮文庫）

【英訳版】*Kafka on the Shore*
英訳者　Philip Gabriel（2005年、Harvill Press／2005年、Knopf）

登場人物

僕・田村カフカ ／ I
15歳の誕生日、家を出て遠くの知らない街に行き、小さな図書館の片隅で暮らすようになった。4歳になったばかりのとき母が養女の姉だけを連れて家を出て行った。

ナカタさん（ナカタサトル）／ Nakata
9歳の時に集団失神事件で記憶喪失になる。東京・中野区野方のショウエイソウというアパートの小さな部屋に住んでいる。60歳を過ぎている。

大島 ／ Oshima
甲村記念図書館の司書。何くれなく「僕」の面倒をみる。性的少数者であり血友病患者。

佐伯 ／ Miss Saeki
甲村記念図書館の館長。『海辺のカフカ』の作曲者。図書館の2階の書斎でいつも書きものをしている。

星野（青年）／ Hoshino
ナカタの風貌やしゃべり方が死んだ祖父に似ることからヒッチハイクしていた彼を乗せる。農家の五人兄弟の三男。工業高校を卒業し自衛隊に入り、現在は長距離トラックの運転手。

ジョニー・ウォーカー ／ Jonnie Walker
スコッチウィスキーのブランド、ジョニー・ウォーカーのラベルの人物に扮した「猫殺し」。

カーネル・サンダース ／ Colonel Sanders
星野に「入り口の石」のありかを教えた、カーネル・サンダースの格好をした「純粋な意味でメタフィジカルな客体」で「実体がない、抽象概念」である存在。

取り上げた4つのシーンについて

シーン 1 カラスと呼ばれる少年はひとつため息をつき

冒頭部分より。15歳の誕生日とともに家を出て、知らない遠くの街で暮らすことを「僕」(カフカ)は決意した。カフカの分身とも言える「カラスと呼ばれる少年」The boy named Crow は「僕」に語りかける。Sometimes fate is like a small sandstorm that keeps changing direction.（ある場合には運命というのは、絶えまなく進行方向を変える局地的な砂嵐に似ている）と言って、これから「砂嵐」の中に飛び込む「僕」に待ち受ける厳しい運命を予言するとともにその背中を押す。

シーン 2 「ジョニー・ウォーカーさん」とナカタさんは

16章より。行方不明の猫を探していたナカタさんは、ジョニー・ウォーカーによって猫たちが次々に殺されるさまを目の当たりにする。その時、*Please, stop it. If you don't, Nakata's going to go crazy. I don't feel myself any more.*（お願いです。こんなことはもうよしてください。これ以上続けば、ナカタはおかしくなってしまいそうです。ナカタはもうナカタではないような気がするのです）と悲鳴にも似た叫びをあげる。大きな心理的葛藤の末、ナカタさんのとった行動は……。

シーン 3 空からイワシが降ってきた！

21章より。「ナカタさん」がジョニー・ウォーカー殺害を交番の警官に告げ、「空から雨が降るみたいに魚が降ってきます」と予告した通りの事態が起きた。それは「僕」の父親田村浩一が刺殺された翌日のことだった。some 2,000 sardines and mackerel rained down from the sky（およそ2000匹のイワシとアジが空から降ってきた）の文から、鮮やかな面白いシーンをイメージして楽しもう。

シーン 4 〈幽霊〉という呼び方が正しいのかどうか

23章より。田村浩一刺殺事件を知り、空から魚が降ったという新聞記事を読んだ日の夜、「僕」が初めて幽霊となった少女に出会うシーン。I sense something and suddenly wake up and there she is.（僕はなにかの気配でふと目を覚まし、その少女の姿を目にする）そして She's about my age, 15 or 16. I'm guessing 15.（彼女の年齢は僕と同じくらい、15歳かそれとも16歳。きっと15歳だ）。「僕」はその後時間を超えて「彼女」と深く関わっていくことになる。

シーン**1**～**4**		***Kafka on the Shore*** Vintage 訳：Philip Gabriel		『**海辺のカフカ**』上・下 新潮文庫
*pp.*230-245 出典				

The boy named Crow lets out a sigh, then rests a fingertip on each of his closed eyelids and speaks to me from the darkness within.

"How about we play our game?" he says.

"All right," I say. I close my eyes and quietly take a deep breath.

"OK, picture a terrible sandstorm," he says. "Get everything else out of your head."

I do as he says, get everything else out of my head. I forget who I am, even. I'm a total blank. Then things begin to surface. Things that—as we sit here on the old leather sofa in my father's study— both of us can see.

"Sometimes fate is like a small sandstorm that keeps changing direction," Crow says.

Sometimes fate is like a small sandstorm that keeps changing direction. You change direction, but the sandstorm chases you. You turn again, but the storm adjusts. Over and over you play this out, like some ominous dance with death just before dawn. Why? Because this storm isn't something that blew in from far away, something that has nothing to do with you. This storm is you. Something *inside* you. So all you can do is give in to it, step right inside the storm, closing your eyes and plugging up your ears so the sand doesn't get in, and walk through it, step by step. There's no sun there, no moon, no direction, no sense of time. Just fine white sand swirling up into the sky like pulverised bones. That's the kind of sandstorm you need to imagine.

And that's exactly what I do. I imagine a white funnel stretching vertically up like a thick rope. My eyes are closed tight, hands cupped over my ears, so those fine grains of sand can't blow inside me. The sandstorm draws steadily closer. I can feel the air pressing on my skin. It really is going to swallow me up.

---

adjusts：合わせて変化する　ominous：「不吉な」　plugging up...：〜をふさいで
pulverised：細かく砕かれた

カラスと呼ばれる少年はひとつため息をつき、それから指の腹で両方の瞼<ruby>まぶた</ruby>の上を押さえる。そして目を閉じ、その暗闇<ruby>くらやみ</ruby>の奥から僕に語りかける。

「いつものゲームをやろう」と彼は言う。

「いいよ」と僕は言う。僕も同じように目を閉じ、静かに大きく息をする。

「いいかい、ひどいひどい砂嵐<ruby>すなあらし</ruby>を想像するんだ」と彼は言う。「ほかのことはぜんぶすっかり忘れて」

言われたとおり、ひどいひどい砂嵐を想像する。ほかのことはぜんぶすっかり忘れてしまう。自分が自分であることさえ忘れてしまう。僕は空白になる。ものごとはすぐに浮かんでくる。いつものように僕と少年は、父の書斎の古い革の長椅子<ruby>ながいす</ruby>の上でそのものごとを共有する。

「ある場合には運命というのは、絶えまなく進行方向を変える局地的な砂嵐に似ている」とカラスと呼ばれる少年は僕に語りかける。

ある場合には運命っていうのは、絶えまなく進行方向を変える局地的な砂嵐に似ている。君はそれを避けようと足どりを変える。そうすると、嵐も君にあわせるように足どりを変える。君はもう一度足どりを変える。すると嵐もまた同じように足どりを変える。何度でも何度でも、まるで夜明け前に死神と踊る不吉なダンスみたいに、それが繰りかえされる。なぜかといえば、その嵐はどこか遠くからやってきた無関係ななにかじゃないからだ。そいつはつまり、君自身のことなんだ。君の中にあるなにかなんだ。だから君にできることといえば、あきらめてその嵐の中にまっすぐ足を踏みいれ、砂が入らないように目と耳をしっかりふさぎ、一歩一歩とおり抜けていくことだけだ。そこにはおそらく太陽もなく、月もなく、方向もなく、あるばあいにはまっとうな時間さえない。そこには骨をくだいたような白く細かい砂が空高く舞っているだけだ。そういう砂嵐を想像するんだ。

僕はそんな砂嵐を想像する。白いたつまきが空に向かって、まるで太いロープのようにまっすぐたちのぼっている。僕は両手で目と耳をしっかりとふさいでいる。身体<ruby>からだ</ruby>の中にその細かい砂が入ってしまわないように。その砂嵐はこちらをめがけてどんどん近づいてくる。僕はその風圧を遠くから肌に感じることができる。それは今まさに僕を呑<ruby>の</ruby>みこもうとしている。

---

funnel：じょうご（状のもの）、転じて「たつまき」の意
cupped：（何かを覆うために）カップ状にされて　fine grains：細かい粒子

The boy called Crow rests a hand softly on my shoulder, and with that the storm vanishes.

"From now on—no matter what—you've got to be the world's toughest 15-year-old. That's the only way you're going to survive. And in order to do that, you've got to figure what it means to be tough. You following me?"

I keep my eyes closed and don't reply. I just want to sink off into sleep like this, his hand on my shoulder. I hear the faint flutter of wings.

"You're going to be the world's toughest 15-year-old," Crow whispers as I try to fall asleep. As if he were carving the words in a deep blue tattoo on my heart.

And you really will have to make it through that violent, metaphysical, symbolic storm. No matter how metaphysical or symbolic it might be, make no mistake about it: it will cut through flesh like a thousand razor blades. People will bleed there, and *you* will bleed too. Hot, red blood. You'll catch that blood in your hands, your own blood and the blood of others.

And once the storm is over you won't remember how you made it through, how you managed to survive. You won't even be sure, in fact, whether the storm is really over. But one thing is certain. When you come out of the storm you won't be the same person who walked in. That's what this storm's all about.

On my fifteenth birthday I'll run away from home, journey to a far-off town and live in a corner of a small library. It'd take a week to go into the whole thing, all the details. So I'll just give the main point. **On my fifteenth birthday I'll run away from home, journey to a far-off town, and live in a corner of a small library.**

It sounds a little like a fairy tale. But it's no fairy tale, believe me. No matter what sort of spin you put on it.

---

make it through... : 〜を何とか切り抜ける
what this storm's all about : この嵐が意味していること

やがてカラスと呼ばれる少年は僕の肩にそっと手を置く。すると砂嵐は消える。でも僕はまだ目を閉じたままでいる。

「君はこれから世界で一番タフな15歳の少年にならなくちゃいけないんだ。なにがあろうとさ。そうする以外に君がこの世界を生きのびていく道はないんだからね。そしてそのためには、ほんとうにタフであるというのがどういうことなのか、君は自分で理解しなくちゃならない。わかった？」

僕はただ黙っている。少年の手を肩に感じながら、このままゆっくり眠りに入ってしまいたいと思う。かすかな羽ばたきが耳に届く。

「君はこれから世界で一番タフな15歳の少年になる」とカラスと呼ばれる少年は、眠ろうとしている僕の耳もとで静かに繰りかえす。僕の心に濃いブルーの字で、入れ墨として書きこむみたいに。

そしてもちろん、君はじっさいにそいつをくぐり抜けることになる。そのはげしい砂嵐を。形而上(けいじじょう)的で象徴的な砂嵐を。でも形而上的であり象徴的でありながら、同時にそいつは千の剃刀(かみそり)のようにするどく生身を切り裂くんだ。何人もの人たちがそこで血を流し、君自身もまた血を流すだろう。温かくて赤い血だ。君は両手にその血を受けるだろう。それは君の血であり、ほかの人たちの血でもある。

そしてその砂嵐が終わったとき、どうやって自分がそいつをくぐり抜けて生きのびることができたのか、君にはよく理解できないはずだ。いやほんとうにそいつが去ってしまったのかどうかもたしかじゃないはずだ。でもひとつだけはっきりしていることがある。その嵐から出てきた君は、そこに足を踏みいれたときの君じゃないっていうことだ。そう、それが砂嵐というものの意味なんだ。

15歳の誕生日がやってきたとき、僕は家を出て遠くの知らない街に行き、小さな図書館の片隅で暮らすようになる。

もちろん順を追ってくわしい話をしようと思えば、たぶんこのまま一週間だって話をつづけることはできる。しかしひとまず要点だけを言うと、だいたいそういうことになる。15歳の誕生日がやってきたとき、僕は家を出て遠くの知らない街に行き、小さな図書館の片隅で暮らすようになった。

なんだかおとぎ話のように聞こえるかもしれない。でもそれはおとぎ話じゃない。どんな意味あいにおいても。

---

go into... : 〜を詳しく語る　　spin：ひねった解釈

"Johnnie Walker." From deep inside himself Nakata managed to force out the words in a low voice. "*Please*, stop it. If you don't, Nakata's going to go crazy. I don't feel myself any more."

Johnnie Walker laid Mimi on the desk and out of habit let his fingers slowly crawl along her belly. "So you're no longer yourself," he said carefully and quietly. "That's very important, Mr Nakata. A person not being himself any more." He picked up a scalpel he hadn't yet used and tested its sharpness with the tip of his finger. Then, as if doing a trial cut, he ran the blade along the back of his hand. A moment later blood oozed up, dripping on to the desk and Mimi's body. Johnnie Walker chuckled. "A person's not being himself any more," he repeated. "You're no longer yourself. That's the ticket, Mr Nakata. Wonderful! The most important thing of all. 'O, full of scorpions is my mind!' *Macbeth* again."

Without a word, Nakata stood up. No one, not even Nakata himself, could have stopped him. With long strides he walked over to the desk and grabbed what looked like a steak knife. Grasping the wooden handle firmly, he plunged the blade into Johnnie Walker's stomach, piercing the black waistcoat, then stabbed again in another spot. He could hear something, a loud sound, and at first didn't know what it was. But then he realised: Johnnie Walker was laughing. Stabbed in the stomach and chest, his blood spouting out, he laughed and laughed.

"That's the stuff!" he yelled. "You didn't hesitate. Well done!" Laughing as though this was the funniest joke he'd ever heard. Soon, though, his laughter turned into a sob. The blood gurgling in his throat sounded like a drain coming unplugged. A terrible convulsion racked his body, and blood gushed from his mouth along with dark, slimy lumps—the hearts of the cats he'd eaten. The blood spewed over the desk, on to Nakata's golf shirt. Both men were drenched in

---

out of habit：いつもの癖で　**scalpel**：外科用メス　**oozed up**：にじみ出た　**That's the ticket**：「それだよ」　* the ticket は「おあつらえ向きのこと」　**plunged**：突き刺した

「ジョニー・ウォーカーさん」とナカタさんは腹の底から絞り出すような声で言った。「お願いです。こんなことはもうよしてください。これ以上続けば、ナカタはおかしくなってしまいそうです。ナカタはもうナカタではないような気がするのです」

ジョニー・ウォーカーはミミを机の上に寝かせ、例によってゆっくりと、その腹の上にまっすぐ指を這わせた。

「君はもう君ではない」と彼は静かな声で言った。その言葉を舌の上でじっくり味わった。「それはとても大事なことだよ、ナカタさん。人が人ではなくなるということはね」

ジョニー・ウォーカーは机の上からまだ使っていない新しいメスを取り上げ、指先でその刃の鋭さを確かめた。それから試し切りをするみたいに、自分の手の甲をそのメスですっと切った。少し間があって、それから血がこぼれた。その血は彼の手の甲から机の上にしたたり落ちた。血はミミの身体の上にも落ちた。ジョニー・ウォーカーはくすくすと笑った。「人が人ではなくなる」と彼は繰り返した。「君が君ではなくなる。それだよ、ナカタさん。素敵だ。なんといっても、それが大事なことなんだ。『ああ、おれの心のなかを、さそりが一杯はいずりまわる！』、これもまたマクベスの台詞だな」

ナカタさんは無言で椅子から立ち上がった。誰にも、ナカタさん自身にさえ、その行動を止めることはできなかった。彼は大きな足取りで前に進み、机の上に置いてあったナイフのひとつを、迷うことなくつかんだ。ステーキナイフのような形をした大型のナイフだった。ナカタさんはその木製の柄を握りしめ、刃の部分をジョニー・ウォーカーの胸に根もと近くまで、躊躇なく突き立てた。黒いヴェストの上から一度突き立て、それを引き抜き、また別の場所に思いきり突き立てた。耳もとで何か大きな音が聞こえた。それが何なのか、始めのうちナカタさんにはよくわからなかった。しかしそれはジョニー・ウォーカーの高笑いだった。彼はナイフを胸に深く突き立てられ、そこから血を流しながら、なおも大声で笑い続けていた。

「そうだ、それでいい」とジョニー・ウォーカーは叫んだ。「躊躇なく私を刺した。お見事だ」

倒れながら、ジョニー・ウォーカーはまだ笑い続けていた。ははははははは、と彼は笑っていた。おかしくておかしくてもう我慢できないという高笑いだった。しかしその笑いはやがてそのまま嗚咽に変わり、喉の中で血が湧き立つ音

That's the stuff!：その通りだ（That's it.）　gurgling：どくどく流れて　coming unplugged：詰まっていたものが取れる　convulsion：「痙攣」　racked：苦しめた　spewed：噴出した

blood. Mimi, too, lying on the desk, was soaked with it.

Johnnie Walker collapsed at Nakata's feet. He was on his side, curled up like a child on a cold night, and was unmistakably dead. His left hand was pressed against his throat, his right thrust straight out as though reaching for something. The convulsions had ceased and, of course, the laughter. A faint sneer was still evident on his lips. Blood puddled on the wooden floor and the silk hat had rolled off into a corner. The hair on the back of Johnnie Walker's head was thin, the skin visible beneath. Without the hat he looked much older and more feeble.

Nakata dropped the knife and it clattered to the floor as loudly as the gear of some large machine clanking away in the distance. Nakata stood next to the body for a long time. Everything in the room had come to a standstill. Only the blood continued, noiselessly, to flow, the puddle spreading across the floor.

At last, Nakata pulled himself together and gathered up Mimi from the desk. Warm and limp in his hands, she was covered in blood but apparently unharmed. Mimi looked at him as if trying to tell him something, but the drug prevented her mouth from moving.

Nakata then found Goma inside the case and lifted her out. He'd only seen photos of her, but felt a wave of nostalgia, as if he was meeting a long-lost friend. "Goma ..." he murmured. Holding the two cats, Nakata sat down on the sofa. "Let's go home," he told them, but he couldn't stand up.

The black dog had appeared from somewhere and sat down beside his dead master. He might have lapped at the pool of blood, but Nakata couldn't remember for sure. His head felt heavy and dim, and he took a deep breath and closed his eyes. His mind began to fade and, before he knew it, sank down into the darkness.

---

soaked with...：〜にまみれる　**Blood puddled**：血だまりができた
clanking away：ガチンと音を立てて遠ざかる（前進する）　**standstill**：静止

になった。排水パイプの詰まりがとれかけたときのようなごぼごぼという音だった。それから全身に激しい痙攣が走り、口から勢いよくどっと血を吐いた。血といっしょに、ぬるぬるとした黒い塊が吐き出された。さっき咀嚼されたばかりの猫たちの心臓だった。その血は机の上に落ち、ナカタさんの着ているゴルフウェアにもかかった。ジョニー・ウォーカーもナカタさんも全身血だらけになっていた。机の上に横たわったミミも血だらけだった。

気がついたとき、ジョニー・ウォーカーはナカタさんの足もとに倒れて死んでいた。横向きになり、子どもが寒い夜に身を丸めるようなかっこうで、紛れもなく彼は死んでいた。左手は喉のあたりを押さえ、右手は何かを探し求めるかのようにまっすぐ前に伸ばされている。痙攣もなくなり、もちろん高笑いも消えていた。しかし口もとにはまだ冷笑の影が淡く残っていた。それは何かの作用で永遠にそこに張りつけられてしまったみたいに見えた。板張りの床には血だまりが広がり、シルクハットは倒れるときに脱げ落ちて、部屋の隅の方に転がっていた。ジョニー・ウォーカーの後頭部の髪は薄く、地肌がのぞいていた。帽子がなくなってしまうと、彼はずっと老けて弱々しく見えた。

ナカタさんはナイフを手から離した。金属が床を打つ大きな音がした。どこか遠くで、大きな機械の歯車がひとつ前に進んだような音だった。長いあいだナカタさんは死体のそばに身動きひとつせず立っていた。部屋の中ではすべてが静止していた。血だけがまだ音もなく流れ続け、血だまりが少しずつ広がっていた。それから彼は気を取り直し、机の上に横たわったミミを抱き上げた。そのぐったりとした温かい身体を手の中に感じることができた。猫は血だらけになっていたが、怪我はないようだ。ミミは何かを言いたげに、ナカタさんの顔をじっと見上げていた。しかし薬のせいで口をきくことはできない。

それからナカタさんは鞄の中にゴマをみつけ、右手で抱き上げた。写真でしか見たことのない猫だったが、ずっと前から知っている猫に再会したような自然な懐かしさがあった。

「ゴマちゃん」とナカタさんは言った。

ナカタさんは2匹の猫を両手に抱え、ソファに腰を下ろした。

「家に帰ろう」とナカタさんは猫たちに言った。しかし立ち上がることはできなかった。どこからともなくさっきの黒い犬が現れ、ジョニー・ウォーカーの死体の隣に腰を下ろした。犬はそこに池のようにたまった血を舐めたかもしれない。しかし確かなことは思い出せない。頭が重くかすんでいる。ナカタさんは大きく息をついて、目を閉じた。意識が薄れ、そのまま無明の暗闇の中に沈み込んでいった。

....

pulled himself together：気を引き締めた　gathered up：抱き寄せた
lapped at...：〜をなめた

FISH RAIN FROM THE SKY!

2,000 SARDINES AND MACKEREL IN NAKANO WARD SHOPPING DISTRICT

At around 6 p.m. on the evening of the 29th residents of the *-chome* district of Nakano Ward were startled when some 2,000 sardines and mackerel rained down from the sky. Two housewives shopping in the neighbourhood market received slight facial injuries when struck by the falling fish, but no other injuries were reported. At the time of the incident it was sunny, with no clouds or wind. Many of the fish were still alive and jumped about on the pavemen ...

I finish reading the article and pass the paper back to Oshima. The reporter speculated about several possible causes of the incident, though none of them is very convincing. The police are investigating the possibility that it involved theft and someone playing a kind of practical joke. The Weather Service reported that there weren't any atmospheric conditions present that might have led to fish raining from the sky. And from the Ministry of Agriculture, Forestry and Fisheries' spokesman, still no comment.

"Do you have any idea why this happened?" Oshima asks me.

I shake my head. I don't have a clue.

"The day after your father was murdered, close to where it happened, two thousand sardines and mackerel fall from the sky. Just coincidence?"

"I suppose so."

---

speculated：推測した　convincing：信憑性のある　practical joke：悪ふざけ

前後の文脈
について

21章より。ナカタさんがジョニー・ウォーカー殺害を交番の警官に告げ、
「空から雨が降るみたいに魚が降ってきます」と予告した通りの事態が
起きた。それは「僕」の父親田村浩一が刺殺された翌日のことでもあった。

空から魚が降ってきた！

イワシとアジが２０００匹、中野区の商店街に

　29日の夕方6時頃、中野区野方＊丁目におよそ2000匹のイワシとアジが空から降ってきて、住民を驚かせた。近所の商店街で買い物をしていた主婦が2人、落下してきた魚にあたって顔などに軽い怪我をしたが、そのほかには被害はなかった。当時空は晴れており、雲もほとんどなく、風も吹いていなかったという。降ってきた魚の多くはまだ生きていて、路上ではねまわっており——

＊　＊　＊

　僕はその短い記事を読み、大島さんに返す。新聞記事は事件の原因についていくつかの憶測をおこなっているが、どれも説得性に欠けている。警察は盗難あるいはいたずらの可能性もあるとして捜査をおこなっている。気象庁は、魚が空から降ってくるような気象的要素はまったくなかったと述べている。農林水産省の広報担当者は、今の時点ではまだコメントを出していない。

「この出来事になにか心当たりはある？」と大島さんはたずねる。
　僕は首を振る。心当たりはまったくない。
「君のお父さんが殺された翌日、その現場のすぐ近くに、イワシとアジが2000匹空から降ってきた。これはきっと偶然の一致なんだろうね」
「たぶん」

『海辺のカフカ』 *Kafka on the Shore*

---

atmospheric conditions：大気の状態　**have a clue**：わかる

"The newspaper also says that at the Fujigawa rest area on the Tomei Highway, late at night on the very same day, a mass of leeches fell from the sky on one spot. Several minor collisions resulted, they say. Apparently the leeches were quite large. No one can explain why leeches would rain from the sky. It was a clear night, not a cloud in the sky. No idea why this happened, either?"

Again I shake my head.

Oshima folds up the newspaper and says, "Which leaves us with the fact that strange, inexplicable events are occurring one after the other. Maybe it's just a series of coincidences, but it still bothers me. There's something about it I can't unravel."

"Maybe it's a metaphor?" I venture.

"Maybe ... But sardines and mackerel and leeches falling from the sky? What kind of metaphor is *that*?"

In the silence I try putting into words something I haven't been able to say for a long time. "You know something? A few years ago my father had a prophecy about me."

"A prophecy?"

"I've never told anybody this before. I thought nobody'd believe me."

Oshima doesn't say a word. But his silence encourages me.

"More a curse than a prophecy, I guess. My father told me this over and over. As though he were chiselling each word into my brain." I take a deep breath and check once more what it is I have to say. Not that I really need to check it—it's always there, banging about in my head, whether I examine it or not. But I have to weigh the words one more time. And this is what I say: " 'Some day you will murder your father and be with your mother,' he said."

---

leeches：「ヒル」 minor collisions：「軽い衝突事故」 bothers：困惑させる
unravel：（謎などを）解く

「そして新聞には、東名高速道路の富士川サービスエリアで、同じ日の深夜に大量のヒルが空から降ってきたという記事が載っていた。狭い場所に局地的に降ったんだ。そのおかげでいくつか軽い衝突事故が起こった。かなり大きなヒルだったらしい。どうしてヒルの大群が空から雨みたいにばらばらと降ってきたのか、誰にも説明できない。風もほとんどない、晴れた夜だった。それについても心当たりはない？」

僕は首を振る。

大島さんは言う、そして新聞をかさねて折り畳む。「というわけでここのところ世間では、奇妙なこと、説明のつかないことが立てつづけに起こっている。もちろんそこにはつながりはないかもしれない。ただの偶然の一致かもしれない。でも僕にはどうも気になるんだ。なにかがひっかかる」

「それもメタファーかもしれない」と僕は言う。

「あるいはね。しかしアジとイワシとヒルが空から降ってくるというのが、いったいなんのメタファーになるんだろう？」

我々はしばらくのあいだ黙っている。長いあいだ言葉にすることのできなかったものを言葉にしてみる。

「ねえ大島さん、父親が何年も前から僕に予言していたことがあるんだ」

「予言？」

「このことはまだほかの誰にも話したことがないんだ。正直に話しても、たぶん誰も信じてはくれないと思ったから」

大島さんはなにも言わず黙っている。でもその沈黙は僕を励ましてくれる。

僕は言う。「予言というよりは、呪いに近いかもしれないな。父は何度も何度も、それを繰りかえし僕に聞かせた。まるで僕の意識に鑿でその一字一字を刻みこむみたいにね」

僕は深く息を吸いこむ。そして僕がこれから口にしなくてはならないものごとをもう一度確認する。もちろん確認するまでもなく、それはそこにある。それはいつだってそこにある。でも僕はその重みをもう一度測ってみなくてはならない。

僕は言う。「お前はいつかその手で父親を殺し、いつか母親と交わることになるって」

---

venture：思い切って言う　were chiselling：刻み込んでいた

I don't know if *ghost* is the right word, but it definitely isn't something of this world—that much I can tell at a glance.

I sense something and suddenly wake up and there she is. It's the middle of the night, but the room is strangely light, moonlight streaming through the window. I know I closed the curtains before going to bed, but now they're wide open. The girl's silhouette is clearly outlined, bathed by the bone-white light of the moon.

She's about my age, 15 or 16. I'm guessing 15. There's a big difference between fifteen and sixteen. She's small and slim, holds herself erect and doesn't seem delicate at all. Her hair hangs down to her shoulders, with a fringe on her forehead. She's wearing a blue dress with a billowing hem that's just the right length. She doesn't have on any shoes or socks. The buttons on the cuffs of her dress are neatly done up. Her dress has a rounded, open collar, showing off her well-formed neck.

She's sitting at the desk, chin resting in her hands, staring at the wall and thinking about something. Nothing too complex, I'd say. It looks more as if she's lost in some pleasant, warm memory of not so long ago. Every once in a while a hint of a smile gathers at the corners of her mouth. But the shadows cast by the moonlight keep me from making out any details of her expression. I don't want to interrupt whatever it is she's doing, so I pretend to be asleep, holding my breath and trying not to be noticed.

She has to be a ghost. First of all, she's just too beautiful. Her features are gorgeous, but it's not only that. She's so perfect I know she can't be real. She's like a person who stepped right out of a dream. The purity of her beauty gives me a feeling

---

bathed by... : ～を浴びて　holds herself erect : 背筋をピンと伸ばした姿勢でいる
fringe : 「前髪」　billowing hem : ふくらんだ裾

〈幽霊〉という呼びかたが正しいのかどうか、僕にはわからない。しかし少なくともそれは生きている実体ではない。この現実の世界のものではない——ひと目見ればそのことはわかる。

僕はなにかの気配でふと目を覚まし、その少女の姿を目にする。真夜中なのに部屋の中は不思議なほど明るい。窓から月の光が射しこんでいるのだ。寝る前に窓のカーテンを引いておいたはずなのに、今ではそれが大きく開いている。彼女は月の光の中でくっきりとした輪郭のシルエットとなり、骨のような白さをもった光に洗われている。

彼女の年齢は僕と同じくらい、15歳かそれとも16歳。きっと15歳だ。僕はそう判断する。15歳と16歳とのあいだには大きなちがいがある。体つきは小柄で華奢だけど、姿勢はよく、弱々しい印象はまるでない。髪はまっすぐで、首のあたりまでの長さ、前髪が額の上に落ちている。裾の広がった淡いブルーのワンピースを着ている。丈は長くもなく短くもない。靴も靴下もはいていない。ワンピースのカフスのボタンはきちんとはめられている。襟ぐりは丸く大きく、かたちのいい首筋を目立たせている。

彼女は机の前に座って頬杖をつき、壁のどこかを見ている。そしてなにかを考えている。でもむずかしいことを考えているのではなさそうだ。どちらかというと、それほど遠くない過去の温かい回想にふけっているように見える。ときどき口もとにほんのわずか、微笑みのようなものが浮かぶ。でも月の光の影になっているせいで、こちらから微妙な表情を読みとることはできない。僕は眠っているふりをする。彼女がそこでなにをしているにせよ、その邪魔をしたくないと思う。僕は息をひそめ、気配を消す。

その少女が〈幽霊〉であることが僕にはわかる。まずだいいちに彼女は美しすぎる。顔立ちそのものが美しいというだけじゃない。彼女ぜんたいのありかたが、現実のものであるにはあまりにも整いすぎているのだ。まるで誰かの夢の中からそのまま抜け出てきた人のように見える。その純粋な美しさは僕の中に、哀しみに似た感情を引き起こす。それはとても自然な感情だ。でも自然でありながら、普通の場所には存在しないはずの感情だ。

『海辺のカフカ』 Kafka on the Shore

done up：（ボタンなどが）締まって　keep me from making out：私が〜を理解するのを拒む

close to sadness—a very natural feeling, though one that only something extraordinary could induce.

I'm wrapped in my covers, holding my breath. She continues to sit there at the desk, chin propped in her hands, barely stirring. Now and then her chin shifts a fraction, changing the angle of her head ever so slightly. As far as anything moving in the room, that's it. I can see the large flowering dogwood just outside the window, glistening in the moonlight. There's no wind, and I can't hear a sound. The whole thing feels as though I might've died, unknowing. I'm dead, and this girl and I have sunk to the bottom of a deep crater lake.

All of a sudden she pulls her hands away from her chin and places them on her lap. Two small pale knees show at her hemline. She stops gazing at the wall and turns in my direction. She reaches up and touches the hair at her forehead—her slim, girlish fingers resting for a time on her forehead, as if she's trying to draw out some forgotten thought. *She's looking at me.* My heart beats dully in my chest, but strangely I don't feel as though I'm being looked at. Maybe she's not looking *at* me but *beyond* me.

In the depths of our crater lake, all is silent. The volcano's been extinct for ages. Layer upon layer of solitude, like folds of soft mud. The little bit of light that manages to penetrate to the depths lights up the surroundings like the remnants of some faint, distant memory. At these depths there's no sign of life. I don't know how long she looks at me—not at me, maybe, but at the spot where I am. Time's rules don't apply here. Time expands, then contracts, all in tune with the stirrings of the heart.

And then, without warning, the girl stands up and walks to the door on her slender legs. The door is shut, yet soundlessly she disappears.

---

induce：惹起する　a fraction：ほんの少し　dogwood：「ハナミズキ」

僕は布団にくるまって息を殺している。その一方で、彼女は机に頬杖を
ついたまま、その姿勢をほとんど崩さない。ときどき顎の位置が手の中で
小さく動き、それにあわせて頭の角度がほんのわずか変化する。部屋の中
にある動きといえば、ただそれだけだ。窓のすぐそばの大きなハナミズキ
が、月の光を浴びて静かに光っているのが見える。風はやんでいる。どん
な音も僕の耳には届かない。自分が知らないうちに死んでしまったような
感覚がある。僕は死んで、少女と一緒に深い火口湖の底に沈んでいるのだ。

　彼女は急に頬杖をつくのをやめ、両手を膝の上に置く。スカートの裾の
ところに、小さなふたつの白い膝が揃えられている。彼女はふと思いつい
たように壁を見つめるのをやめ、身体の向きを変えてこちらに視線を向け
る。手を額にやり、落ちた前髪に触れる。いかにも少女らしい細い指は、
なにかを思いだそうとするみたいにしばらく額の上に留まっている。彼女
は僕を見ている。僕の心臓が乾いた音をたてる。でも不思議なことに僕の
ほうには自分が見られているという感触がない。少女が見ているものは僕
ではなく、僕の向こう側にあるものなのかもしれない。
　僕ら二人が沈んでいる火口湖の底では、すべてがひっそりとしている。
火山の活動が終わったのはずいぶん昔の話だ。そこには孤独が柔らかな泥
のように積もっている。水の層をくぐり抜けてきたわずかな光が、遠い記
憶の名残のようにあたりを白く照らしている。深い水底には生命のしるし
は見あたらない。どれくらいの時間、彼女は僕を——あるいは僕のいる場
所を——眺めていたのだろう。時間の決まりがうしなわれてしまっている
ことに僕は気づく。そこでは時間は心の必要に応じて引き延ばされたり、
淀んだりしている。でもやがて少女はなんの前触れもなく椅子から立ち上
がり、ひっそりとした足どりでドアのほうに向かう。ドアは開かない。し
かし彼女は音もなくその奥に消える。

---

dully：鈍く　**folds**：波状にうねった地層　**contracts**：収縮する　**stirrings**：動揺

For the time being. 「とりあえずはね」

when the time comes 「そのときはそのときで」

ominous dance with death 「死神と踊る不吉なダンス」

give in to... ＜～に屈する＞

pulverised ＜細かく砕かれた＞

funnel 「たつまき」。＊「じょうご状のもの」の意味。

grains 「粒子」

make it through ＜～を何とか切り抜ける＞

metaphysical 「形而上的」

cut through flesh 「生身を切り裂く」

spin ＜ひねった解釈＞

1 a sheet of blotting paper 「吸い取り紙」。＊ blot は「～を吸い取る、汚れをつける」。

A mechanism buried inside me. 「それは措置として僕の中に埋めこまれている」

2 been evacuated from Tokyo 「東京から疎開してきた」。＊ evacuate は「避難させる」。

school outing 「野外実習」。＊ outing は「遠出、遠足」。

coma 「昏睡している」

3 make themselves presentable 「身支度をととのえる」。＊ presentable は「人前に出せる」。

in travelling, a companion, in life, compassion 「旅は道連れ、世は情け」

4 paralyzed for a while 「一時的な麻痺状態に陥ってしまった」

suicide attacks 「玉砕」

5 result of karma 「多生の縁」。＊ karma は「宿命、運命、因縁」。

That things in life are fated by our previous lives. 「前世の因縁」。＊ be fated by... は「～に運命づけられている」。

librarians 「司書」

stacks 「書庫」。＊ stack は「積み重ね、図書館の書架」。

little hideaway in some sinkhole somewhere 「世界のくぼみのようなこっそりした場所」。＊つまり図書館。hideaway は「隠れ場所、閑静な場所」、sinkhole は「流しなどの穴」。

Plato's *The Banquet* 「プラトンの『饗宴』」

original sin 「原罪」

6 paw ＜（犬や猫などの）動物の足＞。＊「肉球」は (paw) pad。

tortoiseshell cat 「三毛猫」

7 they have this sort of vital, living sense of play, of freedom 「常識のわくに収まりきれない自由な生命力が満ちている」

make an exception 「融通ははかってあげられる」

interfere 「余計な口出しをする」

8 lack 「欠落」

mass hypnosis 「集団催眠」。＊ hypnosis は「催眠、催眠状態」。

physical container 「入れ物としての肉体」

"spirit projection" 「幽体離脱」。＊ project は「（観念、感情などを）外部に投射する」。

blank slate ＜白紙状態＞。＊ slate は「石版」。

9 let time pass by 「時間をやり過ごす」

the inner shrine, the offering box, the votive tablets 「本殿や賽銭箱や絵馬」。＊ votive は「奉納した、願掛けの」。

10 unfortunately I'm not much of a singer 「あいにく不調法なもので」。＊ not much of... で「たいした～ではない」。

I know it's forward of me to do so 「差し出がましいとは思いつつ」。＊ forward of... で「でしゃばりな、ずうずうしい」。

empty plot of land they were planning to build on 「建築予定地になっている空き地」。＊ここでの plot は「区画」。

twisted person 「心のねじ曲がった人」

11 collapsed outside a shrine, covered with blood 「神社の境内で血まみれになって倒れていた」

Didn't get along? 「うまくいかない？」

Joking aside 「冗談はともかくとして」

12 like a touchstone 「かなめ石のように」。＊ touchstone は「試金石、真価を試すもの」。

between dream and reality 「夢と現実の境目」

experienced such soaring pleasure 「激しい絶頂を感じた」。＊ soar は「舞い上がる」。

had to keep up appearances 「『たてまえ』で生きている時代でした」。＊ keep up appearance で「対面を保つ」。

13 everything's a metaphor 「世界の万物はメタファーだ」

A different take on things? 「ありきたりの基準ではものを考えない」。＊この take は名詞で「（見解、解釈）」。

Compensation. 「代償行為だ」

haemophilia 「血友病」

the blood doesn't coagulate 「血液が凝固しない」。＊ coagulate は「凝固する」。

tugs at your heart 「心の糸の引っ張りかたがある」。＊ tug at... は「〜をぐいと引っ張る」。

a certain type of perfection can only be realised through a limitless accumulation of the imperfect 「ある種の完全さは不完全さの限りない集積によってしか具現できない」。＊ accumulation は「蓄積」。

14 master cat-finder 「猫探しの名人」

subsidy for the elderly handicapped 「高齢障害者向けの生活の補助」

dried sardines 「煮干し」。＊ sardine は「いわし」。

That hit the spot. 「恩に着るぜ」。＊ hit the spot は「大変満足する」。

nasty business 「剣呑なんだ」。＊ nasty は「始末に負えない」。

hostile, aggressive animal 「敵対的で攻撃的な意思を持った生き物」

15 extermination 「大量殺戮」

That dream crept inside you, right down the dark corridor of your soul. 「その夢は、君の魂の暗い通路を通って忍びこんできた」

awful feeling 「無力さ」

element of uncertainty 「不確定要素」

The intense loneliness and helplessness 「激しい無力感と孤独感」

16 following everything in the correct order 「ものにはすべからく順番というものがある」

scalpels （外科用）「メス」

out of habit 「例によって」。＊「習慣で」の意味。

That's the ticket 「それだよ」。＊ the ticket は「おあつらえ向きのこと」。

That's the stuff! 「そうだ、それでいい」

convulsion 「痙攣」

spewed 「噴出した」

pulled himself together 「気を取り直し」

wave of nostalgia ＜押し寄せる望郷の念＞

17 passing through and will have to leave before long 「ひとときの通過点にすぎない」

threatening 「威嚇的」

contradictions 「背反性」

accumulation of ominous prophecies come to life 「不吉な予言の実現の集積」

They were like one body and one spirit 「まるで一心同体みたいだった」

as smooth as porcelain 「磁器のようにつるりとしている」

strange coincidence 「奇しき因縁」

a leader of an opposing faction 「対立セクトの幹部」。＊ faction は「党派」。

interrogated him as a spy 「スパイ容疑で「尋問」した」

royalties 「使用料や印税」

18 pistol, baton and handcuffs 「拳銃と警棒と手錠」

It doesn't make any sense. 「腑に落ちません」

19 toiletries 「洗面用具」

student-movement clashes 「学生運動のセクト間の争い」

intentional oversight 「意識的看過」

leads you astray from the main topic 「話の中心命題からは少し脇道に逸れた」。＊ astray from... は「〜から外れて」。

you're a typical sexist, patriarchal male 「典型的な差別主体としての男性的男性」。＊ sexist は「性差別主義者」、patriarchal は「家父長主義的な」

sidestepping or displays of brilliance 「論理のすり替えや知識のひけらかし」。＊「知識のひけらかし」は直前で trying to show off how erudite you are とも表現されている。

where to begin 「とっかかり」

"hollow man" 〈うつろな人間たち〉

intolerant, narrow minds with no imagination 「想像力を欠いた狭量さや非寛容さ」

parasites 「寄生虫」

20 away present 「お餞別」

pawns 「走狗」。＊ この場合 pawn は名詞で「人に操られるもの、人の手先」の意味。

Boundaries between things are disappearing all the time 「ものごとの境界線がだんだん消滅してきている」

leeches 「ヒル」

gang of bikers 「地元の暴走族」

21 human subconscious 「人間の潜在意識」

uninhibited expression of the imagination 「自由奔放な想像力」

important witness 「重要参考人」

are destined to be a waste 「徒労に終わる」。＊ destined to be... は「〜になることを運命づけられている」。

protagonist's weak point 「当事者の欠点」。

* protagonist は「主役、一番重要な役」。

speculated ＜推測した＞

practical joke ＜悪いいたずら＞

have a clue ＜わかる＞

minor collisions 「軽い衝突事故」

unravel ＜解く＞

venture ＜思い切って言う＞

were chiselling ＜刻み込んでいた＞

like a timing device 「時限装置みたいに」

provocative ＜刺激する＞

dream circuit 「夢の回路」

22 folkcraft-type furniture 「民芸家具」

23 bathed by... 「〜に洗われている」

holds herself erect 「背筋をピンと伸ばした姿勢でいる」

fringe 「前髪」

with a billowing hem 「裾の広がった」

induce ＜誘導する、仕向ける＞

chin propped in her hands 「机に頬杖をついたまま」。* prop は「支える」。

dogwood 「ハナミズキ」

to the bottom of a deep crater lake 「深い火口湖の底に」

remnants 「名残」

contracts ＜引き締める、収縮させる＞

‘living spirit’ 「〈生き霊〉」

through space and passing down the tunnel of her subconscious 「空間を超えて、深層意識のトンネルをくぐって」

The physical darkness outside and the inner darkness of the soul were mixed together, with no boundary separating the two. They were directly linked. 「物理的な闇と、内なる魂の闇は境界線なくひとつに混じり合い、まさに直結していたんだ」

I'm a living, breathing human being. 「血の通った人間だよ」

One by one the words find a home in my heart. 「そこにあるひとつの言葉が僕の心に居場所をみつけて収まって行く」

just coincidences 「偶然の一致」

24 message from God 「お告げ」

easygoing 「気楽でいいや」

whore ＜売春婦＞

reached breaking point 「切れてしまうと」

cripes 「参ったな」。*驚きを表す表現。タブーである Christ の名をぼかしている。

entrance stone 「入り口の石」

25 sheet music 「楽譜」

bastard 「庶子」。*「嫌なやつ、ひどい人」の意味もある。

illegitimate child 「私生児」。* illegitimate は「違法の、嫡出ではない」。

damaged 「損なわれる」

illusions of escaping reality 「現実逃避の幻想」

26 use it as a weight when they make pickles 「漬け物樽の重しに使われているかもしれない」

voice clear and piercing 「よくとおるきんきんとした声」

a bit of accent 「少し訛りがある」

“Jeez Louise,” Hoshino gasped. 「『参ったな』と青年は言った」。* gasp は「あえぐ」。

27 detective ＜探偵、刑事＞

issues you've got to deal with 「乗り越えるべき課題」。* deal with...は「取り組む、解決しようとする」。

28 conscious of self 「〈自己意識〉」

revelation 「啓示」

29 runaway 「家出少年」

time warp 「時間の歪み」

30 is this some kind of dare or something? 「なんかきもだめしみたいだね」。* dare は名詞で「きもだめし、挑戦」の意味がある。

beyond good and evil 「善悪を超えた」

neutral object 「中立的客体」

pimping 「ポンビキ」

metaphysical, conceptual object 「メタフィジカルな、観念的客体」

shrines 「祠」

abstract concept 「抽象概念」

necessity is an independent concept 「必然性というのは、自立した概念なんだ」

dramaturgy 「ドラマツルギー」

Logic, morals or meaning don't have anything to do with it. It's all a question of relationality. 「ロジックやモラルや意味性はそのもの自体にではなく、関連性の中に生きる」

curse ＜祟り、呪い＞

31 pickup line 「口説き文句」

Actually getting closer to a metaphorical

truth? 「メタフォリカルな真実に向かって実際的に？」。＊metaphorical は「隠喩の、比喩的な」。

supplement each other 「相互的に補完的に働きあう」。＊supplement は「補完する、補う」。

in the eye of the storm 「台風の眼の中に」

hollow of time 「時のくぼみの中に」

32 took care of business 「用を足した」。＊「トイレに行く」というスラング。

dubiously 「胡散臭そうな顔をして」

nothing inside 「空っぽの入れ物」

who's gone in and come out again 「出入りをした人間」

The child's the father of the man 「三つ子の魂百まで」

34 achieved enlightenment 「ぽんと悟りを開き」

had to be the crappiest kind of life 「人生なんてどう転んでもクソみたいなものなんだ」。＊crappy は「糞だらけの、くだらない」。

hidden longing for the modern ego 「近代的自我への秘められた憧憬」

35 accomplice 「共犯者」

warrant 「逮捕状」

Most Wanted list 「指名手配」

have a relationship 「関係を持つようになった」

36 description 「人相風体」

stand out, let's face it 「かなり外見的に特徴がある」。＊stand out は「目立つ」、let's face it は「現実を受け入れよう」。

It just doesn't make any sense. 「ぜんぜん話の筋がわからねえ」

brand new 「形跡がない」。＊本来、brand new は「真新しい」。

You're quite the cook 「手際がいいね」

make up some convenient confession 「適当な供述書をでっちあげる」

don't hit it off 「相性が悪くてね」。＊hit it off は「うまが合う」。

Take the poison, take the plate. 「毒くわば皿まで」

37 things aren't what they seem 「ものごとは見かけどおりのものではない」

There's another world that parallels our own 「いつもとなり合わせに別の世界がある」

correlates to the labyrinth *outside* 「君の外側にある迷宮性と呼応している」

reciprocal metaphor 「相互メタファー」

projections of what's inside you 「君の内にあるものの投影」

38 the crime was an act of personal revenge 「個人的な怨恨による犯行」

39 You don't want to be at the mercy of things outside you any more. 「いろんなものに好き勝手に振りまわされたくない」

40 There was something about him Oshima couldn't quite pin down. 「何かがひっかかるような感覚が彼の中にあった」。＊pin down は「はっきり説明する、突き止める」。

Freedom and the emancipation of the ego were synonymous. 「自由と、自我の放散が同義であったわけです」

41 hatchet 「鉈」

hollow man 「うつろな人間」

void that devours all that's substantial 「実体を食い破っていく空白」

42 things would be restored to the way they should be 「いろんなものをあるべき形に戻す」

distorting things 「歪み」

a series of endless reminiscences 「延々と続く後日談」

43 You can never put it back as it was. 「どんなに手を尽くしても、もとどおりにはならない」

A working hypothesis until some good counter-evidence comes along 「有効な反証がまだみつからない仮説」

fatigues 「野戦用軍服」

sentries 「歩哨」

44 It's gone back to nothing. 「無に帰した」

Strike while the iron is hot and all that. 「善は急げだ」。＊and all that は「その他諸々」。

AWOL 「無断欠勤」。＊absence without leave の略。

had already crossed the great divide 「生命の分水嶺を超えてしまったのだ」

45 That anonymous rustling 「そのさらさらという匿名的な音」

46 I've got to sit tight and wait 「腰を据えて待つしかない」

once-in-a-lifetime opportunity 「千載一遇」

soul in transition 「移行する魂」

back to the life ＜もとの生活に戻る＞

カラスと呼ばれる少年	
その嵐はどこか遠くからやってきた無関係ななにかじゃないからだ。	Because this storm isn't something that blew in from far away, something that has nothing to do with you.
そいつはつまり、君自身のことなんだ。君の中にあるなにかなんだ。	This storm is you. Something *inside* you.
だから君にできることといえば、あきらめてその嵐の中にまっすぐ足を踏みいれ、砂が入らないように目と耳をしっかりふさぎ、一歩一歩とおり抜けていくことだけだ。	So all you can do is give in to it, step right inside the storm, closing your eyes and plugging up your ears so the sand doesn't get in, and walk through it, step by step.
君はこれから世界でいちばんタフな 15 歳の少年になる。	You're going to be the world's toughest 15-year-old.
その嵐から出てきた君は、そこに足を踏みいれたときの君じゃないっていうことだ。	When you come out of the storm you won't be the same person who walked in.
2 この世界にたったひとりで取り残されてしまったような気がしました。とても孤独でした。どんなものとも比べようがないくらい孤独でした。	I felt utterly alone, as if I was the last person alive on earth. I can't describe that feeling of total loneliness.
5 僕はここにいて、空を流れる雲のようにひとりぼっちで自由なのだ。	Like the clouds floating across the sky, I'm all by myself, totally free.
彼は長い削りたての鉛筆を指のあいだにはさんだまま、僕の顔をひとしきり興味深そうに眺める。	A long, freshly sharpened pencil between his fingers, the young man studied my face for a while.
6 ナカタは猫さん探しの腕がいいということになりまして、あちこちから迷子の猫さんを探してくれと頼まれるのであります。	People heard that Nakata's good at this, so they come and ask me to look for their lost cats.
7 与えられたものだけでやっていかなくちゃならないんだ。	You'll have to scrape by on what they give you.
僕はいつもの場所にいる。	I'm where I belong.
僕は僕ひとりになり、ページのあいだの世界に入りこんでいく。僕はその感覚がなによりも好きなのだ。	I'm alone, inside the world of the story. My favorite feeling in the world.
9 僕はなんとか自分をもとどおりひとつにまとめようとする。そのためにはあちこちに行って、自分自身の破片を集めてこなくてはならない。	I try to pull myself together and pick up the scattered jigsaw-puzzle pieces of *me* lying all around.
そんなものはどこでだって買える。	No big deal. They're two a penny.
僕はほっと息をつく。	Thanks God.

10	ナカタはあまり頭がよくないのです。	I'm not so bright.
	最初にばしっとどやしつけておかないとだめなんですのよ。	You've got to show him who's in charge straight off.
	おおよそのところはわかりましたよ。	I think I've got the gist of it.
11	頭がかっとすると、まるでヒューズが飛んじゃったみたいになる。	I fly into a rage, and it's as if I blow a fuse.
	やれやれ。	My oh my!
13	ゲーテが言っているように、世界の万物はメタファーだ。	It's as Goethe said: everything's a metaphor.
	話せば長い話になるけれど、僕には今夜泊まる場所がないんです。	It's a long story, but I don't have anywhere to stay tonight.
	でもありきたりの基準ではものを考えないというのが具体的にどういうことを意味するのか、見当もつかない。	A different take on things? What does that mean?
	ある種の完全さは、不完全さの限りない集積によってしか具現できないのだ。	A certain type of perfection can only be realised through a limitless accumulation of the imperfect.
	シューベルトというのは、僕に言わせれば、ものごとのありかたに挑んで敗れるための音楽なんだ。それがロマンティシズムの本質であり、シューベルトの音楽はそういう意味においてロマンティシズムの精華なんだ。	Schubert's is music that challenges and shatters the ways of the world. That's the essence of Romanticism, and Schubert's music is the epitome of the Romantic.
	この広くて深い森はすべて君のものだ。便所がどこかなんて君が決めればいいじゃないか。	The forest is all yours. It's up to you.
14	ウィスキーを嗜む人なら一目見てわかるんだが、まあよろしい。私の名前はジョニー・ウォーカーだ。	Anyone who enjoys whisky would recognise me right away, but never mind. My name is Johnnie Walker.
	いえ、ナカタは元来暇でありますから。	No trouble at all. Nakata has plenty of free time.
15	やれやれなんのことはない。	Are you kidding me?
	孤独にもいろんな種類の孤独がある。	*Solitude comes in different varieties.*
	すべては想像力の問題なのだ。僕らの責任は想像力の中から始まる。	It's all a question of imagination. Our responsibility begins with the power to imagine.

	夢の中から責任は始まる。その言葉は僕の胸に響く。	*In dreams begin responsibility.* The words hit home.
	結局のところその夢は、君の魂の暗い通路を通って忍び込んできたものなのだから。	That dream crept inside you, right down the dark corridor of your soul.
	道はそこにあるんだ。	The path is right over there.
	僕は特殊な人間だ。	I was different from everybody else.
	君はその夢の中で、ほんものの姉や母を犯すことになるかもしれない。君にはそれを統御することはできない。	You might dream about raping your sister, your mother. It's not something you can control.
	沈黙は耳に聞こえるものなんだ。僕はそのことを知る。	Silence, I discover, is something you can actually *hear*.
16	時間があまりない。単刀直入に言ってしまおう。私が君にやってもらいたいのは、私を殺すことだ。私の命を奪うことだ。	We don't have a lot of time, so let me jump to the conclusion, if you don't mind. What you can do for me is *kill me*. Take my life, in other words.
	すべてのものごとにはね、ナカタさん、手順というものが必要なんだ。	As I mentioned, Mr. Nakata, in everything there's a proper order.
	偏見を持って、断固殺すんだ。	Focus your hatred and strike me down.
	君はもう君ではない。	So you're no longer yourself.
17	君はこれから図書館の一部になるんだ。	You'll be a *part* of the library.
	佐伯さんの人生は基本的に、彼が亡くなった 20 歳の時点で停止している。	Miss Saeki's life basically stopped at 20 when her lover died.
18	翌日実際に中野区のその一角にイワシとアジが空から降り注いだとき、その若い警官は真っ青になった。	The next day when—sure enough—sardines and mackerel rained down on a section of Nakano Ward, the young policeman turned white as a sheet.
19	想像力を欠いた狭量さや非寛容さは寄生虫と同じなんだ。宿主を変え、かたちを変えてどこまでもつづく。そこには救いはない。	But intolerant, narrow minds with no imagination are like parasites that transform the host, change form and continue to thrive. They're a lost cause
	僕はそういうものを適当に笑い飛ばしてやりすごしてしまうことができない。	I wish I could just laugh off people like that, but I can't.
20	世界は日々変化しているんだよ、ナカタさん。毎日時間が来ると夜が明ける。でもそこにあるのは昨日と同じ世界ではない。そこにいるのは昨日のナカタさんではない。	Things change every day, Mr. Nakata. With each new dawn it's not the same world as the day before. And you're not the same person you were, either.

	ナカタさんは空を見上げ、それからゆっくりとこうもり傘を広げ、頭の上にかざした。	Nakata looked up at the sky, then slowly opened his umbrella and held it above him.
	最初のうちは、ぽつりぽつりとだったが、だんだん数が多くなり、あっという間に土砂降りのようになった。	At first in dribs and drabs, then gradually more and more fell, and before they knew it they were caught in a downpour.
21	予言というよりは、呪いに近いかもしれないな。	More a curse than a prophecy, I guess.
	僕は言う。「お前はいつかその手で父親を殺し、いつか母親と交わることになるって」	And this is what I say: 'Some day you will murder your father and be with your mother,' he said.
	僕はどんなに手を尽くしてもその運命から逃れることはできない、と父は言った。	My father told me there was nothing I could do to escape this fate.
	距離みたいなものにはあまり期待しないほうがいいような気がするね。	Distance won't solve anything.
22	ただ橋を越えて四国に行って、そこのどこかに行ってみようというだけなんだ。	You're just going to cross the bridge to Shikoku and then find somewhere else to go.
23	<幽霊>という呼びかたが正しいのかどうか、僕にはわからない。しかし少なくともそれは生きている実体ではない。	I don't know if *ghost* is the right word, but it definitely isn't something of this world.
	そしてもうひとつ大事な事実―僕はその<幽霊>に心をひかれている。僕は今そこにいる佐伯さんにではなく、今そこにはいない15歳の佐伯さんに心をひかれている。	And there's another important fact: I'm drawn to that ghost, attracted to her. Not to the Miss Saeki who's here right now, but to the 15-year-old who *isn't*.
	その外なる物理的な闇と、内なる魂の闇は境界線なくひとつに混じり合い、まさに直結していたんだ。	The physical darkness outside and the inner darkness of the soul were mixed together, with no boundary separating the two. They were directly linked.
	そこにあるひとつひとつの言葉が僕の心に居場所をみつけて収まっていく。	One by one the words find a home in my heart.
	意味をこえたイメージが切り絵のように立ちあがって、ひとり歩きを始めるのだ。	Images beyond any meaning arise like cutout figures and stand alone.
24	ずいぶんなんて生やさしいもんじゃねえよ。	No kidding it was a long time!
	大の男が金の払いのことでぐしゃぐしゃするのは好きじゃねえんだ。	I don't like it when men go all to pieces over money, OK?

	とにかくその入り口の石を見つければいいんだな。	Anyway, I guess we need to find this *entrance stone* thing.
25	彼女は顔をあげ、暗がりの中で耳を澄ませる。僕の心臓がたてる音は彼女の耳に届いている。	She looks up and listens in the dark. She's heard it—the sound of my heart.
	机の上に両手を載せ、彼女が部屋に残していった余韻の中に身をひたす。目を閉じて、そこにある少女の心の震えをすくいとり、僕自身の心にしみこませる。	I rest both hands on the desk and absorb the afterglow of her presence. I close my eyes, scooping up her shivering heart, letting it seep inside mine.
	この部屋を訪れる少女はおそらく入り口の石を探しあてることができたのだ、と僕は思う。	The girl who comes to this room most likely located that entrance stone.
26	ナカタは頭が良くありませんが、頭がおかしいわけではありません。	I might be dumb, but I'm not nuts.
	君にはわからんだろうが、ねじれというものがあって、それでようやくこの世界に三次元的な奥行きが出てくるんだ。	You probably don't know this, but that's how we have three dimensions. Because of the warp.
27	ただ心の中の想いがあふれ、こぼれ出て、そのまま声になってしまっただけだ。	The thought wells up in me and spills out.
	思いつきでたずねたわけజゃありません。	It's not just some spur-of-the-moment question.
28	このくらいは歩いたうちにはいらん。	I wouldn't even call this a walk.
	なんでもいいや、まあ三発やれて、おまけにすぐそこに探してた石があるってんだもの、そりゃ誰だって戸惑うでしょうが。	Whatever. So I get off three times, and then you tell me the stone I'm looking for is right over there? That would confuse anybody.
29	異質ななにかが、完璧でなくてはならないその小さな世界の調和をわずかに、しかし決定的に乱しているのだ。	Something in the air that disturbs the perfect harmony of our little world.
	そして僕自身、時間の歪みの中に呑みこみこまれていく。	I feel as if I'm being sucked into a time warp.
	彼女の中に何度も強く射精する。	You come over and over inside her.
	ことばは時のくぼみで眠りこんでいる。	Words are asleep in a corner of time.
30	ちっとは静かにしておれんのか？	Why don't you zip it for a change?
	結果的に帳尻さえちょんちょんとあえば、私だっていちいちうるさいことは言わない。	If the account book's basically in balance, though, that's fine by me.

	私にはかたちというものがない。純粋な意味でメタフィジカルな、観念的客体だ。どんなかたちにもなれるが、実体はない。	I don't have any form. I'm a metaphysical, conceptual object. I can take on any form, but I lack substance.
32	ナカタははっきりと普通のナカタに戻りたいと願うのです。自分の考えと自分の意味をもったナカタになりたいのです。	I want to go back to being *normal*. I want to be a Nakata with his own ideas, his own meaning.
	ナカタは出入りをした人間だからです。	Because I'm the one who's gone in and come out again.
	俺っちの立場がないぜ。	Otherwise I killed myself for nothing.
33	気圧や、音の響きかたや、光の反映や、身体の動きや、時間の移りかたが少しずつ変化している。小さな変化のしたたりがちょっとずつ集まって、ひとつの流れができあがっていくみたいに。	The air pressure, the way sounds reverberate, the reflection of light, how bodies move and time passes—it's all transforming, bit by bit. It's like each small change is a drop that steadily building up into a stream.
	もしそこに流れがあるのなら、その流れが導くままにどんどん流されていこうと思ったの。	If the flow is there, I thought I'd just let it carry me along where it wanted.
	僕は『海辺のカフカ』です。あなたの恋人であり、あなたの息子です。	I'm Kafka on the Shore, you say. Your lover—and your son.
34	なんというか、自分が正しい場所にいるっていう実感があるんだな。	I feel I'm exactly where I belong.
	俺はとにかくいけるところまでナカタさんについていこう。仕事なんて知ったことか。	I'm going to follow Mr Nakata as long as I live. To hell with the job!
35	それは考えるまでもないことだ。	*It's too obvious to even think about.*
	僕らがみんな滅び、失われていくのは、世界の仕組みそのものが滅びと喪失の上に成りたっているからだ。	We all die and disappear, but that's because the mechanism of the world itself is built on destruction and loss.
	風は吹く。荒れ狂う強い風があり、心地よいそよ風があり。でもすべての風はいつか失われ消えていく。	Say the wind blows. It can be strong, violent wind or a gentle breeze. But eventually every kind of wind dies out and disappears.
	風は物体ではない。それは空気の移動の総称にすぎない。	Wind doesn't have form. It's just a movement of air.
	耳を澄ませればいいんだ。	Just keep your ears open.
36	そんなこっちゃないかって前から思ってたんだ。	I kind of had the feeling that might be the case.
38	できるだけのことはやってみよう。乗りかかった船だ。	We'll do our best. The boat's left the dock, and we're stuck on it.

『海辺のカフカ』 Kafka on the Shore

	ナカタがこれまでずっと探しておりましたのは、あの場所であります。	The place Nakata's been searching for.
	たまたまというのは恐ろしいもんだね。	*Chance* is a scary thing, isn't it.
39	僕がそうきめたからだよ。	Because I decided it.
	その重荷を背中からおろして、そのあとは誰かの思惑の中に巻きこまれた誰かとしてではなく、まったくの君自身として生きていく。	Lift the burden from your shoulders and *live*—not caught up in someone else's scheme, but as *you*.
	闇が僕を包む。	The darkness wraps itself around me.
41	君は予言をひととおり実行した。	You did everything that was prophesied about you.
	そこに明るい光を入れ、君の心の冷えた部分を溶かしていくことだ。それがほんとうにタフになるということなんだ。そうすることによってはじめて君は世界でいちばんタフな15歳の少年になれるんだ。	Let bright light shine in and melt the coldness in your heart. That's what being tough is all about. Do that and you really will be the toughest 15-year-old on the planet.
	今からでもまだ遅くはない。	There's still time.
42	これより早くても、これよりも遅くても、私はもっと戸惑うことになったのではないかと思います。私にとっては、今がいちばん正しい時間です。	If you'd come any earlier, or any later, I would've been even more at a loss, I suppose. For me, right now is the perfect time.
	ナカタには半分しか影がありません。	I only have half a shadow.
43	どんなに手を尽くしても、もとどおりにはならない。	You can never put it back as it was.
	君が自分の頭でしっかりと考えなくちゃしょうがないことなんだ。頭ってのはそのためにあるんだからさ。	You've got to work that one out yourself. That's what your head's for.
	今はこの入り口はたまたま開いている。	And right now the entrance happens to be open.
44	この人はまったく気楽でいいや。	What a happy-go-lucky guy.
	死者とともにひとつの部屋にいると、ほかの音が少しずつ消えていくことに気づく。	Alone in the room with the corpse, Hoshino noticed how, very gradually, all sounds disappeard.
	意味のある音は、やがて沈黙だけになる。	Meaningful sounds all ended up as silence.
	空気が独特の重みを持つようになり、自分が今感じていると思えることが、本当に自分が感じていることなのかどうか、うまく見極めることができなくなってきた。	The air began to feel strangely heavy and he could no longer tell if his thoughts and feelings were really *his*.

45	とりあえず落ちつくまではここにいることになる。	For the time being, you're supposed to stay here till you get settled,
	眠りはあっというまにやってくる。	I am asleep before I know it
	あなたが私を必要とすれば、私はそこにいる。	If you need me, I'll be here.
46	まったくどうすりゃいいのかね。	What the hell am I supposed to do?
	だからさ、面倒くさいというのがホシノくんの人生のキーワードなんだ。	I guess lazy's my middle name.
	それは今更ちゃらにはできない。	It's too late to erase it all now.
	それはそれとして、まあいいじゃんか。人生そういうことだってあるわな。	Don't worry about it. That's life.
	しょうがねえよ、そういうのってさ。成りゆきってもんがあるんだ。だからさ、これからまたがんばりゃいいじゃん。	Not much you can do about it. Things happen. You just have to hang in there.

カラスと呼ばれる少年		
	なあ、君はリンボというものを知っているかい？　リンボというのは、生と死の世界のあいだに横たわる中間地点だ。	Do you know what limbo is? It's the neutral point between life and death.
	カラスと呼ばれる少年はその音のない笑いを耳にした。遠い乾いた砂漠を吹き渡る風のような不吉でうつろな笑い声は、いつまでたってもやまなかった。	The boy named Crow listened, and this unheard laughter—as vacant and ominous as wind blowing over a far-off desert—never ceased.
47	それはどんな気持ちのすることなんだろう。君がすっかり君でありながら、しかもすきまなく僕の一部になるっていうのは？	What does it feel like? To be yourself and part of me at the same time?
	あなたさえ私のことを覚えていてくれれば、ほかのすべての人に忘れられたってかまわない。	If you remember me, then I don't care if everybody else forgets.
	その答えはあなたにはもうわかっているはずよ。	You already know the answer to that.
	言葉にすれば、その答えは意味を失ってしまうことになる。	Putting it into words will destroy any meaning.
	そして君の心の中で、凍っていたなにかが音をたてる。	And with those words, audibly, the frozen part of your heart dissolves.
48	言葉のあやみたいなもんだけどな。	Though that's just a figure of speech.
49	目が覚めたとき、君は新しい世界の一部になっている。	When you wake up, you'll be part of a brand new world.

村上春樹にとってポップスとは何か

八巻由利子

（フリーランスライター：在ニューヨーク）

ポップスの黄金時代を背景に

村上春樹の作品では、ポップスも非常に多く言及されているが、そもそも「ポップス」とは何を意味するのか。手元に 1960 年（昭和 35 年）5 月号『平凡』付録の歌本がある。表紙はザ・ピーナッツで「あなたのジャズとコーラス」とある。見返しには、時のヒット曲 *One Way Ticket*「恋の片道切符」（ニール・セダカ作詞・作曲）と、それを歌った平尾昌晃の写真が出てくる。当時はこんな風にアメリカではやった曲に日本語の歌詞をつけたカバー曲が大流行だった。

この歌本には、今、ジャズといわれて想像するような曲はひとつも載っていない。しかし、村上作品でおなじみの、（クルーナーとなってからの）ナット・キング・コールやボビー・ダーリンの曲は楽譜付きで出てくる。そうかと思えばカントリーもスティーブン・フォスターもある。当時クラシック以外の洋楽は皆「ジャズ」だったのである。

The New York Times Magazine のインタビュー（2011 年）によると、村上春樹が初めてレコードを買ったのは 13 歳（1962 年）の時。ちょうどヒット曲に関心を持つ年頃だ。それは、この歌本が示す混沌とした「ジャズ」の世界と同様だったはず。買ったのはジーン・ピットニーだという。2 作目の『1973 年のピンボール』に名前が登場している。本書にはこの他、リッキー・ネルソン、ボビー・ヴィー、ボビー・ダーリンといった 60 年代初期のメロディアスな曲を歌っていた歌手や曲名が出てくる。初のポップスターという異名も取るピットニーは後の村上作品にしばしば登場するバート・バカラック作の曲も歌っているので、13 歳にして既に好きな曲の傾向がはっきりしていたともいえる。

『風の歌を聴け』には、60 年代初めと 70 年頃というふたつの過去が重層的に出てくる。その中でビーチボーイズの *California Girls*「カリフォルニア・ガールズ」とともにエルヴィス・プレスリーの *Good Luck Charm*「グッド・ラック・チャーム」は、歌詞入りで印象的な使われ方をしている。村上氏が好きなポップスの中に挙げていたプレスリーの曲は *Return to Sender*「リターン・トゥ・センダー（心の届かぬラブレター）」。この 2 曲とも、プレスリーの代表曲ではない。

除隊後、映画出演を専門にして活動した頃の甘ったるい 60 年代の曲である。村上氏も 1950 年代末のデビュー当時のプレスリーの迫力に圧倒されたそうだが、その手の曲にあまり触れないのはジャズの存在が大きかった「前ポップス時代」だからか。または、リズムとハーモニーと即興が創作の源泉だと語る本人にとって、あの一時の音は粗野で単純すぎたのかもしれない。

　ロックやポップスは走ったり運転する時に聞く音楽だと村上氏は語っている。どおりで、作品に登場するポップスも、バーやラジオで流れるというセッティングが多い。登場人物が聞く音楽の傾向がプロフィール紹介になることもある。2019 年に発表された短編「ウィズ・ザ・ビートルズ」では、廊下ですれ違ったビートルズ好きの女子生徒と、パーシー・フェイス楽団のようなイージーリスニングが好みのガールフレンドが対比されている。音楽は作品のプロップ以上の存在だ。登場する音楽から物語の真意を探ることもできるはずである。

カフカ少年とプリンス

　村上氏の 1990 年代以降の作品に登場するポップス／ロックは、育つ過程で聞いた思い出たっぷりの曲ではなく、意識的に音楽を聞くようになって以来耳に残ったミュージシャンとして言及しているようだ。ビートルズとビーチボーイズは別格として、ローリング・ストーンズ、ドアーズ、ボブ・ディラン、クリーム、ブルース・スプリングスティーンはよく出てくる名前である。自分の好みの曲＝主人公の好みの曲という設定が多いところに、村上氏の音楽への思い入れが出ている。

　私にとっては村上氏とプリンスは似つかわしくないので唐突な感じがしたが、『海辺のカフカ』にはプリンスが 5 回、その曲名は 3 回も出てくる。ミュージシャン名満載の『ダンス・ダンス・ダンス』でも、80 年代を彩った玉石混交のスターのひとりとして、具体的には、原宿の竹下通りでのプレスリーのバッチ探しの際に目にした数々のアイコンとして言及されているプリンスだが、『海辺のカフカ』ではその時とは扱いがまったく違う。

　最初は、主人公の 15 歳の田村カフカがジムで運動したり運動後に MD ウォークマンで聞くときに登場するが、やがてセックスの最中に頭の中で流れる BGM となる。「プリンスは君の頭の中で軟体動物のように途切れなく歌いつづけている」。何度も聞いたため、電池が切れて聞けなくなっても頭の中で鳴り続けているのだ。

村上作品の音楽の使われ方はサウンドトラックみたいな感じがする場合がある。もしも本作を忠実に映画化するとしたら、カフカの性的妄想とセックスシーンには繰り返しプリンスの曲が使用されることだろう。

　プリンスの初期の曲は性的メタファーに溢れた歌詞が問題視され、「良識ある」アメリカ人の家庭では子どもに聞かせなかったそうだ。『海辺のカフカ』で言及されているのは *Little Red Corvette*「リトル・レッド・コルヴェット（作中ではコーヴェット）」と、言葉どおりなら「母を犯す者」ではあるもののこの曲では「（ポジティブな意味での）奴」という意味の *Sexy M.F.*「セクシー・マザーファッカー」。オイディプス的呪いから逃れるために家出し性的妄想に浸る少年がヘッドホーンで聞くにはおあつらえの選曲だ。

　プリンスの両親は7歳の時に別居。10歳頃、母が再婚した継父とはうまくいかなくて、12歳ぐらいから父と暮らすようになった。まもなくして、女の子とベッドに入っているところを父に見つかって追い出され家なき子となったという逸話がある。実際にはおばに引き取られたこともあり、どうもメディア向けの作り話のようだ。しかし、プリンスも父との間に確執があったことは事実だ。厳格なキリスト教徒でジャズピアニストだった父の呪縛から逃れて独自の音楽の世界を創造した。

　村上氏は『パリ・レヴュー』誌のジョン・レイとのインタビュー（2004年）で「セックスは魂の結託のようなものだと考えている」と語っている。そうであれば、カフカが母とおぼしき女性の霊と結ばれる手助けを、霊的な感覚を醸し出すプリンスの音が果たすのは的を射ている。ましてプリンスが「向こう側」に行ってしまった今は、その変幻自在な声と不可思議なサウンドが、カフカ少年の求道に何らかの手ほどきをしていると解釈することも可能だろう。

　このように考えた後では、村上氏とプリンスの組み合わせにも違和感がなくなった。

プリンス　写真：jimieye from flickr.com

器としての肉体

コスモピア編集部

村上作品の中で、肉体を器として捉える意識は、処女作の『風の歌を聴け』にすでに見られる。

「他人の家で目覚めると、いつも別の体に別の魂をむりやり詰めこまれてしまったような感じがする」(p.32)

Whenever I wake up in someone else's home, I feel like I'm stuck in another body inhabited by someone else's spirit. (英訳版 p.20)

村上の小説の中で、主人公などが時空を超える設定、異空間に入り込む設定は、この精神の分離の発展形とも捉えることはできないだろうか。肉体と精神の分離は、『ねじまき鳥クロニクル』において先鋭化する。まず加納クレタの告白から、次に井戸の壁を越えてホテルへ向かった僕の意識を追ってみよう。

「まるで自分の魂が、自分のものではない肉体に寄生しているような、そんな気分でした」(第1部「泥棒かささぎ編」p.219)

I felt as if my spirit had taken up residence inside a body that was not my own. (英訳版 p.99)

「肉体などというものは結局のところ、意識を中に収めるために用意された、ただのかりそめの殻に過ぎないのではないか、と僕はふと思った」(第2部「予言する鳥編」p.135)

The thought struck me that my own body was a mere provisional husk that had been prepared for my mind by a rearrangement of the signs known as chromosomes. (英訳版 p.231)

そして、「僕は今度は前とはまったく違った肉体に入ることになるのだろう。<中略>そして努力して、自分の意識をもう一度自分の肉体の中に戻した」(第2部「予言する鳥編」p.136)

I would find myself inside a wholly different body than before. <中略>...struggled to bring my mind back inside my body. (英訳版 p.231)

肉体を抜け出た僕の意識は、井戸の壁を越えるが通路が断ち切られると再び戻る。

「僕は再び僕の肉体の中の僕であり、深い井戸の底に座っている」
(第3部「鳥刺し男編」p.127)

Once again I am myself inside my own body, sitting at the bottom of the well (英訳版 p.394)

肉体から自由になる意識という観点から、『海辺のカフカ』や『ねじまき鳥クロニクル』などの作品を見直してみるのも面白いかもしれない。

小説に描かれた「さりげない日常」

谷川敬子

（編集者）

　村上春樹の小説の醍醐味のひとつは、そこに暮らしのリズムが刻まれていること。よく「ハレ」と「ケ」というが、決してきらびやかで楽しいことばかりでない普段着の「ケ」の生活がさりげなく綴られていて、安心するのだ。主人公の抱える悩み、苦しみ、不安、孤独感、喪失感に、日々の自分との距離の近さを感じる。そして、その混沌とした不安や孤独の中で、自分自身を保つために主人公が儀式のように行う生活のひとコマを追っているだけで癒やされる。

料理のシーン

　そんな日常の風景の中でも、料理の場面は特に多く、読んでいると腹が減る。決して贅沢な料理ではない。トーストを焼いたり、パスタをゆでたり、冷蔵庫にあるものでサンドウィッチやサラダを作ったり。村上作品を読書中はついつい自分の台所でもパスタをゆでてしまうのは、身に覚えがある読者も多いと思う。ドーナツもよく出てくる。村上氏が在米時に通っていたというダンキン・ドーナツからの連想だろうか。

　印象深かったメニューをいくつか。『風の歌を聴け』に出てきたコーンビーフのサンドウィッチとビール。さらに同作品に登場するホット・ケーキのコカ・コーラがけには目を疑ったが、さすがにこちらはまだ試していない。サンドウィッチといえば、『ねじまき鳥クロニクル』に出てきたトマトとチーズの組み合わせはシンプルだが絶妙で、繰り返し作ったメニューのひとつ。フライパンを使う料理も多く、『羊をめぐる冒険』に出てきた鮭の缶詰とわかめとマッシュルームのピラフは、組み合わせがあまりにおいしそうですぐにまねて作った初の再現メニューだ。さらに『海辺のカフカ』では、珍しく和食のうなぎが登場。ナカタさんが実においしそうに食べているその描写から、きっと村上氏もうなぎが好きなんじゃないだろうかと思った。個人的には同作品で少年がうどんを食すシーンが好きで、たまに読んではおだしからしっかりとるうどんを作ってしまう。

They're chewy and fresh, and the soup smells great, really fragrant. And talk about cheap. It all tastes so good I ordered seconds, and for the first time in who knows how long, I'm happily stuffed. (*Kafka on the Shore,* Vintage *p.*34)

「腰が強く、新鮮で、だしも香ばしい。値段もびっくりするくらい安い。あまりにうまかったのでおかわりをする。おかげで久しぶりに満腹になり、幸福な気持ちになる」
(『海辺のカフカ 上』新潮文庫 *pp.*67-68)

アイロン掛けのシーン

　家事といえば、アイロン掛けのシーンも印象深い。何か気持ちが落ち着かないときや、頭が混乱しているとき、主人公はアイロンを取り出して、淡々とシャツにアイロン掛けを始める。その工程は実に細かく描写されており、一つ一つ丁寧に作業を行う中で、次第に主人公の心も整理されていくのだろう。かくいう私も、家事の中では洗濯とアイロン掛けをしているときが最も頭が空っぽになるので、この描写にはとても共感できる。余談だが、アイロンといえば、村上氏の短編小説「アイロンのある風景」も大変良い作品なので、ぜひ読んでみてほしい。

運動のシーン

　運動のシーンもよく出てくる。『ノルウェイの森』で、主人公ワタナベトオルの同居人が毎朝行うラジオ体操。『海辺のカフカ』で、主人公の田村カフカが日課としているジムトレーニング。さらに『騎士団長殺し』で、免色が自宅内のトレーニングルームで欠かさず行う筋力トレーニング。どれも彼らの身体的・精神的なバランスを保つ日々の外せないステップとして描かれており、その日常に取り込まれたストイックさに親近感を覚える。「走る小説家」とも称される村上氏ならではのエピソードだともいえるだろうか。

シャワーを浴び、髪を洗って、ひげをそるシーン

　気持ちのリセット手段としてのグルーミングのシーンも忘れ難い。多くの小説の中で、シャワーを浴び、髪を洗って、ひげをそり……といった、日々行われる

身づくろいのスナップショットが丁寧に描かれていて、その一つ一つを通して、主人公が外の世界と対峙する準備をし、気持ちを整えている様子が、その部屋の空気感とともに伝わってくる。これも、主人公にとって、日常から冒険へと移行するための橋渡し的な儀式になっているのかもしれない。

....

Once she was gone, I downed another cola, then took a hot shower and shaved. I was down to the bottom on just about everything—soap, shampoo, shaving cream.

    I stepped out of the shower and dried my hair, rubbed on body lotion, cleaned my ears. Then to the kitchen to heat up the last of the coffee. Only to discover: no one sitting at the opposite side of the table. (*A Wild Sheep Chase,* Vintage Classics, Vintage *p*.19)

「彼女が帰ったあとで僕はもう1本コーラを飲み、熱いシャワーに入って髭を剃った。石鹸もシャンプーもシェービング・クリームも、何もかもがなくなりかけていた。

    シャワーから出て髪をとかし、ローションをつけ、耳のそうじをした。そして台所に行って残りのコーヒーをあたためなおした。テーブルの向い側にはもう誰も座ってはいなかった」(『羊をめぐる冒険(上)』講談社文庫 *pp*.38-39)

....

    日常生活の描写がいつもそばにある村上作品の数々。そんなページを読むと毎回ほっとでき、何かに寄り添ってもらっているような安堵感に包まれる。肩の力を抜いて、普段着のまま、すっと彼の物語の世界に入ってみてほしい。

1Q84

1Q84

タイトルの『1Q84』は1984年と並行する別世界、パラレルワールドを表す。BOOK 1＜4月-6月＞とBOOK 2＜7月-9月＞はふたりの主人公「青豆」と「天吾」の章が交互に、BOOK 3＜10月-12月＞は「牛河」「青豆」「天吾」の章が順番に語られる。

スポーツ・インストラクターという表の顔と殺人請負人という裏の顔をもつ「青豆」と、作家を目指しながら予備校で数学を教える「天吾」は、10歳の時に同級生だったが、交わることのない道を歩んでいた。

タクシーで首都高の渋滞に巻き込まれた青豆が、非常階段を伝って1Q84の世界に降り立ったころ、天吾は文学賞に応募した17歳の「ふかえり」という少女が書いた『空気さなぎ』をリライトすることに。1Q84の世界でふたりの軌跡はどのように交わるのだろうか。

単行本　2009年　BOOK 1、BOOK 2
　　　　2010年　BOOK 3（新潮社）
文庫　　2012年（新潮文庫）
　　　　＊BOOK 1からBOOK 3、各上下、全6巻

【英訳版】*1Q84*
英訳者　Jay Rubin (Book 1, Book 2) /
Philip Gabriel (Book 3)（2011年、Randomhouse, Knopf）

登場人物

青豆 ／ Aomame
東京・広尾にあるスポーツクラブのインストラクター。「証人会」の信者の両親と別れ、親戚に引き取られる。柳屋敷の老婦人、緒方静恵の個人インストラクターもしている。

天吾 ／ Tengo
予備校の講師をしながら、作家を目指し出版社からの仕事も細々とこなしている。新人賞に応募した「ふかえり」の作品のリライトを引き受けたことから様々な出来事に巻き込まれる。

ふかえり ／ Fuka-Eri
『空気さなぎ』という小説で新人賞に応募した。父親の深田保がリーダーの農業コミューン「さきがけ」で育つが、「さきがけ」を離れて父親の友人の戒野先生の家に匿われる。

戒野先生 ／ Professor Ebisuno
ふかえりの父親、深田保の友人で元大学教員。ふかえりと娘と3人で山奥で暮らしている。

深田保 ／ Tamotsu Fukada
ふかえりの父親で「さきがけ」のリーダー。「さきがけ」は宗教法人に変身をとげるとともに、消息が消えた。

老婦人／緒方静恵 ／ Shizue Ogata
柳屋敷でDVの被害にあった女性たちを保護するとともに密かに加害者に報復している。

タマル ／ Tamaru
元自衛隊員で空手有段者。青豆とも親しく、緒方静恵の指示を受け青豆を助ける。

牛河 ／ Ushikawa
「さきがけ」の裏の汚れ作業を受け持っている。天吾と接近し、青豆を追跡する。

シーン **1** 青豆はショルダーバッグから

BOOK 1 前編 第1章。青豆は急ぎの用事のため、首都高速の渋滞の中でタクシーを降りることになった。People do not ordinarily climb down the emergency stairs of the Metropolitan Expressway in the middle of the day―（真っ昼間に首都高速道路の非常用階段を降りるなんて、普通の人はまずやりません）とタクシーの運転手は言った。青豆が緊急避難用の階段を降りるとき、物語の幕が上がる。

シーン **2** 重い沈黙があった

BOOK 1 後編 第18章。ふかえりの育った農業共同体『さきがけ』の変貌にリトル・ピープルの関与が示唆される場面。But it does appear to me, at least, that Eri is trying to say something important by introducing the Little People in her *Air Chrysalis*.（しかし少なくともエリは小説『空気さなぎ』にリトル・ピープルを登場させることによって、何か大事な事実を語ろうとしているように見える）とふかえりの保護者である戎野先生は語る。続けて先生はリトル・ピープルと『一九八四年』に登場するビッグ・ブラザー（Big Brother）という独裁者を対比して語る。

シーン **3** 考えてみれば、こんな風に月をしげしげと眺めるのは

BOOK 2 後編 第18章。本作の重要なモチーフである、ふたつの月に気づいた天吾の困惑が、At first, he thought it might be an optical illusion, a mere trick of light rays, but the more he looked at it, the surer he became that there was a second moon with solid outlines up there.（彼はそれを目の錯覚だと思った。あるいは光線が作り出した何かのイリュージョンなのだと。しかし何度眺めても、そこには確固とした輪郭を持った二つめの月があった）と印象的に描写される。

シーン **4** それから青豆は銃把を上にして

BOOK 2 後編 第23章。1984年の世界にはあった首都高速の非常階段が、1Q84の世界にはなかった。「1Q84」の世界から「1984」への脱出は叶わぬと悟り、青豆は she turned the gun upward and thrust the muzzle into her mouth（銃把を上にして、銃口を口の中に突っ込んで）自ら命を絶とうとする。すべてが始まった首都高の上で、物語は再び重要な局面を迎える。

シーン **1**〜**4**		*1Q84*		『1Q84』
*pp.*268-281 出典		Vintage International, Vintage 訳：Jay Rubin/Philip Gabriel		BOOK 1、BOOK 2、 BOOK 3 新潮文庫

She pulled her small Ray-Ban sunglasses partway out of her shoulder bag and took three thousand-yen bills from her wallet. Handing the bills to the driver, she said, "I'll get out here. I really can't be late for this appointment."

The driver nodded and took the money. "Would you like a receipt?"

"No need. And keep the change."

"Thanks very much," he said. "Be careful, it looks windy out there. Don't slip."

"I'll be careful," Aomame said.

"And also," the driver said, facing the mirror, "please remember: things are not what they seem."

Things are not what they seem, Aomame repeated mentally. "What do you mean by that?" she asked with knitted brows.

The driver chose his words carefully: "It's just that you're about to do something *out of the ordinary*. Am I right? People do not ordinarily climb down the emergency stairs of the Metropolitan Expressway in the middle of the day—especially women."

"I suppose you're right."

"Right. And after you *do* something like that, the everyday *look* of things might seem to change a little. Things may look *different* to you than they did before. I've had that experience myself. But don't let appearances fool you. There's always only one reality."

---

partway：途中まで　　**knitted brows**：眉間のしわ ＊knit は「眉を寄せる」

青豆はショルダーバッグから小振りなレイバンのサングラスを出してかけた。そして財布から千円札を三枚取り出して運転手に渡した。

「ここで降ります。遅れるわけにはいかないから」と彼女は言った。

　運転手は肯いて、金を受け取った。「領収書は？」

「けっこうです。お釣りもいらない」

「それはどうも」と運転手は言った。「風が強そうですから、気をつけて下さい。足を滑らせたりしないように」

「気をつけます」と青豆は言った。

「それから」と運転手はルームミラーに向かって言った。「ひとつ覚えておいていただきたいのですが、ものごとは見かけと違います」

　ものごとは見かけと違う、と青豆は頭の中でその言葉を繰り返した。そして軽く眉をひそめた。「それはどういうことかしら？」

　運転手は言葉を選びながら言った。「つまりですね、言うなればこれから普通ではないことをなさるわけです。そうですよね？　真っ昼間に首都高速道路の非常用階段を降りるなんて、普通の人はまずやりません。とくに女性はそんなことしません」

「そうでしょうね」と青豆は言った。

「で、そういうことをしますと、そのあとの日常の風景が、なんていうか、いつもとはちっとばかし違って見えてくるかもしれない。私にもそういう経験はあります。でも見かけにだまされないように。現実というのは常にひとつきりです」

---

out of the ordinary：並外れた、異常な　**appearances**：「見かけ」

Aomame thought about what he was saying, and in the course of her thinking, the Janáček ended and the audience broke into immediate applause. This was obviously a live recording. The applause was long and enthusiastic. There were even occasional calls of "Bravo!" She imagined the smiling conductor bowing repeatedly to the standing audience. He would then raise his head, raise his arms, shake hands with the concertmaster, turn away from the audience, raise his arms again in praise of the orchestra, face front, and take another deep bow. As she listened to the long recorded applause, it sounded less like applause and more like an endless Martian sandstorm.

"There is always, as I said, only one reality," the driver repeated slowly, as if underlining an important passage in a book.

"Of course," Aomame said. He was right. A physical object could only be in one place at one time. Einstein proved that. Reality was utterly coolheaded and utterly lonely.

Aomame pointed toward the car stereo. "Great sound."

The driver nodded. "What was the name of that composer again?"

"Janáček."

"Janáček," the driver repeated, as if committing an important password to memory. Then he pulled the lever that opened the passenger door. "Be careful," he said. "I hope you get to your appointment on time."

---

face front：正面に向き直って　coolheaded：冷めた、「冷徹」な

青豆は運転手の言ったことについて考えた。考えているうちにヤナーチェックの音楽が終わり、聴衆が間髪を入れずに拍手を始めた。どこかのコンサートの録音を放送していたのだろう。長い熱心な拍手だった。ブラヴォーというかけ声も時折聞こえた。指揮者が微笑みを浮かべ、立ち上がった聴衆に向かって何度も頭を下げている光景が目に浮かんだ。彼は顔を上げ、手を上げ、コンサートマスターと握手をし、後ろを向き、両手を上げてオーケストラのメンバーを賞賛し、前を向いてもう一度深く頭を下げる。録音された拍手を長く聞いていると、そのうちに拍手に聞こえなくなる。終わりのない火星の砂嵐に耳を澄ませているみたいな気持になる。

　「現実はいつだってひとつしかありません」、書物の大事な一節にアンダーラインを引くように、運転手はゆっくりと繰り返した。

　「もちろん」と青豆は言った。そのとおりだ。ひとつの物体は、ひとつの時間に、ひとつの場所にしかいられない。アインシュタインが証明した。現実とはどこまでも冷徹であり、どこまでも孤独なものだ。
　青豆はカーステレオを指さした。「とても良い音だった」
　運転手は肯いた。「作曲家の名前はなんて言いましたっけ？」
　「ヤナーチェック」

　「ヤナーチェック」と運転手は反復した。大事な合い言葉を暗記するみたいに。それからレバーを引いて後部の自動ドアを開けた。「お気をつけて。約束の時間に間に合うといいんですが」

A heavy silence followed, in the midst of which Fuka-Eri spoke up.

"It's because the Little People came," she said softly.

Tengo looked at her seated beside the Professor. As always, her face lacked anything that might be called an expression.

"Are you saying that something changed in Sakigake because the Little People came?" Tengo asked her.

She said nothing in reply. Her fingers toyed with the top button of her blouse.

Professor Ebisuno then spoke as if taking up where Eri's silence left off. "I don't know what the Little People are supposed to mean, and Eri either can't or won't explain in words what the Little People are. It does seem certain, however, that the Little People played some role in the sudden drastic change of Sakigake from an agricultural commune to a religious organization."

"Or something Little People-ish did," Tengo said.

"That's true," the Professor said. "I don't know, either, whether it was the Little People themselves or something Little People-ish. But it does appear to me, at least, that Eri is trying to say something important by introducing the Little People in her *Air Chrysalis*."

---

toyed with... : ～をもてあそぶ　taking up : 中断されたものを引き継ぐ　left off : 終えた

前後の文脈
について

BOOK1 後編　第18章。ふかえりの育った農業コミューン『さきが
け』の変貌にリトル・ピープルの関与が示唆される場面。オーウェル
の『一九八四年』が本作に象徴的に組み込まれている。

重い沈黙があった。その沈黙の中でふかえりが口を開いた。

「リトル・ピープルがやってきたから」と彼女は小さな声で言った。

　天吾は先生の隣に座っているふかえりの顔を見た。彼女の顔にはいつも
のように、表情というものが欠落していた。

「リトル・ピープルがやってきて、それで『さきがけ』の中の何かが変わ
ったということ？」と天吾はふかえりに尋ねた。

　ふかえりはその質問には答えなかった。ブラウスの首のボタンを指でい
じっていた。

　戎野先生がエリの沈黙を引き取るようなかたちで口を開いた。「エリの
描くところのリトル・ピープルが何を意味しているのか、私にはわからな
い。彼女にもリトル・ピープルが何であるかを言葉で説明することはでき
ない。あるいはまた説明するつもりもないみたいだ。しかしいずれにせよ、
農業コミューン『さきがけ』が宗教団体に急激に方向転換するにあたって、
リトル・ピープルが何らかの役割を果たしたことは、どうやら確からしい」

「あるいはリトル・ピープル的なるものが」と天吾は言った。

「そのとおりだ」と先生は言った。「それがリトル・ピープルなのか、あ
るいはリトル・ピープル的なるものなのか、どちらかは私にもわからない。
しかし少なくともエリは小説『空気さなぎ』にリトル・ピープルを登場さ
せることによって、何か大事な事実を語ろうとしているように見える」

-ish：〜に属する、〜的な

The Professor stared at his hands for a time, then looked up and said, "George Orwell introduced the dictator Big Brother in his novel *1984*, as I'm sure you know. The book was an allegorical treatment of Stalinism, of course. And ever since then, the term 'Big Brother' has functioned as a social icon. That was Orwell's great accomplishment. But now, in the real year 1984, Big Brother is all too famous, and all too obvious. If Big Brother were to appear before us now, we'd point to him and say, 'Watch out! He's Big Brother!' There's no longer any place for a Big Brother in this real world of ours. Instead, these so-called Little People have come on the scene. Interesting verbal contrast, don't you think?"

---

allegorical：寓話的な　**have come on the scene**：「登場してきた」

先生はしばらく自分の両手を眺めていたが、やがて顔を上げて言った。

「ジョージ・オーウェルは『一九八四年』の中に、君もご存知のとおり、ビッグ・ブラザーという独裁者を登場させた。もちろんスターリニズムを寓話化（ぐうわ）したものだ。そしてビッグ・ブラザーという言葉（ターム）は、以来ひとつの社会的アイコンとして機能するようになった。それはオーウェルの功績だ。しかしこの現実の一九八四年にあっては、ビッグ・ブラザーはあまりにも有名になり、あまりにも見え透いた存在になってしまった。もしここにビッグ・ブラザーが現れたなら、我々はその人物を指さしてこう言うだろう、『気をつけろ。あいつはビッグ・ブラザーだ！』と。言い換えるなら、この現実の世界にもうビッグ・ブラザーの出てくる幕はないんだよ。そのかわりに、このリトル・ピープルなるものが登場してきた。なかなか興味深い言葉の対比だと思わないか？」

---

verbal contrast：（Big と Little の）言葉のコントラスト

Come to think of it, I haven't looked hard at the moon like this for a very long while, Tengo thought. *When could the last time have been? Living one hectic day after another in the city, you tend to look down at the ground. You forget to even look at the night sky.*

It was then that Tengo realized there was another moon hanging in the sky. At first, he thought it might be an optical illusion, a mere trick of light rays, but the more he looked at it, the surer he became that there was a second moon with solid outlines up there. His mind went blank as he stared in its direction, open-mouthed. *What am I seeing?* He could not make up his mind. The outline and the substance refused to overlap, as when word and concept fail to cohere.

Another moon?

He closed his eyes, opened his palms, and rubbed his cheeks. *What's wrong with me? I didn't drink that much.* He drew in a long, quiet breath and then quietly expelled it. He checked to be sure his mind was clear. *Who am I? Where am I now? What am I doing?* he asked himself in the darkness behind his closed eyelids. *It's September 1984, I'm Tengo Kawana, I'm in a playground in Koenji in Suginami Ward, and I'm looking up at the moon in the night sky. No doubt about it.*

Then he slowly opened his eyes and looked at the sky again, carefully, his mind calm, but still there were two moons.

This is no illusion. There are two moons. Tengo balled his hand into a fist and kept it that way for a long time.

The moon was as taciturn as ever. But it was no longer alone.

---

hectic：大忙しの　optical illusion：「目の錯覚」　cohere：結合する

前後の文脈
について

BOOK 2後編 第18章。本作の重要なモチーフである、ふたつの月。
寄り添うように夜空に浮かぶ月の様子と、その存在に気づいた天吾の困
惑が印象的に描写される。

　考えてみれば、こんな風に月をしげしげと眺めるのはずいぶん久しぶり
のことだな、と天吾は思った。この前、月を見上げたのはいつのことだっ
たろう。都会であわただしく日々を過ごしていると、つい足もとばかり見
て生きるようになる。夜空に目をやることさえ忘れてしまう。

　それから天吾はその月から少し離れた空の一角に、もう一個の月が浮か
んでいることに気づいた。最初のうち、彼はそれを目の錯覚だと思った。
あるいは光線が作り出した何かのイリュージョンなのだと。しかし何度眺
めても、そこには確固とした輪郭を持った二つめの月があった。彼はしば
し言葉を失い、口を軽く開いたまま、ただぼんやりとその方向を眺めてい
た。自分が何を見ているのか、意識を定めることができなかった。輪郭と
実体とがうまくひとつに重ならなかった。まるで観念と言語が結束しない
ときのように。

　もうひとつの月？

　目を閉じ、両方の手のひらで頬の筋肉をごしごしとこすった。いったい
おれはどうしたのだろう、と天吾は思った。それほど酒を飲んだわけでも
ない。彼は静かに息を吸い込み、静かに息を吐いた。意識がクリアな状態
にあることを確かめた。自分が誰で、今どこにいて何をしているのか、目
を閉じた暗闇の中であらためて確認した。一九八四年九月、川奈天吾、杉
並区高円寺、児童公園、夜空に浮かんだ月を見上げている。間違いない。

　それから静かに目を開け、もう一度空を見上げた。冷静な心で、注意深
く。しかしそこにはやはり月が二個浮かんでいた。

　錯覚ではない。月は二個ある。天吾はそのまま長いあいだ右手のこぶし
を強く握りしめていた。

　月は相変わらず寡黙だった。しかしもう孤独ではない。

「１Ｑ８４」｜ 1Q84

balled his hand into a fist：拳を握り締めた　　**taciturn**：寡黙な

Next she turned the gun upward and thrust the muzzle into her mouth. Now it was aimed directly at her cerebrum—the gray labyrinth where consciousness resided.

The words of a prayer came to her automatically, with no need to think. She intoned them quickly with the muzzle of the gun still in her mouth. *Nobody can hear what I am saying, I'm sure. But so what? As long as God can hear me.* When a little girl, Aomame could hardly understand the phrases she was reciting, but the words had permeated her to the core. She had to be sure to recite them before her school lunches, all by herself, but in a loud voice, unconcerned about the curious stares and scornful laughter of the other children. *The important thing is that God is watching you. No one can avoid his gaze.*

Big brother is watching you.

O Lord in Heaven, may Thy name be praised in utmost purity for ever and ever, and may Thy kingdom come to us. Please forgive our many sins, and bestow Thy blessings upon our humble pathways. Amen.

The nice-looking middle-aged lady at the wheel of the brand-new Mercedes-Benz was still looking straight at Aomame. Like the other people watching, she seemed unable to grasp the meaning of the gun that Aomame was holding. *If she understood, she would have to look away from me,* Aomame thought. *If she sees my brain splatter in all directions, she probably won't be able to eat her lunch today—or her dinner. I won't blame you if you look the other way,* Aomame said to her wordlessly. *I'm not*

---

intoned：「唱えた」　permeated... to the core：〜の芯まで浸透した

　それから青豆は銃把を上にして、銃口を口の中に突っ込んだ。銃口はま
っすぐに大脳に向けられていた。意識が宿る灰色の迷宮に。

　祈りの文句は考える必要もなく、自動的に出てきた。銃口を口に突っ込
んだまま、彼女は早口でそれを唱えた。何を言っているのか、誰にも聞き
取れないだろう。でもかまわない。神様に聞こえればいい。自分が口にし
ている文言の内容は、幼い青豆にはほとんど理解できなかった。しかしそ
の一連の言葉は、彼女の身体（からだ）の芯（しん）まで染（し）みこんでいた。学校での給食の前
にも必ずお祈りをしなくてはならない。ひとりぼっちで、しかし大きな声
で。まわりの人々の好奇の目や嘲笑（ちょうしょう）を気にかけることはない。大事なのは、
神様があなたを見ているということだ。誰もその目から逃れることはでき
ない。
　ビッグ・ブラザーはあなたを見ている。

　天上のお方さま。あなたの御名（みな）がどこまでも清められ、あなたの王国
が私たちにもたらされますように。私たちの多くの罪をお許しください。
私たちのささやかな歩みにあなたの祝福をお与え下さい。アーメン。

　真新しいメルセデス・ベンツのハンドルを握っている顔立ちの良い中年
女性は、まだ青豆の顔をじっと見つめていた。彼女には——まわりのほか
の人々と同じように——青豆の手にしている拳銃の意味がよく理解できて
いないみたいだった。もし理解できていたら、彼女は私から目をそらして
いるはずだ。青豆はそう思った。脳味噌（のうみそ）があたりに飛び散る光景を目の前
にしたら、今日の昼食も夕食もおそらく口にできなくなってしまうだろう
から。だから悪いことは言わない、目をそらしなさい、と青豆は彼女に向
かって無言で語りかけた。私は歯を磨いているわけじゃない。ヘックラー＆

---

scornful：軽蔑した、冷笑的な　　**Thy**：「あなたの」　　**pathways**：小道、日々の生活

over here brushing my teeth. I've got this German-made automatic pistol, a Heckler & Koch, shoved in my mouth. I've said my prayers. You should know what that means.

Here is my advice to you—important advice. Don't look at anything. Just drive your brand-new Mercedes-Benz straight home—your beautiful home, where your precious husband and children are waiting—and go on living your peaceful life. This is not something that someone like you should see. This is an ugly pistol, a real gun, loaded with seven ugly 9mm bullets. And, as Anton Chekhov said, once a gun appears in a story, it has to be fired at some point. That is what we mean by "a story."

But the middle-aged lady would not look away from Aomame. Resigned, Aomame gave her head a little shake. *Sorry, but I can't wait any longer. My time is up. Let's get the show on the road.*

Put a tiger in your tank.

"Ho ho," said the keeper of the beat.

"Ho ho," the six other Little People joined in.

"Tengo!" said Aomame, and started to squeeze the trigger.

---

at some point：いずれは　***get the show on the road***：（計画を）実行する、ショーを始める

コッホというドイツ製の自動拳銃を口の中に突っ込んでいるの。お祈りだって済ませた。その意味はわかるはずよ。

　私からの忠告。大事な忠告。目をそらし、何も見ないで、できたての銀色のメルセデス・クーペを運転して、そのままおうちに帰りなさい。あなたの大事なご主人や子供たちが待つきれいなおうちに、そしてあなたの穏やかな生活を続けなさい。これはあなたのような人が目にするべきものじゃないのよ。これは本物の醜い拳銃なの。七発の醜い九ミリ弾がここに装填されている。そしてアントン・チェーホフも言っているように、物語の中にいったん拳銃が登場したら、それはどこかで発射されなくてはならないの。それが物語というものの意味なの。

　しかしその中年の女性は、どうしても青豆から目をそらさなかった。青豆はあきらめて小さく首を振った。悪いけれどこれ以上は待てない。タイムアップ。そろそろショーを始めましょう。

　タイガーをあなたの車に。

「ほうほう」とはやし役のリトル・ピープルが言った。

「ほうほう」と残りの六人が声を合わせた。

「天吾くん」と青豆は言った。そして引き金にあてた指に力を入れた。

the keeper of the beat：その場の調子（beat）を司る者

BOOK 1 APRIL-JUNE

1
something out of the ordinary 「普通ではないこと」

don't let appearances fool you 「見かけにだまされないように」

There's always only one reality. 「現実というのは常にひとつきりです」

2
mushy bowl of loose gruel 「ゆるい粥」。＊ mushy は「どろどろした」、gruel は「薄い粥」。

retinas ＜網膜＞

fit 「発作」

Chrysalis ＜さなぎ＞

ungrammatical ＜文法を無視した＞

inborn ＜生まれつきの＞

may be built like a lumberjack 「図体はでかい」。＊ lumberjack は「木こり」。

3
prey 「獲物」

stealthily ＜ひそかに＞

fait accompli 「既成事実」。＊フランス語。

cross the threshold ＜敷居をまたぐ＞

4
are a big lug 「図体はでかい」。＊ lug は「のろま、あほ」。

occultism 「呪術」

shorn of embellishment 「修飾をそぎ落とした」。＊ shorn of... は「〜を失った」。

chronic shortage of inflection 「アクセントの慢性的な不足」。＊ inflection は「屈折、抑揚」。

pangs of love 「恋心」。＊ pang は「心の痛み」。

novella ＜短編小説＞。＊イタリア語。

"What a taskmaster!" 「厳しいですね」。＊ taskmaster は「工事監督、親方」の意味なので、相手に対して「なんて厳しい人だ」というニュアンス。

5
loathsome ＜ひどく不快な＞

I've been stood up 「すっぽかされちゃった」

scatterbrained 「そそっかしい」

knit his brows ＜眉を寄せた＞

once-over ＜ざっと全体を見渡すこと＞

screw loose 「回線が外れて」。＊本来は「ネジの緩み」転じて「おかしなやつ」。

6
private stash 「ポケットマネー」。＊ stash は「隠してあるもの」。

go by the gut 「勘が働くんだ」。＊ gut は「直観」。

primordial sea 「太古の海」

be tantamount to giving a butterfly a skeleton 「蝶々に骨格を与えるのに等しい」

unfathomable ＜理解し難い＞

juvenile ＜未熟な、子どもっぽい＞

threadbare ＜お粗末な＞

superfluous ＜余分な＞

7
"Stands to reason." 「理屈からいけばそうなる」。＊ stand to reason は「理にかなっている」。

a prize specimen 「いかにもというもの」。＊ prize は「たいへんな」、specimen は「しろもの」。

dowager ＜気品ある年配の婦人＞

powerhouse ＜精力家＞。＊本来は「発電所」。

visceral ＜直観的な＞。＊本来は「内臓の」。

lurid welts ＜土気色のみみず腫れ＞

stone-cold sober 「酒は一滴も飲まない」。＊ stone-cold は「完全に」。

'As luck would have it' 「うまい具合に」

'Due to heavenly dispensation' 「天の配剤によって」

lightweight ＜取るに足りない人＞

8
forking over ＜渋々と支払うこと＞

share a bite ＜食事に誘う＞。＊ bite は「軽い食事」。

pregnant ＜含蓄がある＞

dapper attire 「こざっぱりした格好」。＊ attire は「服装」。

dyslexia ＜失読症＞

9
free of distortion 「完璧に正常だ」

parting words ＜別れの言葉＞

pro-forma ＜形式上＞。＊ラテン語。

felt enveloped in ecstasy 「鮮やかな恍惚感に包まれた」

metamorphosis 「変容」

on par with... 「〜と同じくらい」

10
meticulous ＜極めて注意深い＞

enigmatic ＜不思議な＞

'rising stars of academe' 『気鋭の学者』

temperamentally ＜気質上＞

de facto ＜事実上の＞。＊ラテン語。

book-smart 「頭でっかちの」

motley crew ＜寄せ集めの連中＞

'un-uniform vegetables with the soil still clinging to them' 『土のついた不揃な野菜』

rapprochement ＜和解＞。＊フランス語。

schizoid ＜統合失調症の＞

11 was annihilated ＜滅ぼされた＞

nubile ＜成熟した＞

typically footloose college students 「いかにも遊び人という感じの大学生」。＊footloose は「勝手気ままな」。

a state of chronic powerlessness 「慢性的な無力感」

nepotistic society 「仲間内の社会」。＊nepotistic は「情実による」。

opulent ＜贅沢な＞

12 were sent packing 「門前払いされた」。＊send ... packing で「～を追い払う」。

evocative 「暗示的」

ingenious allegory 「巧妙なアレゴリー」。＊allegory は「寓意、たとえ話」。

fervent proselytizer ＜熱心な布教活動家＞

may Thy kingdom come to us 「あなたの王国が私たちにもたらされますように」

seemed to fall a notch 「無言のうちに目盛りひとつぶん落ちたようだった」

13 breeze through... ＜～を楽々と通る＞

linchpin 「要」。＊本来は「輪留め」。

a sucker for good looks 「いわゆる面食い」。＊sucker for... は「～に弱い人」。

woo ＜求める、せがむ＞

premonitions ＜予感＞

monomaniacal 「偏執的な」

fashioned ＜～を作り出した＞

14 standard practice ＜標準的な習慣＞

roman-fleuve 「大河小説」。＊フランス語。

outlandish schemes ＜奇策＞。＊outlandish は「異様な」。

terse 「素っ気ない」

beat me black and blue 「鉄拳の制裁を受けてきた」。＊black and blue は「あざだらけの」。

15 frugally ＜節約して＞

self-denial ＜自制＞

hand-me-downs 「おさがり」

a mere external form 「ただのかたち」

chance encounter ＜偶然の出会い＞

exchange window ＜返品窓口＞

16 straight-up ＜正真正銘の＞

pull the wool over people's eyes 「世間をだまくらかす」

maverick ＜独立独行の人、一匹おおかみ＞

17 old hag 「おばあさん」。＊本来 hag は「醜い老婆」。

social standing 「社会的な地位」

tête-à-têtes ＜内緒話＞。＊フランス語。

a wan smile ＜弱々しい笑み＞

18 dirty laundry ＜内輪の恥＞

running in red 「赤字であること」

a minor 「未成年」

esoteric ＜秘密の＞

ascetic ＜禁欲的な、苦行の＞

austerities ＜厳格さ＞

ostensibly 「表向きには」

coup d'état 「地殻変動」。＊フランス語で「クーデター、武力政変」の意味。

stalemate 「膠着状態」

19 an ominous ring 「不吉な響き」

heinous ＜凶悪な＞

immaculate ＜純潔な＞

elaborate ruses 「手の込んだインチキ」

20 some tears had begun to appear 「いくつかのほころびが見えてきた」

tranquil life 「平穏な生活」

ladies-in-waiting 「女房たち」

the Nun of Second Rank 「二位殿」

gazetteer ＜地名辞典、ガイドブック＞

mere trifle 「下らぬこと」。＊trifle は「つまらないもの」。

21 become disillusioned with... ＜～に幻滅する＞

religious awakening 「宗教的覚醒」

"less is more" 「足るを知る」

landshark 「地上げ屋」

22 tearjerker ＜お涙頂戴もの＞

23 if you have anything extra lying around
「もしお金が余っているのなら」。＊ anything extra
は「余分なお金」の意味。

have to be handled with kid gloves 「う
かつには手は出せない」。＊ be handled with kid
gloves で「慎重に扱う」。

a watertight defense 「水も漏らさぬ防御シ
ステム」

24 letup ＜（雨が）止むこと＞

oral transmission 「口述」

BOOK 2 JULY-SEPTEMBER

2 take an enormous toll 「ひどく身体にこたえ
ます」。＊ toll は「打撃、代償」。

must be 'taken care of' 「処理されなくては
なりません」

scum ＜浮きかす、人間のくず＞

filthy residue 「汚らわしい残り滓」

a pillar of society 「社会の礎石」。＊pillarは「柱石」。

2 colloquial ＜くだけた＞。＊「口語体の」の意味。

orthodontia ＜歯列矯正＞

in dribs and drabs ＜少しずつ＞

ulterior motive ＜隠された動機、思惑＞

3 breach 「突破口」

have a leg to stand on ＜正当な根拠がある＞

anticlimax ＜期待外れの結果＞

commingling ＜混合＞

4 without cutting corners 「手を抜かず」。
＊ cut corners は「手を抜く」。

in self-derision 「自嘲的に」

Contrition and repentance 「罪の悲しみ」。
＊ contrition は「痛恨」、repentance は「後悔」。

5 murderer motivated by conviction and
conscience 「確信を持った良心的殺人者」。
＊ conviction は「確信」、conscience は「良心」。

6 'authorial laziness' ＜作家の怠慢＞

deliberately cryptic posture 「思わせぶり
な姿勢」。＊ deliberately cryptic は「意図的に謎め
かされた」。

telltale sounds 「不審な音」。＊ telltale は「密
告者」。

twilight portion of life 「人生のそういう黄昏
れた領域」

inextricable situation 「抜き差しならないと
ころ」。＊ inextricable で「抜け出せない」。

formidable power 「侮りがたい力」。
＊ formidable で「恐るべき、手ごわい」。

7 gave him a token smile 「ほんのしるしだけ
微笑んだ」

crass ＜（態度が）粗末な、鈍感な＞

a being who is by no means ordinary
「普通ではない存在」

ineradicable ＜根絶できない＞。＊ eradicate
は「根絶させる」。

8 introspection 「内省」

vacuum 「空白」

9 "viewing" 「視る」

state of suspended animation 「仮死状
態」

heavenly grace 「恩寵」

emaciation ＜衰弱＞

10 Boat schmoat! 「ボートがどうしたこうした」。
＊ schmo は「愚か者、間抜け」。boat の語尾と韻
を踏んでいる。

are stirring 「さわいでいる」。＊ stir は「活動する、
発生する」。

11 equanimity ＜平静＞

provable 「実証可能」

puny 「矮小」

expedient 「便宜的なもの」

mere happenstance 「ただの成り行き」

12 extenuating ＜情状酌量すべき＞

agglomeration ＜集塊＞

intercourse ＜性交＞

purification 「オハライ」

13 metaphysical proposition 「形而上的な命題」

compensatory force 「補償作用」

Perceiver ＜パシヴァ＝知覚するもの＞

Receiver ＜レシヴァ＝受け入れるもの＞

had congress 「交わった」。＊ congress は古
語で「性交」。

15 utterly irreplaceable 「かけがえのない」

keyed up ＜緊張している、興奮している＞

papier-maché 「ただのはりぼて」。＊フランス
語で「張り子」。

19 sonority ＜鳴り響くこと＞

"Gathering" 「集まり」

self-serving ＜利己的な＞

passageway 「通路」

stand-in 「代理」

21 basso continuo 「通奏低音」。＊イタリア語。

23 QED ＜証明終わり＞。＊ラテン語。

24 "courtesy" 「礼儀」

full-fledged conversation 「まとまった話」

de facto 「事実上」。＊ラテン語。

BOOK 3 OCTOBER-DECEMBER

1 in fits and starts 間欠的に

"It takes a thief to catch a thief." 「蛇の
道はヘビっていいます」

up a creek ＜苦境に立たされている＞。＊creek
は「小川」。

leave no stone unturned ＜くまなく探す＞

4 waterlogged ＜びしょぬれの＞

hoi polloi 「下賤のもの」。＊ギリシャ語で「庶民」。

go-getter 「やり手」

rule of Occam's razor 「オッカムの剃刀」の
法則

6 coitus interruptus ＜膣外射精＞。＊ラテン語。

"Fair is foul, and foul is fair" 「きれいはき
たない。きたないはきれい」。＊『マクベス』の台詞。

wicked 「よこしまな」

7 a homing missile ＜自動追尾ミサイル＞

narrow-minded ＜偏見を持った＞

10 shut-eye ＜ひと眠り＞

11 human chorionic gonadotropin ＜ヒト
絨毛性性腺刺激ホルモン＞

immaculate conception 「処女懐胎」

bull's eye 「命中」

12 great divide 「大いなる分水嶺」。＊「生死の境」
を表す。

a fairy in the throes of a lewd dream
「淫夢に支配された妖精」。＊in the throes of...で「〜
と悪戦苦闘中」、lewdは「みだらな」。

13 Is this what it means to go back to
square one? 「これが振り出しなのか？」。
＊square oneは「出発点」。

15 mum's the word ＜黙ってろよ＞。＊mumは
「無言、沈黙」。

16 jet-black 「漆黒の」

go by the book 「規則正しく重ねていくのだ」。
＊by the bookは「典拠に則って、型通りに」。

17 northern frontier of reason 「理想の極北」

19 not matter one way or the other 「あって
もなくてもいいもの」

20 the pursued following the pursuer 「追
跡されるものが追跡者のあとをつける」

21 legal heir 「法定相続人」

grave threat ＜深刻な脅威＞

22 had absconded 「逐電していた」。
＊abscondは「失踪する」。

23 it would be suicide to waltz right in all
alone 「一人で乗り込んでいくのは自殺行為に近い」

24 stately 「おごそかな」

25 collective unconscious 「集合的無意識」

it's my serve 「サーブ権はこちらにある」

26 with a fine-tooth comb 「しらみつぶしに」

28 valuable lead 「有力な手がかり」

30 a phosphorescent tide 「夜光虫に彩られた
海流」。＊phosphorescentは「りん光を発する」。

BOOK 1　4月ー6月	
1 見かけにだまされないように。現実というのは常にひとつきりです。	Don't let appearances fool you. There's always only one reality.
唇はまっすぐ一文字に閉じられ、何によらず簡単には馴染まない性格を示唆している。	Her lips formed a tight straight line, suggesting that she was not easily approachable.
そういう意味では彼女は、巧妙に擬態する昆虫に似ていた。	In that sense, Aomame resembled an insect skilled at biological mimicry.
2 新人の作品にしては珍しく、何かみたいになりたいという部分がありません。	It has absolutely none of the usual new writer's sense of 'I want to be another so-and-so.'
てにをはもなってないし、何が言いたいのか意味がよくわからない文章だってある。	It's ungrammatical, and in some places you have no idea what she's trying to say.
でも文章はほとんどそっくり入れ替える。いわゆる換骨奪胎だ。	But change the language—a total remake.
3 夏の夜、狭いベッド、微かな汗の匂い。口にされた言葉。言葉にならない気持ち。忘れられてしまった約束。実現しなかった希望。行き場を失った憧憬。	The summer night, the narrow bed, the faint smell of perspiration. The words they spoke. The feelings that would not take the form of words. Forgotten promises. Unrealized hopes. Frustrated longings.
アインシュタインの定理には反しているが、しかたない。それが殺人者の禅なのだ。	*It goes against Einstein's theorem, but what the hell. Call it the Zen of the killer.*
その脳下部の特別なポイントをきわめて細い針で突くことでもたらされるのは、自然死に酷似した死だ。	Stabbing the special point at the base of the brain with an exceptionally fine needle causes a death that is almost indistinguishable from a natural sudden death.
4 俺と天吾くんとはいわば一蓮托生なんだ。	We share the same fate.
彼女の話し方にはいくつかの特徴があった。修飾をそぎ落としたセンテンス、アクセントの慢性的な不足、限定されたボキャブラリー。	Her style of speaking had some distinguishing characteristics: sentences shorn of embellishement, a chronic shortage of inflection, a limited vocabulary.
疑問符をつけずに質問をするのが、彼女の語法の特徴のひとつであるらしい。	Apparently, asking questions without question marks was another characteristic of her speech.
5 なにしろついさっき一人の男をあちら側に送り込んできたのだ。	After all, she had just sent a man to the other side.
殺されても文句の言えないネズミ野郎とはいえ、やはり人は人だ。	True, he was a loathsome rat who had no right to complain about being killed, but he was, ultimately, a human being.
6 アイデアが、太古の海における生命萌芽のざわめきのように、彼の頭の中に浮かんだり消えたりしていた。	Ideas were welling up inside him like life-forms stirring in a primordial sea.
それは蝶に骨格を与えるのに等しいのではないか。	Wouldn't this be tantamount to giving a butterfly a skeleton?

	ふかえりの文章は全体的に稚拙であった。	Her style overall was juvenile and artless.
7	天の配剤によってというのが俺の好みだ。	I prefer 'Due to heavenly dispensation.'
	空威張りしている小物ばかりだ。	These guys are lightweights who like to come on strong.
8	ホワイトカラーの中産階級の子供が集まっている社会では、彼は一種の「異人種」にならざるを得なかった。	He could not help becoming a kind of alien in a society of middle-class children of white-collar workers.
	彼がその情景の断片を野原の牛のようにきりなく反芻し、そこから大事な滋養を得ていることを知らない。父子はそれぞれの深く暗い秘密を抱き合っている。	Tengo was endlessly regurgitating fragments of the scene to chew on, a cud from which he obtained essential nutrients. Father and son: each was locked in a deep, dark embrace with his secrets.
	それが彼にできるいちばんこざっぱりした格好だった。	This was as close as he could come to dapper attire.
10	釘を使ってレンガに刻んだような字だった。それなりの味わいがあると言えなくもない。	The way Fuka-Eri wrote them, the two characters could have been scratched into a brick with a nail, though they did have a certain style of their own.
11	慢性的な無力感は人を蝕み損ないます。	A state of chronic powerlessness eats away at a person.
	肉体こそが人間にとっての神殿であり、たとえそこに何を祀るにせよ、それは少しでも強靭であり、美しく清潔であるべきだというのが青豆の揺るぎなき信念だった。	It was Aomame's firm belief that the human body was a temple, to be kept as strong and beautiful and clean as possible, whatever one might enshrine there.
13	環はハンサムな男が好きだった。いわゆる面食いだ。その傾向は、青豆の目から見れば、ほとんど病の域にまで達していた。	Tamaki liked handsome men. She was a sucker for good looks. As Aomame saw it, this tendency of her friend's ranked as a sickness.
14	ものごとの帰結は即ち善だ。善は即ちあらゆる帰結だ。	The conclusion of things is the good. The good is, in other words, the conclusion at which all things arrive.
	貶すときの文章はかなり苛烈なものだった。	The blame was always expressed in highly acerbic prose
	人間の霊魂は理性と意志と情欲によって成立している。	The human soul is composed of reason, will, and desire.
	理性と意志と情欲が会議を開き、テーブルを囲んで熱心に討論しているところを想像すると楽しくないか？	Wouldn't it be fun to imagine reason, will, and desire engaged in a fierce debate around a table?
	天吾がどちらかというとのんびりした鷹揚な顔立ちであるのに比べて、父親は神経質で、いかにも吝嗇そうな顔をしていた。	Where Tengo had a generally relaxed and generous look, his father appeared nervous and tightfisted.

『1Q84』 IQ84

15	家庭には余分なものはいっさいなかった。「もったいない」というのが、彼女の家庭でもっとも頻繁に口にされた言葉だった。	Her family's home was free of all extras, and "waste" was their most commonly used word.
	ですからあなたはその気持ちを、気球に碇をつけるみたいにしっかりと地面につなぎ止めておく必要があります。	That is why it is necessary for you to fasten your feelings to the earth — firmly, like attaching an anchor to a balloon.
	青豆さんはすごいね。そんな風にタッカンできちゃうんだ。	You're amazing, the way you can put this in such a philosophical perspective.
16	ひとつ腹をくくって、こってりとした悪の匂いを楽しもう。	Just brace yourself and enjoy the smell of evil.
17	人間というものは結局のところ、遺伝子にとってのただの乗り物であり、通り道に過ぎないのです。	Human beings are ultimately nothing but carriers — passageways — for genes.
	それは狂気というよりは狂気に似た何かだ。正しい偏見と言った方が近いのかもしれない。	*Rather than madness, it's something that resembles madness. A correct prejudice, perhaps.*
19	教祖は歪んだ性的嗜好をもった変質者です。	The guru is a degenerate with perverted sexual tastes.
21	そのような「足るを知る」生活の中で、肉体を清浄し、精神を錬磨することによって、魂の平穏を得ることを目指している。	For us, "less is more": we aim to achieve spiritual peace through the purification of the body and the discipline of the mind.
	競争社会の物質主義にむなしさを覚えた人々が、より深みのある別の座標軸を求めて次々に教団の門をくぐっている。	One after another, people who have sensed the emptiness of competitive society's materialism have entered our gates in search of a different and deeper spiritual axis.
	一九七〇年代前後にラディカルに政治を志向した青年たちは、今では様々な企業に就職し、経済という戦場の最先端で激しく切り結んでいる。	The youth with radical political aspirations in 1970 were now working for corporations, engaged in the forefront of fierce fighting on an economic battlefield.
BOOK 2 7月—9月		
1	長い眉の外端は、まるで万有引力に抗することをあきらめたかのように、わずかに下に降りていた。	The outer tips of her long eyebrows had dropped a notch, as if they had given up the struggle against gravity.
	彼女たちはリーダーの側近として巫女のような役目を果たしているということです。	We're told they serve Leader as his own personal shrine maidens.
	あなたはとてもきっぱりとした考え方をする人ですね。	You are very clear about your own ideas, aren't you?
	その男は何があろうと処理されなくてはなりません。	That man must be 'taken care of,' no matter what.
	ときどき自分が何かの残り滓みたいに思えたものです。意味のない、汚らしい残り滓みたいに。	I often felt that I was nothing but scum— some kind of meaningless, flithy residue.

	あんたはそういう社会の礎石と言ってもおかしくない人物に向かって、拳銃の手配を頼んでいるんだ。	In other words, I could be called a pillar of society without the least bit of irony. Do you realize that you are asking such a person to provide you with a gun?
2	数日前に大波に洗われた浜辺の杭のように、その歯はいろんな角度に曲がり、いろんな方向を模索し、いろんな種類の汚れ方をしていた。	Like seaside pilings that had been hit by huge waves, they pointed off in all directions and were befouled in a great many ways.
	生活のために才能や時間を切り売りするのは、良い結果を生まないということです。	Selling off one's talents and time in dribs and drabs to make ends meet never produces good results.
3	人間にとって死に際というのは大事なんだよ。生まれ方は選べないが、死に方は選べる。	A person's last moments are an important thing. You can't choose how you're born, but you can choose how you die.
	怖いのは現実に出し抜かれることだ。現実に置き去りにされることだ。	What I'm afraid of is having reality get the better of me, of having reality leave me behind.
5	確信を持った良心的殺人者ではあるけれど、殺人はあくまで殺人であり、法的に見れば青豆は疑問の余地なく犯罪者である。	True, she was a murderer motivated by conviction and conscience, but a murderer is, in the end, a murderer, a criminal in the eyes of the law.
	作り上げてきた装飾的自我をひとつひとつ剥いでいけば、そのあとに残るのは無の深淵でしかない。	*If you peeled away the ornamental egos that she had built, there was only an abyss of nothingness and the intense thirst that came with it.*
6	これから少しずつ、人生のそういう黄昏れた領域に脚を踏み入れようとしておられる。	From now on, you will gradually enter that twilight portion of life.
	それはまさに『思考犯罪』というのに近いものです。	It is very close to what he called a 'thought crime.'
7	おそらくあなたは特別なものごとを目になさるはずです。普通ではない存在を。	You are likely to witness special things — a being who is by no means ordinary.
8	そこは彼が失われるべき場所だった。	It is the place where he is meant to be lost.
	一方にしか開かないドアと同じで、逆方向の移動はない。	As with a door that opens in only one direction, backward movement was not an option.
	何ものでもなかったし、何ものでもないし、これから先も何ものにもなれないだろう。	You were nothing, you are nothing, and you will be nothing.
	空白が生まれれば、何かがやってきて埋めなくてはならない。	When a vacuum forms, something has to come along to fill it.
9	的確で精密な視線だった。「見る」というよりは「視る」という表現の方がふさわしいだろう。	His gaze was precise and attentive to detail. He was not so much "looking" at her as "viewing" her.

『1Q84』 1Q84

	あなたが抱えておられる問題に対して、私には技術的にできることはほとんどないように思えます。とくにそれが、恩寵の代償として届けられるのだとしたら。	I can't help thinking that the techniques at my disposal can do almost nothing for your problem — especially if it is something that has come to you as a payment for heavenly grace.
10	説明されないとわからないのであれば、説明されてもわからないのだ。	If you couldn't understand something without an explanation, you couldn't understand it with an explanation.
12	これからどこに行くにせよ、それなりの決着はつけて、身辺をきれいにしていきたかった。そうしないと彼のまっさらであるべき新しい人生が出だしから汚染されてしまうかもしれない。	Wherever he might go from here on out, he wanted first to bring things to some sort of conclusion and clean up his personal affairs. Otherwise, his fresh new life might be tainted from the outset.
	しかし長年にわたって彼を戸惑わせ、理不尽に揺さぶり、苦しめ続けてきたあの「白日夢」の鮮烈なイメージに拮抗し、それを凌駕する、圧倒的なスケールをもった何かの到来が、そこには必要とされた。	But what he needed was something so enormous, on such an overwhelming scale, that it could rival and even surpass the strinking images of the "waking dream" that had disoriented and jolted and tormented him over these many years.
13	影は、我々人間が前向きな存在であるのと同じくらい、よこしまな存在である。	It is as evil as we are positive.
	二人はウィルスに対する抗体のようなものを立ち上げたんだ。	Tengo and Eriko have created and spread the antibody to combat it.
	つまり君と天吾くんとは、この世界において文字通り踵を接していることになる。	You and Tengo are literally in step with each other.
15	まるで寒気を感じたように身体を一瞬小さく震わせただけで、生と死を隔てる分水嶺をその男は越えていった。	The man had crossed the divide that separates life and death, and he had done so without making the slightest sound, with just a momentary shiver, as if he had felt a chill.
	かけがえのない方です。	He is utterly irreplaceable.
	鳥肌が立ち、心臓が一拍分スキップした。息が詰まり、背筋を氷の虫が這った。意識が激しい白熱光に晒された。	Her skin crawled, and her heart skipped a beat. Her breath caught in her throat, and icy insects crawled up and down her spine. A blazing hot white light poured into her mind.
	このしみひとつない真新しい部屋にいると、自分が記憶と個性を剥奪された匿名の人間になったような気がした。	In this brand-new, spotless condo, she felt like an anonymous person, stripped of memory and individuality.
	しかし無個性でよそよそしい、ただのはりぼてだ。	*But distant and devoid of individuality. Papier-mâché.*
16	彼女は概念でもないし、象徴でもないし、喩えでもない。温もりのある肉体と、動きのある魂を持った現実の存在なんだ。	She is neither a concept nor a symbol nor a metaphor. She actually exists: she has warm flesh and a spirit that moves.

17	生きている価値のないような男たちだった。人としての憐憫よりおぞましさの方が先に立った。	Those were all men who didn't deserve to go on living. They inspired more disgust than human pity.
	しかしいったんそれが見えたら、あとは彫刻刀をふるってそのネズミを木の塊の中から取り出すだけだ。	But once that happened, all he had to do was pull out the rat out of the block with his knives.
18	月のそのような無償の慈悲に対する感謝の念は、おおかたの場所から闇が放逐されてしまった現在でも、人類の遺伝子の中に強く刷り込まれているようだった。	Even now, when darkness had been banished from most parts of the world, there remained a sense of human gratitude toward the moon and its unconditional compassion.
19	誰かと仲良くなるのは、相手に危険をもたらすことなのだ。それが二つの月の下で生きていることの意味だ。	Making friends with someone can only expose that person to danger. That is what it means to live beneath two moons.
	なんと素晴らしいことだろう。彼の中にこうして含まれているということは。	*How marvelous to be inside him like this!*
23	出口はふさがれてしまったのだ。	Her exit was blocked.
24	もうずいぶん長いあいだ、天吾は父親とまとまった話をしていなかった。	Tengo had not had a full-fledged conversation with his father for a very long time,
	彼の一対の目は、暗く深い穴の底で堅く閉じられている。雪が降ってきて、その穴が白くふさがれるのを、ただじっと待ち受けているように見える。	His eyes were closed tightly at the bottom of those two deep, dark hollows. He might as well have been waiting for winter to come and the hollows to fill up with snow.

BOOK 3 10月—12月

1	蛇の道はヘビっていいます。	It takes a thief, to catch a thief.
2	希望のあるところには必ず試練があるものだから。	Wherever there's hope there's a trial.
3	それらの靴は、利用されるだけ利用されて今は死に瀕した哀れな使役動物を連想させた。	They reminded him of a pitiful work animal, driven as hard as possible and hovering on the verge of death.
4	雨に濡れた疥癬病みの、尻尾のちぎれた犬がドアの隙間から入り込んできても、もう少し温かく扱われるのではないかという気がしたくらいだ。	If a three-legged, waterlogged dog with a torn-off tail and mange had limped in the door, they would have treated it more kindly than they treated him.
	何しろ育ちの良い上に大金持ちときているから、私ら下賤のものとじかに言葉を交わしたりはしないんだよ。	I mean, she's a well-bred, wealthy woman, and you can't expect her to talk with the hoi polloi.
	世間でエリートと呼ばれる人々の決して少なくはない部分が——あたかも社会的割りあてを進んで余分に引き受けるかのごとく——鼻持ちならない性格や、陰湿なゆがんだ性向を有していることは、一般によく知られる事実である。	*It was well-known fact that certain members of the so-called elite had disgusting personalities and dark, twisted tendencies, as if they had taken more than the share of darkness alloted to them.*

『1Q84』 1Q84

5	あと一センチ、いやあと五ミリこの指を内側に引くだけで、私は憂いのない沈黙の世界に移行する。	One more centimeter. No, if I pull my finger just five millimeters toward me, I will shift over to a silent world where there are no more worries.
	痛みはほんの一瞬だ。そのあとには慈悲深い無がやってくる。	The pain will only last an instant. And then there will be a merciful nothingness.
6	きれいはきたない。きたないはきれい。	Fair is foul, and foul is fair.
7	青豆家の人々は……偏狭な考え方を持ち、偏狭な生活を送る人々であり、偏狭であればあるほど天国に近づけると頭から信じて疑わない人々だった。	Aomame's family... were narrow-minded in their thinking, narrow-minded in the way they lived. They were people who had no doubt whatsoever that the more narrow-minded they became, the closer they got to heaven.
9	脳味噌をひとつの物質として感じること。その粘度を体感すること。フクロウの深い声が耳から入って、その粥の中に混じり、隙間なく溶け込んでいった。	Considering his brain as an object apart from the rest of him, physically experiencing the viscosity of it. The deep hoot of the owl came in through his ears, mixed with the porridge inside, and melted into it.
	彼の脳味噌はとろりと重く、原始の海のように生命の萌芽を湛えていた。	His brain was heavy, and was brimming with the germs of life, like some primeval sea.
10	目立たないことがおそらく身を護るただひとつの手段だったのです。	Probably *not standing out* was her only way of protecting herself.
11	しかしいったん自我がこの世界に生まれれば、それは倫理の担い手として生きる以外にない。	But once the ego is born into this world, it has to shoulder morality.
12	ふかえりはそのとき没我の状態にあるようだった。まるで淫夢に支配された妖精のように見えた。	Fuka-Eri had seemed to be in some transcendent state then, like a fairy in the throes of a lewd dream.
13	主観と客観は、多くの人々が考えているほど明瞭に区別できるものではない。	Subject and object are not as distinct as most people think.
	これが振り出しに戻るということなのか？	*Is this what it means to go back to square one?*
14	人は受け取ったものの代価を支払わなくてはなりません。	People have to pay for what they received.
15	ウィスキーでほどよく暖まった身体は、今では海の底の孤独な丸石みたいに堅く凍えていた。	His body, initially warmed by the whiskey, now felt hard and cold, like a lonely boulder at the bottom of the sea.
16	しかしこの少女は森の奥に生きる、柔らかな無言の生き物だ。魂の影のような淡い色合いの羽を持っている。	She was a quiet little creature living deep in the woods, with pale wings like the shadow of a spirit.

19	そして気がつくと、彼の中には奇妙なスペースが生じていた。それは純粋な空洞だった。その空間が意味するのはただ欠落であり、おそらくは無だった。	He suddenly realized a strange space had formed inside him, a kind of pure hollow. This space signified a simple lack, a nothingness.
	牛河は自分自身の内部に生まれたその見覚えのない空洞に腰を下ろしたまま、そこから立ち上がることができなかった。欠落と非欠落との接点に生じる圧力差のようなものだ。	Ushikawa sat there in the midst of this unknown void, unable to rise. He felt a dull pain in hihs chest—not exactly pain, but more like the difference in air pressure at the point where the material and the immaterial meet.
	彼の心には常に溶け残った凍土の塊のようなものがあった。彼はその堅く冷ややかな芯と共に人生を送ってきた。	He had always had something like a clod of frozen dirt stuck in his heart—a hard, cold core he had always lived with.
	俺の思考は新しい鉄釘のように硬く、冷徹でまっすぐだ。それは現実の芯に向けて正しい角度で的確に打ち込まれている。	*My mind is like a brand-new steel nail— hard, sober, straight. Hammered at just the right angle, into the core of reality.*
20	それはある角度からは夜叉のように見え、ある角度からは道化のように見える。ある角度からはただの混沌にしか見えない。	From one angle she looked demonic, from a different angle comic. And from yet another angle her face was a chaotic jumble.
21	人生とは単に一連の理不尽な、ある場合には粗雑きわまりない成り行きの帰結に過ぎないのかもしれない。	Life might just be an absurd, even crude, chain of events and nothing more.
23	だからこそ私は今ここにいるのだと。あくまで受け身の存在として。言うなれば、深い霧の中をさまよう混乱した無知な脇役として。	*Which explains exactly why I am here now—entirely passive, a confused, clueless bit player wandering in a thick fog.*
29	しかしそれと同時に二十年という歳月が、もはや実質を持たないものになっていることに彼は気づく。	At the same time, though, he noticed how the twenty years that had passed now held no substance.
31	ここは見世物の世界 何から何までつくりもの でも私を信じてくれたなら すべてが本物になる。	It's a Barnum and Bailey world, Just as phony as it can be, But it wouldn't be make-believe If you believed in me.
	満ち潮をひたむきに砂浜に寄せ、獣たちの毛を柔らかく光らせ、夜の旅人を包み護るあの月だ。ときには鋭利な三日月となって魂の皮膚を削ぎ、新月となって暗い孤絶のしずくを地表に音もなく滴らせる、あのいつもの月だ。	The same moon that brought the high tide to shore, that softly shone on the fur of animals and enveloped and protected travelers at night. The moon that, as a crescent, shaved slivers from the soul—or, as a new moon, silently bathed the earth in its own loneliness.
	しかしその祈りを機械的に唱えながら、彼女は何かしら不可思議な気持ちになる。敬虔な気持ちとさえ言っていいかもしれない。	Still, as she mechanically recited the prayer, a strange feeling came over her, something you might even call reverence.

『1Q84』 IQ84

英語で楽しむ『1Q84』と『騎士団長殺し』

平本照麿
（株式会社アルク創業者、最高顧問）

　おそらく日本の小説家で、村上春樹ほど広く世界で読まれている作家はいないだろう。そもそも、春樹の作品は初期の段階からアメリカで人気になり、今では世界50カ国以上で翻訳されているという。1980年代後半から日本を離れ、アメリカやヨーロッパで創作活動をしたというグローバルな資質、創作の合間に、頭やすめに翻訳を仕事としてこなすという語学的センスが、村上春樹作品が違和感なく世界中で受け入れられる要因だと思う。

　村上春樹の主な作品はほとんど英語で読んだが、今回長編大作『1Q84』と『騎士団長殺し』を日本語で読み直してみた。日本語で読んでみて改めて、海外でも違和感なく読まれる理由がわかるような気がした。

　村上春樹の小説を英語で読んでみたいと思い立ったら、まずこの2作にチャレンジしてはどうだろう。何といっても、ストーリーがわかりやすくて面白い。登場人物がそれぞれ個性的でストーリーとの親和性がある、それに舞台になっているロケーションが、六本木とか新宿とか小田原とか、イメージしやすいこと、当然ながら登場人物の名前が日本人なので覚えやすい。2作とも500ページを超える長編だが、読み始めたら止まらなくなること請け合いだ。また読み終えた後の達成感が大きく、英語の小説を読むきっかけとしてはぜひおすすめしたい。

　最後まで楽しく読むためには、多小わからない単語や表現が出てきても無視して立ち止まらないことだ。どうしても気になれば、メモしておいて後で調べればいい。以下はこの2作のクライマックスのシーンである。面白そうだったらぜひチャレンジしてほしい。

『1Q84』 *1Q84*

　1995年に起こった地下鉄サリン事件は、日本中を震撼させた。村上春樹は自ら被害者を一人ひとり取材して、1年がかりで『アンダーグラウンド』というドキュメンタリー大作を出している。『1Q84』はオウム事件をモデルにしたわけではないが、執筆のきっかけにはなっていると思う。

　以下は主人公天吾と青豆が20年ぶりに再会するシーンである。

BOOK 3　Chapter 29　Aomame
I'll NEVER LET GO OF YOUR HAND AGAIN

"Tengo, open your eyes," Aomame whispered. Tengo opened his eyes. Time began to flow again in the world.

"There's the moon," Aomame said.

Tengo raised his face and looked up at the sky. The clouds had parted and above the bare branches of the zelkova tree he could make out the moons. A large yellow moon and a smaller, misshapen green one. *Maza* and *dohta*. The glow colored the edges of the passing clouds, like a long skirt whose hem had been accidentally dipped in dye.

Tengo turned now to look over at Aomame sitting beside him. She was no longer a skinny, undernourished ten-year-old girl, dressed in ill-fitting hand-me-downs, her hair crudely trimmed by her mother. There was little left of the girl she had been, yet Tengo knew her at a glance. This was clearly Aomame and no other. Her eyes, brimming with expression, were the same, even after twenty years.

『IQ84』29章　「二度とこの手を放すことはない」

　天吾くん、目を開けて、と青豆は囁くように言う。天吾は目を開ける。世界にもう一度時間が流れ始める。

　月が見える、と青豆は言う。

　天吾は顔を上げて空を見上げる。ちょうど雲が切れて、ケヤキの枯れた枝の上に月が浮かんでいるのが見える。大小二つの月だ。大きな黄色い月と、小さくいびつな緑色の月。マザとドウタ。通り過ぎたばかりの雲の縁が、その二つが混じり合った色あいに淡く染められている。長いスカートの裾をうっかり染料に浸けてしまったみたいに。

　それから天吾は傍らにいる青豆を見る。彼女はもう、サイズの合わない古着を着て、髪を母親にぞんざいにカットされた、いかにも栄養の足りないやせっぽちの十歳の女の子ではない。かつての面影はほとんどない。にもかかわらず、彼女が青豆であることは一目でわかる。天吾の目にはそれは青豆以外の誰にも見えない。彼女の一対の瞳が湛える表情は、二十年の歳月を経ても変わっていない。

英文は *1Q84* (Vintage International, Vintage)、日本語は『1Q84 BOOK 3 後編』（新潮文庫）より

『騎士団長殺し』*Killing Commendatore*

BOOK 3　Chapter 51
NOW IS THE TIME

"It is simple," the Commendatore said. "My friends must slay me."

"Slay you？" I said.

"Slay me, as in *Killing Commendatore*—let the painting be your model."

"I should slay you with a sword—is that what you mean?"

"Precisely. As luck would have it, I happen to have a sword with me. It is the real thing—as I told my friends once before, if it cuts you, then you will bleed. It is not full-sized, but I am not full-sized either, so it should suffice."

I stood at the foot of the bed facing the Commendatore. I wanted to say something but had no idea what it should be. So I just stood there, rooted to the spot. Tomohiko Amada was staring in the Commendatore's direction too, from where he lay stretched out on the bed. Whether he could make him out or not was another story. The Commendatore was able to choose who could see him, and who couldn't.

At last I pulled myself together enough to pose a question. "If I kill you with that sword, will I learn where Marie Akikawa is?"

51）今が時だ

「簡単なことだ。あたしを殺せばよろしい」と騎士団長は言った。「あなたを殺す?」と私は言った。「あの『騎士団長殺し』の画面にならって、諸君があたしをあやめればよろしい」「僕が剣であなたを殺す。そういうことですか?」「そうだ。うまい具合に私は剣を帯びている。前にも言ったように、切れば血の出る本物の剣だ。大きなサイズの剣ではあらないが、あたしだって決して大きなサイズではないし、それで十分用は足りよう」

　私はベッドの足元に立って、騎士団長の姿をまっすぐ見ていた。何かを言おうとしたが、口にすべき言葉が見当たらなかった。ただ黙ってそこに立ちすくんでいた。雨田具彦もベッドに横たわったまま身動きひとつせず、騎士団長の方に顔を向けていた。しかし彼の目に騎士団長の姿が映っているのかどうか、そこまではわからなかった。騎士団長は自分の姿が見える相手を選ぶことができる。

　私はようやく口を開いて質問した。「つまりその剣を使って、ぼくがあなたを刺し殺すことによって、それで秋川まりえの居場所がわかるのですか?」

英文は *Killing Commendatore* (Vintage)、日本語は『騎士団長殺し　第2部 遷ろうメタファー編　後編』（新潮文庫）より

　この作品でも、春樹独特のメタフィジカルな、アンダーグラウンドの世界につながる古い井戸が重要な役割を果たしている。この作品を深く知ろうとしたら、川上未映子のインタビュー集『みみずくは黄昏に飛びたつ』（新潮文庫）を読むことをおすすめする。春樹の発想の原点やプロセスがよくわかり、鋭く内面に切り込んだ好著である。

色彩を持たない
多崎つくると、
彼の巡礼の年

Colorless Tsukuru
Tazaki and His Years of
Pilgrimage

13作目の長編小説。主人公が「僕」「私」ではなく「つくる」と三人称で書かれている。

多崎つくるはアカ（赤松慶）、アオ（青海悦夫）、シロ（白根柚木）、クロ（黒埜恵理）と姓に色をもつ4人と仲の良いグループを形成していた。英訳では、タイトルとも関わってくる彼らの名前は、名前と色との関係が日本語がわからなくても理解できるように丁寧に説明されている（登場人物欄の英語のパートに記載しているので参照）。

つくるが大学2年生のとき、理由もわからないまま、突然「もう連絡するな」とグループから拒絶されてしまう。そのため、つくるは死と向き合うほどの大きな精神的な傷を負う。

つくるは36歳になって初めて、付き合い始めた木元沙羅に背中をおされて、追放の理由を知るための巡礼の旅に出る。

単行本　2013年（文藝春秋）
文庫　　2015年（文春文庫）

【英訳版】*Colorless Tsukuru Tazaki and His Years of Pilgrimage*
英訳者　**Philip Gabriel**（2014年、Knopf/Harvill Secker）

登場人物

多崎つくる（つくる） ／ Tsukuru Tazaki（Tsukuru）
主人公。大学2年時に、高校時代のグループから理由不明のまま絶縁され、大きな傷を負う。

アカ（赤松 慶） ／ Aka（red）—Akamatsu means 'red pine.'
5人グループのひとり。現在は名古屋で大企業を対象とした研修ビジネスで成功している。

アオ（青海悦夫） ／ Ao（blue）—Oumi—'blue sea'
5人グループのひとり。現在は名古屋でトヨタ自動車のレクサスを扱う会社に勤務。

シロ（白根柚木） ／ Shiro（white）—Shirane—'white root'
5人グループのひとり。音楽の才能に秀で、音楽大学に進学したがプロにはならず、自宅でピアノを教えていた。彼女の言動が、つくるがグループから排除されるきっかけに。

クロ（黒埜恵理） ／ Kuro（black）—Kurono—'black field'
5人グループのひとり。日本に陶芸の修業に来たフィンランドの陶芸家と結婚。現在、ヘルシンキ在住。夫とともに陶芸家として活動。親友としてシロを見守っていた。

木元沙羅 ／ Sara Kimoto
つくると親しい旅行会社に勤務する2歳年上の女性。つくるが大学2年生のとき、なぜグループの4人から拒絶されたのか、その理由を究明するようにすすめる。

灰田 ／ Haida—'grey field'
つくるとプールで知り合った大学時代の友人。ふたつ年下で物理学専攻。

緑川 ／ Midorikawa—'green river'
灰田の父親が若い頃、アルバイトをしていた温泉宿の謎の湯治客。ジャズピアニスト。

取り上げた4つのシーンについて

シーン 1 大学二年生の七月から、翌年の一月にかけて

　この小説の冒頭。大学2年生の7月から半年以上、多崎つくるはほとんど死ぬことだけを考えて生きていた。そのときの多崎つくるの孤独な心理的状況は次のように語られる。Before him lay a huge, dark abyss that ran straight through to the earth's core.（彼の前には暗い淵が大きな口を開け、地球の芯にまでまっすぐ通じていた）、そして、... all he could hear was a profound silence squeezing his eardrums.（聞こえるのは鼓膜を圧迫する深い沈黙だった）。

シーン 2 悪いけど、もうこれ以上誰のところにも

　第2章。大学2年生の夏休み。いつものように多崎つくるは名古屋に帰省し、高校時代の4人の仲間に連絡を取ろうとした。しかし誰ひとりとして電話がつながらない。I'm sorry, but I have to ask you not to call any of us anymore.（悪いけど、もうこれ以上誰のところにも電話をかけてもらいたくないんだ）というアオからの電話に、つくるは思いあたる理由がなく愕然とする。

シーン 3 緑川はゆっくりあたりを見回し

　第5章。つくると親しくなった灰田は、彼の父親が若い頃に働いていた旅館で緑川という客から聞いた話を始めた。Every person has their own color. Did you know that?（人間にはみんなそれぞれに色がついているんだが、そのことは知っていたかい？）と切り出した緑川の話は、不思議なものだった。

シーン 4 つくるは例によって一杯だけワインを飲み

　第6章。木元沙羅は食事をしながら、つくるに次のように切り出した。The pain might have been terrible back then, but isn't it time to finally get over it?（そのときのダメージがどれほどきついものだったにせよ、そろそろ乗り越えてもいい時期に来ているんじゃないかしら？）、そして I get the feeling that the time has come for you to find out why you were cut off, or had to be cut off...（なぜそこまできっぱりと拒絶されたのか、されなくてはならなかったのか、その理由をあなた自身の手でそろそろ明らかにしてもいいんじゃないかという気がするのよ）とつくるに真相究明の時期が来たという。

シーン**1**〜**4**		**Colorless Tsukuru Tazaki and His Years of Pilgrimage**		『色彩を持たない多崎つくると、彼の巡礼の年』
*pp.*300-315 出典		Vintage 訳：Philip Gabriel		文春文庫

From July of his sophomore year in college until the following January, all Tsukuru Tazaki could think about was dying. He turned twenty during this time, but this special watershed—becoming an adult—meant nothing. Taking his own life seemed the most natural solution, and even now he couldn't say why he hadn't taken this final step. Crossing that threshold between life and death would have been easier than swallowing down a slick, raw egg.

Perhaps he didn't commit suicide then because he couldn't conceive of a method that fit the pure and intense feelings he had toward death. But method was beside the point. If there had been a door within reach that led straight to death, he wouldn't have hesitated to push it open, without a second thought, as if it were just a part of ordinary life. For better or for worse, though, there was no such door nearby.

I really should have died then, Tsukuru often told himself. Then this world, the one in the here and now, wouldn't exist. It was a captivating, bewitching thought. The present world wouldn't exist, and reality would no longer be real. As far as this world was concerned, he would simply no longer exist—just as this world would no longer exist for him.

At the same time, Tsukuru couldn't fathom why he had reached this point, where he was teetering over the precipice. There was an actual event that had led him to this place—this he knew all too well—but why should death have such a hold over him, enveloping him in its embrace for nearly half a year? *Envelop*—the word expressed it precisely. Like Jonah in the belly of the whale, Tsukuru had fallen into the bowels of death, one untold day after another, lost in a dark, stagnant void.

---

watershed：重要な分岐点　slick：ツルンとした　a second thought：再考
captivating / bewitching：ともに「魅惑的な」　fathom：推測する

大学二年生の七月から、翌年の一月にかけて、多崎つくるはほとんど死ぬことだけを考えて生きていた。その間に二十歳の誕生日を迎えたが、その刻み目はとくに何の意味も持たなかった。それらの日々、自らの命を絶つことは彼にとって、何より自然で筋の通ったことに思えた。なぜそこで最後の一歩を踏み出さなかったのか、理由は今でもよくわからない。そのときなら生死を隔てる敷居をまたぐのは、生卵をひとつ呑むより簡単なことだったのに。

つくるが実際に自殺を試みなかったのはあるいは、死への想いがあまりにも純粋で強烈すぎて、それに見合う死の手段が、具体的な像を心中に結べなかったからかもしれない。具体性はそこではむしろ副次的な問題だった。もしそのとき手の届くところに死につながる扉があったなら、彼は迷わず押し開けていたはずだ。深く考えるまでもなく、いわば日常の続きとして。しかし幸か不幸か、そのような扉を手近な場所に見つけることが彼にはできなかった。

あのとき死んでおけばよかったのかもしれない、と多崎つくるはよく考える。そうすれば今ここにある世界は存在しなかったのだ。それは魅惑的なことに思える。ここにある世界が存在せず、ここでリアリティーと見なされているものがリアルではなくなってしまうこと。この世界にとって自分がもはや存在しないのと同じ理由によって、自分にとってこの世界もまた存在しないこと。

しかし同時に、なぜ自分がその時期、それほどぎりぎりのところまで死に近づかなくてはならなかったのか、その理由もつくるには本当には理解できていない。具体的なきっかけはあったにせよ、死への憧憬がなぜそこまで強力な力を持ち、自分を半年近く包み込めたのだろう？　包み込む——そう、まさに的確な表現だ。巨大な鯨に呑まれ、その腹の中で生き延びた聖書中の人物のように、つくるは死の胃袋に落ち、暗く淀んだ空洞の中で日付を持たぬ日々を送ったのだ。

『色彩を持たない多崎つくると、彼の巡礼の年』 Colorless Tsukuru Tazaki and His Years of Pilgrimage

It was as if he were sleepwalking through life, as if he had already died but not yet noticed it. When the sun rose, so would Tsukuru—he'd brush his teeth, throw on whatever clothes were at hand, ride the train to college, and take notes in class. Like a person in a storm desperately grasping at a lamppost, he clung to this daily routine. He only spoke to people when necessary, and after school, he would return to his solitary apartment, sit on the floor, lean back against the wall, and ponder death and the failures of his life. Before him lay a huge, dark abyss that ran straight through to the earth's core. All he could see was a thick cloud of nothingness swirling around him; all he could hear was a profound silence squeezing his eardrums.

---

throw on：さっと着る　solitary：ひとりの　ponder：じっくり考える

彼はその時期を夢遊病者として、あるいは自分が死んでいることにまだ気づいていない死者として生きた。日が昇ると目覚め、歯を磨き、手近にある服を身につけ、電車に乗って大学に行き、クラスでノートを取った。強風に襲われた人が街灯にしがみつくみたいに、彼はただ目の前にあるタイムテーブルに従って動いた。用事のない限り誰とも口をきかず、一人暮らしの部屋に戻ると床に座り、壁にもたれて死について、あるいは生の欠落について思いを巡らせた。彼の前には暗い淵が大きな口を開け、地球の芯にまでまっすぐ通じていた。そこに見えるのは堅い雲となって渦巻く虚無であり、聞こえるのは鼓膜を圧迫する深い沈黙だった。

abyss：底知れぬ深い穴

シーン 2 悪いけど、もうこれ以上誰のところにも

'I'm sorry, but I have to ask you not to call any of us anymore,' Ao said abruptly and without preface. No 'Hey!' or 'How've you been?' or 'It's been a while.' *I'm sorry* was his only concession to social niceties.

Tsukuru took a breath, and silently repeated Ao's words, quickly assessing them. He tried to read the emotions behind them, but the words were like the formal recitation of an announcement. There had been no room for feelings.

'If everybody's telling me not to call them, then of course I won't,' Tsukuru replied. The words slipped out, almost automatically. He had tried to speak normally, calmly, but his voice sounded like a stranger's. The voice of someone living in a distant town, someone he had never met (and probably never would).

'Then don't,' Ao said.

'I don't plan on doing anything people don't want me to do,' Tsukuru said.

Ao let out a sound, neither a sigh or a groan of agreement.

'But if possible, I do want to know the reason for this,' Tsukuru said.

'That's not something I can tell you,' Ao replied.

'Then who can?'

A thick stone wall rose. There was silence on the other end. Tsukuru could faintly hear Ao breathing through his nostrils. He pictured Ao's flat, fleshy nose.

---

abruptly：唐突に　concession：譲歩　social niceties：社交上の心がけ

「悪いけど、もうこれ以上誰のところにも電話をかけてもらいたくないんだ」とアオは言った。前置きらしきものはなかった。「やあ」も「元気か？」も「久しぶりだな」もない。冒頭の「悪いけど」というのが彼の口にした唯一の社交的言辞だった。

つくるは一度息を吸い込み、相手の口にした言葉を頭の中で反復し、素早く考えを巡らせた。その声に含まれた感情を読み取ろうとした。しかしそれはただ形式的に読み上げられた通告に過ぎなかった。感情の入り込む隙間もない。

「電話をかけてほしくないとみんなが言うのなら、もちろんかけない」とつくるは答えた。言葉はほとんど自動的に出てきた。ごく普通の冷静な声で言ったつもりだったが、それは彼の耳には自分の声ではなく、見知らぬ人間の声として響いた。どこか遠い街に住んでいる、まだ一度も会ったことのない（そして今後会うこともないであろう）誰かの声として。

「そうしてくれ」とアオは言った。
「人のいやがることをするつもりはないよ」とつくるは言った。
アオはため息とも同意の呻きともつかない声を出した。
「ただ、どうしてそういうことになったのか、できれば理由を知りたい」とつくるは言った。

「それはおれの口からは言えないよ」とアオは言った。
「誰の口からだったら言えるんだ？」
電話の向こうでしばし沈黙があった。厚い石壁のような沈黙だ。鼻息が微かに聞こえた。つくるはアオの平べったい肉厚の鼻を思い浮かべながらそのまま待った。

『色彩を持たない多崎つくると、彼の巡礼の年』 Colorless Tsukuru Tazaki and His Years of Pilgrimage

slipped out：口をついて出た　let out a sound：音を漏らした　fleshy：「肉厚の」

'Think about it, and you'll figure it out,' Ao said, finally.

Tsukuru was speechless. What was he talking about? *Think about it?* Think about *what*? If I think any harder about anything, I won't know who I am anymore.

'It's too bad it turned out like this,' Ao said.

'All of you feel this way?'

'Yeah. Everyone feels it's too bad.'

'Tell me—what happened?' Tsukuru asked.

'You'd better ask yourself that,' Ao said. Tsukuru detected a quaver of sadness and anger in his voice, but it was just for an instant. Before Tsukuru could think of how to respond, Ao had hung up.

---

figure it out：答えを見つける　**quaver**：震え

「自分で考えればわかるんじゃないか」、アオはやっとそう言った。

　つくるは一瞬言葉を失った。この男は何を言っているのだろう？　自分で考える？　これ以上いったい何を考えればいいんだ？　これ以上深く何かを考えたら、おれはもうおれではなくなってしまう。

「こんな風になって残念だ」とアオは言った。

「それは全員の意見なのか？」

「ああ。みんな残念に思っている」

「なあ、いったい何があったんだ？」とつくるは尋ねた。

「自分に聞いてみろよ」とアオは言った。哀しみと怒りの震えが僅かにそこに聴き取れた。しかしそれも一瞬のことだった。つくるが言うべきことを思いつく前に電話は切れた。

Midorikawa slowly gazed around the room, and cleared his throat.

'Every person has their own color. Did you know that?' he said.

'No, I didn't.'

'Each individual has their own unique color, which shines faintly around the contours of their body. Like a halo. Or a backlight. I'm able to see those colors clearly.'

Midorikawa poured himself another cup of sake and sipped it, leisurely savoring the taste.

'Is this ability to detect colors something you were born with?' Haida asked, dubiously.

Midorikawa shook his head. 'No it's not innate; it's a temporary ability. You get it in exchange for accepting imminent death. And it's passed along from one person to the next. Right now, I'm the one who's been entrusted with it.'

Young Haida was silent for a while. No words came to him.

'There are colors I really like in the world,' Midorikawa said, 'and ones I hate. Pleasant colors, sad colors. Some people have a very a deep color, while for others it's fainter. It can get really tiring, because you see all these colors even if you don't want to. I don't like to be in crowds much because of that. It's why I wound up in this remote place.'

Haida could barely follow along. 'So you're telling me you can see what color I'm giving off?'

---

halo/backlight：「後光」　leisurely：ゆっくりと　dubiously：疑わしげに
innate：生得的な　imminent death：「差し迫った死」

緑川はゆっくりあたりを見回し、ひとつ咳払いをした。そして言った。

「人間にはみんなそれぞれに色がついているんだが、そのことは知っていたかい？」

「いいえ、知りません」

「じゃあ教えてあげよう。人間は一人ひとり自分の色というものを持っていて、そいつが身体の輪郭に沿ってほんのり光って浮かんでいるんだよ。後光みたいに。あるいはバックライトみたいに。俺の目にはその色がはっきり見える」

緑川は杯に自分で酒を注ぎ、それを舐めるように飲んだ。

「その色を目にできる能力というのは、生まれつき具わっているものなのですか？」と灰田青年は半信半疑で尋ねた。

緑川は首を振った。「いや、生まれつきのものじゃなく、あくまで一時的な資格だ。それは差し迫った死を引き受けることと引き替えに与えられる。そして人から人へと引き継がれていく。その資格は今では俺に託されている」

灰田青年はしばらく黙り込んだ。うまく言葉が出てこなかった。

緑川は言った。「世の中には好ましい色もあれば、とても嫌な感じのする色もある。楽しそうな色もあれば、悲しげな色もある。光が濃い人間もいれば、淡い人間もいる。これはなかなか疲れるものだよ。そういうのが、見たくなくても見えちまうというのはな。あまり人混みの中にはいたくない。だからこんな山奥まで流れて来たんだ」

灰田青年は相手の話についていくのがやっとだった。「つまり、僕の発する色も、緑川さんには見えているということですか？」

『色彩を持たない多崎つくると、彼の巡礼の年』 *Colorless Tsukuru Tazaki and His Years of Pilgrimage*

---

entrusted with...：〜を委ねられている　**wound up...**：結局〜という羽目になった
giving off：発している

'Yes, of course. Though I'm not about to tell you what color it is,' Midorikawa said. 'What I need to do is find people who have a certain type of color, with a certain glow. Those are the only ones I can transfer the death token to. I can't hand it over to just anybody.'

'Are there many people in the world with that color and glow?'

'Not so many. My guess would be one in a thousand, or maybe two thousand. They're not so easy to find, but not impossible, either. What's harder is finding the opportunity to sit down with them and discuss it seriously. As you can imagine, that's not easy.'

'But what sort of people would they be? People who would be willing to die in place of somebody they don't even know?'

Midorikawa smiled. 'What kind of people? I really can't say. All I know is, they have a certain color, a certain depth of glow outlining their bodies. Those are only external qualities. If I were to venture a guess—and this is just my personal opinion, mind you—I'd say they're people who aren't afraid of taking a leap. I'm sure there are all sorts of reasons why.'

'Okay, granted they're unafraid of taking a leap, but why are they leaping?' Midorikawa didn't say anything for a while. In the silence, the flow of the mountain stream sounded more intense. Finally, he grinned.

'Now comes my sales pitch.'

'This I'd like to hear,' Haida said.

---

venture a guess：当てずっぽうを言う　mind you：いいかい、よくお聞き

「ああ、もちろん見えているよ。それがどんな色だか、君に教えるつもりはないけどね」と緑川は言った。「それでだ、俺がやるべきは、ある種の色を持った、ある種の光り方をする人間を見つけることなんだ。死のトークンを引き渡せるのは、実質的にそういう相手に限られている。誰でもいいから引き渡せるというものではない」

「そういう色と光を持った人は世の中に数多くいるのですか？」

「いや、そんなに多くはいない。見たところ、そうだな、千人か二千人に一人っていうくらいじゃないかな。簡単に見つかるというものではないが、まったく見つからないというわけでもない。むしろむずかしいのは、そういう相手と膝を交えて真剣に話ができる場を設けることだ。想像はつくと思うが、こいつはそんなに簡単じゃない」

「しかしそれはいったいどのような人々なのでしょう？　他人の差し迫った死を肩代わりしてもいいと思うような人は？」

　緑川は微笑んだ。「彼らはどのような人々か？　いや、そこまでは俺にもわからん。わかるのは、彼らはある種の色あいを持ち、ある種の濃さの光を身体の輪郭に浮かべているというだけだ。それはただの外見的な特質に過ぎない。しかしあえて言うなら、これはあくまで私見に過ぎないが、跳躍することを恐れない人々ということになるかもしれないな。なぜ恐れないか、そこにはそれぞれいろんな理由があるのだろうが」

「跳躍を恐れないといっても、だいたい彼らは何のために跳躍するのですか？」

　緑川はしばらく口を閉ざしていた。沈黙の中で谷川の流れが音を増したようだった。それから彼はにやりと笑った。

「ここからがセールス・トークになる」

「聞かせてください」と灰田青年はいった。

---

taking a leap：「跳躍」をすること　　**pitch**：売り口上

Tsukuru had one glass of wine, as usual, while Sara finished the rest of the carafe. Alcohol didn't seem to affect her, and no matter how much she drank her face was never flushed. He had beef Bourguignon, while she ordered roast duck. After she finished her entrée, she agonized over whether or not to order dessert, and finally decided she'd do so. Tsukuru had a coffee.

'After I saw you last time I've really been thinking about things,' Sara said, sipping the tea that rounded out her meal. 'About your four friends in high school. About that beautiful community, and your affection for each other.'

Tsukuru gave a small nod, and waited for her to go on.

'I find the story of your group really intriguing. I guess because I've never experienced anything like that myself.'

'Maybe it would have been for the best if I never had, either,' Tsukuru said.

'Because you ended up getting hurt?'

He nodded.

'I understand how you feel,' Sara said, with her eyes narrowed. 'But even if it ended badly, and you were hurt, I think it was a good thing for you to have met them. It's not very often that people become that close. And when you think of five people having that sort of connection, well, it's nothing short of miraculous.'

'I agree. It was kind of a miracle. And I do think it was a good thing for me that it happened,' Tsukuru said. 'But that made the shock all the worse when the connection was gone—or snatched from me, I should say. The feeling of loss, the isolation ... Those words don't come even close to expressing how awful it felt.'

---

agonized over... : ～のことで思い悩んだ rounded out : 締めくくった
intriguing : 興味をそそる nothing short of... : まさに～に他ならない

つくるは例によって一杯だけワインを飲み、彼女がカラフェの残りを飲んだ。アルコールに強い体質らしく、どれだけ飲んでも顔色はほとんど変わらなかった。彼は牛肉の煮込み料理を選び、彼女は鴨のローストを選んだ。メイン・ディッシュを食べ終えると、彼女はずいぶん迷ってからデザートをとった。つくるはコーヒーを注文した。

「この前あなたに会ってから、いろいろ考えてみたの」と沙羅は仕上げの紅茶を飲みながら切り出した。「あなたの高校時代の四人のお友だちについて。その美しい共同体と、そこにあったケミストリーについて」

つくるは小さく肯いた。そして彼女の話を待った。

沙羅は言った。「その五人組グループの話はとても興味深かった。そういうのは私が経験しなかったことだから」

「そんなことはそもそも経験しなかった方がよかったのかもしれないけど」とつくるは言った。

「最後に心が傷つけられたから？」

彼は肯いた。

「その気持ちはわかる」と沙羅は目を細めて言った。「でも、たとえ最後につらい目にあって、がっかりしたとしても、その人たちと巡り合えたのは、あなたにとってやはり善きことだったという気がするの。人と人の心がそんな風に隙間なく結びつくなんて、そうそうあることじゃない。そしてその結びつきが五人揃ってとなれば、もう奇蹟としか言いようがないんじゃないかしら」

「たしかに奇蹟に近いことだったし、それが僕の身に起こったのはきっと善きことだったんだろう。そのとおりだと思う」とつくるは言った。「でもそのぶん、それをなくしたときの、というか取り上げられたときのショックは大きなものだった。喪失感、孤絶感……そんな言葉ではとても追いつかない」

..., I should say：まあ〜というところかな

'But more than sixteen years have passed. You're an adult now, in your late thirties. The pain might have been terrible back then, but isn't it time to finally get over it?'

'Get over it,' Tsukuru repeated. 'What exactly do you mean?'

Sara rested her hands on the table, spreading her ten fingers apart slightly. She wore a ring on the little finger of her left hand, with a small, almond-shaped jewel. She gazed at the ring for a while, then looked up.

'I get the feeling that the time has come for you to find out why you were cut off, or had to be cut off, so abruptly, by those friends of yours.'

Tsukuru was about to drink the rest of his coffee, but he noticed his cup was empty and laid it back down on the saucer. The cup struck the saucer with an unexpectedly loud clatter. The waiter, in response to the noise, hurried over and refilled their glasses with ice water.

Tsukuru waited until the waiter left before he spoke.

'Like I told you, I want to put it all out of my mind. I've managed to slowly close up the wound and, somehow, conquer the pain. It took a long time. Now that the wound is closed, why gouge it open again?'

'I understand, but maybe it only appears, from the outside, that the wound is closed.' Sara gazed into his eyes and spoke quietly. 'Maybe inside the wound, under the scab, the blood is still silently flowing. Haven't you ever thought that?'

Tsukuru pondered this, but he had no good reply.

gouge：えぐり出す　scab：かさぶた

「でもそれからもう十六年以上が経っているのよ。あなたは今では三十代後半の大人になっている。そのときのダメージがどれほどきついものだったにせよ、そろそろ乗り越えてもいい時期に来ているんじゃないかしら？」

「乗り越える」とつくるは彼女の言葉を繰り返した。「それは具体的にどういうことなんだろう？」

沙羅はテーブルの上に両手を置いた。十本の指は軽く開かれていた。左手の小指にアーモンド形の小さな宝玉がついたリング（ジュエリー）がはめられていた。彼女はしばらくそのリングを見ていた。それから顔を上げた。

「あなたが四人のお友だちに、なぜそこまできっぱりと拒絶されたのか、されなくてはならなかったのか、その理由をあなた自身の手でそろそろ明らかにしてもいいんじゃないかという気がするのよ」

つくるはコーヒーの残りを飲もうとしたが、カップが空になっていることに気づき、ソーサーに戻した。カップはソーサーに当たって、予想もしなかった大きな乾いた音を立てた。その音を聞きつけたようにウェイターがテーブルにやってきて、二人のグラスに氷の入った水を注いだ。

ウェイターが行ってしまうと、つくるは言った。

「前にも言ったけど、僕としてはその出来事をできることならそっくり忘れてしまいたいんだ。そのときに受けた傷を少しずつ塞（ふさ）いできたし、自分なりに痛みを克服してきた。それには時間もかかった。せっかく塞がった傷跡をここでまた開きたくはない」

「でも、どうかしら。それはただ表面的に塞がっているように見えるだけかもしれないわよ」、沙羅はつくるの目をのぞき込み、静かな声で言った。「内側では、血はまだ静かに流れ続けているかもしれない。そんな風に考えたことはない？」

つくるは黙って考えた。言葉はうまく出てこなかった。

1

his sophomore year 「大学 2 年生」

special watershed 「刻み目」。＊watershed は「分岐点、転換期」。

crossing that threshold ＜敷居をまたぐこと＞

slick ＜なめらかな、如才のない＞

captivating / bewitching 「魅惑的な」

fathom ＜理解する＞

teetering over the precipice ＜ぎりぎりのところまで死に近づいて＞。＊teeter は「瀬戸際にある、ためらう」、precipice は「絶壁、危機」。

Jonah ＜ヨナ＞。＊旧約聖書に出てくる預言者。

stagnant void 「淀んだ空洞」

throw on 「身につけ」

solitary ＜連れがいない、人の訪れることのない＞

ponder ＜じっくり考える＞

dark abyss 「暗い淵」

inconsequential 「何の意味も持たなかった」

perch ＜（高い所に）止まる＞

pronouncement 「通告」

quibbling 「理屈の上」。＊quibble は「屁理屈を言う、はぐらかす」。

alienation 「疎外」

taut 「張り詰めた」

indecipherable 「判読困難な」

close-knit 「親密な」

pure chance 「偶然の成り行き」

accidental chemical fusion 「幸運な化学的融合」。＊accidental は「思いがけない」、ここは思いがけず良い結果が出たということで「幸運な」。

source of tension 「緊張の要素」

lenticular cloud 「傘雲」。＊lenticular は「レンズ状の」。

trivial 「些細な」

pout ＜ふくれっつらをする、すねる＞

hustled ＜押し分けて進んだ＞

buckling down ＜専念すること＞

pep talk 「檄」。＊pep は「活気、気力」、pep talk で「激励」の意味。

mediocre 「まずまずというところ」

rained out 「雨天順延」

knew next to nothing about... ＜〜のことはほとんどわからなかった＞

lustrous black 「漆黒」。＊lustrous は「光沢のある」。

ob-gyn clinic 「産婦人科医院」。＊obstetrics は「産科」、gynecology は「婦人科」。

captivating 「素敵な」

stellar 「注目されるような」。＊原義は「星の」。

pester ＜うるさくせがむ＞

had no particular defects to speak of 「とりたてて破綻がない」。＊defect は「欠陥」、to speak of は「とりたてて言うほどの」。

taciturn 「口が重い」

pallid ＜面白くない＞

rudimentary ＜基本的な＞

intricately 「複雑に」

afterthought 「添え物」。＊「後からの思い付き、再考」の意味。

equilateral pentagon 「正五角形」

calling 「天職」

segued into... ＜〜へと速やかに話題を変えた＞。＊segue は「切れ目なく続く」。

burgeoning ＜急成長する＞。＊burgeon は「萌え出る」。

obstinate 「強情そう」

adept at... ＜〜が上手である＞

low-key 「控えめ」

centripetal 「求心的な」

abstinent 「禁欲的な」

GPA ＜成績平均点＞。＊grade point average の略。

brought him back into the fold 「すんなりとつくるを受け入れてくれた」。＊... back into the fold で「再び仲間として受け入れる」。この場合の fold は「集団、群れ」の意味。

jot down 「メモした」

uninspiring and numbingly boring 「凡庸で退屈な」。＊numb は「麻痺させる、鈍くする」、したがって numbingly は「麻痺させるように」。

insipid 「無個性に」

2

at arm's length ＜よそよそしく＞。＊腕を伸ばした距離が長いと感じられれば「よそよそしく」、短いと感じられれば「親しく」。

curtly 「素っ気なく」

virulent pathogen 「悪い特殊な病原菌」。＊virulent は「悪性の」、pathogen は「病原菌」。

ill at ease 「居心地の悪い」

flitted around 「去来した」。＊flit は「軽やかに飛ぶ」。

baffling, disconcerting feeling 「わけのわからない気持ち」。＊ baffling は「不可解な」、disconcerting は「当惑させる」。

abruptly 「唐突に」

concession to social niceties 「社交的言辞」。＊ concession は「譲歩」。

let out a sound 「声を出した」

quaver 「震え」

deplorable 「残念だ」

got to the bottom of... 「～の原因をつきとめる」

perilous 「危うい」

3 wasted and gaunt 「痩せ細った」。＊ wasted は「衰えた」、gaunt は「痩せこけた」。

spindly 「ひょろりとして」

on the blink of death ＜死に瀕して＞

stymied ＜窮地に立たされた＞。＊「疲れ切っている」の意味。

wrung out 「絞り上げられ」

a pair of crazed bellows 「一対の狂ったふいご」

slouched ＜前かがみに＞

chiseled by a trowel 「鋭い鏝（こて）をあてた」。＊ chisel は「削る」。

makeshift mask 「間に合わせの仮面＜マスク＞」

grave marker 「墓標」

4 nodding acquaintance 「顔見知り」。＊ acquaintance で「知人、面識」。

off the mark 「当を得ていない」

subdued 「控えめな」

reserved 「謙虚な」

not so badly off 「困窮してはいない」。＊ badly off は「貧乏である」の意味。

unbeknownst 「知らない間に」

akin to a revelation 「啓示のようなもの」。＊ akin to...は「～と同種である」、revelation は「啓示」。

embellishments 「装飾」

conscientiousness 「几帳面な性格」

judicious imitation 「思慮深い模倣」

exasperation 「憎悪」

equivocation 「二義性」

meager 「貧乏な」

petered out ＜次第に減少してなくなった＞

concoct ＜でっち上げる＞

5 upending 「吹き荒れていた」。＊ upend は「ひっくり返す」。

reached an impasse 「大きな破綻の時期がある」。＊ impasse はフランス語で「行き詰まり」。

meticulously ＜細心の注意を払って＞

curt 「ぶっきらぼうな」

gingerly 「注意深く」

improvisation 「アドリブ」。＊「即興」の意味。

minutiae 「雑事」

perspiring ＜汗だくの＞

viscerally 「肉体的に」。＊「知性ではなく本能＜内臓＞から直観して」。

fallacious 「あてにならない」

grudgingly 「面倒くさそうに」

ephemeral 「儚い」

halo 「後光」

dubiously 「半信半疑で」

innate 「生まれつき」

imminent death 「差し迫った死」

giving off 「発する」

venture a guess ＜当てずっぽうを言う、見当をつける＞

mind you ＜いいかい、よくお聞き＞。＊口語表現。

taking a leap ＜飛び降りること＞

sales pitch 「セールス・トーク」

unadulterated 「混じりけのない純粋な」

omniscient 「博識な」

insipid ＜退屈な＞

good-for-nothing 「ろくでもない」

catalyst 「契機」。＊原義は「触媒」。

6 ran into a snag ＜障害に突き当たった＞。＊ snag は「沈み木」。

agonized over... ＜～のことで頭をかかえて悩んだ＞

rounded out ＜締めくくった＞

affection ＜感情、愛着＞

intriguing 「興味深かった」

nothing short of... ＜まさに～に他ならない＞

gouge ＜えぐり出す＞

scab ＜かさぶた＞

candid ＜率直な＞

7 utilitarian 「実際的」

iteration ＜反復すること＞

alter ego 「分身」

imbued 「貝えた」。＊imbue は「染み込ませる、植え付ける」。

was baffled 「わけがわからなかった」。＊baffle は「困惑させる」。

hatchet 「大鉈」

conjecture 「推測」

8 incessantly 「ひっきりなしに」

desultory 「とりとめもない」

fabrication 「フィクション」。＊「作り話」の意味。

9 gist 「要領」

apathetic 「無関心の」

stand-up 「まっすぐな性格」

eloquent ＜能弁な＞

unsavory 「荒っぽい」。＊savory は「香りのよい」。

impromptu 「即席」

hypnotic 「催眠的」

conglomeration ＜集塊＞

straight arrow 「堅い人」

10 plush 「高価そうな」

impeccably dressed 「隙のない着こなし」

barge in 「押しかけて」

morale 「士気」

flat-out 「きっぱり」

out of the blue 「突然で」

unhinged ＜（精神的に）不安定な＞

deflowered ＜処女を奪われた＞。＊口語表現。

absentia 「欠席裁判」

Granted 「たしかに」

in retrospect 「今にして思えば」

blah 「個性のない」

happy-go-lucky jock 「脳天気なスポーツマン」。＊jock は「（頭は弱いが）スポーツは得意な人」。

quick-witted 「機転の利く」

wheeler-dealer 「やり手」

11 ratcheted up a notch 「目盛りひとつぶん好意的になっていた」

blacksmith 「鍛冶屋」

incessantly 「休みなく」

objet d'art （フランス語）「オブジェのような」

went out of its way 「積極的に表に出している」。＊go out of one's way は、普段の自分の殻やペースを破って（out of one's way）何かを積極的に行うこと。

low-key and unobtrusive 「控えめに目立たないように」

covering their asses 「保身に汲々として」。＊cover one's ass=cover one's back で「自己防衛策を取る」。

bleak 「真っ暗」。＊本来は「わびしい」。

moron 「ろくでもない連中」

blow my top 「すぐ頭が切れちまう」

grumble out of habit 「習慣的にぶつぶつこぼしている」。＊grumble は「ぶつぶつ言う」。

rhetorical ＜修辞上の＞

ripped off ＜略奪した＞

to spice things up 「加味した」。＊spice up は「（面白くするために）～にひと味添える」。

get the knack 「ノウハウを確立すれば」。＊knack は「こつ」。

high-blown 「立派な」。＊本来は「慢心した、もったいぶった」。

wasn't cut out for... 「～に向いていない」

stagnant 「淀んだ」

niche 「居場所」

introverted 「内向的」

desiccated 「からからにひからびた」。＊desiccate は「乾燥させる、干からびる」。

placid 「おっとりした」

plausible 「もっともらしい」

down the street from each other 「目と鼻の先にいる」。＊「通りをひとつ隔てたところにいる」ということ。

Write it off. 「経費で落ちるんだろう」。＊write off は「減価償却する」。

averting 「背ける」

reminisced 「昔話をして」。＊reminisce は「思い出を語る」。

binary equation 「二分的な感情」

12 discrepancies 「誤差」

was at stake 「人命にかかわる」。＊at stake で「危機に瀕して」の意味。

forte ＜長所＞

pit viper 「マムシ」

formaldehyde 「ホルマリン」

gong 「木魚」

sutras 「経典」

forensics lab ＜法科学研究所＞

vestigial fingers ＜痕跡指＞

amputated ＜切断された＞

hyperdactyly 「多指症」

dominant trait 「優性遺伝」

fine-motor skills ＜微細運動機能＞

duodecimal system 「十二進法」。＊decimalで「十進法」。

get in the way 「邪魔になる」

shamans 「呪術師」

talisman 「護符」

lacuna 「空白」。＊「脱落、裂孔」の意味。

secluded 「奥まった」

heartthrob 「憧れの的」

underclassmen 「下級生」

floored 「言葉を失って」。＊floorは「打ちのめす」。

trite 「月並み」

snub ＜〜を鼻であしらう＞

get wind of... ＜〜の気配をかぎつける＞

stand out ＜目立つ＞

virtue 「美徳」

meshed ＜調和させた＞

pried open a rid 「蓋を開けてしまった」。＊pryは「こじ開ける」。

cryptic 「謎めいた」

13 unhampered 「束縛なく」。＊動詞hamperは「妨げる、阻止する」の意味。

austere 「禁欲的な」

bold 「大胆」

on a hunch 「勘に従って」

lose out to... ＜〜に負ける＞

futile 「内容のない空しい」

14 witticism 「気の利いた警句」。＊「しゃれ、名言」。

claw-foot 「猫脚」。＊clawは「鉤爪」なので、家具などの鉤爪足を意味する。

gaggle of garrulous geese 「性格の良いおしゃべりな鵞鳥たち」。＊gaggleは「ガチョウのガーガー鳴く声」、garrulousは「おしゃべりな」。

impishly 「悪戯っぽく」。＊impは「鬼の子、悪霊」。

shortcoming 「不備」

15 jutting out 「突き出て」

phlegm 「痰」

pared-down 「削ぎ落された」

flamboyant ＜飾り立てた＞。＊15、16世紀フランスの炎のような装飾を施したフランボワイヤン建築様式が由来。

favoritism 「身びいき」

16 introspective 「内省的な」

tableau 「情景」。＊フランス語で「絵画のような描写」。

sporadically 「不規則に」。＊形容詞sporadicは「時々起こる、散在する」。

pry them off ＜こじ開ける＞

metamorphosis ＜変形＞

buffer zone ＜緩衝スペース＞

backed into a corner 「切羽詰まったところまできていた」

bit player ＜端役を演じる人＞

latent 「潜在的な」

enemas 「浣腸」

lark 「冷やかし半分」

full-fledged 「本格的な」

unabated 「留まっていた」。＊abate... は「〜を減じる」。

17 coward 「臆病」

fissure 「ずれ」。＊本来は「裂け目」。

subterranean level 「ずっと深いところ」。＊subterraneanは「地下の」。

18 grating 「耳障りな」

19 bursting-at-the-seams 「隙間もなく混み合った」。＊burstingは「はちきれそうになる」、seamは「縫い目」。

at loose ends 「時間が余って」。＊特にやることもなく手持ち無沙汰の状態。

on a whim ＜思い付きで＞

whir 「機械音」

jettison 「捨てていく」。＊原義は「緊急時に船や飛行機が貨物を捨てる」。

apostate 「背教者」

fulcrum 「支点」

torque 「モーメント」

oscillation 「揺れ戻し」

1	そのときなら生死を隔てる敷居をまたぐのは、生卵をひとつ呑むより簡単なことだったのに。	Crossing that threshold between life and death would have been easier than swallowing down a slick, raw egg.
	具体性はそこではむしろ副次的な問題だった。	But method was beside the point.
	つくるは死の胃袋に落ち、暗く淀んだ洞の中で日付を持たぬ日々を送ったのだ。	Tsukuru had fallen into the bowels of death, one untold day after another, lost in a dark, stagnant void.
	彼の前には暗い淵が大きな口を開け、地球の芯にまでまっすぐ通じていた。	Before him lay a huge, dark abyss that ran straight through to the earth's core.
	そこに見えるのは堅い雲となって渦巻く虚無であり、聞こえるのは鼓膜を圧迫する深い沈黙だった。	All he could see was a thick cloud of nothingness swirling around him; all he could hear was a profound silence squeezing his eardrums.
	すべてにおいて中庸なのだ。あるいは色彩が希薄なのだ。	Everything about him was middling, pallid, lacking in color.
	つまり一種の架空の存在として。肉体を固定しない観念的な存在として。	I thought of them like they were a fictitious being. Like a formless, abstract being.
	「限定された目的は人生を簡潔にする」と沙羅は言った。	'Having set, specific goals makes life easier,' Sara said.
	東京駅から新幹線に乗って一時間半ほどすれば、「乱れなく調和する親密な場所」に帰り着くことができた。	Get on the bullet train at the Tokyo station and in an hour and a half he'd arrive at an *orderly, harmonious, intimate place.*
2	そしてその夏を境に多崎つくるの人生は、以前とは成り立ちの異なるものになってしまった。鋭く切り立った尾根が前後の植物相を一変させるみたいに。	Afterward, Tsukuru Tazaki's life was changed forever, as if a sheer ridge had divided the original vegetation into two distinct biomes.
	思い当たる節はなかった。	He simply had no clue.
	胸に間違った何かの塊を呑み込んでしまったような感触が残った。それを吐き出すことも、消化することもできない。	He was left feeling like he'd swallowed a lump of something he shouldn't have, something he couldn't spit out, or digest.
	悪いけど、もうこれ以上誰のところにも電話をかけてもらいたくないんだ。	I'm sorry, but I have to ask you not to call of us anymore.
	自分で考えればわかるんじゃないか。	Think about it, and you'll figure it out.
	どうして自分がそのグループから突然放り出されなくてはならなかったのか、その理由を知りたいとは思わなかったの？	But didn't you want to know why they suddenly kicked you out of the group?
	そういうのを実際に経験したことはないけれど、そのときあなたの感じたきつさは私にもそれなりに想像できる。	I've never experienced that myself, but I think I can imagine how *stunned* you must have been.

	記憶をどこかにうまく隠せたとしても、深いところにしっかり沈めたとしても、それがもたらした歴史を消すことはできない。	You can hide memories, suppress, but you can't erase the history that produced them.
	誰かにその話をしちゃうことが必要だったからじゃないかしら。自分で思っている以上に。	Maybe you needed to talk with somebody. More than you ever imagined.
	自分を離れること。自らの痛みを他者のものとして眺めること。	The sense of leaving himself. Of observing his own pain as if it were not his own.
	何があろうと自分の外には出せない種類のものごとがある。	There are certain thoughts that, no matter what, you have to keep inside.
3	ここにいるのは、こうして鏡に映っているのは、一見して多崎つくるのようではあるが、実際はそうじゃない。	The person here now, the one he saw in the mirror, might at first glance resemble Tsukuru Tazaki, but it wasn't actually him.
	それは中身を入れ替えられた、多崎つくると便宜的に呼ばれている容器（いれもの）に過ぎない。	It was merely a container that, for the sake of convenience, was labeled with the same name—but its contents had been replaced.
	たぶんそのとき、夢というかたちをとって彼の内部を通過していった、あの焼けつくような生の感情が、それまで彼を執拗に支配していた死への憧憬を相殺し、打ち消してしまったのだろう。強い西風が厚い雲を空から吹き払うみたいに。それがつくるの推測だ。	He speculated that, just as powerful west wind blows away thick banks of clouds, scorching emotion that passed through his soul in the form of a dream must have canceled and negated the longing for death, a longing that had reached out and grabbed him around neck.
	あとに残ったのは諦観に似た静かな思いだけだった。それは色を欠いた、凪のように中立的な感情だった。	All that remained now was a sort of quiet resignation. A colorless, neutral, empty feeling.
	そして今ここに立って呼吸をしているのは、中身を大きく入れ替えられた新しい「多崎つくる」なのだ。	And what stood here now, breathing, was a brand-new Tsukuru Tazaki, one whose substance had been totally replaced.
4	ヴォルテールが言いたかったのは、思考よりはむしろ省察ということなんじゃないのかな。	I wonder if what Voltaire meant wasn't ideas as much as meditation.
	二人はどちらも社交的と言いがたい性格だったが、何度も顔を合わせて話をしているうちにお互いに自然な好意を抱き、気を許すようにもなった。	Neither of them was very sociable, but as they continued to meet, a natural friendliness grew between them and they began to open up to each other.
	いずれにせよその頃には、彼ら五人はみんなもう三十歳になっていた。乱れなく調和した共同体の夢を見るような年齢でもない。	All five of them were alrerady, at this point, thirty years old—no longer the age when one dreamed of an ordered, harmonious community of friends.

	本名は「多崎作」だが、それが公式な文書でない限り、普段は「多崎つくる」と書いたし、友だちも彼の名は平仮名の「つくる」だと思っていた。	The first name "Tsukuru" was officially written with a single Chinese character, though usually he spelled it out phonetically in hiragana, and his friends all thought that was how his name was written.
	一般的にはホームシックとかメランコリーといった意味で使われますが、もっと詳しく言えば、『田園風景が人の心に呼び起こす、理由のない哀しみ』。	Usually it's translated as "home-sickness," or "melancholy." If you put a finer point on it, it's more like "a groundless sadness called forth in a person's heart by a pastoral landscape."
	まるでそこにあったいくつかの美しい瞬間が、時間の正当な圧力に逆らって、水路をひたひたと着実に遡ってくるみたいに。	As if those beautiful moments were steadily swimming back, through a waterway, against the legitimate pressure of time.
	束縛されない状況にいつも身を置いて、自分の頭で自由にものを考える——それが君の望んでいることなんだね？	Never being constrained, thinking about things freely—that's what you're hoping for?
	自由にものを考えるというのは、つまるところ自分の肉体を離れるということでもあります。	It (thinking about things freely) means leaving behind your physical body.
	自分の肉体という限定された檻を出て、鎖から解き放たれ、純粋に論理を飛翔させる。	Leaving the cage of your physical flesh, breaking free of the chains, and letting pure logic soar.
5	一九六〇年代の末のことです。大学紛争の嵐が吹き荒れていた時代であり、文化的にはカウンター・カルチャーの最盛期でした。	This was at the end of the 1960s, the park of the counterculture era, when the student movement was upending universities.
	悪なるものの比喩が現実のかたちをとった悪魔についてはどうだ？	How about if this metaphor for evil takes on actual form?
	論理の糸を使って、その生きるだけの価値なるものを、自分の身になるたけうまく縫い付けていくんだな。	You need to use the thread of logic, as best you can, to skillfully sew onto yourself *everything that's worth living for*.
6	しばらく彼女に会わないでいると、自分が何か大事なものを失いかけているような気がして、胸に軽い疼きを感じた。	When he didn't see her for a while it was as if something vital were missing from his life, and a dull ache settled in his chest.
	喪失感、孤絶感……そんな言葉ではとても追いつかない。	The feeling of loss, the isolation... Those words don't come even close to expressing how awful it felt.
	あなたはナイーブな傷つきやすい少年としてではなく、一人の自立したプロフェッショナルとして、過去と正面から向き合わなくてはならない。	You need to come face-to-face with the past, not as some naive, easily wounded boy, but as a grown-up, independent professional.

	自分が見たいものを見るのではなく、見なくてはならないものを見るのよ。	Not to see what you want to see, but what you *must* see.
	「もちろんそれぞれに問題の傾向は少しずつ違っている」とつくるは言った。	'It was a little different depending on the person,' Tsukuru said.
	だからあなたはいつも意識的にせよ無意識的にせよ、相手とのあいだに適当な距離を置くようにしていた。	So consciously or unconsciously you always kept a distance between yourself and the women you dated.
	画面に並んだ四人の名前をいろんな思いと共に眺めていると、既に通過したはずの時間が、彼の周囲に立ち込めてくる気配があった。その過去の時間が、今ここに流れている現実の時間に、音もなく混入し始めていた。	As he gazed at the four names on the screen, and considered the memories those names brought back, he felt the past silently mingling with the present, as a time that should have been long gone hovered in the air around him.
7	長い執拗な愛撫のあとで、彼女たちのうちの一人のヴァギナの中に彼は入っていた。	These insistent caresses continued until Tsukuru was inside the vagina of one of the girls.
	あれはやはり意識の内側で生み出された妄想だったのだ。	It had to have been an illusion drawn by his unconscious.
	自分の中には根本的に、何かしら人をがっかりさせるものがあるに違いない。	There must be something in him, something fundamental, that disenchanted people.
	色彩を欠いた多崎つくる、と彼は声に出して言った。	"Corlorless Tsukuru Tazaki," he said aloud.
	灰田に意識の内奥を隅々まで見透かされたのではないかと思うと、自分がじめじめした石の下に棲むみすぼらしい虫けらになり下がったような気がした。	The idea that every fold in the depths of his mind had been laid bare left him feeling reduced to being a pathetic worm under a damp rock.
8	あの男は何かしらの堅い決意をもって、何も言わずおれの前から姿を消したのだ。それはたまたまのことではない。そうしなくてはならない明確な理由が彼にはあったのだ。	For some reason Haida was determined to leave without a word of explanation. This didn't just happen by chance. There had be a clear reason why he chose to act that way.
	彼がそうしたのは、自分が同性愛者ではないことを、また自分が夢の中だけではなく、生身の女性の体内にも射精できることを自らに証明するためだった。	He was hoping to prove to himself that he wasn't gay, that he was capable of having sex with a real woman, not just in his dreams.
9	要するに企業戦士を養成するための即席お手軽洗脳コース。	Basically a quick, impromptu brainwashing course to educate your typical corporate warriors.

その中には、四人の友人たちのその後の人生が簡潔に要約され、きれいに折り畳まれている。	It contained a neatly folded document that listed a concise summary of his four friends' lives.

10	人に使われている限り、つまらんことはいっぱいあるさ。	As long as you work for somebody you have to put up with a lot of crap.
	おまえには表の顔と裏の顔があるんだとシロは言った。	You had a public face and a hidden, private face, she said.
	空っぽの容器。無色の背景。これという欠点もなく、とくに秀でたところもない。そういう存在がグループには必要だったのかもしれない。	An empty vessel. A colorless background. With no special defects, nothing outstanding. Maybe that sort of person was necessary to the group.
	つくるは中立的な笑みを浮かべた。	Tsukuru gave a neutral smile.
	そして今だから言うけど、おれはあいつのことが好きだった。	Maybe I shouldn't be saying this, but I used to like her.
	ああいう考え方にどうも馴染めないというだけのことだ。	I just don't feel—comfortable with his way of thinking.
	かつては大切な意味を持っていたものが次第に色褪せ、消滅していくのを目にするは悲しかった。	It was sad to see what used to be so fundamental to our lives fade away, and disappear.
	それは一般的に『産業の洗練化』と呼ばれている。時代の流れだ。	'Industrial refinement' is the term for it. A trend of the times.

11	彼女の顔に浮かんだ笑みは、以前のそれより目盛りひとつぶん好意的になっていた。	Her smile had ratcheted up a notch.
	アカは言った。「おれは思うんだが、事実というのは砂に埋もれた都市のようなものだ。時間が経てば経つほど砂がますます深くなっていく場合もあるし、時間の経過とともに砂が吹き払われ、その姿が明らかにされてくる場合もある」	'The truth sometimes reminds me of a city buried in sand,' Aka said. 'As time passes, the sand piles up even thicker, and occasionally its blown away and what's below is revealed.'
	おまえはもともとそんなことをする人間じゃない。	You aren't the type of person to do something like that.
	そこには本物の痛みがあり、本物の血が流されていた。	An actual wound, with real pain, and real blood.
	どんなかたちにせよ、疑いを差し挟めるような雰囲気じゃなかった。	There was no room for us to doubt her at the time.
	それはまだ彼女の中にしこりとして残っているようだった。	It still made her uneasy.

	シロはそのとき既に、生命力がもたらす自然な輝きを失っていたということだ。	She'd lost the glow she used to have, her vitality.
	おれたちは人生の過程で真の自分を少しずつ発見していく。そして発見すればするほど自分を喪失していく。	As we go through life we gradually discover who we are, but the more we discover, the more we lose ourselves.
	自分が相手に向かって「おまえ」と呼びかけていたことに、つくるはふと気づいた。	Tsukuru suddenly realized he was using the familiar *omae* to address Aka.
12	しかし考えれば考えるほど、それは灰田の語った話に残された空白を埋める、有効な断片であるように思えた。	Still, the more Tsukuru thought about it, the more it seemed like this piece of the puzzle fit the lacuna in Haida's story.
	ある意味ではあなたたちはそのサークルの完璧性の中に閉じ込められていた。	In other words, you were locked up inside the perfection of that circle.
	あなたの中で何かがまだ納得のいかないままつっかえていて、そのせいで本来の自然な流れが堰き止められている。	'There's still something stuck inside you,' Sara said. 'Something you can't accept. And the natural flow of emotions you should have is obstructed.'
	部屋全体がいつもとは違う異質な空間になったように感じられてきた。	His room began to feel like an alien space.
	自分が今いったいどちらの相に入り込んでいるのか、考えれば考えるほど、つくるにはわからなくなってくる。	Which reality had he stepped into now? The more he thought about it, the less certain he became.
13	躓きのない人生だ、普通の人々はそう考えるだろう。	Most people would see his life as going smoothly with no major setbacks.
	あなたの場合、一人暮らしが気楽過ぎるから、なかなか結婚する気になれないのよ。	You enjoy being single too much, that's why you don't feel like getting married.
	そして二人は薄暮の人混みの中に呑み込まれていった。	Sara and the man were swallowed up into the evening crowd.
	彼女はつくると一緒にいるとき、それほど開けっぴろげな表情を顔に浮かべたことはなかった。	She had never showed such an unguarded expression when she was with Tsukuru, not once.
	おれは内容のない空しい人間かもしれない、とつくるは思う。しかしこうして中身を欠いていればこそ、たとえ一時的であれ、そこに居場所を見いだしてくれた人々もいたのだ。	Maybe I *am* just an empty, futile person, he thought. But it was precisely because there was nothing inside of me that these people could find, if even for a short time, a place where they belonged.
14	「どんな言語で説明するのもむずかしすぎるというものごとが、私たちの人生にはあります」とオルガは言った。	Olga laughed. 'Some things in life are too complicated to explain in any language.'

15	基本的には北欧風ではあるけれど、その削ぎ落とされたようなシンプルさには、日本の陶器の明らかな影響が見られた。	Though fundamentally northern European, their pared-down simplicity revealed the clear influence of Japanese pottery.
	彼女の作品にとっての色彩は、夫の作品とは違ってあくまで背景に過ぎなかった。	In Eri's works, different again from her husband's, color was simply a backdrop.
16	私たちはみんないろんなものごとを抱え込んで生きている。	There are all kinds of things we have to deal with in life.
	そのときの恐怖心を僕は今でも持ち続けている。自分の存在が出し抜けに否定され、身に覚えもないまま、一人で夜の海に放り出されることに対する怯えだよ。	I still have that fear, even now—that suddenly my very existence will be denied and, through no fault of my own, I'll be hurled into the night sea once more.
	他人との間に本能的に緩衝スペースを設けてしまう。	I've always had an instinctive tendency to leave a buffer zone between me and others.
	思い当たる節はひとつもないんだけど。	I can't think of a single reason.
	いろんなことが空回りする。	I was just spinning my wheels.
	東京のマンションの一室で耳にするそれとはいくぶん異なった趣があった。	It had a different sort of charm from when he heard it back in his apartment in Tokyo.
	過ぎ去った時間が鋭く尖った長い串となって、彼の心臓を刺し貫いた。	The past became a long, razor-sharp skewer that stabbed right through his heart.
	人の心と人の心は調和だけで結びついているのではない。それはむしろ傷と傷によって深く結びついているのだ。	One heart is not connected to another through harmony alone. They are, instead, linked deeply through their wounds.
	悲痛な叫びを含まない静けさはなく、血を地面に流さない赦しはなく、痛切な喪失を通り抜けない受容はない。それが真の調和の根底にあるものなのだ。	There is no silence without a cry of grief, no forgiveness without bloodshed, no acceptance without a passage through acute loss. That is what lies at the root of true harmony.
	誰が何を思おうとかまわない。彼とエリは今ここで心ゆくまで抱き合わなくてはならない。肌を寄せ、悪霊の長い影を振り払わなくてはならない。おそらくそのために自分はこの場所までやってきたのだ。	They didn't care what others thought. He and Eri had to hold each other now, as much as they wanted. They had to let their skin touch, and drive away the long shadow cast by evil spirits. This was, no doubt, why he'd come here in the first place.

17	エリの求めるものと彼の求めるものとの間には、ずれのようなものが避けがたく生じていったに違いない。	An unavoidable fissure would have grown between what he and Eri wanted from their lives.
	できるだけこのまましっかりここに生き残り続けることだよ。	Our duty is to do our best to keep on living.
	自分というものがない。	I have no sense of self.
	これまで長いあいだ胸につっかえていたものが、うまくとれたみたい。	I really feel like a great burden has been lifted, something that's been weighing me down forever.
18	東京に戻る前に、気持ちをできるだけ整理しておきたかった。	He wanted to gather his thoughts before he returned to Tokyo.
	午前四時にもしっかり時間が流れていることがわかってよかった。	I'm glad to know that time still keeps on flowing at four in the morning.
19	僕らはあのころ何かを強く信じていたし、何かを強く信じることのできる自分を持っていた。そんな思いがそのままどこかに虚しく消えてしまうことはない。	*We truly believed in something back then, and we knew we were the kind of people capable of believing in something—with all our hearts. And that kind of hope will never simply vanish.*

『色彩を持たない多崎つくると、彼の巡礼の年』 *Colorless Tsukuru Tazaki and His Years of Pilgrimage*

長編作品を英語で聞こう！

西澤 一
（豊田高専教授）

　村上春樹の小説は、物語の展開がスムーズで、テンポもよく、また意外な展開が各章に散りばめられ、読者を飽きさせない特長があります。英国の作家 Ken Follett の歴史大河小説と並んで、オーディオブックで多聴を楽しみたいと考えている方におすすめします。

　一般にオーディオブックを聞くとき、聞き逃したと思って同じ段落を繰り返し聞こうとすると、物語の流れが分断されて臨場感が低下し、急速に楽しくなくなってしまいます。少々細部の理解が甘くなっても、そのまま聞き続けるためには、テンポよく物語が展開し、飽きさせない作品であることが重要になるのです。また、読むときよりも細部の理解が甘くなるので、物語の大きな流れがはっきりしている作品のほうが楽なのです。そこが短編よりも長編のほうが楽しみやすいと感じる理由でもあります。

　村上作品をすすめるもうひとつの理由は、小説の舞台が日本だからです。例えば、ロンドンの Marylebone street と聞いてピンとこなくても、「首都高速 3 号渋谷線」と言われて違和感がない人は、『1Q84』の第 1 章で主人公のひとり、若い女性である Aomame が、高速道路での渋滞に巻き込まれたタクシーから降り、緊急階段で高架道路から地上に降りるという（ありえない設定の）情景を脳裏に思い浮かべることができます。トヨタ・クラウンと聞いただけでタクシーが高級車であるとわかるように、固有名詞も含めた日本人の一般常識が、物語の舞台設定をイメージするのに役立つのです。

　日本が舞台の小説が少ない中で、村上小説は 18 作品の全文朗読が Audible. com にリストアップされており、本書で紹介される 10 作品もすべて含まれています。*Norwegian Wood* や *Kafka on the Shore* 等、6 作品のオーディオブックが 2006 年に出版され、2011 年の *1Q84* の後、2013 年には、新旧作品のオーディオブックが一気に出版されているのです。私が好きな東野圭吾のミステリが 5 作しかオーディオブックになっていないのに比べても、その充実度は目を見張るものがあります。お気に入りの作品を一冊選び、多聴を試してみてはいかがでしょう。

騎士団長殺し

Killing Commendatore

主人公の「私」は肖像画を専門とする画家。わけあって日本画の大家がアトリエにしていた小田原の家に仮住まいし、元の生活に戻るまでの約8カ月、次々とミステリアスな体験をする。

本作では、有と無、光と影、完成と未完、あらゆる二項対立が顕れる。主人公はその狭間で、「触媒」、「仲介役」、あるいは「扇の要」などの役目を果たしつつ、自分が絵を描く理由を内省する。

離れていく妻・不思議な小人・残忍な戦争体験・穴の底に閉じ込められるなど、過去作との共通点も多く見られる。翻訳家の鴻巣友季子氏は、本作について、「セルフパロディや過去作のリユースという範疇を超え、全仕事を総括した二十一世紀版『春樹ワールドの語り直し』とも感じられる」(『毎日新聞』2017年3月5日付朝刊)と述べている。

単行本　2017年（新潮社）
文庫　　2019年（新潮文庫）

【英訳版】*Killing Commendatore*
英訳者　Philip Gabriel / Ted Goossen（2018年、Harvill Secker)

登場人物

私／I
36歳。肖像画専門の画家。閉所恐怖症。小田原郊外の山中にあるアトリエに住む。

ユズ／Yuzu
3歳下の主人公の妻。好きな男性ができたことで主人公に離婚をつきつける。四谷にある建築事務所に勤務する2級建築士。

小径／Komichi
12歳で亡くなった3歳下の主人公の妹。彼女の若すぎる死は主人公に衝撃を与え、閉所恐怖症の原因にもなった。

雨田政彦／Masahiko Amada
主人公の美大時代の友人。広告代理店に勤務するグラフィックデザイナー。行き場のない主人公に、父親のアトリエを提供する。

雨田具彦／Tomohiko Amada
92歳の高名な日本画家。認知症が進行し、伊豆高原にある高級養護施設に入居する。ウィーン留学後、日本画に転向する。

免色　渉／Wataru Menshiki
54歳。主人公に自身の肖像画を描いてくれるように頼む。総白髪のハンサムな独身男。谷間を隔てた向かい側の白い豪邸に住んでいる。

騎士団長／the Commendatore
絵画『騎士団長殺し』に描かれた騎士団長の姿を「借用」したイデア。身長60センチの小人。飛鳥時代の服装をまとい長剣を携えている。英語版では相手がひとりのときも my friends「諸君」と複数形で呼びかけたり、肯定の Affirmative. や否定の Negative. や単語の文字の省略など独特のしゃべり方で表されている。

秋川まりえ／Marie Akikawa
13歳の中学一年生。母親の死後、父親と叔母の秋川笙子と暮らしている。主人公の絵のモデルになる。

秋川笙子／Shoko Akikawa
まりえの父親の妹。まりえの母親の死後、まりえの面倒を見ている。40代前半と主人公は推測する。

取り上げた４つのシーンについて

シーン 1 今日、短い午睡から目覚めたとき

冒頭の一部。faceless man（顔のない男）が現れ、主人公に portrait（肖像画）を描いてくれないかと頼み、penguin charm（ペンギンのお守り）を預けていく。His face-that-wasn't-a-face（顔のない顔）、something that does not exist（何もないもの）、void（無）、empty sound of wind blowing up（虚ろな風音）など、faceless man を表現する周辺の単語に注目しよう。faceless man が再登場するのは物語の後半、読者がその存在をすっかり忘れたころになる。

シーン 2 それが包装された絵画であることは

第５章。horned owl（みみずく）の立てる音が気になり、主人公は attic（屋根裏）から wrapped-up painting（包装紙にくるまれた絵画）を発見する。当然、その絵は日本画家・雨田具彦が描いたものだろう。I should just leave it be.（私がかかわるべきことではない）とわかっていながらも curiosity（好奇心）にかられ、主人公はその絵画を階下におろす。のちに主人公は、屋根裏で絵画を発見したことからすべてが始まったのかもしれないと振り返る。

シーン 3 もしできることなら私としては

第７章。この物語のキーパーソン・免色（めんしき）と初めて対面する。法外な報酬で肖像画を描いてほしいと頼んできた依頼人であり、描くにあたって usual techniques（一般的な画法）を忘れて、free hand（自由に）で描いてほしいと提案する。There's nothing particularly mysterious about me.（私にはとくに謎なんてありませんよ）と免色は微笑むが、主人公やその周囲の人々にとって、免色は「謎めいた」存在であり、「とてもとてもとても興味深い人物」なのである。

シーン 4 あなたは霊のようなものなのですか？

第21章。真夜中のアトリエに鈴の音が響き、絵画に描かれた登場人物 the Commendatore（騎士団長）が形体化した姿で現れる。驚愕した主人公が「あなたは spirit（霊）のようなものなのですか」と問うと、I am just an Idea.（あたしはただのイデアだ）と返される。spirit は supernaturally free（神通自在）な存在である一方、Idea には restrictions（制限）があるらしい。

シーン 1〜4		**Killing Commendatore**		『騎士団長殺し』
pp.332-347 出典		Vintage 訳：Philip Gabriel and Ted Goossen		『顕れるイデア編』上 『顕れるイデア編』下 『遷ろうメタファー編』上 『遷ろうメタファー編』下 新潮文庫

Today when I awoke from a nap the faceless man was there before me. He was seated on the chair across from the sofa I'd been sleeping on, staring straight at me with a pair of imaginary eyes in a face that wasn't.

The man was tall, and he was dressed the same as when I had seen him last. His face-that-wasn't-a-face was half hidden by a wide-brimmed black hat, and he had on a long, equally dark coat.

"I came here so you could draw my portrait," the faceless man said, after he'd made sure I was fully awake. His voice was low, toneless, flat. "You promised you would. You remember?"

"Yes, I remember. But I couldn't draw it then because I didn't have any paper," I said. My voice, too, was toneless and flat. "So to make up for it I gave you a little penguin charm."

"Yes, I brought it with me," he said, and held out his right hand. In his hand—which was extremely long—he held a small plastic penguin, the kind you often see attached to a cell phone strap as a good-luck charm. He dropped it on top of the glass coffee table, where it landed with a small *clunk*.

"I'm returning this. You probably need it. This little penguin will be the charm that should protect those you love. In exchange, I want you to draw my portrait."

I was perplexed. "I get it, but I've never drawn a portrait of a person without a face."

---

wide-brimmed：つば広の　**make up for...**：〜の埋め合わせをする
penguin charm：「ペンギンのお守り」

今日、短い午睡から目覚めたとき、〈顔のない男〉が私の前にいた。私の眠っていたソファの向かいにある椅子に彼は腰掛け、顔を持たない一対の架空の目で、私をまっすぐ見つめていた。

男は背が高く、前に見たときと同じかっこうをしていた。広いつばのついた黒い帽子をかぶって顔のない顔を半分隠し、やはり暗い色合いの丈の長いコートを着ていた。

「肖像を描いてもらいにきたのだ」、顔のない男は私がしっかり目覚めたのを確かめてからそう言った。彼の声は低く、抑揚と潤いを欠いていた。「おまえはそのことをわたしに約束した。覚えているかね？」

「覚えています。でもそのときは紙がどこにもなかったから、あなたを描くことはできませんでした」と私は言った。私の声も同じように抑揚と潤いを欠いていた。「そのかわり代価として、あなたにペンギンのお守りを渡しました」

「ああ、それを今ここに持ってきたよ」

彼はそう言って右手をまっすぐ前に差し出した。彼はとても長い手を持っていた。手の中にはプラスチックのペンギンの人形が握られていた。お守りとして携帯電話にストラップでつけられていたものだ。彼はそれをガラスのコーヒー・テーブルの上に落とした。ことんという小さな音がした。「これは返そう。おまえはおそらくこれを必要としているだろう。この小さなペンギンがお守りとなって、まわりの大事な人々をまもってくれるはずだ。ただしそのかわりに、おまえにわたしの肖像を描いてもらいたい」

私は戸惑った。「しかし、急にそう言われても、ぼくはまだ顔を持たない人の肖像というものを描いたことがありません」

----

a small _clunk_：「ことんという音」　　**perplexed**：困惑して

My throat was parched.

"From what I hear, you're an outstanding portrait artist. And there's a first time for everything," the faceless man said. And then he laughed. At least, I think he did. That laugh-like voice was like the empty sound of wind blowing up from deep inside a cavern.

He took off the hat that hid half of his face. Where the face should have been, there was nothing, just the slow whirl of a fog.

I stood up and retrieved a sketchbook and a soft pencil from my studio. I sat back down on the sofa, ready to draw a portrait of the man with no face. But I had no idea where to begin, or how to get started. There was only a void, and how are you supposed to give form to something that does not exist? And the milky fog that surrounded the void was continually changing shape.

"You'd better hurry," the faceless man said. "I can't stay here for long."

---

parched：「からからに乾いて」 cavern：「洞窟」 void：空虚

私の喉はからからに渇いていた。

「おまえは優れた肖像画家だと聞いている。そしてまたなにごとにも最初というものはある」と顔のない男は言った。そう言ってから笑った。おそらく笑ったのだと思う。その笑い声らしきものは、洞窟のずっと奥から聞こえてくる、虚ろな風音に似ていた。

　彼は半分顔を隠していた黒い帽子をとった。顔があるべきところには顔がなく、そこには乳白色の霧がゆっくり渦巻いていた。

　私は立ち上がり、仕事場からスケッチブックと柔らかい鉛筆をとってきた。そしてソファに腰掛けて、顔のない男の肖像を描こうとした。でもどこから始めればいいのか、どこに発端を見つければいいのか、それがわからなかった。なにしろそこにあるのはただの無なのだ。何もないものをいったいどのように造形すればいいのだろう？　そして無を包んだ乳白色の霧は、そのかたちを休みなく変え続けていた。

「急いだ方がいい」と顔のない男は言った。「わたしはそれほど長くこの場所に留まることはできない」

One look told me it was a wrapped-up painting. About three feet in height and five feet in length, it was wrapped tightly in brown Japanese wrapping paper, with string tied several times around it. Nothing else was in the attic. The faint sunlight filtering in from the vent holes, the gray horned owl on top of a beam, the wrapped painting propped up against a wall. The combination felt magical, somehow, and captivated me.

I gingerly lifted the package. It wasn't heavy—the weight of a painting set in a simple frame. The wrapping paper was slightly dusty. It must have been placed here, out of anyone's sight, quite some time ago. A name tag was attached tightly with wire to the string. In blue ballpoint ink was written *Killing Commendatore*. The writing was done in a very careful hand. Most likely this was the title of the painting.

Naturally, I had no clue why that one painting would be hidden away in the attic. I considered what I should do. Obviously the correct thing to do would be to leave it where it was. This was Tomohiko Amada's house, not mine, the painting clearly his possession (presumably it was one that he himself had painted), one that, for whatever reason, he had hidden away so no one would see it. That being the case, I thought I shouldn't do anything uncalled for, and should let it continue to silently share the attic with the owl. I should just leave it be.

That made the most sense, but still I couldn't suppress the curiosity surging up inside. The words in (what appeared to be) the title—*Killing Commendatore*—grabbed me. What kind of painting could it be? And why did Tomohiko Amada have to hide away this painting alone in the attic?

---

horned owl：「みみずく」　quite some time：かなり長い間　hand：筆跡
so no one would see it：誰にも見られないように　uncalled for：求められていない

それが包装された絵画であることは一目で見当がついた。大きさは縦横が一メートルと一メートル半ほど。茶色の包装用和紙にぴったりくるまれ、幾重にも紐がかけてある。それ以外に屋根裏に置かれているものは何もなかった。通風口から差し込む淡い陽光、梁の上にとまった灰色のみみずく、壁に立てかけられた一枚の包装された絵。そのとり合わせには何かしら幻想的な、心を奪われるものがあった。

その包みをそっと注意深く持ち上げてみた。重くはない。簡単な額におさめられた絵の重さだ。包装紙にはうっすらほこりが溜まっていた。かなり前から、誰の目に触れることもなくここに置かれていたのだろう。紐には一枚の名札が針金でしっかりとめられ、そこには青いボールペンで『騎士団長殺し』と記されていた。いかにも律儀そうな書体だった。おそらくそれが絵のタイトルなのだろう。

なぜその一枚の絵だけが、屋根裏にこっそり隠すように置かれていたのか、その理由はもちろんわからない。私はどうしたものかと思案した。当たり前に考えれば、そのままの状態にしておくのが礼儀にかなった行為だった。そこは雨田具彦の住居であり、その絵は間違いなく雨田具彦が所有する絵であり（おそらくは雨田具彦自身が描いた絵であり）、何らかの個人的理由があって、彼が人目に触れないようにここに隠しておいたものなのだ。だとしたら余計なことはせず、みみずくと一緒に屋根裏に置きっぱなしにしておけばいいのだ。私がかかわるべきことではない。

でもそれが話の筋としてわかっていても、私は自分の内に湧き起こってくる好奇心を抑えることができなかった。とくにその絵のタイトルである（らしい）『騎士団長殺し』という言葉が私の心を惹きつけた。それはいったいどんな絵なのだろう？　そしてなぜ雨田具彦はそれを——よりによってその絵だけを——屋根裏に隠さなくてはならなかったのだろう？

---

leave it to be：そのままにしておく　made the most sense：最も賢明であった

I picked up the painting and tested to see if it could squeeze through the opening to the attic. Logic dictated that a painting that had been brought up here shouldn't have any problem being carried down. And there was no other entrance to the attic. But still I checked to see if it would squeeze through. As expected, it was a tight fit, but when I held it diagonally, it squeezed through the square opening. I imagined Tomohiko Amada carrying the painting up to the attic. He must have been by himself then, carrying around some secret inside him. I could vividly imagine the scene, as if I were actually witnessing it.

I don't think Amada would be angry if he found out I'd brought the painting down from the attic. His mind was buried now in a deep maelstrom, according to his son, "unable to distinguish an opera from a frying pan." He would never be coming back to this home. And if I left this painting in an attic with the screen over the vent hole ripped, mice and squirrels might gnaw away at it someday. Or else bugs might get to it. And if this painting really was by Tomohiko Amada, this would be a substantial loss to the art world.

I lowered the package on top of the shelf in the closet, gave a little wave to the horned owl huddled on the beam, then clambered down and quietly shut the lid to the entrance.

---

squeeze through... : 〜を辛うじて通り抜ける　diagonally : 斜めに、対角線上に
maelstrom : 大混乱　gnaw away at... : 〜を絶え間なくかじる

　私はその包みを手にとり、それが屋根裏の入り口を抜けられるかどうか試してみた。理屈からいえば、ここに運びあげることができた絵を下に運びおろせないわけはなかった。そして屋根裏に通じる開口部はそれ以外にないのだ。でもいちおう実際に試してみた。絵は思った通り、対角線ぎりぎりのところでその真四角な開口部を通り抜けることができた。私は雨田具彦がその絵を屋根裏に運び上げるところを想像してみた。そのとき彼はおそらく一人きりで、何かの秘密を心に抱えていたはずだ。私はその情景を実際に目撃したことのように、ありありと思い浮かべることができた。

　この絵を私が屋根裏から運び出したことがわかったところで、雨田具彦はもう怒りはしないだろう。彼の意識は今では深い混沌の中にあって、息子の表現を借りれば「オペラとフライパンの見分けもつかなく」なっている。彼がこの家に戻ってくることはまずあり得ない。それにこの絵を、通風口の網が破損した屋根裏にこのまま置きっぱなしにしておいたら、いつか鼠やリスに囓られてしまわないとも限らない。あるいは虫に食われるかもしれない。もしその絵が雨田具彦の描いたものであるなら、それは少なからぬ文化的損失を意味することになるだろう。

　その包みをクローゼットの棚の上におろし、梁の上でまだ身を縮めているみみずくに小さく手を振ってから、私は下に降りて、入り口の蓋を静かに閉めた。

---

substantial：かなりの　　huddled：うずくまっている

"If possible I'd like you to paint me freely, and not worry about the usual conventions involved in doing a portrait. I mean, if you want to paint a standard portrait, that's fine. If you paint it using your usual techniques, the way you've painted till now, I'm all right with that. But if you do decide to try out a different approach, I'd welcome that."

"A different approach?"

"Whatever style you like is entirely up to you. Paint it any way you like."

"So you're saying that, like Picasso's painting during one period, I could put both eyes on one side of the face and you'd be okay with that?"

"If that's how you want to paint me, I have no objections. I leave it all up to you."

"And you'll hang that on the wall of your office."

"Right now I don't have an office per se. So I'll probably hang it in my study at home. As long as you have no objection."

Of course I had none. All walls were the same as far I was concerned. I mulled all this over before replying.

"Mr. Menshiki, I'm grateful to you for saying that, for telling me to paint in whatever style I want. But honestly nothing specific pops into my head at the moment. You have to understand, I'm merely a portrait painter. For a long time I've followed a set pattern and style. Even if I'm told to remove any restrictions, to paint as freely as I want, the restrictions themselves are part of the technique. So I think it's likely I'll paint a *standard* portrait, the way I have up till now. I hope that's all right with you?"

---

conventions：在来技法
an office per se：正確な意味においてオフィスと称することができるものは

「もしできることなら私としてはあなたに、肖像画という制約を意識しないいで、私を自由に描いていただきたいのです。もちろんいわゆる肖像画を描きたいということであれば、それでかまいません。これまで描いてこられたような一般的な画法で描いていただいてけっこうです。しかしそうじゃない、これまでにない別の手法で描いてみたいということであれば、それを私は喜んで歓迎します」

「別の手法？」

「それがどのようなスタイルであれ、あなたが好きなように、そうしたいと思うように描いていただければいいということです」

「つまり一時期のピカソの絵のように、顔の片側に目が二つついていてもかまわない、ということですか？」

「あなたがそのように私を描きたいのであれば、こちらにはまったく異存はありません。すべてをおまかせします」

「あなたはそれをあなたのオフィスの壁にかけることになる」

「私は今のところオフィスというものを持ち合わせておりません。ですからおそらくうちの書斎の壁にかけることになると思います。もしあなたに異存がなければですが」

　もちろん異存はなかった。どこの壁だって、私にとってそれほどの違いはない。私はしばらく考えてから言った。

「免色さん、そのように言っていただけるのはとてもありがたいのですが、どんなスタイルでもいい、自由に好きなように描けと言われても、具体的なアイデアが急には浮かんできません。ぼくは一介の肖像画家です。長いあいだ決められた様式で肖像画を描いてきました。制約をとってしまえと言われても、制約そのものが技法になっている部分もあります。ですからたぶんこれまでどおりのやり方で、いわゆる肖像画を描くことになるのではないかと思います。それでもかまいませんか？」

『騎士団長殺し』 *Killing Commendatore*

mulled：じっくり考えた

Menshiki held both hands wide. "Of course. Do what you think is best. The only thing I want is for you to have a totally free hand."

"One other thing: if you're going to pose for the portrait, I'll need you to come to my studio a number of times and sit in a chair for quite a while. I'm sure your work keeps you quite busy, so do you think that'll be possible?"

"I can clear my schedule anytime. I was the one, after all, who asked that you paint me from real life. I'll come here and sit quietly in the chair as long as I can. We can have a good long talk then. You don't mind talking?"

"No, of course not. Actually, I welcome it. To me, you're a complete mystery. In order to paint you, I might need a little more information about you."

Menshiki laughed and quietly shook his head. When he did so, his pure white hair softly shook, like a winter prairie blowing in the wind.

"I think you overestimate me. There's nothing particularly mysterious about me. I don't talk much about myself because telling all the details would bore people, that's all."

He smiled, the lines at his eyes deepening. A very clean, open smile. But that can't be all, I thought. There was something hidden inside him. A secret locked away in a small box and buried deep down in the ground. Buried a long time ago, with soft green grass now growing above it. And the only person in the world who knew the location of the box was Menshiki. I couldn't help but sense, deep within his smile, a solitude that comes from a certain sort of secret.

---

overestimate... : 〜を過大評価する

免色は両手を広げた。「もちろんそれでけっこうです。あなたがいいと思うようにすればいい。あなたが自由であること、それが私の求めるただひとつのことです」

「それから、実際にあなたをモデルにして肖像画を描くとなると、このスタジオに何度か来ていただいて、長く椅子に座っていただくことになります。お仕事がお忙しいとは思いますが、それは可能ですか？」

「時間はいつでもあけられるようにしてあります。実際に対面して描いてほしいというのは、そもそもこちらが希望したことですから。ここに来て、できるだけ長くおとなしくモデルとして椅子に座っています。そのあいだゆっくりお話しできると思います。話をするのはかまわないのでしょうね？」

「もちろんかまいません。というか、会話はむしろ歓迎するところです。ぼくにとってあなたはまさに謎の人です。あなたを描くには、あなたについての知識をもう少し多く持つ必要があるかもしれませんから」

　免色は笑って静かに首を振った。彼が首を振ると、真っ白な髪が風に吹かれる冬の草原のように柔らかく揺れた。

「どうやらあなたは、私のことを買いかぶりすぎておられるようだ。私にはとくに謎なんてありませんよ。自分についてあまり語らないのは、そんなことをいちいち人に話してもただ退屈なだけだからです」

　彼が微笑むと、目尻の皺がまた深まった。いかにも清潔で裏のない笑顔だった。しかしそれだけではあるまいと私は思った。免色という人物の中には、何かしらひっそり隠されているものがある。その秘密は鍵の掛かった小箱に入れられ、地中深く埋められている。それが埋められたのは昔のことで、今ではその上に柔らかな緑の草が茂っている。その小箱が埋められている場所を知っているのは、この世界で免色ひとりだけだ。私はそのような種類の秘密の持つ孤独さを、彼の微笑みの奥に感じとらないわけにはいかなかった。

---

locked away in... : 〜にしまい込まれている

"Are you a kind of spirit?" I ventured to ask. My voice was hard and hoarse, like a convalescent's.

"An excellent question," the Commendatore said. He held up a tiny white index finger. "An excellent question indeed, my friends. What am I? I am now, for the time being, the Commendatore. Nothing other than the Commendatore. But this form is but temporary. I do not know what I will be next. What am I to begin with? Or I could say, what are you, my friends? My friends have your own appearance, but what are you to begin with? If you were asked that same question, my friends might indeed be confused, I imagine. It is the same thing with me."

"Can you assume any form you like?" I asked.

"No, it is not that simple. The forms I can take are quite limited. I can't take any form I want. *There is a limit to the wardrobe.* I cannot take on a form unless there is a necessity for it. And the form I could choose now was this pint-sized commendatore. I had to be this small because of the way he was painted. But this attire is highly unpleasant to wear, I am afraid."

---

hoarse：しわがれて　to begin with：「そもそも」　assume...：〜に見せかける、〜を装う
take on...：〜の外見を呈する　pint-sized：小さな　＊1パイントは約0.5リットル

「あなたは霊のようなものなのですか？」と私は思いきって尋ねてみた。私の声は病み上がりの人の出す声のように、堅くしゃがれていた。

「良い質問だ」と騎士団長は言った。そして小さな白い人差し指を一本立てた。「とても良い質問だぜ、諸君。あたしとは何か？　しかるに今はとりあえず騎士団長だ。騎士団長以外の何ものでもあらない。しかしもちろんそれは仮の姿だ。次に何になっているかはわからん。じゃあ、あたしはそもそもは何なのか？　ていうか、諸君とはいったい何なのだ？　諸君はそうして諸君の姿かたちをとっておるが、そもそもはいったい何なのだ？　そんなことを急に問われたら、諸君にしたってずいぶん戸惑うだろうが。あたしの場合もそれと同じことだ」

「あなたはどんな姿かたちをとることもできるのですか？」、私は質問した。

「いや、それほど簡単ではあらない。あたしがとることのできる姿かたちは、けっこう限られておるのだ。どんなものにでもなれるというわけではない。手みじかに言えば、ウードローブには制限があるということだ。必然性のない姿かたちをとることはできないようになっておる。そして今回あたしが選ぶことのできた姿かたちは、このちんちくりんの騎士団長くらいのものだった。絵のサイズからして、どうしてもこういう身長になってしまうのだ。しかしこの衣裳はいかにも着づらいぜ」

I am afraid：どうやら、遺憾ながら

He began squirming around in his white costume.

"To return to the pressing question that my friends have pondered—am I a spirit? No, it is nothing like that. I am no spirit. I am just an Idea. A spirit is basically supernaturally free, which I am not. I live under all sorts of restrictions."

I had plenty of questions. Or rather, I *should have had.* But for some reason I couldn't think of a single one. Why did he address me as "my friends"? But that was trivial, not worth asking about. Maybe in the world of an *Idea* there was no second-person singular.

"I have so many kinds of detailed limitations," the Commendatore said. "For instance, I can only take on form for a limited number of hours each day. I prefer the somewhat dubious middle of the night, so mostly shape-shift between one thirty and two thirty a.m. It's too tiring to do it during the day. When I don't have form I take it easy, as a formless Idea, here and there. Like the horned owl in the attic. Also, I cannot go where I am not invited. Whereas when my friends opened the pit and took out the bell for me, I was able to enter this house."

---

squirming around：もがきまわって　pressing question：差し迫った質問

彼はそう言って、白い衣裳の中で身体をもぞもぞとさせた。

「で、諸君のさっきの質問にたち戻るわけだが、あたしは霊なのか？　いやいや、ちがうね、諸君。あたしは霊ではあらない。あたしはただのイデアだ。霊というのは基本的に神通自在なものであるが、あたしはそうじゃない。いろんな制限を受けて存在している」

　質問はたくさんあった。というか、あるはずだった。しかし私にはなぜかひとつも思いつけなかった。なぜ私は単数であるはずなのに、「諸君」と呼ばれるのだろう？　しかしそれはあくまで些細な疑問だ。わざわざ尋ねるほどのことでもない。あるいは「イデア」の世界には二人称単数というものはもともと存在しないのかもしれない。

「制限はいろいろとまめやかにある」と騎士団長は言った。「たとえばあたしは一日のうちで限られた時間しか形体化することができない。あたしはいぶかしい真夜中が好きなので、だいたい午前一時半から二時半のあいだに形体化することにしておる。明るい時間に形体化すると疲労が高まるのだ。形体化していないあとの時間は、無形のイデアとしてそこかしこ休んでおる。屋根裏のみみずくのようにな。それから、あたしは招かれないところには行けない体質になっている。しかるに諸君が穴を開き、この鈴を持ち運んできてくれたおかげで、あたしはこの家に入ることができた」

second-person singular：「二人称単数」　dubious：怪しげな　shape-shift：形を変える

faceless man 「顔のない男」

imaginary eyes 「架空の目」

His face-that-wasn't a face 「顔のない顔」

wide-brimmed ＜つば広の＞

make up for... ＜〜の埋め合わせをする＞

penguin charm 「ペンギンのお守り」

was perplexed 「戸惑った」

was parched 「からからに乾いていた」

cavern 「洞窟」

void ＜空間、虚空＞

milky fog 「乳白色の霧」

1 signed and sealed 「署名捺印」

We reconciled. 「元の鞘に収まった」

dementia 「認知症」

chain restaurant 「ファミリー・レストラン」

special magnetism 「特殊の磁気のようなもの」

taking commissions 「注文を受けて」

three-dimensional 「立体的な」

2 oracle 「おみくじ」

congenital heart valve problems ＜生まれつきの心臓の弁の問題＞

odometer ＜走行距離計＞

3 major klutz ＜おそろしく弱い人＞。＊ klutz は「不器用な人、ばか」。

intuitive 「直観的な」

hornets 「スズメバチ」

4 had writer's block 「創作に行き詰まっていた」

actual flesh-and-blood bodies 「現実の肉体」。＊ flesh-and-blood は「血の通った、なま身の」。

recycling resources 「資源の再生利用」

watershed 「分水嶺」

detour 「回り道」

5 a lone wolf 「一匹狼」

misfit 「はぐれがらす」。＊原義は「環境に順応できない人」。

horned owl 「みみずく」

uncalled for ＜求められていない＞

diagonally ＜対角線上に＞

maelstrom ＜大混乱＞

gnaw away (at...) ＜（動物が〜を）かじり続ける＞

substantial ＜相当な、かなりの＞

huddled ＜うずくまっていた＞

aorta 「大動脈」

vagabond 「浮浪者」

hermit 「隠者」

6 recasting 「換骨奪胎」。＊ recast は「鋳直す」。

7 avoiding colors 「色を免れる」

crow flies 「直線距離」。＊ as the crow flies は「一直線に」（カラスは直線的に飛ぶと言われていることから）。

convention ＜在来技法、しきたり＞

per se ＜正確な意味においては、ある意味＞

mull ＜じっくり考える＞

free hand ＜自由に行動できること＞

overestimate... ＜〜を過大評価する＞

binoculars 「望遠鏡」

8 lucky omen 「吉兆」

Languages aren't my strong suit. 「語学は不得意でね」。＊ suit は「自分に適したもの」。

9 drudgery 「苦役」

left-handed 「左利き」

10 the flow of time 「時間の流れ方」

claustrophobia 「閉所恐怖症」

forbidden chamber 「開かずの部屋」

Bluebeard's castle 「青髭公の城」

skeleton in the closet 「押し入れの中の骸骨」

11 divine punishment 「神罰」

retribution 「祟り」。＊原義は「報い、仕返し」。

materialist view of things 「唯物的な考え方」

budding, living organism 「生命体の萌芽」

12 transplanted ＜移植させて＞

permanent value 「永続する資格」

catalyst 「触媒」

a gong, not a bell 「鉦の音です。鈴ではありません」

14 *Tales of the Spring Rain* 「春雨物語」

Tales of Moonlight and Rain 「雨月物語」

a man of letters 「文人」

Fate over Two Generations 「二世の縁（にせのえにし）」

slight gap in the seam of the world 「世界の合わせ目に微かなずれ」

reached nirvana 「涅槃の境地」

If it were me, I'd just wear earplugs. 「おれならただ耳を塞いでいるけどね」

15 attaining enlightenment 「悟りを開く」

fruitarian diet 「木食」

recites sutras 「読経」

self-mummified priest 「即身仏」。＊ mummify は「ミイラにする」。

I carefully removed any scum on the surface. 「こまめにアクを取る」。＊ scum は「あく、人間のカス」。

17 gravitas of place 「場の重み」。＊ gravitas は「厳粛さ」。

Transform a hint into a statement. 「暗示をステートメントに変えていかなくてはならない」

18 the pit 「穴」

The mummy hunter becomes a mummy. 「ミイラとりがミイラになる」

the restraints 「たが」

unearthed 「発掘した」

carnivorous raptor 「肉食鳥」。＊ raptor は「猛禽類」。

a cozy little get-together 「一献振る舞いたい」。＊ cozy は「こじんまりと居心地がよい」、get-together は「懇親会」。

karma 「縁」。＊ヒンズー教の「業、宿命、因縁」。

19 cream of the crop 「エリート」。＊「同じ種類の物や人の中から最高によりすぐった人や物」。

Menshiki wasn't your average person 「免色は普通の人間ではない」

20 Let sleeping dogs lie 「触らぬ神に祟りなし」。＊「寝た子は起こすな、やぶ蛇にならないように」とも言える。

run-of-the-mill portraits 「ありきたりの、約束通りの肖像画」。＊ run of the mill は名詞句で「普通のもの」、run-of-the-mill はその形容詞形。

21 Affirmative. ＜そうだ＞。＊騎士団長が言う特徴的な言葉。肯定を表す。

hoarse ＜しわがれ声の、ハスキーな＞

pint-sized ＜小さな＞

pressing question ＜差し迫った質問＞

my friends 「諸君」。＊騎士団長の特徴的な言葉。ひとりに向かって呼びかけるときにも複数形で言っている。

trivial 「些細な」

second-person singular 「二人称単数」

dubious ＜怪しげな＞

shape-shift ＜形を変える＞

Negative. ＜そうではない＞。＊騎士団長に特徴的な言葉。否定を表す。日本語では「あらない」などと言っている。騎士団長の言葉としてAffirmative. とともに頻出している。

materialization 「形体化」

23 wind cave 「風穴」

fleeting grace period 「儚い猶予間」。＊ fleeting は「いつしか消え去る」。

hearse 「霊柩車」

cerebral cortex 「大脳皮質」

the painting's plunge-ahead vigor 「絵の持っている前のめりの勢い」

24 the pit in the woods 「雑木林の中のあの穴」

This is the chance of a lifetime 「これはまたとない絶好の機会だと」

25 under the radar 「気配を殺すように」。＊敵に見つからないようにレーダーの下を低空飛行するときのイメージ。

intermediary 「仲介役」

like a bashful cat 「猫のように人見知りをします」

26 dagger 「短剣」

level of perhaps 「（すべてが）かもしれないで終わってる話だ」

27 every nook and cranny 「隅から隅まで（舐めるように）」。＊ nook は「片隅」、cranny は「すき間」。

trompe l'oeil 「騙し絵」。＊フランス語。

unfinished 「制作の途上にあった」

28 sieve 「ざる」

29 enigma 「謎」

Divorce 101 「初心者向けの離婚」。＊101 は「入門講座」。

31 polar bear 「シロクマ」

chronic disease 「宿痾」

incurable disorder 「治しようもないいろくでもない疾患」

33 frozen flame 「瞬間凍結された炎」

a bolt from the blue 「青天の霹靂」

I can't tell if the power is good or not. 「ここにあるのが善い力なのか、善くない力なのか、それはわからない」

34 air pressure 「空気圧」

radios are hit-or-miss 「ラジオの放送もうまく入りません」。＊hit-or-miss は「でたらめの、行き当たりばったりの」。

mediator ＜両者のあいだを取り持った＞。＊mediator は「仲裁人、調停者」。

in mint condition ＜オリジナルの＞。＊in mint condition は「真新しい、新品同様の」。

35 secret passageway 「秘密の通路」

adverse reaction 「ネガティブなもの」

36 just passing the time 「徒然なるままに」

37 Body and Mind 「ハート・アンド・マインド」

psychic energy 「気合い」

the picture of health 「元気そのもの」。＊the picture of health は「絵に描いたように健康」。

38 third-person perspective 「第三者的な要素」

triangulation 「三点測定」

customary phrase 「習慣的発言」

borrowed thing, for the sake of convenience 「便宜的な借り物」

perceptions of others 「他者の認識」

caveat emptor 「買い手責任」。＊ラテン語。英語では buyer beware。

misgivings 「危惧」

39 base of a folding fan 「扇の要のような役目」

Trojan horse 「トロイの木馬」

expedient and transitory vehicle 「便宜的な、過渡的な存在」

a clod of earth 「土塊（つちくれ）」

stumbling block 「変更のきかない傾向」。＊原義は「難点、躓きの石」。

ordeals 「試練」

discard your ego 「自分の我みたいなものを捨てる」

that pointless, roundabout journey 「その無駄な回り道」

being preyed on 「食い物」

real pigeon 「いいカモ」。＊real は「恰好の」。

41 living spirit 「生き霊」

that old three-legged chair 「三本脚の古い丸椅子」

alter ego 「分身」。＊alter ego は「別の自己」。

42 that chronicler 「そのような記録者としての役割」。＊chronicler は「年代記作者」。

special carving knife 「出刃包丁」

Classic features. 「とても顔立ちのよい男だ」。＊classic features は「瓜核（うりざね）顔」。

43 two-way street 「相互通行的なもの」

sinister, a villain 「『夢魔』とでも呼ぶべき不吉な、あるいは邪悪な存在」。＊sinister は「邪悪な、不吉な」、villan は「悪漢」。

44 hunting ground 「猟場」

disposition 「パーソナリティー」

on the money 「正しい」。＊on the money は「ちょうどその場で、ぴたりで」。

has a crush on... 「～に関心があった」。＊have a crush on は「一方的に惚れている」。

But her heart has a weak spot. 「心のどこかに少しよわいところがある」

45 premonition of impending movement 「動きの予感」

reproduction 「再現画」

throw Menshiki for a loop 「驚いたようだった」。＊throw someone for a loop は「（人）を動揺させる」。

It came out of left field. 「寝耳に水です」。＊out of left field は「思いがけないところから」。

talisman 「護符」

47 belonged to the place 「場に共有されるもの」

sealed-off space 「閉ざされた場所」

conduit 「通路」。＊原義は「導管」。

48 Hollow inside 「からっぽの人間です」

straw man 「藁の人間」

even a commonplace man is irreplaceable 「たとえ凡庸であっても代わりはきかない」

obsessive-compulsive disorder 「強迫神経症」

beholden 「恩義」。＊本来は「恩義を受けて」。

Even Ideas can fathom the import of moral obligation. 「イデアとて義理人情を解さないではない」

circular argument 「堂々巡りの議論」

51 Just maybe, there are too many maybes. 「かもしれないが多すぎるかもしれない」

And a circle once opened 「開かれた環（わ）」

your evil father 「邪悪なる父」

52 off the top of my head 「即興で」

the most humble and lowly form of Metaphor 「ただのしがない下級のメタファー」

orange cone hat 「オレンジ色のとんがり帽子」

simile 「明喩」。＊「直喩」とも言う。

link between phenomena and language 「事象と表現の関連性」

the Path of Metaphor 「メタファー通路」

Double Metaphors 「二重メタファー」

He had made the sacrifice. Now it was my turn to face the ordeal. 「彼が犠牲を払い、私が試練を受けるのだ」

53 fireplace porker 「火掻き棒」

boat landing 「渡し場」

whereabouts 「居場所」

54 Can you draw a void? 「どうやって無を絵にすることができる」

the interstice between presence and absence 「無と有の狭間」

55 All that is here *looks like something*.

「すべてがみたいなものなのです」

product of connectivity 「関連性の産物」

unknown vistas 「別の新たな風景」

prey to a Double Metaphor 「二重メタファーの餌食」

a giant vise 「巨大な万力」

56 The finished omelet was so beautiful I wanted to sketch it 「思わず写生したくなるくらい美しいオムレツ」

57 With no future. No hope of resolution. 「先のないこと。解決のしようのないこと」

58 I can't buy it. 「おれの耳にはいささか嘘っぽく聞こえるな」。＊相手の話が信じられないときに使う表現。

amnesia 「記憶喪失」

femme fatale 「たちの悪い女」。＊ femme fatale は「魔性の女」。

honeyed tobacco 「蜂蜜煙草」

59 an idea is a concept 「イデアというのは観念のことなんだ」

To purify the blood they had shed. 「流されてきた多くの血を浄めるための作品だ」

requiem 「鎮魂」

61 escape route 「逃げ場」

virulent 「致死的な」。＊ virulent は「猛毒のある」。

skulking 「徘徊」

62 The Commendatore. He really exists. 「騎士団長はほんとうにいる」

63 our accounts were even. 「貸し借りはゼロということになるのかもしれない」

free will 「自由意志」

fatalistic 「運命論」

64 with her name already settled 「迷う余地のない確かな名前を持って」

unending oscillation 「その終わることのない微妙な振幅」

capacity to believe 「信じる力」

a form of grace 「恩寵のひとつのかたち」

0	この小さなペンギンがお守りとなって、まわりの大事な人々をまもってくれるはずだ。ただし、そのかわりに、おまえに私の肖像を描いてもらいたい。	This little penguin will be the charm that should protect those you love. In exchange, I want you to draw my portrait.
	顔があるべきところには顔がなく、そこには乳白色の霧がゆっくり渦巻いていた。	Where the face should have been, there was nothing, just the slow whirl of a fog.
	なにしろそこにあるのはただの無なのだ。何もないものをいったいどのように造形すればいいのだろう？	There was only a void, and how are you supposed to give form to something that does not exist?
	私は時間を味方につけなくてはならない。	I would have to have time on my side.
1	我々はそのような行為を率直に、混じりけなくこなし、その混じりけのなさはほとんど抽象的なレベルにまで達していた。	We performed the act in an honest, pure way, the purity almost reaching the level of the abstract.
	私が必要とするのは目の前の本人よりは、その鮮やかな記憶だった。（本人の存在はむしろ画作の邪魔になることさえあった）。	What I needed was less the actual person in front of me than my vivid memories of that person. (Having the subject present, truth be told, actually interfered with my ability to complete the portrait.)
	立体的なたたずまいとしての記憶だ。それをそのまま画面に移行していくだけでもよかった。	These memories were three-dimensional, and all I had to do was transfer them to canvas.
	どこかで私は見切りをつけるべきだったのだろう。何かしらの手を打つべきだったのだろう。しかし私はそれを先送りにし続けていた。そして私より先に見切りをつけたのは妻の方だった。	I should have stood up and done something about it. But I kept putting it off. And before I got around to it, the one who gave up on it all was my wife.
2	私はいつだって何かを見逃しているみたいだ。そしてその何かは常にもっとも大事なことなのだ。	And what I missed was always the most important thing of all.
4	私は日々ただ無（リアン）を制作し続けていた。	Day after day I produce *rien*—nothingness.
	彼は「転向」したというよりは、むしろ「昇華」したのだ。	It was less a shift and more akin to a conversion.
	彼の絵の素晴らしいところはその空白にあった。逆説的な言い方になるが、描かれていない部分にあった。彼はそこをあえて描かないことによって、自分が描きたいものをはっきりと際だたせることができた。	The wonderful part about his paintings was the use of blank space. Paradoxically, the best part was what was not depicted. By not painting certain things he clearly accentuated what he *did* want to paint.
	いずれにせよ、私がここでまず語らなくてはならないのは——つまり最初の二枚の駒として持ち出さなくてはならないのは——谷間を隔てた山頂に住むその謎の隣人のことと、『騎士団長殺し』というタイトルをもつ絵画のことだ。	In any case, the first things I want to describe—the first two dominoes I have to bring up, in other words—are the mysterious neighbor who lived on the mountaintop across the valley, and the painting titled *Killing Commendatore*.

5	幾重にも重ねられた茶色の包装紙の下には、さらしのような柔らかい白い布でくるまれた簡易額装の絵があった。	Underneath the layers of wrapping paper was a painting in a simple frame, wrapped in a soft white cloth like bleached cotton.
	雨田具彦はモーツァルトのオペラの世界をそのまま飛鳥時代に「翻案」したのだ。	Tomohiko Amada had "adapted" the world of Mozart's opera into the Asuka period.
	そして画面の左側の、地中から首を出す細長い顔をした人物の存在はいったい何を、意味しているのだろう？	And what was the significance of that figure in the bottom left, the man with the long face sticking his head out from underground?
	その人物はむしろある種のトリックスターとして、そこに介在しているように見える。私は仮にその男を「顔なが」と名付けた。	The figure more resembled a trickster who had come to intervene. "Long Face" is what I called him, for lack of a better term.
	そして私はその画面の左側にいる鬚だらけの「顔なが」から、どうしても目が離せなくなった。まるで彼が蓋を開けて、私を個人的に地下の世界に誘っているような気がしたからだ。他の誰でもなく、この私をだ。	I couldn't take my eyes off the bearded Long Face on the left side of the painting. It felt like he'd opened the lid to invite me, personally, to the world underground. No one else, just me.
6	まあいい、と私は最後に思った。目の前にそういう流れがあるのなら、いったん流されてみればいい。相手に何か隠された目論見があるのなら、その目論見にはまってみればいいじゃないか。	Fine. If that's how things are working out, then just go with the flow. If the client has some hidden agenda, just let it play out.
7	しかし彼の言いぶんをそのまま真に受けるほど、私は無邪気な人間ではない。	But I wasn't naive enough to accept everything he told me at face value.
9	画家は目の前にいるモデルの本質を、少しでも深く見抜こうとします。つまりモデルのまとった見かけの外皮を剥がしていかなくてはならないということです。	The artist wants to view the model's essence, meaning he has to strip away the clothed, outer appearance.
	なかなか面白そうではありますが、ただぼくの方は、あなたに差し出せるような立派な貝殻を持ち合わせていないかもしれません。	Sounds interesting, but the problem is I don't have any nice seashells to offer you.
	自明ではあるが、その自明性を言語化するのはむずかしい。	It's self-evident, but still difficult to put into words.
	あなたがおっしゃったように、それは『外圧と内圧によって結果的に生じた接面』として捉えるしかないものなのかもしれません。	As you said, you can perhaps only understand it as a kind of tangent produced when external and internal pressure combine to create it.
	その理由は簡単だ。私には彼の存在の中心にあるものがまだ把握できていないからだ。	The answer was simple, really. *Because I had not yet grasped what lay at the core of his being.*
11	それはまだただのかりそめの線画に過ぎなかったけれど、私はその輪郭にひとつの生命体の萌芽のようなものを感じ取ることができた。	It was just a temporary line drawing, but I could sense from that outline a budding, living organism.

12	まだまだ未完成な粗い下絵ではあるけれど、少なくともそれは生命感を持った形象になっていた。そしてその形象は免色渉という人物の存在感を生み出す、内的な動きのようなものを掬い取り、捉えていた。	It was just a rough, incomplete outline, but at least I was able to capture an image that seemed to breathe a sense of vitality, one that managed to scoop out and capture the sort of internal movement that gave birth to who this person was.
	つまりあなたは今まさに変化しようとしている。そして私がいわば、その変化の触媒のような役目を果たしている——そういうことなのですか？	Which means you really are changing. And I'm the catalyst for that change—wouldn't you say?
13	どう見ても「君の私生活には首を突っ込まないから、そのかわりこちらの私生活にも首を突っ込まないでくれ」というタイプだ。	He seemed more the I-won't-stick-my-nose-in-your-business-if-you-won't-stick-yours-in-mine type of person.
	その手紙には様々な感情と示唆が光となり影となり、陰となり陽となり、複雑な隠し絵となって描き込まれていた。	All sorts of emotions and suggestions played back and forth through the letter—light and dark, shadow and sunlight—creating a complex, hidden picture.
15	実のところ肉体はかりそめの虚しい住まいに過ぎないのです。	The physical body really is nothing more than a fleeting, empty abode.
	うまく説明はできないのですが、これはただの始まりに過ぎないのではないか、という気がします。	I can't explain it well, but I get the feeling that this is only the beginning.
16	しかしそれだけではまだ足りない。その荒々しいものの群れを統御し鎮め導く、何かしらの中心的要素がそこには必要とされていた。情念を統合するイデアのようなものが。	But something was still missing, a core element to control and quell that raw throng, an idea to bring emotion under control.
	そして辛抱強く待つためには、私は時間というものを信用しなくてはならない。時間が私の側についていてくれることを信じなくてはならない。	And in order to wait that patiently, I had to put my faith in time. I had to believe that time was on my side.
17	そこには時間だけが培うことのできる「場の重み」が存在した。	With us there was a gravitas of place that only the passage of time can nurture.
18	でも目に見えることだけが現実だとは限らない。そうじゃありませんか？	But the visible is not the only reality. Wouldn't you agree?
	つまり我々の人生においては、現実と非現実との境目がうまくつかめなくなってしまうことが往々にしてある、ということです。その境目はどうやら常に行ったり来たりしているように見えます。	That sometimes in life we can't grasp the boundary between reality and unreality. That boundary always seems to be shifting.
19	おまえがどこで何をしていたかおれにはちゃんとわかっているぞ、と彼は告げているようだった。	*I know exactly where you've been and what you've been up to*, he seemed to be telling me.

20	まだ何も描かれてはいないけれど、そこにあるのは決して空白ではない。その真っ白な画面には、来たるべきものがひっそり姿を隠している。	Nothing is painted there yet, but it's more than a simple blank space. Hidden on that white canvas is what must eventually emerge.
	目を凝らすといくつもの可能性がそこにあり、それらがやがてひとつの有効な手がかりへと集約されていく。そのような瞬間が好きだった。存在と非存在性が混じり合っていく瞬間だ。	As I look more closely, I discover various possibilities, which congeal into a perfect clue as to how to proceed. That's the moment I really enjoy. The moment when existence and nonexistence coalesce.
21	ミイラはたぶん即身仏なのだ。ゾンビとは違う。	The mummy would have to be a Buddhist priest who'd mummified himself. We weren't talking about a zombie.
	で、諸君のさっきの質問にたち戻るわけだが、あたしは霊なのか？ いやいや、ちがうね、諸君。あたしは霊ではあらない。あたしはただのイデアだ。	To return to the pressing question that my friends have pondered—am I a spirit? No, it is nothing like that. I am no spirit. I am just an Idea.
	なぜ私は単数であるはずなのに、「諸君」と呼ばれるのだろう？	Why did he address me as "my friends"?
22	現実と非現実、平面と立体、実体と表象のはざまが、見ればみるほど不明確になってくるのだ。	The longer I looked at the painting, the less clear was the threshold between reality and unreality, flat and solid, substance and image.
	大事なのは無から何かを創りあげることではあらない。諸君のやるべきはむしろ、今そこにあるものの中から、正しいものを見つけ出すことなのだ。	What is important is not creating something out of nothing. What my friends need to do is discover the right thing from what is already there.
23	つまりイデアを自律的なものとして取り扱えるかどうかということですね？	The question then is whether or not an idea can be treated as an autonomous entity or not, right?
25	この男はすべてを計算してことを進めているのだ、と私は思った。彼は起こりそうなことをあらかじめ予測し、囲碁の布石のように、ひとつひとつ前もって適切に打っておいたのだ。たまたまなんてことはあり得ない。	He's already got it all mapped out, I thought. He's already anticipated what might happen, like the opening moves of a game of go. Nothing coincidental about it.
27	これ以上なにも触るな、と男は画面の奥から私に語りかけていた。あるいは命じていた。このまま何ひとつ加えるんじゃない。	Don't you touch anything, the man was saying—or maybe commanding—from the canvas. *Don't you add a single thing more.*
	その絵は未完成なままで完成していた。その男は、不完全な形象のままでそこに完全に実在していた。	The painting was complete as is, incomplete. The man actually existed, completely, in that inchoate form.

28	人物と舞台設定を別の時代に置き換え、彼が新しく身につけた日本画という手法（メチエ）を用いることによって、彼はいわば隠喩としての告白を行っているように感じられます。	He changed the characters and setting to another age, and made a metaphorical confession, using his newly acquired skills in Japanese-style painting.
	隠喩は隠喩のままに、暗号は暗号のままに、ザルはザルのままにしておけばよろしい。	Let metaphors be metaphors, a code a code, a sieve a sieve.
	もしその絵が何かを語りたがっておるのであれば、絵にそのまま語らせておけばよろしい。	If that painting wants to say something, then best to let it speak.
	真実はすなわち表象のことであり、表象とはすなわち真実のことだ。そこにある表象をそのままぐいと呑み込んでしまうのがいちばんなのだ。	The truth is a symbol, and symbols are the truth. It is best to grasp symbols the way they are.
33	そこに描かれるべき物語を見出すこと、それが私にとっての大事な出発点になる。	I had to discover *the story that must be painted*. Only that could get the ball rolling.
35	きれいなしらがのメンシキさんは、何かを背中のうしろに隠していると思う。	I just think Mr. Menshiki with the pretty white hair is hiding something.
36	まるで自分が「考える」という行為そのものにそっくり呑み込まれてしまったような感覚だ。	It was as if I had been swallowed by the act of thinking, if that makes sense.
	うまくいっているあいだは、ずいぶんうまくいっていた。	It was great as long as things were going well.
37	どんなものごとにも明るい側面がある。どんなに暗くて厚い雲も、その裏側は銀色に輝いている。	"Everything has a bright side," he said. "The top of even the blackest, thickest cloud shines like silver."
	人間の首がそんなに簡単にすっぱり切り落とせるわけがない。うまくとどめは刺せないし、あたりは血だらけになるし、捕虜は苦痛のためにのたうちまわるし、実に悲惨な光景が展開されることになった。	The human neck isn't that easy to sever. His attempt failed. Blood sprayed everywhere, the prisoner thrashed about—it was gruesome.
	むしろ地面についた自分の足跡を、箒を使って注意深く消しながら、後ろ向きに歩いているような人。	He was like someone who walks backward, erasing his own footsteps with a broom.
38	そして——もしうまくいけばということだが——芸術はその記憶を形に変えて、そこにとどめることができる。ファン・ゴッホが名もない田舎の郵便配達夫を、集合的記憶として今日まで生きながらえさせているように。	And art can—when it goes well—give shape to that memory, even fix it in history. Much as Van Gogh inscribed the figure of a country mailman on our collective memory so well that he lives on, even today.
	たとえ一本の箒だって、私はそれを音楽で克明に描くことができる。	I can describe anything in music, even a common broom.

	イデアは他者による認識なしに存在し得ないものであり、同時に他者の認識をエネルギーとして存在するものであるのだ。	Ideas cannot exist outside the perceptions of others—those perceptions are our sole source of energy.
39	ああ、免色くんにはいつも何かしら思惑がある。必ずしっかり布石を打つ。布石を打たずしては動けない。	*Menshiki has an ulterior motive for everything. Never wastes a move, that fellow. It is the only way he knows.*
	「私はただの土塊ですが、なかなか悪くない土塊です」、免色はそう言って笑った。	"I may be a clod of earth," Menshiki said, laughing, "but as clods go I'm pretty good."
42	少し傷つくくらいの権利は私にもあるはずだ。	I had the right to be a little hurt, I thought.
44	つまり人がその人であることの特徴みたいなものだよ。	The traits that make a person who they are.
45	絵というのは不思議なもので、完成に近づくにつれてそれは、独自の意志と観点と発言力を獲得していく。	Paintings are strange things: as they near the end they acquire their own will, their own viewpoint, even their own powers of speech.
46	しかしそれはときとして、人を封じ込めるためにも使われます。そびえ立つ強固な壁は、閉じ込められた人を無力にします。視覚的に、精神的に。それを目的として作られる壁もあります。	Sometimes, though, they were used to keep people in. People are powerless before a sturdy, towering wall. Visually and psychologically. Some walls were constructed for that specific purpose.
47	今日の午前中にかかってくる電話で、誰かがぼくを何かに誘う。それを断ってはならない。	Someone will call me this morning and invite me somewhere. I must not decline.
	これがあたしが諸君に与えられる唯一のヒントだ。言うなれば、＜公的言語＞と＜私的言語＞を区切るぎりぎりの一線だ。	For it is the only hint I am able to share. It traverses the narrow line that divides 'public' and 'private' parlance.
	しかし彼だって、言うまでもなく時間と空間と蓋然性に縛られて生きている。この世界の他のすべての人間と同じように。我々は生きている限りその制限から逃れでることはできない。	But it went without saying that his life was bounded by time, space, and probability. Like everyone else's in this world. None of us could escape those constraints, as long as we lived.
	言うなれば我々は一人残らず、上下四方を堅い壁に囲まれて生きているようなものなのだ。たぶん。	Each of us was enclosed by sturdy walls that stretched high in the air, surrounding us on all sides. Probably.
49	この世界には無数の生命と、それと同じ数だけの死が満ちているのだ。	The world was filled with so many lives, and just as many deaths.
51	諸君にとってのあたしというイデアはそこで息を引き取る。それはイデアにとっては無数分の一の死だ。	As far as my friends are concerned, I shall be dead and gone. One of the countless deaths an Idea must undergo.

	ひとつのイデアを抹殺しておきながら、なにの変化もあらない世界があるとしたら、そんな世界にいったいどれほどの意味があるだろうか？　そんなイデアにどれほどの意味があるだろうか？	What would be the meaning of a world that did not change when an Idea was extinguished? Can an Idea be so insignificant?
	そして雨田さんはある時点で——どの時点かはわかりませんが——『騎士団長殺し』という作品を描いた。口ではもはや語ることのできないものごとを、寓意として絵の形にした。それが彼にできることのすべてだった。	Then at some point—we don't know exactly when—he created Killing Commendatore. An allegorical painting that expressed all he could not say. He put everything into it.
	つまりぼくがその作品を白日の下に晒したことが、すべてのものごとの始まりになっているということなのですか？　それが環を開いたということなのですか？	So are you saying all of this began when I brought the painting out into the light? Is that what you meant by 'opening the circle'?
52	「顔なが」は部屋の隅に開いた穴からぬっと顔を突き出し、四角い蓋を片手で押し上げながら、部屋の様子をひそかにうかがっていた。	Long Face had poked his head out of a hole, and was raising its square cover with one hand as he peeked at what was taking place.
	ただのつつましい暗喩であります。ものとものとをつなげるためだけのものであります。	A mere Metaphor. Used to link two things together.
54	おまえはわたしにしかるべき代価を支払わねばならない。	You must pay me an appropriate fee.
	顔のない男は言った。「わたしの役目はおまえを向こう岸に渡してあげることだ。無と有の狭間を、おまえにすり抜けさせるのが仕事だ。それより先のことはわたしの職分ではない」	"I am here to ferry you across the river," the faceless man said. "To help you navigate the interstice between presence and absence. After that, it's up to me— my job is done."
	おまえが行動すれば、それに合わせて関連性が生まれていく。	Now each of your actions will generate an equivalent response, in accordance with the principle of connectivity.
55	すべてがみたいなものなのです。	All that is here looks like something.
	目に見えるすべては結局のところ関連性の産物です。	All that we see is a product of connectivity.
	ここにある光は影の比喩であり、ここにある影は光の比喩です。	Light here is a metaphor for shadow, shadow a metaphor for light.
	優れたメタファーはすべてのものごとの中に、隠された可能性の川筋を浮かび上がらせることができます。	It is filled with hidden possibilities that only the finest metaphors can bring to the surface.
	言うまでもないことですが、最良のメタファーは最良の詩になります。	It should be obvious, but the best metaphors make the best poems.

	あなたの中にありながら、あなたにとって正しい思いをつかまえて、つぎつぎに貪り食べてしまうもの、そのようにして肥え太っていくもの。それが二重メタファー。それはあなたの内側にある深い暗闇に、昔からずっと住まっているものなの。	They grab hold of your true thoughts and feelings and devour them one after another, fattening themselves. That is what Double Metaphors are. They have been dwelling in the depths of your psyche since ancient times.
	「心は記憶の中にあって、イメージを滋養にして生きているのよ」と女の声が言った。	"Your true heart lives in your memory. It is nourished by the images it contains—that's how it lives," a woman said.
56	免色は言った。「この人生にはうまく説明がつかないことがいくつもありますし、また説明すべきではないこともいくつかあります。とくに説明してしまうと、そこにあるいちばん大事なものが失われてしまうというような場合には」	"There are some things that can't be explained in this life," Menshiki went on, "and some others that probably shouldn't be explained. Especially when putting them into words ignores what is most crucial."
57	彼女の何かを護るために、その絵は未完成のままに留めておかなくてはならない。	By leaving it unfinished I was shielding something within her, even though I didn't know what that something was.
59	私たちは仲の良い兄と妹だった。いつも自然に気持ちを通い合わせることができた。死が二人を分かつまでは。	We were close as brother and sister. Our feelings had flowed back and forth in a very natural way. Until death separated us.
61	スズメバチにはくれぐれも気をつけた方がいい。それはどこまでも致死的な生き物であるから。	Beware of those hornets. They are most virulent creatures.
	そのときが来れば、諸君は知るはずだ。おお、今がまさにそのときなのだ、と。	*You will know when the right moment comes. As in, "Aha, now is the time!"*
63	同時進行するその二つの体験談のあいだに何かしらの共通項が見いだせないものかと、時系列を辿って隅々まで細かく検討した。	We put our heads together to try to figure out what our experiences had in common, comparing the timelines right down to the smallest detail.
	この現実の世界にそのまま永続する姿かたちなんて何ひとつないのだから。	In this real world of ours, after all, nothing remains the same forever.
	ぼくの思いが遠く離れたところから君を妊娠させたのかもしれない。ひとつの観念として、とくべつの通路をつたって。	I could have somehow gotten you pregnant, mentally, from a distance. As a concept, using a special route.
64	どのような狭くて暗い場所に入れられても、どのように荒ぶる曠野に身を置かれても、どこかに私を導いてくれるものがいると、私には率直に信じることができるからだ。	I believe in all honesty that something will appear to guide me through the darkest and narrowest tunnel, or across the most desolate plain.
	彼らのことを思うとき、私は貯水池の広い水面に降りしきる雨を眺めているときのような、どこまでもひっそりとした気持ちになることができる。私の心の中で、その雨が降り止むことはない。	Contemplating them affords me perfect tranquility, as though I were watching raindrops fall on the surface of a broad reservoir. That soundless rain will fall forever in my heart.

年表

村上春樹の個人的な出来事、社会の出来事、長編作品と英訳、短編作品の刊行年をまとめました。

西暦	元号	年齢	村上春樹の出来事	世の中の出来事	長編作品	短編集
1949	昭和24	0	1月12日、京都府京都市に生まれる	湯川秀樹がノーベル物理学賞受賞		
1957	32	8		ソ連が人工衛星スプートニク1号打ち上げ		
1964	39	15	兵庫県立神戸高等学校入学	東京オリンピック		
1968	43	19	早稲田大学第一文学部演劇科入学	大学紛争激化		
1971	46	22	学生結婚	沖縄返還協定調印		
1974	49	25	国分寺にジャズ喫茶「ピーター・キャット」	地価の上昇率、史上最高を記録		
1975	50	26	大学卒業	ベトナム戦争終結		
1977	52	28	「ピーター・キャット」千駄ヶ谷に移転			
1978	53	29	『風の歌を聴け』を群像新人文学賞に応募	ヤクルト・スワローズ優勝		
1979	54	30		ソニーがウォークマン発売	『風の歌を聴け』[群像新人文学賞]	
1980	55	31		ジョン・レノン射殺事件	『1973年のピンボール』	
1981	56	32	早稲田文学編集委員			
1982	57	33	このころからランニングを始める		『羊をめぐる冒険』[野間文芸新人賞]	
1983	58	34	初の海外旅行（アテネマラソン時のコースを完走後、ホノルルマラソン）	東京ディズニーランド開園		『中国行きのスロウ・ボート』『カンガルー日和』
1984	59	35	夏に約6週間のアメリカ旅行	グリコ・森永事件		『螢・納屋を焼く・その他の短編』
1985	60	36		日本航空ジャンボ機墜落事故	『世界の終りとハードボイルド・ワンダーランド』[谷崎潤一郎賞] *Pinball, 1973* 英訳者：Alfred Birnbaum	『回転木馬のデッド・ヒート』

西暦	元号	年齢	村上春樹の出来事	世の中の出来事	長編作品	短編集
1986	61	37	ローマ・ギリシャをめぐる	チェルノブイリ原発事故		『パン屋再襲撃』
1987	62	38	一時帰国。国際アテネ平和マラソン参加		『ノルウェイの森』 *Hear the Wind Sing* 英訳者：Alfred Birnbaum	
1988	63	39	ロンドン、ローマ、ギリシャ、トルコをめぐる	リクルート事件	『ダンス・ダンス・ダンス』	
1989	64 平成元年	40	ギリシャ、ドイツ、オーストリア、ニューヨークをめぐる	昭和天皇崩御、坂本弁護士一家失踪事件、ベルリンの壁崩壊	*A Wild Sheep Chase* 英訳者：Alfred Birnbaum *Norwegian Wood* 英訳者：Alfred Birnbaum	
1990	2	41		東西ドイツ統一		『TVピープル』
1991	3	42	プリンストン大学客員研究員	湾岸戦争、ソ連崩壊、バブル崩壊	*Hard-Boiled Wonderland and the End of the World* 英訳者：Alfred Birnbaum	
1992	4	43	プリンストン大学客員教授		『国境の南、太陽の西』	
1994	6	45	モンゴル取材	松本サリン事件	『ねじまき鳥クロニクル』 第1部、第2部 *Dance Dance Dance* 英訳者：Alfred Birnbaum	
1995	7	46	アメリカ大陸横断、ハワイ滞在	阪神・淡路大震災、地下鉄サリン事件	『ねじまき鳥クロニクル』 第3部（翌年に読売文学賞）	『村上朝日堂超短篇小説 夜のくもざる』
1996	8	47	地下鉄サリン事件被害者にインタビュー	携帯電話が急速に普及		『レキシントンの幽霊』
1997	9	48			*The Wind-Up Bird Chronicle* 英訳者：Jay Rubin	
1998	10	49		世界人口60億突破		
1999	11	50	『約束された場所で』で桑原武夫賞受賞		『スプートニクの恋人』 *South of the Border, West of the Sun* 英訳者：Philip Gabriel	
2000	12	51	ニューヨーク・シティ・マラソン参加		*Norwegian Wood* 英訳者：Jay Rubin	『神の子どもたちはみな踊る』
2001	13	52		アメリカで同時多発テロ	*Sputnik Sweetheart* 英訳者：Philip Gabriel	

西暦	元号	年齢	村上春樹の出来事	世の中の出来事	長編作品	短編集
2002	14	53	アメリカ、ドイツをめぐる	サッカーW杯で日韓共催	『海辺のカフカ』 (2006年、世界幻想文学大賞受賞)	
2004	16	55	村上・笹川流れトライアスロン大会参加		『アフターダーク』	
2005	17	56		スペースシャトル「ディスカバリー」打ち上げ成功	*Kafka on the Shore* 英訳者：Philip Gabriel	『象の消滅　短篇選集 1980-1991』『東京奇譚集』
2006	18	57	チェコのフランツ・カフカ賞、アイルランドのフランク・オコナー賞受賞	麻原彰晃被告、最高裁で死刑確定		『はじめての文学　村上春樹』
2007	19	58			*After Dark* 英訳者：Jay Rubin	
2009	21	60	イスラエルのエルサレム賞受賞	アメリカ大統領にオバマ就任	『1Q84』 BOOK1、BOOK2	『めくらやなぎと眠る女』
2010	22	61			『1Q84』 BOOK3	『ねむり』
2011	23	62	カタルーニャ国際賞受賞	東日本大震災	*1Q84* 英訳者：Jay Rubin (Book 1, 2) and Philip Gabriel (Book 3)	
2013	25	64			『色彩を持たない多崎つくると、彼の巡礼の年』	『パン屋を襲う』(パン屋を襲う／再びパン屋を襲う)
2014	26	65	ドイツの「ディ・ヴェルト」紙によるヴェルト文学賞受賞	「イスラム国」樹立宣言	*Colorless Tsukuru Tazaki and His Years of Pilgrimage* 英訳者：Philip Gabriel	『女のいない男たち』
2015	27	66			*Hear the Wind Sing* 英訳者：Ted Goossen *Pinball, 1973* 英訳者：Ted Goossen	
2017	29	68		アメリカ大統領にトランプ就任	『騎士団長殺し』 第1部、第2部	
2018	30	69			*Killing Commendatore* 英訳者：Philip Gabriel and Ted Goossen	
2020	令和2	71				『一人称単数』

参考資料

和書底本

『風の歌を聴け』（講談社文庫）

『1973年のピンボール』（講談社文庫）

『羊をめぐる冒険』上・下（講談社文庫）

『世界の終りとハードボイルド・ワンダーランド』上・下（新潮文庫）

『ノルウェイの森』上・下（講談社文庫）

『ダンス・ダンス・ダンス』上・下（講談社文庫）

『ねじまき鳥クロニクル』
第1部「泥棒かささぎ編」
第2部「予言する鳥編」
第3部「鳥刺し男編」（新潮文庫）

『海辺のカフカ』上・下（新潮文庫）

『色彩を持たない多崎つくると、彼の巡礼の年』（文春文庫）

『1Q84』
BOOK 1＜4月-6月＞前編・後編
BOOK 2＜7月-9月＞前編・後編
BOOK 3＜10月-12月＞前編・後編（新潮文庫）

『騎士団長殺し』
第1部「顕れるイデア編」上・下
第2部「遷ろうメタファー編」上・下（新潮文庫）

洋書底本

Hear the Wind Sing（Vintage）

Pinball, 1973（Vintage）

A Wild Sheep Chase（Vintage）

Hard-Boiled Wonderland and the End of the World（Vintage）

Norwegian Wood（Vintage）

Dance Dance Dance（Vintage）

The Wind-Up Bird Chronicle（Vintage）

Kafka on the Shore（Vintage）

1Q84（Vintage）

Colorless Tsukuru Tazaki and His Years of Pilgrimage（Vintage）

Killing Commendatore（Vintage）

その他 ＊スペースの関係で一部のみ掲載。

『Haruki Murakami を読んでいるときに我々が読んでいる者たち』
（辛島デイヴィッド著　みすず書房）

『ハルキ・ムラカミと言葉の音楽』
（ジェイ・ルービン著　新潮社）

『村上春樹と私』
（ジェイ・ルービン著　東洋経済新報社）

『村上春樹語辞典』
（ナカムラクニオ、道前宏子著　誠文堂新光社）

『村上春樹を心で聴く』（宮脇俊文著　青土社）

About Town（The New Yorker and the World It Made）（by Ben Yagoda, Da Capo Press, 2001）

The Beautiful Ones（by Prince　Spiegel & Grau, an imprint of Random House, 2019）

URL

https://www.newyorker.com/

https://www.nytimes.com/

http://www.randomhouse.com/knopf/authors/murakami/roundtable.html

https://www.departures.com/art-culture/books/robert-gottlieb-on-finding-haruki-murakami

https://www.youtube.com/watch?v=mD1whG-xNRA

https://www.brainpickings.org/2015/11/02/patti-smith-favorite-books-m-train/

https://www.harukimurakami.com/

村上春樹（作家）

1949 年 1 月 12 日、京都府京都市に生まれ、まもなく兵庫県に転居。1964 年兵庫県立神戸高等学校入学。1968 年早稲田大学第一文学部演劇科入学。1971 年学生結婚。国分寺でジャズ喫茶「ピーター・キャット」を開店し、1977 年千駄ヶ谷に移転。次の年、『風の歌を聴け』を『群像』に応募。1979 年群像新人文学賞を受賞。その後、次々に短編小説、長編小説を刊行。『世界の終りとハードボイルド・ワンダーランド』で谷崎潤一郎賞、『ねじまき鳥クロニクル』で読売文学賞受賞。2006 年フランツ・カフカ賞、2009 年エルサレム賞、2014 年ヴェルト文学賞などを受賞。

写真提供：Ole Jensen/Corbis via Getty images

村上春樹が英語で楽しく読める本

2020 年 11 月 10 日　第 1 版　第 1 刷発行
2020 年 12 月 22 日　第 1 版　第 2 刷

村上春樹を英語で読む会・編著

平本照麿、生越秀子、高橋清貴、谷川敬子、
俵　晶子、八巻由利子
コスモピア編集部（大西なぎさ、熊沢敏之、
佐野由子、塩川　誠、立花なつき、浜崎　都、
細井浩平、Sean MacGee）

装丁：松本田鶴子
表紙イラスト：GoodGnom/iStockphoto、
Aluna1/Stockphoto

校閲：高橋勇夫、王身代晴樹、高橋清貴
編集協力：生越秀子
進行：松井　望、ジン・ドンミン、ウ・ミョンキュン

写真提供：Ole Jensen/Corbis via Getty images、
八巻由利子、青野浩史、Jack Parker、
jimieye from flickr.com

発行人：坂本由子

発行所：コスモピア株式会社
　　　　〒 151-0053　東京都渋谷区代々木 4-36-4
　　　　MC ビル 2F
営業部：TEL: 03-5302-8378
　　　　email: mas@cosmopier.com
編集部：TEL: 03-5302-8379
　　　　email: editorial@cosmopier.com
https://www.cosmopier.com/（コスモピア）
https://e-st.cosmopier.com/（コスモピア e ステーション）
https://ebc.cosmopier.com/（子ども英語ブッククラブ）

印刷：シナノ印刷株式会社

■ 取材協力

Deborah Treisman
Jay Rubin
Ted Goossen

■ 収録作品

『風の歌を聴け』
『1973 年のピンボール』
『羊をめぐる冒険』
『ノルウェイの森』
　＊『ダンス・ダンス・ダンス』（補足コラム）
（いずれも講談社文庫より）
『世界の終りとハードボイルド・ワンダーランド』
『ねじまき鳥クロニクル』
『海辺のカフカ』
『1Q84』
『騎士団長殺し』
（いずれも新潮文庫より）
『色彩を持たない多崎つくると、彼の巡礼の年』
（文春文庫より）

\\\\ 本書のご意見・ご感想をお聞かせください！ //

本書をお買い上げいただき、誠にありがとうございます。
今後の出版の参考にさせていただきたく、ぜひ、ご意見・ご感想をお聞かせください。（PC またはスマートフォンで下記のアンケートフォームよりお願いいたします）

アンケートにご協力いただいた方の中から抽選で毎月 10 名の方に、コスモピア・オンラインショップ（https://www.cosmopier.net/shop/）でお使いいただける 500 円のクーポンを差し上げます。（当選メールをもって発表にかえさせていただきます）

https://forms.gle/VbVtT4kRzQtgtzui7

まずは無料会員から

無料会員登録をすると「読み放題」・「聞き放題」コースのコンテンツを下記の条件でご利用いただけます。

★読み放題コース：Chapter 1 コンテンツを毎月３本まで / 聞き放題コース：毎月３コンテンツまで

英語多読ライブラリ 聞き放題コース

毎月500円（税別）

「英語聞き放題」コースの学習の中心は「シャドーイング」です。シャドーイングとは、テキストを見ないで流れてくる音声を聞きながら、影のように後についてその音声をまねて声を出すトレーニングです。テキストを見て行う音読に比べ、リズムとイントネーションが自然に身につきます。また、単語同士の音の繋がりに強くなり、会話のスピードに慣れていきます。頭の中では文法や意味も自然に意識され、リスニング力・スピーキング力がアップします。

特徴

登録コンテンツ数：2500
（2020/9/24 時点）

- ●レッスンの中心はシャドーイング（リスニング＆スピーキング力アップに効果あり）
- ●厳選されたオリジナル教材多数
- ●聞いた語数は自動でカウント
- ●自分のシャドーイング音声を録音できる
- ●どんどん増えるコンテンツ（最新ニュースや動画付き学習素材、『多聴多読マガジン』のコンテンツなど）

▼音声タイプ（会話 / スピーチ / インタビュー）や、素材のジャンル（フィクション / ノンフィクション / ビジネス）をレベル別に検索できます。

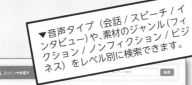

▶トレーニング画面のイメージ。各コンテンツには、スクリプト、語注、訳がついています。

▶自分の音声を録音し、ダウンロードして、モデル音声と比較することができます。

ひとつの素材でこれだけトレーニングできる！

リスニング	意味チェック	聞き読み	パラレル・リーディング	シャドーイング
※動画付きコンテンツもあり	※スクリプト、語注、訳	※内容を理解しながら黙読	※テキストを見ながら声に出す	※音声の後について声に出す